KB245011

상경

SHANG JING
by Shi Yuan
Copyright©JIN CHENG Published 2001
All right reserved.
Korean Translation Copyright©Thenan Publishing Co. Ltd., 2002
Korean edition is Published by arrangement with JIN CHENG Published 2001

이 책의 한국어판 저작권은 金城出版社와의 독점 계약으로 (주)디닌콘덴츠그룹에 있습니다.
저작권법에 의해 한국 내에서 보호를 받는 저작물이므로 무단전재와 복제를 금합니다.

상경

14억 중국인의 경영 정신이 된 최고의 경전

스유엔 지음 | 김태성 · 정윤철 옮김

더난출판

14억 중국인의 경영 정신이 된 최고의 경전

상경

초판 1쇄 발행 2008년 10월 9일
초판 3쇄 발행 2023년 3월 14일

지은이 스유엔 | **옮긴이** 김태성 정윤철 | **펴낸이** 신경렬

상무 강용구 | **기획편집부** 최장욱 송규인
디자인 박현경 | **마케팅** 신동우
경영지원 김정숙 김윤하 | **제작** 유수경

펴낸곳 (주)더난콘텐츠그룹
출판등록 2011년 6월 2일 제25100-2011-158호
주소 04043 서울시 마포구 양화로 13길 16, 7층(서교동, 더난빌딩)
전화 (02)325-2525 | **팩스** (02)325-9007
이메일 book@thenanbiz.com | **홈페이지** www.thenanbiz.com

ISBN 978-89-8405-454-7 13320

•이 책 내용의 전부 또는 일부를 재사용하려면 반드시 저작권자와 (주)더난콘텐츠그룹 양측의 서면에 의한 동의를 받아야 합니다.
•잘못 만들어진 책은 바꾸어 드립니다.

중국의 거상인 호설암胡雪巖의 행적을 수수께끼라고 한다면, 이 책은 수수께끼를 푸는 하나의 열쇠라 할 수 있다. 근대 중국 상업사에서 호설암은 고대의 '상성商聖'이라 불린 도주공陶朱公에 견줄 만한 인물로서 흔히 '아상성亞商聖'이라 불리고 있다.

변혁의 혼란이 소용돌이 친 19세기 후반, 호설암은 그 누구도 이룩하지 못한 신화적 드라마를 연출한 장본인이었다. 가난하고 비천한 출신이었으나 시대와 권력의 흐름을 이용해 거대한 재산을 형성하는 지략을 발휘했다. 태평천국의 난 등 개혁의 혼란 속에서도 청조정에 거액의 자금을 지원하고 이를 통해 사업에 대한 지원을 얻어내는 수완은 타고난 사업가 기질이 없었다면 불가능한 것이었다.

한편, 양무운동이 일어나자 서양의 기술과 설비를 적극 받아들였으며 좌종당左宗棠의 서역 원정 때는 군비를 확보하기 위해 서양 상인들로부터 차관을 끌어들임으로써 국방에 크게 기여하기도 했다. 전장과 전당포를 이용하여 대륙적인 금융망을 건설하는 동시에 중국에서 가장 영향력이 컸던 '호경여당胡慶餘堂'이란 약국 체인을 설립하기도 했다.

이렇듯 오랜 시련과 경험을 거치면서 호설암은 일개 전장錢莊의 점원에서 중국 역사상 유일한 '홍정상인紅頂商人'으로 성장할 수 있었는데 당시 흠차대신이었던 좌종당은 그를 가리켜 "상인 중의 기인으로서 호협의 기질이 있다."고 칭찬했으며 사상가이자 대문호인 노신魯迅도 "봉건사회의 마지막 위대한 상인"이라는 극찬을 아끼지 않았다.

호설암은 화려한 상술과 신비한 매력, 그리고 탁월한 인품으로 비즈니스 무대에서 자신의 존재 가치를 증명하는 동시에 후대 상인과 기업가들의 숭배 대상이 되었다. 그는 고대로부터 전해지는 지모와 사상의 이치를 꿰뚫었을 뿐만 아니라 전통적인 상업 수완을 흡수하여 성패 득실의 이치를 집대성하였다.

그러나 한 가지 아쉬운 것은 그가 자신의 전략과 경영 철학을 체계적으로 정리해놓지 못했다는 점이다. 이는 호설암의 학문적 소양이 깊지 못했기 때문이기도 하겠지만, 사업이 너무나 빠른 속도로 전개되고 혼란이 연속되는 역사적 배경이 원인이기도 했다. 그 역시 임종 직전에 이러한 문제의 중요성을 인식하고 "난 이제 죽어도 여한이 없지만 나의 귀중한 경험과 경상의 원리를 후대 사람들에게 책으로 정리하여 남겨주지 못하는 것이 안타까울 뿐이다."라고 말했다.

호설암이 마지막으로 남긴 유언은 우리 모두에게 대단히 중요한 의미를 갖는다. 한 개인의 지혜와 경험의 결정체는 후인들이 곧장 바른 길로 갈 수 있도록 인도하는 기능을 하기 때문이다. 보다 빠르게 발전하기 위해선 선인들의 경험과 지혜를 십분 활용하여 자기 발전의 원동력으로 삼아야 한다.

마르크스와 엥겔스도 『도이치 이데올로기』라는 제목의 글에서 "역사 발전의 최초 단계에는 매일 새로운 발명이 이루어지고 곳곳에서 모든 일이 단독으로 진행됐지만, 인적 교류와 왕래가 확대되면서 인류는 이처럼 무익한 반복 활동에서 벗어나게 되었다."고 지적하고 있다. 여기서 말하는 인적 교류에는 동시대인들 사이의 지역적 교류도 포함되겠지만, 보다 중요한 것은 세대 간의 전승으로서 이를 위해 문자를 이용한 기록일 것이다.

비록 호설암이 자신의 경험과 지혜를 체계적으로 정리하진 못했지만 다행히 그가 남긴 수많은 기록과 지혜의 언어들이 있어 우리는 이를 체계적으로 종합하고 정리하여 『상경』이란 책으로 엮어낼 수 있었다. 이는 '홍정상인' 호설암이 임종 직전에 남긴 마지막 유지이기도 했다.

『상경』에서는 호설암의 파란만장한 일생과 경험, 그리고 지혜를 결집함으로써 경영자로서의 인격과 매력을 생생하게 재현하고 있다. 특히 '지신砥身' 편에서는 호설암이 심지를 연마하며 역경에 처해서도 굴하지 않고 스스로 강한 자가 되기 위해 노력하는 모습과 방법이 실감나게 펼쳐진다.

호설암이 비즈니스 세계에서 종횡무진 활약할 수 있었던 비법은 '인재의 쓰임을 아는' 용인관과 '시세를 잘 활용하는' 시국관, '정부를 자기편으로 만드는' 관상관, '과감한 지모와 재빠른 행동을 앞세우는' 모략관, '시장을 조정하고 만들어가는' 영업관, '폭넓게 통찰하여 지리와 정세를 정확히 파악하는' 처세관 등에서 유래한다.

하지만 호설암의 성공은 무엇보다도 후인들이 평가하는 것처럼 그가 상인으로서 갖추어야 할 네 가지 덕목인 '지인용신智仁勇信'을 모두 갖추고 있음에서 비롯되었다. 따라서 '지인智仁'과 '견신堅信', '독의篤義' 편이야말로 이 책의 가장 기본적인 바탕을 이루고 있는 장이라 할 수 있다.

또한 호설암은 "상인의 흥망이 바로 국운에 달려 있는 만큼, 나라가 태평하면 백성이 평안하고, 백성이 평안하면 시장이 흥성하며, 시장이 흥성하면 장사가 잘 된다."는 이치를 깊이 깨닫고 있었다. "가난할 때에는 홀로 자신을 연마하여 바르게 하고, 부유할 때는 천하를 두루 구제한다."는 유가적 성품을 지녔던 호설암은 강호江湖를 떠도는 몸이었지만 구국을 잊지 않았다. 이것이 바로 그가 고대의 대상인들과 다른 점인데 이점은 '효국效國' 편에 잘 반영되어 있다.

사사로운 감정과 공사를 확실하게 구분할 줄 알았던 것도 호설암이 보여준 성공한 상인으로서의 중요한 특징이었다. 그는 돈과 여자, 욕심과 감정 사이에 아주 적절하고 합리적인 한계를 두면서 매우 융통성 있는 비즈니스를 전개했다. '어정御情' 편에서는 이 부분에 관한 호설암의 뛰어난 기질과 수완을 잘 설명하고 있다.

비록 『상경』을 호설암 자신이 직접 기록하지는 못했지만 그의 뛰어난 경영 철학과 전략은 『호경여당설기주인집주胡慶餘堂雪記主人集注』와 이에 대한 후인들의 연구 저작에 잘 보존되어 있고, 이를 토대로 하여 필자를 비롯한 여러 동인들이 연구하고 정리한 결과 『상경』이 선을 보이게 되었다. 이렇게 만들어진 『상경』은 비즈니스의 이론과 실천을 체계적으로 경험할 수 있는 대단히 실용적인 교과서라 할 수 있다.

끝으로 고대 희랍의 철학자 소크라테스의 말을 빌려 서문을 마무리하고자 한다.

"다른 사람들의 발자취를 잘 파악하면, 자신의 인생길을 더 확실하게 보장할 수 있다."

북경 입설당立雪堂에서
스유엔 史源

contents

shangjing

contents

shangjing

contents

shangjing

1. 현행 맞춤법에서는 신해혁명 이전의 지명과 이름 표기는 한자음을 따르고 그 이후의 것들은 현지음에 따라 표기할 것을 권하고 있으나 이 책의 본문은 모두 한자음으로 표기하였다. 여러 연대가 섞여 있어 원칙을 통일할 필요가 있었기 때문이다.

2. 이 책의 구성은 '호설암 어록'과 '본문', 그리고 '상경에서 배우는 경영 정신'으로 나누어져 있다. 18개의 장은 '상술'과 '전략'을 중심으로 쓰여졌으므로 역사적 사건의 전개 순서와는 관계가 없다.

3. 이해를 돕기 위해 본문 아래쪽에 해설을 붙였으며 자세한 설명이 필요한 내용은 글상자로 만들었다. 본문의 사진은 호설암이 활동했던 시대의 배경이다. 사진의 출처는 1993년에 발간된 홍콩 상무인서관의 사진집이다.

기회를 만들 줄 아는 지혜

1

砥身 지신

'지砥'란 연마를 뜻하고 '신身'이란 마음의 형상을 말한다.
스스로 마음을 갈고 닦으면 반드시 강해진다.
모든 일이 뜻대로 되면 누구나 만족하게 되지만
'신身'이 역경에 처하면 소극적이고 퇴폐적인 경향을 보이니
이런 사람이 어찌 큰 일을 이룰 수 있겠는가?
자고로 좋은 일에 힘이 많이 드는 법이니,
역경에 처했을 때는 인내하는 깃이 바로 '지신砥身'이다.
지신법이 『상경』의 서두를 장식하는 것은
이것이 역경에 처했을 때 가장 훌륭한 처세법이기 때문이다.

최고의 기회는
사람을 얻는 것이다

호설암 어록

"나는 원래 가난하고 비천한 집안 출신으로 선친께서 타개하신 후부터 호구지책으로 신화 전장에서 도제로 일하고 있었다. 청소와 주인어른의 차를 준비하는 일부터 시작하여 수금을 담당하는 포가의 자리까지 올랐지만 평생 이렇게 머물러 있고 싶진 않았다. 난 항상 마음속으로 언젠가는 독립해 따로 전장을 열어 사업가의 대열에 뛰어들 거라고 다짐했다. 이런 다짐이 있었기 때문에 내 마음대로 5백 냥의 은자를 왕유령王有齡 공에게 주어 경사에 가서 투공投供 할 수 있게 했던 것이다. 돈의 쓰임보다 중요한 것은 적절한 기회와 인물을 잘 선택해야 한다는 점이다."

밥그릇을 던져 미래에 투자하다

호설암은 이름이 광용光墉이요, 자가 설암雪巖으로 1823년 휘주徽州 적계績溪현에서 태어났다. 휘주는 예로부터 상인들이 많이 배출되던 지역으로 휘주 출신 상인은 중국 전역에 두루 퍼져 있었다. 이런 환경에 영향을 받은 호설암은 부친이 사망하고 집안이 몹시 어렵게 되자 열두 살의 나이에 홀어머니 곁을 떠나 항주杭州에 정착한 후 신화 전장의 도제가 되었다.

그는 주변 상황을 종합적으로 분석하여 사태의 추이를 한눈에 판단하는 능력을 갖춘 영특한 소년이었다. 또한 어려움 속에서도 배우는 것을 게을리 하지 않았고, 선한 일을 마다하지 않았으며, 사람들을 항상 웃음으로 대하는 아량이 있었다. 덕분에 대인관계가 매우 원만해 남녀노소를 막론하고 모든 사람들이 그를 좋아했다. 이런 성품 덕택에 호설암은 도제 생활을 시작한 지 3년 만에 신화 전장의 정식직원이 될 수 있었다.

처음에는 다른 직원들과 마찬가지로 창구에서 손님을 맞는 일을 했으나 그의 성품과 능력을 인정한 주인은 마침내 그를 수금사원으로 발탁했다. 호설암은 일 처리가 워낙 성실하고 꼼꼼하여 단 한 번도 실수를 하거나 부정한 이득을 취한 적이 없었다. 하지만 전장에서 결손 처리된 자금으로 왕유령이라는 사람을 도와준 사실이 드러나면서 전장에서 쫓겨나는 신세가 되고 말았다.

졸지에 직장을 잃게 되었지만 사실 호설암의 화려한 인생 역정은 왕유령의 연관捐官을 도와주는 것으로 시작되었고, 이것이 그에게 '홍정상인'이라는 지위와 명예를 가져다준 계기가 되었다.

* 투공投供_ 돈 주고 산 후보 벼슬자리를 돈을 더 주고 정식 관직으로 전환하는 것
* 전장_ 페이지 23 글상자
* 연관捐官_ 돈으로 관직을 사던 청나라 시대의 제도

봉건왕조인 청나라에서 관직에 나가는 방법에는 두 가지가 있었다. 하나는 사서오경을 비롯한 유가의 경전을 두루 섭렵하고 시사를 익혀 이른바 팔고문八股文으로 보는 과거시험에 응시하는 것이고, 또 하나는 외적의 침입이나 자연재해, 내란 등으로 인해 국가 존망이 위태로운 상황에 처했을 때 공을 세워 관직을 얻는 것이었다.

그렇다면 이 두 가지 방법 외에는 절대로 관직에 나갈 수 없었던 것일까? 그렇지 않다. 또 다른 방법으로 국가의 안녕에 기여할 수 있다면 붉은 관복을 입을 수 있었는데, 이것이 바로 연관 또는 연반捐班이라 불리는 '매관제도'였다.

어느 해 여름, 호설암은 '매화비'란 찻집에서 우연히 왕유령이란 사람을 만나게 되었는데 그가 이미 염대사鹽大使란 자리를 연관해 놓았고, 곧 경사에 가서 '투공'하여 정식 관직을 얻으려 한다는 사실을 알게 되었다. 그러나 형편이 어려운데다 힘이 되어 줄 배경도 없었던 왕유령은 매일 찻집에 앉아 싸구려 차로 빈속을 달래면서 세월을 허비하고 있었다. 당연히 투공에 필요한 거액을 마련하는 일은 꿈도 꾸지 못하는 지경이었다.

청나라의 연관은 두 단계로 나누어져 있었다. 먼저 정부에 돈을 내고 '집조執照'라는 관원자격증을 딴 다음, 경사에 올라가 다시 돈을 내고 투공하여 관직을 보결 받는 것이었다.

왕유령은 아직 투공을 하지 않은 상태였기 때문에 보결은 생각할 수도 없는 처지였다. 호설암은 왕유령이 그대로 두기엔 너무나 아까운 인물로서, 그를 도와 관리가 되게 해주면 장차 자신을 크게 도와줄 인연임을 확신했다.

호설암은 비록 학문이 깊진 못했으나 "불행이 다하면 행복이

* 팔고문八股文 _ 중국 명청대明淸代의 과거에 관한 특별한 형식의 문장으로 사서오경四書五經의 한두 구句또는 여러 구를 제題로 하여, 고인古人 대신 그 의미를 부연하는 것을 말한다

찾아오고 즐거움이 다하면 슬픔이 찾아온다."는 인생 철학을 깨닫고 있었다. 그는 전장에서 일하면서 하루아침에 엄청난 돈을 벌어 운명을 바꾸는 사람도 적지 않게 보았고, 선친으로부터 물려받은 재산을 한순간에 날려버리고 알거지가 된 사람도 여럿 알고 있었다.

호설암은 관직에 오르는 것도 운세에 따라 돌고 도는 운명이라 생각했다. 또한 지금은 형편없이 몰락해 있지만 장차 왕유령이 부귀와 권세를 크게 누릴 인물이라 확신했다. 단지 그에게 아직 분발의 시기가 찾아오지 않았고 도움이 되어줄 귀인이 나타나지 않은 것뿐이라고 판단한 것이다.

호설암은 이제 겨우 약관의 나이에 꿈 많은 시절을 보내고 있었고, 마음속에 그리는 자신의 모습은 정의롭고 용감하여 어려운 사람을 구해주는 호협의 모습이었다. 비록 자신이 귀인은 못 된다 하더라도 수중에 이미 결손으로 처리된 공금 5백 냥이 있는 만큼 남을 도와 대업을 이루는 데는 부족함이 없을 거라고 생각했다.

호설암의 속마음을 알지 못하는 왕유령은 식은 차만 훌쩍거리다가 자리를 털며 일어섰다. 그런 왕유령의 뒷모습을 말없이 바라보던 호설암은 일생의 중요한 기회를 왕유령에게 걸겠다는 결심을 하고 그에게 다가갔다.

"형님, 뭐가 그리 바쁘십니까? 잠깐만 기다리세요. 한 가지 보여드릴 게 있습니다."

호설암은 허리춤에서 헝겊 주머니에 겹겹이 싼 5백 냥짜리 은표 한 장을 꺼냈다. 이 돈은 신화 전장에서 이미 결손 처리된 것으로 운 좋게 수금을 하긴 했지만 전장에 돌려주지 않고, 자신이 따로 전장을 차리는 데 자본금으로 쓸 마음으로 간직하고 있던 것이었다.

돈으로 돈을 버는 것보다 사람으로 돈을 버는 것이 훨씬 멋지고 고명한 방법이라 생각한 호설암은 자신의 전 재산을 왕유령이란 인물에게 투자하였다. 그를 큰 인물로 만들기만 하면 평생을 믿고 의지할 수 있을 것이라는 계산이었다.

은표를 받은 왕유령은 정신이 나간 듯 한참 동안 말이 없었다. 그렇게 큰 돈을 낯선 사람에게 아무 조건 없이 선뜻 건네준다는 것이 믿어지지 않았다. 하지만 호설암의 진심과 성의를 알고는 그만 감격을 억제하지 못하고 이내 눈물을 보이면서 아랫사람인 호설암에게 절을 올렸다. 이어서 두 사람은 의형제를 맺고 잔을 들어 성공을 다짐하며 금의환향을 기원했다.

다음날 왕유령은 배를 타고 경사를 향해 출발했다. 그가 탄 배는 가을바람에 실려 빠르게 수면을 갈랐다. 왕유령에 대한 투자는 일종의 도박이요, 모험인 셈이었지만 호설암은 한 가지 확신을 갖고 있었다. 일단 그가 관직에 오르기만 하면 자기가 베푼 은혜를 잊지 않으리라는 사실이었다.

기회는 고난을 통해 주어진다

 가난하고 미천한 출신의 호설암은 언젠가 사업을 통해 자신의 꿈을 실현하겠다는 일념으로 난세의 역경을 극복하고 왕유령이란 인물을 선택하여 기상천외한 원윈 게임의 대상으로 삼았다.

그는 자신의 밥그릇을 돈으로 바꿔 왕유령이란 인물에게 투자한 셈이었는데, 선뜻 이해하기 어려운 이러한 행위도 사실은 분명한 목표에 기초한 것이었다. 호설암은 왕유령이 장차 크게 성공할 인물이라고 믿어 의심치 않았지만 그래도 거금을 투자하는 데는 상당한 용기와 장기적인 안목이 있어야 했다.

호설암은 미래에 기대를 걸었고 결국 왕유령이 관리로 성공하면서 호설암도 큰 빛을 보게 되었다. 그의 투자는 확실한 이익으로 돌아왔던 것이다.

동서고금의 거상들은 대부분 미천하고 가난한 집안 출신이었다. 어린 시절에 집을 떠나 소규모 점포의 점원이나 도제로 일하면서 뜻을 키우다가 결국엔 독립하여 자신의 숨은 능력을 십분 발휘해 성공의 반열에 오른 것이다.

"고난을 통한 단련 없이는 성불할 수 없다."는 말처럼 중국 역사상 유일한 '홍정상인'의 자리까지 올라간 호설암의 성장과 발전은 자립하여 성공하고자 하는 수많은 사람들에게 훌륭한 거울이 되고 있다.

전장錢莊 : 청나라 시대의 금융기관

중국의 구식 상업금융기관이다. 남송南宋의 태방兌房, 명나라의 전점錢店·전애錢涯에서 유래하여 은과 동전의 교환업무를 맡아보던 곳으로, 청나라에서는 전포 또는 은호銀號라고도 하였다. 19세기 초 이후 전표錢票·은표·회표會票 등의 교환권을 발행하고 전은錢銀의 예금·대금·환어음을 다루는 등 거의 모든 은행 업무를 취급하였다. 근대 은행이 설립된 후에도 신용에 따른 손쉬운 융자와 더불어 오랜 중국의 생산 형태와 결부되어 번영하였다. 그러나 중국 정부가 성립된 후 투기적 활동이 금지되었으며 공사합영화公私合營化와 생산부문에 대한 투자가 추진되어 1953년 대부분 소멸하였다.

상경에서 배우는 경영 정신

▌ 돈보다는 사람, 그것이 곧 기회이다

호설암은 남다른 혜안을 갖고 있었기 때문에 몰락한 문인인 왕유령에게 주목할 수 있었는데, 이와 유사한 사례를 춘추전국시대 여불위 呂不韋에게서도 찾아볼 수 있다.

여불위는 명망이 자자했던 귀족 출신으로, 그의 선조는 상고시대의 염제炎帝까지 거슬러 올라간다. 염제의 후예들이 백이伯夷 이후로 나라에 큰 공을 세워 여(지금의 하남성 남양) 지방에 봉토를 갖게 되면서 자손들이 여씨 성을 갖게 되었다.

여불위가 태어난 곳은 위나라의 수도인 복양으로서 물산이 풍부하진 못했지만 당시에는 가장 발달한 상업도시로 알려져 있었다. 이 지역은 황하를 끼고 있어 교통이 매우 편리했다. 황하를 조금만 거슬러 올라가면 주나라의 수도인 낙양에 닿을 수 있었고, 하류를 따라가면 생선과 소금, 곡물 등이 풍부한 제로지방으로 통할 수 있었다. 또한 남쪽으로 내려가면 회하淮河 평원의 수로망으로 연결되었고, 황하를 건너 북상하면 곧장 북방의 대도시인 한단에 이를 수 있었다. 사통팔달의 유리한 지리적 위치가 복양 사람들에게 천혜의 상업 조건을 제공해 준 셈이었다.

* 여불위呂不韋 (? ~ BC 235)_ 중국 춘추전국시대 말기 진나라의 정치가. 장양왕이 죽은 뒤 여불위의 친자식인 태자 정政始皇帝이 왕위에 오르면서 최고의 상국相國이 되어 중부仲父라는 칭호로 불렸다

여불위의 부친은 이러한 조건을 십분 활용하여 엄청난 부를 모은 거상이었다. 여불위는 어려서부터 상인 가정과 복양이라는 특수한 문화 환경에서 자라면서 자연스럽게 사회 변화의 법칙을 체득할 수 있었고, 재산 보전과 출세의 방법도 터득하게 되었다.

그는 상인의 본성이 재산을 보전하는 데만 그치지 않고 이윤이 많은 곳에 투자하여 보다 큰 재산을 형성하는 데 있다고 생각했다. 한번은 여불위가 부친에게 물었다.

"전적으로 육체노동에 의존하는 농사는 몇 배의 이윤을 얻게 됩니까?"

"대충 열 배는 되지 않겠느냐?"

"진귀한 보석을 사고팔면 몇 배의 이윤을 얻을 수 있습니까?"

"아마 백 배쯤 되겠지."

"그럼 군주를 정하고 나라를 세워 이를 팔면 몇 배의 이윤을 얻을 수 있습니까?"

이 말에 여불위의 부친은 두 눈이 휘둥그레지면서 한동안 대답을 못하다가 한참만에야 입을 열었다.

"헤아릴 수 없는 이윤을 얻게 될 게다."

여불위의 질문은 아무 생각 없이 던진 말장난이 아니었다. 그가 처음 한단에 갔을 때 이미 엄청난 규모의 장사를 구상하고 있었던 것이다. 한단은 조나라의 수도로 복양보다 훨씬 번화하고 발달된 도시였다.

당시 제후국들 중에는 왕성과 동서 성곽 사이에 수레가 통과할 수 있는 도로를 갖춘 나라가 거의 없었지만, 한단에는 몇 대의 수레가 동시에 통과할 수 있는 넓은 도로가 도처에 건설되어 있었고, 이런 대로의 연변에는 예외 없이 점포와 역사, 주점 등이 생선 비늘처럼 겹겹이 자리 잡고 있었다. 또한 예쁜 아가씨와 아낙네들이 곱게 단장하고 거리를 활보하며 번화한 도시에 활기를 더했다. 제로지방 여인네들의 수수하고 소박한 모습과는 너무나 대조적이었다.

하지만 여불위는 눈앞의 향락에 빠져 자신이 한단에 온 목적을 망각할 치졸한 위인이 아니었다. 집을 떠나오면서 그는 아버지처럼 조금씩 돈을 벌어 재산을 모으는 것보다는 한 번에 큰 돈을 벌어야겠다고 마음먹었다.

그런데 여불위가 선택한 상품은 다름 아닌 진나라 공자 자초子楚로서 진의 소왕이 조나라에 보낸 인질이었다. 소왕의 애첩 하희夏姬 소생의 서자인 그는 별다른 능력도 없고 의지력도 부족한데다가 여색을 몹시 밝히는 인물이었다. 조나라에 인질로 온 후에는 언제 죽게 될지 모르는 불안감에 정신이 나간 사람처럼 항상 전전긍긍하며 괴로운 나날을 보내고 있었다.

하지만 여불위는 그를 처음 본 순간 '쓸 만한 물건'임을 알아보았다. 그를 잘 이용하기만 하면 엄청난 부를 손에 쥘 수 있다고 판단한 것이다. 확실한 보물을 발견한 여불위는 곧장 투자를 시작했다. 먼저 자초에게 거액의 돈을 건네 자기 사람으로 만들었고, 그가 여색을 밝힌다는 사실을 알고는 이미 자신의 아이를 임신한 희첩 한단희를 선물로 바쳤다. 그가 진나라로 돌아가면 자신이 건넨 돈으로 황후의 총애를 얻어 태자로 옹립될 수 있을 것이고, 그렇게 되면 한단에서 그를 마음대로 조종할 수 있을 것이라는 계산이었다.

물론 여불위의 계획이 성공하기 위해선 자신의 노력보다는 객관적인 상황이 성숙되는 게 더 중요했다. 자초가 무사히 진나라의 왕위에 올라야 자신이 투자한 거액의 자금이 이윤을 발생할 수 있었다.

때를 기다리면서 자신을 다스릴 줄 아는 것은 상인으로서 갖춰야 할 필수적인 자질이다. 그렇지 않고는 큰 돈을 벌 수 없기 때문이다. 여불위는 진나라 소왕 56년까지 묵묵히 때가 오기만을 기다리고 또 기다렸다. 다행히 자초는 무사히 진나라로 돌아가 태자가 되었고 여불위의 기대를 저버리지 않고 왕의 자리에 올랐다.

여불위는 은인의 공으로 진나라의 재상이 되어 막강한 권력을 장악했다. 당시의 문무백관들 가운데 여불위처럼 특별한 대우를 받은 사람은 없었고, 진나라의 역사를 통틀어 최고의 관직과 작위, 식읍을 동시에 차지한 사람도 여불위 한 사람뿐이었다.

호설암이 왕유령의 투공을 도운 것과 유사한 사건은 그와 동시대 인물인 사천四川 순무巡撫 오당吳棠에게서도 찾아볼 수 있다.

오당이 강소성 지역에서 지현知縣으로 있을 때였다. 하루는 대대로 교분이 있는 집안의 친구가 별세했는데 시신을 운구하는 배가 성 밖 운하에 정박해 있다는 소식을 듣게 되었다. 오당은 즉시 사람을 보내 은자 2백 냥을 부조하고 다음 날 시간을 내서 조문하겠다는 약속을 전했다.

그런데 심부름꾼이 돌아와 하는 얘기는 너무나 엉뚱한 내용이었다. 자세히 알아보니 돈을 보내 조문할 대상을 잘못 안 것이었다. 오당은 심부름꾼에게 몹시 화를 내며 당장 돈을 찾아오라고 지시했다. 그러자 옆에 있던 서판書辦이 이미 부조한 돈을 다시 돌려받는 것은 지현의 체면에 손상을 주는 일이니 그냥 인정을 베푼 셈 치라고 충고했다. 오당은 서관의 충고대로 다음 날 배에 올라 고인의 영전에 향을 올리고 상주를 잘 위로해준 다음 다시 관아로 돌아왔다.

잘못 부조한 돈을 받은 상주는 만주족 자매로서 가세가 몰락하고 도와주는 사람들도 없어서 부친의 시신을 두 자매가 직접 운구하고 있는 중이었다. 차가운 강바람 속에서 쓸쓸하게 배를 몰아가던 자매에게 뜻하지 않게 부친의 옛 친구라는 사람이 따뜻한 온정을 보내온 것이었다.

여러 해가 지나 두 자매 가운데 언니가 그 유명한 자희태후慈禧太后가 되어 어린 황제를 섭정하는 중국 최고의 통치자가 되었다. 당시의 지현 오당을 잊지 않았던 자희태후는 조정의 여러 대신들을 제쳐놓고 기회가 있을 때마다 오당을 찾았다. 당연히 그는 승관을 거듭하여 마침내 순무의 자리까지 올라 세상의 부러움을 샀다.

오당이 '무심코 버들을 심은 것'이라면 호설암은 '의도적으로 꽃을 심은 것'이라 할 수 있지만 결과는 똑같았다. 역사는 이처럼 놀라울 정도로 똑같은 상황을 반복하곤 한다. 여불위와 호설암, 오당이 처한 구체적인 상황은 달랐지만 모두 똑같은 원리로 결실을 맺은 것이다.

이 세 사람의 예는 모두 역사적 배경과 무관하지 않기 때문에 오늘의 경영자들이 무조건 따라 할 수는 없다. 그럼에도 이런 사례를 소개한 이유는 모든 투자에는 장기적인 안목과 계획이 있어야 한다는 점을 강조하기 위해서다. 특히 돈을 얻기 위한 투자보다 사람을 얻기 위한 투자가 더 중요하다는 것을 말하기 위함이다.

* 서태후 西太后(1835~1908)_ 청나라 함풍제의 후궁이며, 동치제의 생모인 자희태후

서양 상인들과의 교역이 이루어지면서 19세기 중국은
'상공업'의 충격과 혁명을 동시에 겪게 된다. 아울러 이
들과의 교역을 통해 부를 축적한 새로운 '거상'들도 탄
생하게 된다.

사람을 얻기 위해서는
기다려야 한다

호설암 어록

"나는 왕유령이 경사로 가서 투공하는 것을 돕다가 그만 일자리를 잃고 말았다. 하지만 애당초 이런 문제에 크게 신경을 쓰지 않았기에 아무런 후회도 없었다. 다만 생활이 어려워졌고 주위 사람들의 따가운 눈총을 받아야 했을 뿐이다. 하지만 이 정도의 좌절이 없다면 어떻게 영웅이 되어 커다란 공명을 성취할 수 있겠는가? 안일하게 지내는 사람에게는 크고 넓은 뜻이 생길 수 없다. 큰 뜻을 가지고 큰 사업을 일으키기 위해선 부단한 연마와 수련이 선행되어야 한다. 눈은 먼 곳에 두되 가까이에 있는 인연에 충실하다 보면 장차 드넓은 천지를 만나게 될 것이다."

치욕을 참고 무거운 짐을 감당하라

호설암이 왕유령을 돕는 데 사용한 돈은 이미 신화 전장에서 결손 처리된 돈으로서 수금이 된다면 이는 완전히 별도의 수입인 셈이었다. 문제는 돈을 빌려 간 사람의 배후에 녹영綠營의 영관이 버티고 있다는 사실이었다. 그 때문에 전장에서도 빚 독촉을 하지 못하고 있었다.

그러나 이 사람도 호설암과는 사이가 괜찮은 편이었다. 다른 사람은 받아내지 못하는 돈이었지만 호설암이 나서자 상황이 달랐다. 찾아가 사정을 얘기하자 그는 두말 없이 빌려 간 돈을 건네주었다.

사실 호설암의 마음은 딴 곳에 있었다. 어차피 전장에서는 회수가 불가능하다고 판단하여 결손 처리한 돈이니, 이 돈으로 왕유령을 도와주어 나중에 갚으면 다행이되 못 갚아도 그만이라는 생각을 하였다. 호설암은 당돌하게 마음을 정하고 왕유령의 명의로 차용증을 한 장 써서 전장의 지배인에게 주었다.

하지만 전장의 주인은 호설암이 마음대로 일을 처리한 사실에 대해 크게 격분하였다. 전장의 자금으로 인정을 베푼 일은 금전적 손실뿐만 아니라 좋지 않은 선례를 남긴 것이라 생각했다. 비록 호설암이 사실을 솔직하게 실토했다 해도 전장 직원으로서의 신용을 보장할 수 없는 것은 물론 또 어떤 일을 저지를지 알 수 없었기에 그대로 넘어갈 수는 없었던 것이다.

그동안 친하게 지내던 사람들 사이에서도 호설암에 대한 비난과 원성이 오가기 시작했다. 인심이란 그런 것이다. 좋다가도 호떡 뒤집듯 뒤집어지면 아무도 좋았다고 말하지 않는다. 결국 호설암은 성실하고 유능한 직원에서 더 이상 믿을 수 없는 사람으로 낙인이 찍

* 녹영綠營_ 청나라의 정규군

혀 쫓겨나는 신세가 되고 말았다. 다른 전장에서조차 자신을 받아주지 않자 하는 수 없이 항주를 떠나 상해로 향했다.

무사히 상해에 도착했지만 생계가 막막했던 호설암은 힘든 막노동을 하며 소병燒餠과 더운물로 간신히 허기를 달랬다. 전당포에 옷을 잡히고 끼니를 때우는 일도 허다했다. 할 수 없이 상해에서의 재기를 포기하고 다시 항주로 돌아와 기원妓院에서 청소와 막일을 하며 하루하루의 끼니를 때웠다.

왕유령을 돕다가 이처럼 힘든 생활을 하게 되었지만 그가 과연 성공할 지, 성공하면 언제쯤 항주로 돌아올 지에 대해서는 아무런 예측도 할 수 없었다. 그저 왕유령이 무사히 관직을 얻어 자신에게도 살길을 마련해줄 날이 있을 거라는 막연한 기대가 있을 뿐이었다.

호설암이 지독한 불운에서 헤어나지 못하고 있을 즈음, 왕유령은 바야흐로 홍운鴻運을 타고 있었다. 우연히 천진에 들렀던 왕유령은 호부시랑 하계청何桂淸이 비밀 감찰을 위해 천진에 머물고 있다는 소식을 듣게 되었다. 왕유령은 기쁨을 감추지 못하며 하계청의 숙소로 찾아갔다.

왕유령은 어렸을 때, 부친을 따라 운남雲南 곡정부曲靖府 지부에서 생활한 적이 있었다. 부친은 당시 문지기였던 하씨의 아들 하계청이 유난히 총명하고 글재주가 뛰어난 것을 발견하고는 특별히 왕유령과 함께 지내도록 했다. 신분으로 따지자면 하계청이 왕유령에게 '왕 공자'라 불러야 했지만 두 사람의 우정이 깊어 가면서 서로 대등한 친구 사이로 지내게 되었다.

몇 년 후, 왕유령 부자는 다시 복건福建의 원적지로 돌아오게 되었고 하계청과는 서로 연락이 끊기게 되었다. 왕유령과 이런 인연을 맺은 하계청이 호부시랑이라는 고관의 자리에 오른 것은 물론 황제의 총애를 받아 새로 강소학정江蘇學政이라는 관직을 맡게 된 것이었다.

하계청도 유년시절의 친구가 찾아왔다는 소식에 기쁨을 감추지 못하고 대문 밖까지 나와 왕유령을 맞아들였다. 원래 정이 많았던 하계청은 밤늦게까지 왕유령과 옛정을 나누다가 그 자리에서 은자 천 냥과 함께 자신이 잘 아는 관리들에게 보내는 소개장도 두 장 써주었다. 한 장은 이부시랑吏部侍郎에게, 또 한 장은 절강순무浙江巡撫에게 보내는 것으로서 왕유령이 학식과 아량을 지닌 쓸 만한 인재임을 보증하는 내용이었다.

하계청의 도움을 받은 왕유령은 곧 항주로 돌아와 발령을 기다리게 되었다. 다행히 절강순무 황종한黃宗漢은 하계청과 교분이 두터운 데다가 마침 크게 신세진 일이 있어 하계청의 소개장을 무시할 수 없는 입장이었다. 항주로 온 지 며칠 만에 왕유령은 절강 해운국의 좌판坐辦이 되어 쌀의 운송을 관장하게 되었다. 더군다나 이 자리는 짭짤한 부수입까지 보장되는 자리였다.

시운을 타 출세의 길에 접어들었지만 왕유령은 결코 호설암을 잊을 수 없었다. 그래서 항주로 돌아오자마자 그를 찾았으나 이미 종적을 감춘 다음이었다. 신화 전장에도 사람을 보내 행방을 수소문했지만 역시 헛수고였다.

그러던 어느 날, 왕유령은 일을 마친 다음 화주 생각이 가득해 항주성의 유명한 장삼당자長三堂子를 찾아갔다.

호설암은 한 손님이 원앙장鴛鴦帳에 들었다는 말을 듣고 수발을 들기 위해 급히 달려갔다. 그러나 그 손님이 바로 왕유령이라는 생

* 장삼당자長三堂子 _ 고급 기생집

각은 꿈에도 할 수 없었다. 그렇게 찾던 호설암의 초췌한 몰골을 본 왕유령은 말할 수 없는 비애에 젖었다. 은인은 죄 없이 고생을 하고 있는데 자신은 천금을 허비하며 기생집에 와 있다는 것이 너무도 부끄럽고 미안했던 것이다.

하지만 호설암의 마음은 달랐다. 기생집을 드나들 수 있는 부류는 거상이나 환관, 또는 대갓집 어르신네들뿐이니 왕유령이 이런 곳에 손님으로 왔다는 것은 그가 관문에 들어서 출세했다는 것을 의미했다. 호설암은 얼굴에 엷은 미소를 띠며 이렇게 생각했다.

'하늘이 날 버리지 않아 내 투자가 결국 성공을 거두었구나!'

최고 금단이 되는 조건

 송나라의 진량陳亮이 쓴 『하신랑 賀新郎』이란 책에는 "금단도 아홉 차례 이상 태워야 최고의 상태를 만들어낼 수 있다."고 쓰여 있다. 좋은 강철도 보통의 철을 여러 차례 제련함으로써 만들어진다. 이와 마찬가지로 사람도 수련과 연마를 거쳐야 훌륭한 재목이 될 수 있고 '지신'의 최종 결과를 얻을 수 있다.

옛 성현들도 성공을 위해선 '치욕을 참아내고 무거운 짐을 감당할 것'을 강조한 바 있다. 호설암이 훗날 엄청난 부를 일궈낼 수 있었던 것도 이러한 이치를 잘 알았기 때문이다. 그래서 일자리를 잃고 생계가 위태로워진 때에도 아무런 불평 없이 묵묵히 자신이 선택한 고통을 감내할 수 있었다.

상해上海_ 중국 양자강揚子江 하구의 최대도시이다. 1842년에 아편전쟁阿片戰爭의 결과 맺어진 남경조약南京條約에 의해 구미제국과의 무역을 위한 개항장 開港場이 되자, 상공업도시로서 급속히 발전하여 중국 제1의 도시로 성장하였다. 제국주의 열강의 중국 침략의 근거지가 되었으며, 동시에 중국의 민족해방운동이나 노동운동의 중심지였다.

송강松江_ 중국 상해시上海市에 있는 강남江南의 고성古城이다. 1958년에 상해에 속하였으며, 현재 상해시의 16개 행정구에 속한다. 양자강삼각주평원揚子江三角洲平原에 위치하여 쌀의 2기작과 채소 재배 등 근교농촌의 중심지이다.

절강浙江_ 중국 동부의 동중국해 연안에 있는 성省으로 성도는 항주杭州이다. 70퍼센트가 구릉성 산지에 속한다. 항주만 이남의 해안은 리아스식해안으로 천연의 양항이 많으며, 연안어업이 성하며 주산周山군도 근해는 중국 최대의 어장으로 심가문沈家門이 대표적인 어업기지이다. 근대공업도 중국공산당 정권 수립 이후 항주를 중심으로 발전하였다.

항주杭州_ 중국 절강성浙江省의 성도省都이다. 10세기 이후에 외국선박의 출입이 많았고, 원대元代에는 M.폴로, 이븐바투타 등이 이곳을 방문하여 행재의 와전인 '킨자이Khinzai' '칸자이Khanzai' 등의 명칭으로 유럽에 소개되었다. 19세기에 태평천국군太平天國軍의 싸움으로 파괴되었고, 남경조약南京條約에 의해 상해가 개항되자 항구로서의 번영을 빼앗겼다.

광주廣州_ 중국 광동성廣東省의 성도省都이며 화남華南지방 최대의 무역도시이자 중국 광동성의 행정·경제·문화의 중심지이다. 명말明末·청초淸初에는 유럽 각국으로 교역을 확대하여 중국 최대의 무역항으로 번영하였다. 아편전쟁阿片戰爭 이후, 상해上海의 개항과 홍콩香港의 할양으로 항세港勢는 쇠퇴하였으나, 중국의 근대화 과정에서 신해혁명辛亥革命 전야前夜의 황화강사건黃花岡事件이 일어나 중대한 혁명적 사건의 발상지가 되었다.

상경에서 배우는 경영 정신

험난함을 약으로 써야 기회가 주어진다

현대 중국인 가운데 인생 역정이 호설암과 비슷한 인물이 있다. 바로 홍콩의 세계적인 사업가이자 거부인 이가성李嘉誠이다.

어린 나이에 부친을 여읜 이가성은 찻집의 심부름꾼부터 시작하여 시계 수리공, 금속 공장의 영업사원 등 온갖 직종을 전전하면서 오늘날의 거부로 성장했다. 고된 역경 속에서 생존과 발전을 위한 비법을 터득했으며 마침내 자신의 이상을 실현시킬 수 있었다. 이가성이 사업을 일으키고 역경 속에서 고난을 이기며 분투한 인생 드라마는 홍콩 경제 발전사의 축소판이라 할 수 있다.

이가성은 어려서부터 책 읽기를 좋아하여 한 번 책을 손에 잡으면 밥 먹는 것도 잊은 채 독서에 몰입했다. 초등학교는 물론이고 상급학교에 진학해서도 성적이 항상 최상위권이었던 터라 그의 부모는 어떻게 해서든지 이가성을 대학까지 보내 나라의 인재가 되게 해야겠다고 마음먹었다. 그러나 1943년, 뜻하지 않게 부친이 젊은 나이로 요절하고 말았다. 어린 아들에게 유산은커녕 가계의 부담만 남기고 세상을 떠난 것이었다.

가혹한 생계의 압박은 이가성을 선택의 여지가 없는 길로 내몰았다. 원래 그의 꿈은 교육자였지 상인이 아니었다. 이가성은 자신의 회고록에서 이렇게 말하고 있다.

"사업에 성공하면 거액의 자금을 교육에 투자하겠다는 생각으로 나의 결정을 합리화했다."

돈을 벌기로 마음먹은 이가성은 홍콩 전역을 뛰어다니며 일자리를 구했지만 헛수고였다. 열네 살의 소년이 사회에 진입한다는 것은 너무나 힘든 일이었고, 종일 걸어다니느라 발만 퉁퉁 붓기가 일쑤였다. 결국 그는 홍콩 서영반西營盤에 있는 '춘명'이라는 찻집에 취직하게 되었다. 그가 찻집에서 하는 일은 손님을 맞고 차를 따르며, 탁자를 닦거나 가게 앞을 청소하는 것이었다. 그는 새벽 다섯 시에 출근해서 밤늦게 퇴근하면서 하루 열 시간씩 힘들지만 성실하게 일을 해나갔다.

이가성은 모든 일을 빈틈없이 해나가면서 스스로 두 가지 훈련을 시작했다. 하나는 모든 손님들의 본적과 나이, 직업, 재산, 성격 등을 기억하는 것이었고, 하나는 고객들의 소비 심리를 파악하여 정성을 다함으로써 고객들로 하여금 스스로 돈주머니를 열게 하는 것이었다.

얼마 지나지 않아 이가성은 손님들의 욕구와 소비 습관을 완전히 파악하게 되었다. 어떤 손님이 새우만두를 좋아하고 어떤 손님이 후추를 좋아하며, 어떤 손님이 홍차를 좋아하고 어떤 손님이 녹차를 좋아하는지를 머릿속에 훤히 꿰고 있었다. 당연히 그는 손님들의 환심을 샀을 뿐만 아니라, 주인의 마음에도 들어 월급이 가장 빨리 오르는 점원이 되었다.

하지만 이가성은 찻집에서 일하는 것은 미래가 밝지 못하다고 생각하고 일 년 후 찻집에서 나와 기술을 배우기 위해 외삼촌의 시계 회사에 들어갔다. 외삼촌은 그에게 차를 따르고 청소를 하는 잡일부터 시작하게 했지만 이가성은 어깨 너머로 몰래 기술을 배워 반 년 만에 시계의 조립과 수리에 필요한 기술을 완전히 익힐 수 있었다. 이가성의 재능과 노력에 놀란 외삼촌은 그를 회사 소유의 시계점 점원으로 발탁했다.

하지만 1946년 초, 열일곱 살의 이가성은 사직서를 내고 회사를 떠났다. 당시 이가성 앞에는 두 가지 선택이 놓여 있었다. 하나는 외삼촌의 보살핌 아래서 편안하고 안정된 삶을 사는 것이고, 다른 하나는 거친 세상으로 나가 위험과 고통에 맞서는 것이었다.

이가성은 후자를 택했다. 모험을 좋아하는 성격 때문이기도 했지만 외삼촌의 그늘에 있다 보면 자신을 속박하게 되고 안일함에 젖을 수 있다는 생각 때문이었다. 아직 젊은 만큼 시야를 넓히고 보다 많은 것을 배워 큰 기업을 이루겠다는 포부도 중요하게 작용했다. 안정된 회사를 떠난 이가성은 이름도 없는 오금五金 공장의 영업사원이 되었다.

오금 공장의 제품은 주로 알루미늄이나 양철로 만든 일용품이었고 가장 이상적인 고객은 일용 잡화를 파는 점포들이었다. 그러나 이런 점포들은 대개 거래처가 정해져 있기 때문에 경쟁이 이만저만 치열한 것이 아니었다. 이가성은 위탁판매와 실수요자를 직접 찾아가 판매하는 방법 등 온갖 수단을 동원하였고 한 여관에서 한 번에 백 개의 양동이를 팔기도 했다.

이가성의 등장으로 오금 공장의 매출은 급속도로 증가했다. 사장은 다른 직원들 앞에서 이가성을 노골적으로 추켜세우기도 했다.

그러나 이가성은 돌연 사직서를 제출해 주위를 놀라게 했다. 다급해진 사장이 월급을 대폭 올려주겠다고 제의했으나 이미 떠나기로 결심한 그의 마음을 돌릴 수는 없었다.

오금 공장을 나온 이가성은 플라스틱 벨트회사에 들어갔다. 1940년대 중반, 구미 선진국에서 인기를 끌기시작한 플라스틱 공업이 자유무역항인 홍콩으로 유입되지 않을 수 없었다. 플라스틱 제품은 성형이 쉽고 가벼운 데다가 색상이 풍부하여 목제품과 금속제품을 대체할 수 있는 장점이 있었다.

이가성은 오금 공장의 제품을 팔면서 이미 플라스틱 제품의 거대한 위협을 감지하고 있었다. 처음에는 일종의 사치품으로 인식되던 플라스틱 제품은 차츰 가격이 떨어지고 있었고 다양한 형태의 수입품들까지 증가하면서 값싸고 보기 좋은 대중적 상품이 될 것은 분명해 보였다.

플라스틱 벨트회사의 사장은 현대적 감각을 갖춘 경영인이었지만 같은 업체들이 우후죽순처럼 늘어나면서 갈수록 힘든 경쟁을 치루고 있었다. 사장은 영업사원들을 공격적으로 배치하며 판촉에 나섰지만 스무 명이 넘는 사원들 가운데 믿을 만한 사람은 단 한 명도 없었다.

직접 팔을 걷어붙이고 호텔 등을 찾아다니며 영업 활동을 벌이던 사장은 우연히 양철통 영업을 하던 이가성을 발견했다. 이가성의 양철통보다 자신의 플라스틱통이 더 팔리긴 했지만 사장은 이가성의 영업 능력이 자기보다 훨씬 뛰어나다는 사실을 이미 잘 알고 있었다. 사장은 틈틈이 차나 식사를 하면서 끈질기게 이가성을 자기 사람으로 끌어들였다.

이가성은 매일 아침 구룡반도에 위치한 회사로 출근한 다음 쉬지 않고 홍콩의 거리와 골목을 헤집고 다녔다. 이가성은 당시의 고충을 이렇게 회고하고 있다.

"남들이 여덟 시간 일할 때 저는 열여섯 시간씩 일해야 했습니다. 경쟁에 이기기 위해서는 일을 더하는 것밖에 다른 방법이 없었거든요."

훌륭한 영업사원이 되기 위해선 첫째, 근면해야 하고 둘째, 머리를 쓸 줄 알아야 한다. 이가성은 이 점을 뼈저리게 실감하고 있었다.

또한 이가성은 영업사원이 제품을 팔 때는 자기 자신을 함께 파는 것이라는 사실을 잘 알고 있었다. 이가성은 의도적으로 많은 친구들을 사귀면서도 처음에는 절대 사업 얘기를 하지 않았다. 우정이 깊어지면 사업은 문제가 되지 않았다. 또한 친구를 사귀면서도 잠재고객만을 기준으로 하진 않았다. "사람에겐 사람의 길이 있고, 신에게는 신의 길이 있다."는 말처럼 오늘 인연을 맺지 못한 사람도 언젠가 고객이 될 수 있기 때문이었다.

또한 이가성은 자신의 영업을 사업을 위한 초석으로 생각했지 돈을 목적으로 여기지 않았다. 면밀하게 플라스틱 제품의 시장 변화를 주의 깊게 관찰하기도 했는데 면밀하게 수집한 정보를 토대로 사장에게 어떤 제품의 출시를 서두르고 어떤 제품의 생산을 감축해야 하는지를 자문해주기도 했다.

그는 또 홍콩 전역을 여러 개의 구역으로 나누어 각 구역의 소비 수준과 시장 상황을 일일이 기록해 나갔다. 이런 식으로 그는 어느 지역에서 어떤 제품이 잘 팔리고 잘 안 팔리는지, 그리고 수량은 어느 정도가 되는지 상세히 파악하고 있었다.

플라스틱 벨트회사에서 일하기 시작한 지 일 년 만에 이가성의 실적은 2위를 차지한 사원의 일곱 배에 달했다. 열여덟 살의 젊은 나이에 업무관리자로 발탁되어 영업을 총괄하게 되었고 이 년 후, 부사장으로 승진하였다.

스무 살의 나이에 노동자로서 오를 수 있는 최고의 자리에 오른 이가성은 그러나 한창 일이 순조로울 때 새로운 도약을 준비하기로 마음을 먹었다. 사장은 그를 만류하지 않았고 은혜를 모르는 사람이라고 질책하지도 않았다. 오히려 그를 위해 성대한 송별회를 마련해 주면서 이가성의 발전을 기원해주었다. 사장의 격려에 감격한 이가성은 그 자리에서 이렇게 말했다.

"제가 회사를 떠나고자 하는 것은 직접 플라스틱 공장을 경영해 보고 싶어서입니다. 그동안 사장님 밑에서 배운 기술을 이용하게 될 것이고 어쩌면 사장님 회사와 똑같은 제품을 개발하게 될지도 모릅니다. 하지만 절대로 사장님의 고객을 빼앗아 가는 일은 없을 것이며 기존의 판매망을 이용하여 제품을 파는 일도 없을 겁니다."

호설암과 마찬가지로 이가성의 청소년 시절은 험난함의 연속이었다. 하지만 부단한 도전을 통해 기회를 기다렸으며 이를 기초로 하여 마침내 홍콩 최고의 거부가 될 수 있었다.

역경에 처해야
사람의 가치가 드러난다

호설암 어록

"사람은 어려움을 만나야 자신의 의지력을 발휘할 수 있다. 때문에 모든 일이 순조로울 때는 절제를 잃고 산만해져 많은 세월과 기회를 허비하기 쉽다. 심지어 아무런 행동도 취하지 않아 생활의 원칙과 방향을 상실하기도 한다. 인간의 의지력은 인생의 모든 시간과 공간을 관통하는 요소로서 인간 활동의 모든 상황에 절대적으로 필요한 것이다. 돈이 많으면 절약을 잊어 재산을 탕진하게 되고 지위가 높으면 절제를 몰라 권력을 잃게 되며, 큰 명성을 누리다 보면 지조를 잃어 이름을 더럽히게 된다. 인간이란 존재는 고난을 잘 이겨내야 무슨 일에서든지 능력을 발휘할 수 있다. 고난을 이겨내지 못하면 자신을 망치게 되고 행운이 다가와도 이를 제대로 소화하지 못하면 그냥 밟고 지나가게 된다."

본전이 없어도 이득을 만들어낸다

호설암에게도 역경은 많았지만 그는 매번 미리 묘책을 준비함으로써 이를 극복했다. 상해의 생사 시장을 독점하여 서양 상인들과 협상을 벌일 때의 일이다.

마침 서양인 살해 사건이 발생하자 상대방에서는 이를 빌미로 거래를 무산시키려 했다. 물론 호설암은 힘들게 이루어놓은 독점권을 그대로 포기할 수가 없었다. 촉박한 협상 기간중에도 사방으로 사람을 보내고 연락을 취해야 했다. 물론 이처럼 중대한 사안에 대비한 사전 준비가 있었기에 가능한 일이었다. 호설암은 양무에 능한 방이 등을 내세워 협상을 진행함으로써 난관을 수월하게 극복할 수 있었다.

호설암이 유일하게 막지 못한 일은 그의 전장 왕국 전체가 붕괴되어버린 사태였다. 대규모 예금 인출 사태는 그의 사업 전체를 실패로 몰고 가기에 충분했다. 그렇다면 이러한 엄청난 좌절 앞에서 호설암이 보인 태도는 어땠을까?

대규모 예금 인출은 소우렴邵友濂과 성선회盛宣懷의 음모로 시작되었다. 이들은 모두 이홍장李鴻章의 수하였고 이홍장은 좌종당과의 불화 때문에 그의 왼쪽 날개를 부러뜨릴 생각을 하고 있었다. 호설암은 좌종당의 문하에 있으면서 군량이든 자금이든 무기든 좌종당이 요구하면 즉시 구해주는 날개 역할을 하고 있었다.

이홍장은 좌종당의 세력을 꺾어 기선을 제압하려 했고 소우렴과 성선회는 이홍장에게 잘 보이기 위해 호설암을 공격 목표로 삼았다. 두 사람은 호설암이 경영하는 부강 전장의 재무상태가 부실하고

* 양무/양무운동洋務運動_ 19세기 후반 근대화를 추진한 청나라 관료군官僚群의 운동으로 서유럽으로부터의 근대기술을 도입해 이루려 한 청나라 정부의 자강自强운동을 말한다
* 이홍장/좌종당_ 페이지 47 글상자

신용이 형편없다는 소문을 퍼뜨렸고 소문이 퍼지자 부강의 상해 지점은 예금 인출이 몰리면서 하루 만에 문을 닫고 말았다. 항주와 영파의 지점들도 예외는 아니었다.

그때 호설암은 배를 타고 항주로 향하고 있었다. 항주에 도착하자마자 소식에 접한 호설암은 유일한 해결책은 바로 자신을 진정시키는 것뿐이라고 생각했다. 이는 마치 배가 풍랑을 만났을 때와 같았다. 선장이 먼저 당황하여 어쩔 줄 모르게 되면 선원들은 더욱 더 정신을 못 차리게 되는 것이다. 이런 상황이 발생하면 모두가 자신만을 생각하지, 누구 하나 나서서 배를 구할 생각은 하지 못하게 된다. 결국 배와 사람 모두가 침몰하게 되는 것이다.

호설암은 항주 지점의 지배인을 불러 점원들에게 전장 영업을 계속한다는 방침을 전달하게 했다. 다른 사업을 희생시켜서라도 가능한 모든 역경을 극복하겠다는 다짐도 함께 전했다. 그와 동시에 호설암은 번사藩司인 덕형德馨을 찾아가 대책을 강구했다.

덕형은 호설암과 줄곧 좋은 관계를 유지했고, 그가 위기에 처했어도 다른 장사꾼들처럼 도망치는 데 급급하지 않을 인물이라는 점을 잘 알고 있었다. 호설암을 돕기로 마음을 정한 덕형은 절강순무와 경사의 고위관리들을 소개해주었다. 여러 사람이 함께 호설암을 지원하여 그에게 시간을 벌 수 있게 해줌으로써 스스로 예금 준비금을 마련하여 큰 손실을 면하게 하려는 것이었다. 이처럼 오랫동안 유지되어 온 신뢰 덕분에 호설암은 부족한 자금을 조달할 수 있었고, 어렵지 않게 위기를 모면할 수 있었다.

인생에는 항상 승패와 득실이 있기 마련이지만 문제의 핵심은 심리적으로 절대 흔들리지 않는 데 있다. 놀라운 의지력과 멀리 내다볼 줄 아는 원대한 안목이 어려운 일을 쉽게 풀어주는 열쇠인 것이다.

호설암의 인내와 의지력이 비단 험난한 역경 속에서만 발휘된 것은 아니다. 호설암이 왕유령과 함께 조방漕幇을 상대로 사업을 벌일 때의 일이다. 조방의 우두머리인 우오尤五의 얼굴빛이 어두운 것을 보고는 그에게 말 못할 고민이 있다는 사실을 알아차렸다. 그리고 즉시 그의 고민을 해결해주어야겠다고 마음을 먹었다. 자신의 이익만 돌보고 남의 어려움을 돌보지 않는다면 한 번의 거래는 성사될 수 있겠지만 다시는 거래가 불가능하다는 사실을 잘 알고 있었기 때문이다.

호설암은 스스로 많은 책임과 부담을 감수하면서 그를 위한 배려를 아끼지 않았다. 이 일을 계기로 확실한 친분관계를 맺을 수 있을 것이고, 일단 친구가 되면 다음 거래를 걱정하지 않아도 되기 때문이었다.

그러나 왕유령은 호설암에 비해 소심한 위인이었다. 그는 이미 조방의 양곡을 사들여 사업의 기회를 잡았으니 남의 어려운 형편까지 걱정할 필요는 없다고 생각했다. 그러자 호설암이 왕유령에게 말했다.

"왕공, 강호에서는 한 번 말한 것은 절대로 번복할 수 없습니다. 우오의 부탁을 들어주기로 확답한 이상 좀 어렵더라도 그대로 밀고 나가야 합니다. 차차 상황이 좋아질 테니 일단 참고 의리를 지키는 것이 바람직합니다."

호설암의 이러한 자세는 눈앞의 이익보다 더 큰 이익을 내다볼 줄 아는 탁월한 안목의 소치였다. 사람의 의지력은 힘든 역경을 견디는 능력뿐만 아니라 이처럼 순탄함 속에서도 발전의 계기를 마련하고 이를 능동적으로 변화시키는 능력으로도 표현된다.

사람들은 역경이야말로 의지력을 시험할 수 있는 좋은 기회라고 말한다. 그리고 훌륭한 인재라면 역경을 이겨낼 줄 알아야 한다. 액운이 찾아오는 것도, 행운이 찾아오는 것도 모두 다른 형태의 시험으로서 이를 제대로 소화하지 못하면 모든 기회를 잃게 된다.

행운은 특별한 것이 아니라 흔히 있을 수 있는 일이다. 행운을 특별한 것으로 만드는 것은 오로지 이를 받아들이는 사람의 능력에 달려 있다. 자제력을 갖고 매사를 안정되게 처리하는 사람에게는 그 효과가 열 배, 백 배로 확대될 수 있지만 흥분하여 자제력을 잃는 사람들은 눈앞에 찾아온 행운을 그대로 놓쳐버리고 만다.

천과 인의 교합

 당나라의 시인이자 사상가였던 한유韓愈 는 「도를 논함」이란 제목의 글에서 '천天'과 '인人'의 관계를 "천과 인이 교합해야 비로소 뛰어난 능력을 발휘할 수 있다."고 논한 바 있다. 여기서 '천'이란 시대와 환경을 가리키는데 그 의미를 기회로까지 확장할 수 있다. '인'은 인간 자체를 말한다. 이 말에 담긴 뜻은 객관적 환경과 기회에 사람의 소질이 결합되어야 목적한 바를 성취할 수 있다는 것으로 해석할 수 있다. 때문에 하늘도 도와야 하지만 스스로도 자신을 도와 시련을 받아들여 이겨낼 수 있어야 한다.

호설암은 소년 시절의 도제 생활을 잘 참아냈고 왕유령를 돕다가 일자리를 잃어 곤경에 처했던 일도 잘 이겨냈으며, 심지어 기방에서 물을 나르고 청소를 하면서 숙식을 해결해야 하는 힘든 나날들도 잘 견뎌냈다.

홍정상인 호설암이 이룩한 성취는 전부가 '지신砥身'의 결과로 얻어진 것이었다. 그는 고난을 통해 갖춰진 남다른 혜안을 바탕으로 과감하게 생각하고 행동할 수 있었으며, '본전 없이도 이윤을 만들어내는無本生利' 뛰어난 상업적 지혜와 의지력을 발휘했다. 아울러 '하늘'이 그를 도와주었기 때문에 거상으로의 성공이 가능했던 것이다.

이홍장과 좌종당

이홍장李鴻章(1823.2.15~1901.11.7)_ 자 소전少荃. 호 의수儀戒. 안휘성安徽省 출생. '태평천국의 난' 중에 강소순무江蘇巡撫로 발탁되어 회군淮軍을 거느리고 진압에 중심적 역할을 하였다. 그후 영국·러시아의 지지를 받으면서 군사공업을 비롯한 각종 근대공업의 건설을 추진하였으며, 화북華北의 농민반란 진압과 청말의 주요 외교 문제를 거의 혼자서 장악하였다. 1896년 청·러밀약, 1900년 북경조약 등에서 외교적 수완을 발휘하고, 쇠퇴해 가는 청나라 국력강화정책으로서 근대공업의 진흥을 위하여 노력하였다.

좌종당左宗棠(1812~1885)_ 자 계고季高. 시호 문양文襄. 호남성湖南省 상음현湘陰縣 출생. 1825년 태평천국군이 호남으로 진출하자 호남순무湖南巡撫의 막료幕僚가 되어 그의 방위전에서 공을 세우고, 각 지방의 농민폭동 진압에 나섰다. 얼마 후 증국번曾國藩의 상군湘軍에 가담하여 공을 세우고 절강순무浙江巡撫로 발탁되어 영국군과 프랑스군의 원조를 얻어 절강을 수복收復하였다. 그는 프랑스로부터 기술 원조를 받아 복주福州의 마미馬尾에 조선소를 설립하고 이른바 양무운동의 선구자가 되었다.

 **상경에서 배우는 경영 정신**

 좌절이란 땅에서 인재의 나무가 자란다

인간은 고난의 극복을 통해서만 강해질 수 있고, 그래야만 비로소 탁월한 능력을 발휘할 수 있다는 호설암의 철학은 일본 마쓰시타 그룹의 총수인 마쓰시타의 견해와 일치한다.

두 사람은 경력에 있어서도 매우 비슷했다. 마쓰시타가 자동차 수리점에서 점원으로 일할 때 호설암은 전장에서 청소와 차 심부름을 하고 있었고 마쓰시타가 전구를 팔러 이집 저집 돌아다니고 있을 때 호설암은 남을 돕다가 일자리를 잃고 거리를 전전하고 있었다.

이런 고달픈 경력 덕분에 두 사람은 참고 기다릴 줄 알아야 하며 반복되는 고통과 좌절을 이겨내는 의지력이 있어야 한다는 생존의 제1법칙을 몸소 체득할 수 있었다.

마쓰시타는 세계적인 대기업이다. 직원들에 대한 대우가 좋고 자기계발의 기회가 많아 매년 입사시험에는 수많은 대학 졸업자들이 몰려 북새통을 이룬다.

일본 최고의 공과대학을 우수한 성적으로 졸업한 한 학생은 모교에서 특별히 마련해준 기회들을 거절하고 마쓰시타 회사의 입사시험에 응모했다. 시험에 합격하는 것은 문제없을 것처럼 보였지만 최종합격자 명단에는 이 학생의 이름이 빠져 있었다. 도저히 이해할 수 없는 결과였다. 수치심과 분노에 괴로워하던 학생은 그만 다량의 수면제를 먹고 자살하고 말았다.

다음 날, 마쓰시타 회사의 인사부에서 전보가 한 장 날아왔다. 이 학생이 입사시험의 수석합격자인데 전산 처리에 문제가 생겨 이름이 누락됐다는 것이었다. 하지만 때는 이미 늦은 후였다. 회사 인사부의 책임자도 아쉬움과 안타까움을 금치 못했다. 우수한 인재를 놓쳤을 뿐만 아니라 업무 착오로 이런 비극이 발생된 데 대해 뼈저린 책임감을 통감할 수밖에 없었다.

그러나 이 소식이 그룹의 총수인 마쓰시타 고노스케의 귀에 전해졌을 때, 그의 반응은 전혀 엉뚱했다.

"이 학생이 젊은 나이에 세상을 떠난 것은 참으로 애석하고 안타까운 일입니다. 하지만 우리 회사가 이 학생을 받아들이지 않게 된 것은 큰 행운이 아닐 수 없습니다."

그 정도의 좌절을 이겨내지 못하는 것으로 봐서 그 학생의 심리적 자질이 형편없다는 이유였다. 만일 착오가 발생하지 않아 회사에 입사했다면 능력에 따라 회사의 중요한 직위를 배정 받았을 것이다. 하지만 그의 심리적 자질로 봐서는 중요한 자리에서 좌절을 만나게 될 경우 스스로 자살을 선택한 것처럼 다분히 충동적이고 비극적인 방법으로 일을 처리할 가능성이 컸다. 만약 이러한 상황이 실제로 발생한다면 회사에 막대한 손실을 초래하게 되는 것은 뻔했다.

마쓰시타 고노스케는 개인의 자질 가운데서도 특히 심리적 자질에 큰 비중을 두면서 '의지력'을 사업 성취의 중요한 지표로 삼았다.

호설암과 마쓰시티는 삶을 평면적으로 보지 않고 역사 의식을 갖고 깊게 천착하는 자세를 갖고 있었다. 축적된 경험과 인식을 토대로 과거와 미래를 동시에 바라보면서 인생을 살아가는 것이다. 그들은 일시적인 영욕도 중요하지만 인내 뒤에 찾아오는 열매가 훨씬 더 달콤하고 실속이 있다는 사실을 잘 알고 있었다.

호설암과 같은 시대의 사업가인 서윤徐潤에게서도 흡사한 면모를 발견할 수 있다. 서윤은 매판으로 사업을 일으켜 함풍咸豊에서 동치同治 연간에 이르는 시기에 큰 돈을 벌었던 인물이다.

당시 상해 조계지의 인구는 5만 명에서 14만 2천 명으로 폭발적으로 증가했고 수많은 지주와 부상들이 고향을 떠나 조계지로 몰려들고 있었다. 덕분에 부동산사업은 가장 성공하기 쉬운 업종 가운데 하나였다.

동치 3년(1864)에서 광서 9년(1883) 사이에 서윤은 계속해서 약 6천1백 무의 땅을 사들여 3천2백 무의 건물을 건축했다. 그가 지은 서양식 주택과 상가 건물은 매년 백은白銀 12만 냥의 임대료 수입을 가져다주었고, 부동산 가치만 해도 약 223만 냥에 달했다.

1883년, 중불전쟁이 터져 프랑스 전함이 오송구吳淞口를 공격하면서 부호들이 서둘러 상해를 떠나고 시 전체의 전장이 붕괴되는 비운을 맞았다. 호설암의 부강 전장이 문을 닫았던 것처럼 유사한 업종에서도 자금이 부족해지면서 사방에서 서윤의 채무를 압박해 왔다.

서윤은 다른 사업체를 헐값에 팔아 채무를 해결해야 했고, 이 과정에서 입은 손실은 80~90만 냥에 달했다. 생애 최대의 참담한 실

* 조계지_ 국내의 개방과 주거의 자유를 허용하지 않는 한 나라가 조약에 의해서 그 영토의 일부를 한정하여 외국인의 거주와 영업을 개방한 지역을 말한다

패를 맛보게 된 것이었다. 그러나 그는 절대 기죽지 않았다. 언젠가 자신이 대련에 써 붙였던 것처럼 "배짱을 두둑이 갖고, 어금니를 악물면서" 재기를 다짐했다.

광서 16년(1890) 이후 집안에 있는 골동품과 서화는 물론, 모친의 유품과 아내의 패물까지 팔아 9만 냥의 은자를 마련한 서윤은 다시 부동산사업에 투자하기 시작하여 먼저 상해와 천진지역에 3천여 무의 땅을 사들였다. 그러나 1900년에 8개국 연합군이 중국을 침범하여 천진에 새로운 조계지를 설치함으로써 서윤이 애써 구입한 부동산이 또 다시 외국인들 손에 넘어가는 엄청난 손실을 입고 말았다.

이처럼 서윤은 뜻하지 않은 외부 요인으로 인해 여러 차례 커다란 좌절을 경험해야 했다. 하지만 그는 좌절에 굴하지 않았고, 쓰러질 때마다 사업가가 갖춰야 하는 강인한 자질을 과시하면서 마침내 큰 성공을 거두었다. 호설암과 서윤은 중국 근대사를 장식한 대상인으로서 두 사람 모두 커다란 좌절 앞에서도 흔들리지 않는 침착한 태도를 보였다.

좌절은 인간의 능동성을 위축시키거나 파괴할 수도 있고, 반대로 적응력과 재활력을 촉진하고 강화시킬 수도 있다. 두 가지 가능성 중에서 어떤 것을 택할 것인가? 이는 오로지 의지력의 강도가 결정해줄 문제이다. 불행한 운명을 이겨내고 억만장자가 된 진옥서陳玉書의 예를 확인해 보자.

진옥서는 1941년 인도네시아에서 출생하였지만 열아홉 살 때, 조국에 대한 뜨거운 애국심과 충정을 품고 부유한 가정을 떠나 중국으로

---

* 8개국 연합군_ 의화단義和團의 반反제국주의 투쟁이 고조되자, 관군과 의화단을 격파하기 위해서 영국·러시아·독일·프랑스·미국·이탈리아·오스트리아·일본 등 8개국이 형성한 연합군

건너갔다. 1964년, 북경사범대학 역사학과를 졸업하고 당시의 정책 규정에 따라 농촌으로 가서 일 년 동안 노동 개조를 받은 다음 북경 서의중학교에 배정되어 역사를 가르치게 되었다.

그러나 순탄하던 그의 인생에 뜻하지 않은 화가 닥쳐왔다. 공산 당사를 가르치면서 소삼蘇三이 쓴 『모택동의 청년시대』에 근거하여 그를 부유한 농민 출신으로 설명한 것이 위대한 영도자 모 주석을 반 혁명분자로 몰았다는 오해를 사는 바람에 가혹한 처분을 받게 된 것 이었다. 이때부터 그의 몸과 마음은 지옥으로 떨어졌고 곧 벌어진 '문화대혁명'이라는 처절한 재난에 의해 난도질당하게 되었다.

1970년대가 되자 진옥서는 홍콩으로 가 살길을 찾기로 마음먹 었다. 하지만 어렵게 홍콩에 도착했을 때 그가 가진 거라곤 50홍콩 달러가 전부였다. 구할 수 있는 일자리도 새로 건설중인 공항에서 돌을 날라 바다를 메우는 일뿐이었다. 몹시 힘들고 고통스런 노동이 라 하루 종일 반바지에 런닝 차림으로 땀에 젖어 있어야 했다.

우수한 교육을 받은 지식인이 이처럼 힘들게 생계를 해결해야 한다는 사실은 심리적 압박감을 주기에 충분했다. 하지만 그는 힘든 일을 묵묵히 참아냈고, 두려워하지도 않았다. 아울러 그는 자본주의 세계에서 성공하기 위해선 자금과 정보라는 두 가지가 필요하다는 사실을 잘 알고 있었다.

자금을 모으기 위해선 버는 돈을 최대한 절약해야 했고, 정보를 수집하기 위해선 모든 일에 관심을 기울여야 했다. 진옥서는 매일 저녁 퇴근하여 거처로 가는 배를 탈 때마다 모든 승객이 다 내린 뒤 에야 자리에서 일어섰다. 사람들이 읽다버린 신문을 줍기 위해서였 다. 숙소로 돌아가면 그는 걸신들린 듯이 주위온 신문을 탐독했다.

---

* 홍콩달러_ 홍콩달러는 국제통화로서의 높은 환전성으로 유명하며, 외환보유고로 가장 많이 사용되는 통화 중 하나이다. 1US$＝7.8홍콩달러

이런 방법을 통해 홍콩이란 낯선 사회의 현실을 정확히 이해할 수 있었던 것이다.

사실 이런 노력을 오래도록 지속한다는 것은 생각처럼 쉬운 일이 아니었다. 강인한 의지와 투철한 목적의식이 없이는 절대 불가능한 일이었다. 이러한 과정은 진옥서가 이후 중요한 문제에 직면하여 과감한 결단을 내리고 쉽게 기회를 잡는 데 확실한 기초를 마련해주었다.

그로부터 6년 후, 진옥서는 마침내 '번영공사'라는 회사를 차리게 되었고 불과 일 년 만에 100만 홍콩달러라는 거금을 벌 수 있었다. 그러나 비즈니스의 세계를 둘러싼 환경은 너무나 변화무쌍했다. 홍콩에서는 돈을 벌었지만 대만에 투자한 사업에서는 참패를 당해 무려 2백만 홍콩달러의 손실을 기록하면서 파산 직전의 위기에 내몰리기도 했다.

그러나 진옥서는 결코 흔들리지 않았고 때마침 북경에 다량의 경태람景泰藍 칠보 재고가 있다는 정보를 입수하게 되었다. 중국 경태람 시장의 경기가 극도로 악화되어 부득이하게 염가로 처분한다는 것이었다.

정보를 가볍게 여기지 않았던 진옥서는 서둘러 자금을 구해 북경으로 가서 위탁판매 계약을 체결했다. 이를 계기로 그의 사업은 호전되었고 마침내 억만장자가 될 수 있었다.

---

* 경태람景泰藍 칠보 _ 명대明代 경태景泰 연간(1450~57)에 만들어진 것으로 남색의 유약을 주로 한 황색·녹색·진주색 등의 유선칠보이다. 중국에서 가장 유명하다

인재를 마음대로 부리는 재주

2

盡人 진인

'진盡' 이란 그 쓰임을 다하는 것이고, '인人' 이란 뛰어난 인재를 말한다.
어떤 시대이든 소양이 높고 능력이 뛰어난 인재는
상업의 중요한 자본이 된다.
공자가 말하길 "인간에는 다섯 가지 유형이 있는데
범속한 사람과 선비, 군자와 성인, 그리고 현자가 그것이다.
이 다섯 가지를 잘 살펴 그 쓰임과 도리를 다해야 한다."라고 하였다.
인재를 잘 쓰기 위해선 먼저
사람을 잘 구별할 줄 알아야 하고 격려할 줄 알아야 한다.
실질적인 이익을 주어서 하는 일에 더욱 힘쓰게 하고 정으로 감동시켜야 한다.
그러면 뛰어난 인재들을 마음대로 부려 큰 상인으로 성장할 수 있다.

"상인이 갖춰야 할 가장 중요한 능력은 사람을 제대로 쓸 줄 아는 것이다. 자신의 능력이 뛰어난 사람일수록 남의 능력도 잘 활용할 줄 아는 법이다. 그렇지 못할 경우 경영자의 능력과 자질을 고루 갖췄다 하더라도 큰 일을 해내기 어렵다. 나는 사람을 쓰는 방법과 원칙이 남들과 다르다. 나는 아주 강한 사람들만 쓴다. 이 세상에 완전한 인재는 없다. 따라서 쓸 만한 구석이 있기만 하면 다른 단점들이야 전부 덮어두면 그만이다. 내가 처음 진세룽陳世龍을 데려다 쓰기로 했을 때, 사람들은 왜 공연히 골칫거리를 옆에 두려 하는가, 라고 의아해 했지만 결과는 전혀 그렇지 않았다. 나무 한 그루로는 숲을 이룰 수 없다. 내가 아무리 뛰어난 능력을 갖고 있다고 하더라도 주위의 인재들을 활용하지 않았다면 오늘날의 성공은 불가능했을 것이다. 내 성공의 비결은 남들이 감히 데려다 쓰지 못하는 인재들을 과감히 받아들인 덕분이다."

짚에서 바늘을 찾는 마음

"세상에 완전한 인재는 없다." 호설암은 사람을 쓰는 데 있어서 이 점을 대단히 중시했다. 세상의 편견에 좌우되지 않는 자신만의 혜안을 가지고 사람들의 장점을 찾으려고 했다. 그의 주변에 특출한 인재들이 많았던 것은 다 이러한 이유 때문이었다.

진세룡은 별명이 '땡중小和尙'으로 원래는 호주湖州의 도박판을 전전하면서 일없이 먹고 마시며 노름으로 세월을 보내던 건달이었다. 때문에 호설암이 이처럼 무능한 사람을 데려다 쓰려고 하는 것이 사람들의 눈에 미친 짓으로 보이는 것은 너무나 당연한 일이었다.

그러나 호설암은 이 '땡중'에게서 한 가지 특별한 장점을 발견했다. 전장을 관리하는 당수가 될 재목은 못 되지만 밖으로 뛰면서 잔일을 해결하는 데는 그만한 인물이 없다고 판단한 것이다. 그리하여 그는 이 '땡중'을 훈련시키고 개조하기로 마음먹었다. 이는 오로지 진세룡의 다음과 같은 장점만을 보고 내린 결정이었다.

첫째, 진세룡은 생각과 행동이 대단히 민첩한 인물이었는데 호설암이 진세룡을 만나게 된 것은 아주 우연한 기회를 통해서였다. 전부터 알고 지내던 비단 가게의 당수가 진세룡에게 호설암을 욱사郁四에게 데려다주는 심부름을 시킨 것이었다. 이때 호설암이 건넨 몇 가지 질문에 진세룡은 빠르고 정확한 대답을 했고 호설암은 그가 쓸 만한 재목이라는 판단을 하게 되었다.

둘째, 호설암은 욱사를 통해 그가 사람을 배신하지 않는 인물임을 알게 되었다. 욱사는 그가 너무 약삭빠르고 잡기에 빠져 있다는 짐 때문에 대체적으로 부정적인 시각을 갖고 있었지만 신의를 저버

* 당수_ 지배인을 일컫는 말

리지 않는다는 사실에 대해서는 공정한 평가를 하고 있었다.

셋째, 무엇보다 진세룡의 가장 뛰어난 장점은 혈기가 왕성하고 언변이 좋다는 것이었다.

호설암은 진세룡을 자기 사람으로 만들기 전에 먼저 그를 시험해보기로 마음먹었다. 한번은 그와 이야기를 나누다가 은자 50냥을 건네주며 용돈으로 쓰라고 했다. 당시 진세룡은 호설암에게 노름을 끊겠다고 다짐해 놓은 상태였지만 호설암은 노름꾼에게 공돈이 생기면 손이 근질근질해서 못 참는다는 사실을 잘 알고 있었다. 호설암은 그가 언행이 일치하는 인물인지를 시험해보고 싶었다.

그 날 저녁, 진세룡은 도박장 근처를 맴돌긴 했지만 끝내 마음을 다잡고 친구들의 유혹을 뿌리쳤다. 이때부터 호설암은 진세룡을 믿기 시작했다. 사람됨을 알려면 먼저 그의 언행이 일치하는지를 살펴보면 된다는 것이 호설암의 지론이었다.

호설암은 남자가 술과 노름을 즐기는 것을 큰 문제로 생각하지 않았다. 정말로 중요한 것은 의지력이었다. 결점이 아무리 많다 하더라도 의지력이 있는 사람은 얼마든지 개조할 수 있기 때문이다. 원칙이 지켜지기만 한다면 작은 단점들은 문제가 되지 않는다. 호설암은 오직 진세룡의 장점만 보고 과감히 발탁하였으며 강호江湖와 관장官場을 종횡무진하는 훌륭한 참모로 성장시킬 수 있었다.

또 하나의 인재는 유불재劉不才다. 유불재는 본명이 유삼재劉三才로서 호설암의 애첩인 부용芙蓉의 삼촌뻘 되는 사람이었다. 부용의 집안은 대대로 '유경덕당劉敬德堂'이란 약방을 경영하던 명가로서 그녀의 부친 대에는 상당한 부와 명성을 구가하기도 했다. 그러나 부친이 사천에서 약재를 실어오다가 배가 암초에 부딪히며 사망하는 사고를 당하자 유삼재에게 약방의 운영권이 넘어가게 되었다.

유삼재는 부유한 환경에서 망나니로 자랐으며 더군다나 노름에 미쳐 있었다. 약방은 유삼재의 손으로 넘어간 지 일 년이 채 못 되어 적자를 견디지 못하고 남에게 넘어갔고, 부채를 정리하고 남은 돈이 고작 은자 3천 냥에 불과했다. 그나마 이 3천 냥도 일 년이 채 못 돼 모조리 탕진하고 말았다. 그 후로는 살림살이나 옷을 전당포에 잡혀 입에 풀칠을 해야 했으며 아예 외상으로 끼니를 해결하는 경우도 허다했다. 그러다가 얻은 별명이 바로 '유불재'였던 것이다.

다른 사람들의 눈에 비친 유불재는 절대 구제가 불가능한 인물이었다. 친조카인 부용마저도 그를 대단히 한심한 인간으로 치부하고 있었다. 그러나 호설암은 이미 그의 또 다른 일면을 보고 있었다. 첫째, 그는 도박에 미쳐 엄청난 돈을 날렸으면서도 선조로부터 물려받은 제약의 비방은 끝까지 팔지 않고 지키고 있었다. 이는 언젠가는 다시 가업을 일으키고 말겠다는 의지의 표현으로 볼 수 있었다. 둘째, 술과 담배를 지독하게 좋아하면서도 아편에는 손을 대지 않았다. 자기 자신을 파괴할 정도로 타락하지 않았음을 증명하는 사실이었다.

다른 사람들이 전혀 관심을 두지 않았던 이 두 가지 사실을 근거로 호설암은 그에게 아직 구제의 여지가 남아 있다고 판단했다. 장점을 최대한 살릴 수 있다면 분명 요긴한 인물로 쓸 수 있다는 판단이었다. 결국 방이龐二를 끌어들여 서양 상인들과의 거래를 시작하고 태평천국군이 항주를 점령했을 때 자신의 노모와 처자를 의탁했으며, 항주를 수복하기 위한 사업의 기초를 다진 것 등도 모두 유불재의 능력이 있었기에 가능한 일들이었다.

인재를 선발하는 데 있어서도 그렇지만 인재들을 활용하는 데 있어서도 장점을 중요하게 여기는 원칙을 견지할 필요가 있다.

호설암이 약방을 경영할 때의 일이었다. 한번은 약재를 구입하는 전담 직원 아이阿二가 천 리나 떨어진 동북지역으로 가서 다량의 인삼을 구매해 돌아왔다. 그런데 약방 당수인 아대阿大가 물건을 꼼꼼히 조사해보니 인삼의 품질이 지난해보다 월등히 떨어지는데도 불구하고 가격은 오히려 훨씬 비싼 편이었다.

아대가 아이의 실수를 호되게 나무라자 아이는 자신은 최선을 다했으며 물건의 품질이 좋지 못한 것은 동북지역에서 벌어지고 있는 전염병 때문이라고 반박했다. 두 사람은 거세게 다투었고 급기야는 호설암 앞에서까지 말다툼이 이어졌다.

호설암은 자세한 내막을 알아본 다음 아이에게 특별히 술까지 곁들인 식사를 대접하며 먼 지방까지 가서 약재를 구입해 온 노고를 치하했다. 약재를 구하기 어려운 시기에 약방을 위해 고생을 무릅쓴 것은 충분히 칭찬 받을 만한 일이라는 것이었다. 식사를 마치고 호설암이 아대에게 말했다.

"장군이 전장에 나가 있을 때는 군령이 잘 전달되지 못하는 수도 있네. 장사도 전쟁과 마찬가지지. 일단 사람을 썼으면 절대로 의심을 갖지 말게. 앞으로도 약재의 가격과 수량, 품질 등은 전부 아이에게 맡기도록 하게."

"그건 약방의 규율을 깨는 처사입니다."

"앞으론 아이가 구매 담당이 되는 걸세."

호설암의 결정에 크게 감격한 아이는 더욱 열심히 일했고 약방은 갈수록 번창했다. 그 후로도 아대가 퍄골을 호골로 잘못 알고 구

입한 사건이 있었다. 이때에도 호설암은 바쁘다 보면 그런 실수는
얼마든지 있을 수 있다며 관용으로 덮어주었다.

인간은 누구든지 실수할 수 있다. 뛰어난 재능을 가진 사람들도
대부분 치명적인 결함을 갖고 있기 마련이다. 따라서 사람의 장점을
활용하기 위해서는 그 사람의 단점을 덮어주는 관용이 필요하다. 호
설암의 사업에 뛰어난 수완으로 결정적인 도움을 준 조역자들은 대
부분 주변 사람들의 눈에 형편없이 무능한 부류로 낙인찍힌 사람들
이었다. 호설암의 혜안은 이런 사람들에게서 남들이 갖지 못한 장점
들을 찾아내는 데 있었다고 할 수 있다.

인재가 가지고 있는 결함

호설암은 무엇보다도 인재의 가치
를 중히 여겼다. 그가 이처럼 인
재의 개발과 훈련을 중시했던 것은 인재에 대한 그의 독특한 요구에 기
인한다.

경영의 세계도 전쟁터와 마찬가지다. 아무리 훌륭한 장수라 하더라도 주
위에 유능한 참모와 병력이 없이는 적을 이기지 못하는 것처럼 탁월한
경영자에게는 수하에 손발이 되어줄 만한 우수한 인재들이 있어야 한다.
그러나 전인적 재능과 수완을 갖춘 인재를 만나기란 그리 쉽지 않다. 인
재들이란 어느 한 부분에서 특별한 강점을 보이는 동시에 다른 부분에서
는 치명적인 결점을 드러내는 경우가 대부분이다. 따라서 뛰어난 경영자
라면 그들의 단점보다는 특별한 장점을 잘 살려서 그 장점에 맞는 성과
를 거두는 안목이 필요하다.

상경에서 배우는 경영 정신

▌티 없는 돌과 티 있는 옥의 차이를 구별하라

호설암이 말한 것처럼 '안목과 수완을 동시에 갖춘' 전천후 인재들을 찾아 기용할 수 있다면 행복한 일이다. 동작이 빠르고 일 처리가 확실하여 한 번 시킨 일은 한 점의 착오도 없이 해내는 사람을 기용할 수만 있다면 모든 일이 얼마나 순조롭겠는가.

하지만 이런 전인적 인재를 만나는 게 그리 쉬운 것은 아니다. 아름다운 여인에게도 드러내지 못할 추한 면이 있는 것처럼 착실하고 수완이 좋은 사람은 흔히 계산이 느려 곤란을 겪는다. 또한 약삭 빠르고 두뇌 회전이 빠른 사람은 교활하고 의리가 없어 일을 맡겨놓고도 마음을 놓을 수가 없다. 한 분야에서 뛰어난 기량을 발휘하는 사람이라도 다른 분야에선 철저하게 무능할 수 있다. 결국 '티 있는 옥'을 고를 것인가, 아니면 '티 없는 돌'을 고를 것인가, 하는 것은 어디까지나 용인의 안목에 달려 있는 것이다.

초기 춘추전국시대의 명재상이었던 관중管仲도 처음부터 다재다능한 능력을 가진 인재는 아니었다. 그는 소년 시절의 친구 포숙아鮑叔牙와 함께 장사를 한 적이 있었는데, 집이 어려워 이익을 나눌 때마다 항상 더 많은 몫을 챙겨가곤 했다. 나중에 전쟁에 참가하게

---

* 관중管仲(?~BC 6.45)_ 춘추전국시대 제나라의 재상宰相이며 '관포지교管鮑之交'로 유명하다. 군사력의 강화, 상업·수공업의 육성을 통하여 부국강병을 꾀하였다

된 관중은 집에 두고 온 노모가 그리워 세 차례나 전장에서 도망친 일도 있었다.

그러나 그에게 뛰어난 치국의 웅재와 계략이 있다는 사실을 아는 포숙아는 몇 가지 단점으로 인하여 그를 부정하지 않았다. 심지어 제나라의 환공桓公이 포숙아에게 재상이 되어 달라고 했을 때에도 조심스럽게 관중을 천거했다. 덕분에 관중은 먼저 상경上卿이 되었다가 이내 재상이 되어 환공의 수하에서 40년간 대업을 도왔다.

관중은 대담한 개혁 조치를 단행하여 나라를 부강하게 했고, 환공을 춘추전국시대 최초의 패주가 되게 했다. 이러한 관중과 포숙아의 일화는 인재를 사용함에 있어 한 사람에게 여러 가지 재능을 기대할 것이 아니라 그만이 갖고 있는 특수한 재능을 잘 살려줘야 한다는 점을 역설적으로 말해주고 있다.

주위의 편견에 얽매이지 않고 능력의 쓰임새를 잘 알아야 유능한 인재들을 많이 거느릴 수 있다. 특히 비난을 많이 받는 사람에 대해 주목할 필요가 있다. 숲 위로 우뚝 솟은 나무를 바람이 그냥 두지 않는 것처럼 출중한 사람일수록 비난의 표적이 되기가 쉽다.

세계적인 관리전문가 뒤락은 "기용한 사람에게 단점이 없다면 그 결과는 평범한 현상유지에 불과하게 된다."고 단언한 바 있다. 사실 모든 것을 다 잘한다는 것은 특별히 잘하는 바가 없다는 것을 의미한다. 능력이 뛰어난 사람일수록 결점이 쉽게 노출되는 법이다. 사람의 단점을 보고 그가 지닌 특수한 장점을 무시한다면 결국 평범한 사람이 그 자리를 대신하게 된다.

"이 세상에 완전한 인재는 없다. 한 개인의 능력은 그 쓰임에 따라 결정된다. 이 점에서 나는 다양한 방식을 구사한다. 큰 재목은 크게 쓰고 작은 재목은 작게 쓰면 된다. 사람들의 장단점을 따지지 말고 자신이 생각한 용도에 맞게 활용하기만 하면 그만이다. 대나무 줄기가 없으면 대나무 바구니를 짤 수 없는 것처럼 사람들의 자잘하고 사소한 능력도 잘 유념해 두었다가 적절한 용도에 투입할 줄 알아야 한다. 일단 사람을 골랐으면 사소한 것들은 문제 삼지 말아야 하고 돈이 좀 드는 것도 개의치 말아야 한다. 믿음이 없이 어떻게 사람을 부릴 수 있겠는가?"

의심 없는 용인의 아름다운 결과

사람의 능력을 판단하고 사용하는 데 있어 특별히 심오하고 대단한 원칙이 있는 것은 아니다. 모두들 어떻게 해야 하는지는 잘 알지만 그렇게 하지 못하고 있을 뿐이다. 여기에는 사람의 성품과 능력을 정확히 판단해야 하는 평가의 문제, 경영자가 자신의 안목을 믿고 선택된 인재들에게 적절한 일을 맡기는 업무 배정의 문제, 그리고 인재들이 자신의 능력을 최대한 발휘할 수 있도록 격려하고 유도하는 관리의 문제가 결부되어 있기 때문이다.

호설암은 이런 문제들을 확실하게 해결함으로써 지극히 단순한 용인의 도리를 자신만의 독특한 기계術計로 발전시켰다.

호설암은 인재를 기용하는 데 있어서 먼저 능력과 인품을 세심하게 평가하고 판단하는 단계를 가졌다. 그는 전장을 경영하면서 주위 사람들의 평가를 기초로 유능한 젊은이들을 파격적으로 기용했고 '호경여당'이라는 약방을 열 때는 거액의 보수를 주면서 약업의 경영과 약재의 선별에 정통하고 경영관리에 뛰어난 인재들을 두루 초빙했다.

약업과 약재, 경영이라는 세 분야의 전문가들을 초빙한 그는 이들을 '선생'으로 존칭했다. 호칭에서부터 최고의 예우를 해준 것이었다. 선생 이하의 2등 고용원들은 '사부師傅'라 칭했는데, 이들은 일정한 약물 지식을 갖고 있고 제약과 실험 분야에 경험이 풍부한 사람들로서 숙련된 노동자에 해당했다. '선생'들보다는 보수가 적었지만 나름대로 상당한 예우를 받았다. 그 밑으로 일반 노동자들도 다수 고용되었다.

이처럼 조직의 위계질서와 업무의 분담이 명확하고 보수도 합리적이었기 때문에 호설암의 전장과 약방은 서로 잘 협력하는 분위기 속에서 일사불란하게 운영되어 갔다.

사실, 호설암의 능력은 '큰 재주'를 가진 사람들을 데려다 쓰는 데 있는 것이 아니라 '작은 재주'를 가진 사람들을 유용하게 활용하는 데 있었다. 그는 완전한 사람은 없으며, 각자 자신이 가진 재주를 충분히 발휘하기만 하면 된다는 이치를 잘 알고 있었다.

가지고 있는 재능을 다하기 위해선 먼저 어떤 재능을 갖고 있는지를 알아야 하고 그 사람의 수완과 기질을 파악해야 한다. 맺고 끊는 것이 분명하고 자기 통제가 뛰어난 사람은 책임이 큰 관리직에 기용하고, 계산이 빠르고 정확한 사람은 경리 분야에 기용하며, 사교성이 좋고 발이 빠른 사람은 영업직에 기용하는 것이 바람직하다.

진세룡과 유불재의 기용은 호설암 용인술의 가장 성공한 사례라 할 수 있다. 진세룡은 젊고 인내심이 있었기에 호설암의 생사사업에 활용할 수 있었고 영어를 배워 직접 서양 상인들과 접촉할 수도 있었다. 유불재는 '도성賭聖'이라 불릴 정도로 도박에 심취해 있었지만 관리들이나 강호의 친구들을 접대하고 교제하는 일만큼은 누구 못지않게 기량을 발휘할 수 있었다. 호설암은 그에게 노름판을 자유자재로 주도해 접대를 벌일 수 있는 한, 얼마든지 판돈을 댈 것이고 잃어도 책임을 따지지 않겠다고 말했다. 잃어줘야 할 때는 시원스럽게 잃어주면서 자연스러운 분위기를 연출할 수 있다면 오히려 만족스런 접대가 이루어질 수 있다고 판단했다.

또한 호설암은 영어에 능한 고응춘을 기용하여 생사사업과 무기 구매 등을 성공적으로 성사시킬 수 있었다. 또한 방회幇會의 사정을 잘 알 뿐만 아니라 조방의 세력을 장악하고 있는 우오를 기용하여 항주에서 송강을 거쳐 상해로 생사와 쌀을 운반하는 문제를 해결할 수 있었다.

이 모든 사례들이 사람의 단점을 보지 않고 장점만 살려 적재적소에 기용함으로써 소기의 성과를 완벽하게 이룬 용인술의 백미라 할 수 있겠다.

호설암은 이들을 발탁했지만 구체적인 업무에는 일체 관여하지 않았다. 부하들을 확실하게 신임함으로써 그들에게 모든 일을 독자적으로 처리할 수 있는 권한을 준 것이다. 사람을 쓰면서 의심하지 않는 호설암의 이러한 태도는 업무의 효율을 극대화했고, 부하들의 책임감을 크게 높이는 결과를 가져왔다.

유경생劉慶生은 호설암에게 발탁되어 부강 전장의 당수가 되었다. 그가 가장 먼저 한 일은 전장 개업에 필요한 모든 준비 업무를 관장하는 것이었고, 이 가운데는 직원들을 고용하는 문제도 포함되어 있었다. 직원들을 고용하는 것은 매우 중요한 일로서, 물론 호설암의 허락을 받지 않을 수 없었다.

그러나 호설암의 원칙은 일단 유경생에게 일을 맡긴 이상 그의 의견과 권한을 최대한 존중하는 것이었다. 때문에 어떠한 인선 방법이나 대상 인물도 제시하지 않았고 단지 "사람을 보고 쓰되 겉모습은 보지 않는다."는 한 가지 원칙만 제시해주었다. 운영 방침에 있어서도 마찬가지였다. 그는 단지 청나라 조정과 협력하고, 손해를 보더라도 불안해하지 말며, 상대방을 봐가면서 대출을 해야 한다는 등의 기본적인 원칙만 정해주었을 뿐이다.

유경생이 과감하게 2만 냥짜리 '관표官票'를 사들인 일이 있었다. '관표'는 조정에서 발행하는 일종의 어음으로 태평천국군을 진압하기 위한 군량을 조달하기 위한 것이었다. '관표'의 발행은 통화 팽창을 조성하여 스스로 가치 절하를 유발하는 단점이 있지만 조정과 아문에서 항주의 각 전장에게 강제로 총 25만 냥 은자에 해당하는 관표를 배분한 이상 이를 거절할 수 없는 일이었다.

33개의 소형 전장과 부강 전장을 포함한 9개의 대형 전장 대표들이 모여 이 문제를 놓고 협상을 벌였으나 하나같이 어려움을 호소하며 엄살을 피우는 통에 결국 60퍼센트의 금액만 간신히 해결된 상태였다. 이때 유경생은 부강 전장의 이름으로 2만 냥의 관표를 추가로 사들임으로써 전장업계를 놀라게 하면서 부강의 이름을 크게 부각시켰다. 호설암은 이 소식을 듣고 크게 기뻐하며 전장사업을 완전히 그에게 일임하기로 마음먹었다. 이것이 바로 의심 없는 용인의 아름다운 결과인 것이다.

사람의 능력을 살피는 것

 호설암의 인재 용인술은 '사람의 능력을 살펴 이를 최대한 활용하는 것'으로 요약할 수 있다. 구체적으로 말해서 인재가 갖고 있는 능력을 최대한 발휘하게 해준다는 것이다. 이것이 그의 용인술의 관건이다. 사람의 쓰임을 다할 줄 모르면 '큰 재목을 작은 일에 쓰고 작은 재목을 큰 일'에 쓰는 실수를 범하게 된다. 그 결과 일하는 사람의 사기를 저하시켜 가진 기량을 충분히 발휘하지 못하게 하고, 기업에 불필요한 손해를 초래하여 수익에도 안 좋은 영향을 미치게 된다. 때문에 먼저 인재의

* 태평천국군_ 페이지 69 글상자

능력을 자세히 살피는 것이 무엇보다 중요하다.

호설암은 일단 사람을 쓰면 확실한 자신감을 주어 그가 마음 놓고 모든 일을 진행할 수 있게 했다. 이는 직원의 업무 의욕을 높일 뿐만 아니라 관리자의 업무량을 줄여주어 중대한 정책 결정에 몰두하게 하는 이중의 효과를 얻을 수 있는 대단히 바람직한 용인술이라 할 수 있다.

태평천국의 난

1851년 초, 홍수전이 광시성 계평현桂平縣 금전金田에 신도들을 결집시켜 1만 명을 거느리고 봉기하여 일으킨 난.

1853년 3월, 태평천국군은 남경南京에 입성하여 수도로 정하고 신국가 건설에 착수하였다. 정부는 그들의 이상향을 '천조전묘제도天朝田畝制度'로 삼았다. 그것은 중국의 전통적이고 특수한 평등사상으로서의 '대동大同'의 이념에 입각하여 토지를 공유하고 균등히 할당하며 전체 잉여물자를 공유하고 노유고과老幼孤寡를 부양하는 등 차별과 대립이 없는 세계를 실현하고자 한 것이었다.

그러나 종래의 토지사유제도가 그대로 시행되었을 뿐만 아니라, 토지혁명으로까지 몰고가는 노력은 끝내 나타나지 않았다. 지방 정권鄕官도 태평천국에 '귀순'한 지주적 세력에게 점거되었고 남경의 중앙정부도 점차 권위를 세우는 방향으로 기울기 시작하면서 개인적 권력을 둘러싼 내부 대립이 시작되었다.

이 분열에 의한 약체화를 틈타서 증국번曾國藩이 조직한 반혁명 의용군湘軍의 반격과 1860년 북경조약 체결 후 열강의 군사 원조 등으로 태평천국의 난은 진압되었다. 태평천국의 난은 근대 중국에 있어서 농민혁명의 출발점이 되었고 이후 손문孫文 등 동맹회의 혁명운동으로 이어졌다.

인재를 마음대로 부리는 재주

상경에서 배우는 경영 정신
▌믿음만큼 인재를 보호하는 수단은 없다

'적재적소適材適所'란 능력을 가장 잘 발휘할 수 있는 자리에 인재를 배치함으로써 사람과 일의 완벽한 결합을 이뤄내는 중요한 용인술을 말한다. 사람은 저마다 학식과 경력, 품성과 의지 등 다양한 분야에서의 차이가 존재하기 때문에 각자의 능력을 최대한 발휘하기 위해선 적재적소라는 용인술의 법칙이 반드시 준수되어야 한다.

예컨대 직무를 결정할 때에는 그 사람의 전문성과 능력의 정도는 물론, 기질과 취향 등을 고려하여 기본적인 적합성을 파악해야 한다. 그래야만 불합리한 직무 배치와 그로 인한 손실을 막고, 최고의 효율을 보장하는 인력 활용을 실현할 수 있다. 적재적소 용인술의 구체적인 내용은 크게 다음 두 가지로 요약할 수 있다.

첫째, 인재의 활용은 반드시 전문지식과 장점을 살려야 한다.

고대 중국인들도 이러한 점을 충분히 인식하고 있었다. 춘추전국시대 제나라 맹상군의 문객이었던 노중련은 "원숭이가 나무를 떠나 물 속으로 들어간다면 물고기나 자라만큼 민첩하지 못할 것이고, 벽을 기어오르고 건물을 건너다니는 데 있어선 호랑이가 여우만 못할 것입니다. 협객에게 보검을 던져버리고 호미를 들라 한다면 농부만 못할 수밖에 없지요. 이처럼 사람이 장점을 버리고 단점을 취하게 된다면 요순 같은 성인이라 할지라도 아무것도 이루지 못할 것입니다."라고 지적한 바 있다.

또한 '서린오자西隣五子'의 이야기도 있다. 서린이란 사람에게 다섯 아들이 있었는데 소박하고 착실한 아들과 머리가 총명한 아들을 제외한 나머지 셋은 장님과 절름발이, 그리고 곱사등이었다. 세심한 성격이었던 서린은 착실한 아들에게는 농사를 시키고 총명한 아들에게는 장사를 시켰다. 장님 아들에겐 주산을 시키고 절름발이 아들에겐 새끼 꼬기, 곱사등이 아들에겐 옷감 짜는 일을 시켰다. 그렇게 모두의 장점을 살림으로써 다섯 식구가 먹고 입는 데 부족함이 없었다고 한다.

인재란 무한한 것이 아니라 유한한 것이다. 조직이 보유하고 있는 인적 자원은 더더욱 한계가 있기 마련이다. 때문에 모든 사람의 장점과 재능을 매장시키지 않고 충분히 발휘하게 하는 것이야말로 결코 가볍게 여길 수 없는 시대적 요구라 할 수 있다. 행정 관리든 기업의 경영인이든 적재적소의 용인술만 터득한다면 빛나는 성취를 얻을 수 있다.

지식과 인재를 존중한다는 오늘날에도 간혹 과학기술자를 행정 관리자로 발탁하는 사례가 있다. 물론 합리적인 면이 전혀 없는 것은 아니다. 이들은 일정한 전문지식을 갖추고 있어 업무에 대한 이해도가 높기 때문이다. 하지만 이런 관행이 절대화되어서는 안 된다.

뛰어난 성과를 바탕으로 일약 연구소 소장으로 발탁된 과학자가 있었다. 그러나 그는 행정에는 완전히 문외한이었으며 흥미도 없었다. 결국 정신적 스트레스를 이겨내지 못하고 스스로 그 자리를 물러나고 말았다. 이러한 불합리성은 업무에 차질을 가져올 뿐만 아니라 고급 인력을 낭비하는 결과를 초래한다.

둘째, 용인술에 있어선 하찮은 장점이라도 무시해선 안 된다.

하찮은 재주를 가진 사람은 뛰어난 인재라 할 수 없을 뿐더러 인적 자원의 범주에도 끼지 못한다. 하지만 이런 사람도 훌륭한 경영자를 만나면 요긴한 인재로 탈바꿈할 수 있다.

고대 중국에는 이른바 '계명구도 鷄鳴狗盜'형 인재가 있었는데 이런 사람들이 바로 하찮은 인재들에 해당한다. 춘추전국시대 제나라의 맹상군은 문하에 수많은 빈객들을 거느려 '문하식객삼천 門下食客三千'이라는 일화를 남겼다.

이 식객들 가운데는 저녁에 개처럼 가장하고 남의 집에 들어가 흔적도 남기지 않고 물건을 훔쳐내는 재주를 가진 사람과 닭울음을 흉내 내 진짜 수탉들이 따라 울게 만드는 재주를 가진 사람이 있었다. 맹상군은 매우 중요하고 위급한 시기에 이 두 사람을 이용함으로써 목숨을 건지게 되었다.

당시 맹상군은 진나라의 재상이었으나 누군가의 모함으로 진나라 소왕에 의해 감옥에 갇혀 죽을 날만을 기다리는 신세가 되었다. 맹상군은 하는 수 없이 소왕의 애첩에게 사람을 보내 도움을 청했고 그녀는 대가로 흰여우 털 두루마기를 요구했다. 그러나 천금같은 흰여우 털 두루마기는 이미 소왕에게 선물한 뒤였다.

이때 도둑질에 능한 식객이 그 두루마기를 훔쳐오겠다고 자진해서 나섰고, 과연 그날 저녁에 개로 가장하고 진의 후궁으로 숨어들어가 가볍게 흰여우 털 두루마기를 훔쳐내왔다. 그리하여 맹상군은 무사히 석방되어 목숨이 위태로웠던 난관을 통과할 수 있었다.

---

* 맹상군 孟嘗君(?~BC 279). 본명은 전문田文. 중국 제나라의 공족이며 전국시대 말기 '사군'의 한 사람이다. 후일 제나라와 위나라의 재상을 역임하고 독립하여 제후 諸侯가 되었다

맹상군은 석방되자마자 변장을 한 다음 야반도주를 감행했다. 한밤중에 함곡관函谷關에 이르러 날이 밝아 닭이 울기만을 기다리고 있는데 소왕이 맹상군을 석방한 것을 후회하여 군사를 보내 그를 뒤쫓게 하였다. 이때 닭울음을 잘 내는 식객이 나서서 성 안을 향해 그럴듯한 닭울음을 냈다. 그러자 주위에 있던 진짜 수탉들이 일제히 목청을 터뜨렸고 성문을 지키던 병사는 정말로 아침이 온 줄 알고 성문을 열어 사람들을 통과시켰다. 당연히 맹상군은 무사히 목숨을 건질 수 있었다.

이 두 사람의 식객은 전혀 중요하게 여기지 않았던 인재들로서 하찮은 재주였지만 중요한 시기에 남들이 할 수 없는 뛰어난 능력을 발휘하였다.

용재지도用才之道에서 가장 중요한 것은 사람들을 진심으로 대하고 충분히 신뢰하는 것이다. 옛 속담에 "의심이 나면 쓰지 말고, 썼으면 의심하지 말라."는 말이 있다. 사람을 믿지 않고는 충분한 재능의 발휘를 기대하기 어렵다는 뜻이다.

믿음을 가지는 것만큼 인재를 보호하는 수단은 없다. 사람은 누구나 신임을 받으면 책임감과 자신감으로 스스로를 무장시킨다. 특히 부하에 대한 상사의 신뢰는 값을 따질 수 없는 포상이다. 일대의 거상 호설암은 백여 년 전에 이미 자신의 사업에서 이러한 이치를 실천했다.

지극한 감동이
인재를 만든다

호설암 어록

"물건과 마찬가지로 사람도 그 나름대로의 가치와 효용을 지닌다. 지극히 평범한 말 같지만 사실 중요한 의미가 담겨 있는 말이다. 능력 있는 사람을 찾으면서 돈을 아껴서는 안 된다. 나의 비결은 돈으로 인재를 사는 것이다. 사물을 대하는 눈이 날카롭고 사람됨이 믿을 만하면 임금은 아무리 많이 줘도 아깝지 않다. 돈을 들인 만큼 뛰어난 재능이 나온다는 이치를 잊지 말아야 한다. 그러나 정말로 걸출한 인재를 얻으려면 돈을 많이 주는 것만으로는 충분치 않다. 문제의 핵심은 '정情'과 '의義'에 있다. 정으로 사람들을 감동시켜야 한다. 나는 결코 이익을 중시하고 의리를 가볍게 여기는 사람이 아니다."

한 번을 베풀어 얻은 충성

호설암이 직원들의 자발적인 의욕을 불러일으키기 위해 사용한 전략은 두 가지였다. 첫째, 후한 임금을 주었고 둘째, 투자에 참여시켜 이익을 분배해주었다. 형편이 넉넉지 못한 직원에게는 실적에 따라 연말에 상여금을 주고 여유가 있는 직원에게는 투자에 참여하여 이익을 분배 받도록 함으로써 누구든지 만족스러운 대가를 받게 했다.

배를 모는 장씨에게는 전자의 방식을 사용하고, 하도河道에 대해 상당한 영향력을 갖고 있는 우오에게는 후자의 방식을 취한 결과 이익이 하나로 뭉치게 되었다. 일이 잘 되면 모두가 이익을 얻고 일이 잘 안 되면 모두가 함께 손실을 분담하는 형태였다. 그리하여 호설암을 위한 일이 자신을 위하는 일이 되고 자신을 위하는 일이 호설암을 위하는 일이 되어 말 그대로 '복과 화를 함께 나누고 분담하는' 시스템을 만들었다.

경영인으로서 호설암은 돈으로 인재를 사는 능력이 뛰어났다. 처음 부강 전장을 열 때 유능한 당수가 한 사람 필요했다. 여기저기 수소문 끝에 원래 대원 전장에서 직원으로 일하던 유경생에게 당수의 자리를 맡기기로 결정했다. 전장이 아직 개업하지도 않았고 운전 자금도 조달되지 않은 상태에서 호설암은 유경생에게 일 년에 이백 냥의 은자를 지급하기로 하고 일 년 치 임금을 선불로 주었다. 이는 연말의 상여금이 포함되지 않은 금액이었다.

당시 항주에서는 한 가족 여덟 식구가 생활하는 데 한 달에 두 냥이면 충분했기 때문에 일 년에 2백 냥이란 돈은 실로 엄청난 거금이 아닐 수 없었다. 유경생은 호설암의 과분한 대우에 감격하지 않을 수 없었다.

"호 선생님, 저를 이처럼 후하게 대우해주시니 정말 몸 둘 바를 모르겠습니다. 앞으로 분부하실 일이 있으시면 언제든지 말씀만 하십시오. 아무리 어려운 일이라도 기꺼이 다 해내겠습니다."

단 한 번을 베풀어 한 사람의 지극한 충성을 샀다는 사실을 알 수 있다.

호설암이 돈으로 유경생의 마음을 사로잡은 것은 그를 위한 거시적인 배려가 있었기 때문이다. 2백 냥의 은자로 고향에 남아 있는 노모와 처자식들을 항주로 데려와 효도와 책임을 다함으로써 식솔들에 대한 걱정 없이 전장사업에 전념할 수 있게 하려는 것이었다. 또한 먹거리가 풍족하면 심신이 안정되어 업무 처리에 큰 효용을 기대할 수 있다고 판단했다. 물질적 배려를 통해 사람을 감동시켜 훌륭한 인재를 확보하는 것은 돈이 많은 사람일수록 더욱 행하기 어려운 전략이 아닐 수 없다.

한편 왕유령은 관직에 오른 이후 모든 일이 순조롭기만 하다가 어느 날 뜻밖의 임무를 접하게 되었다. 신성新城에 중이 하나 있는데 공공연하게 군중을 모아 양곡 징수 거부 운동을 벌이고 있어 황종한이 왕유령에게 병사들을 데리고 가서 이를 진압하라는 명령을 내린 것이다.

하지만 신성의 민심은 대단히 험악하여 섣불리 병력을 동원할 경우 자칫 민란으로 발전될 소지가 많았다. 이때 계학령이라는 사람이 먼저 회유책을 써 명분을 얻은 다음 공격할 것을 주장했다. 그럴 듯한 생각이긴 했지만 아무도 고양이 목에 방울을 다는 일에 나서려 하지 않았다.

주장이 받아들여지진 않았지만 결국 이 사태를 해결하기에 적당한 인물은 계학령밖에 없었다. 계학령은 지독하게 가난했지만 명예를 지킬 줄 알고 재물을 탐하지 않는 위인이었다. 마침 그의 부인이 사망하자 호설암은 관복을 차려입고 수정 정자가 달린 관모까지 쓴 다음 가마를 타고 수행원들을 대동하여 상가를 찾아갔다.

계학령의 집을 찾아가 상주를 만나고 싶다고 말했으나 늘 소박한 것을 좋아하는 계학령은 성대한 행차에 놀라 대면을 거절하며 얼굴을 내밀려 하지 않았다.

호설암은 이미 계학령이 이런 태도를 보일 것이라는 사실을 예측하고 있었다. 그는 성큼성큼 영전으로 다가가 가족들이 꽂아주는 향에 불을 붙이고 지극히 공경스런 태도로 예를 올렸다. 중국 의례의 상규에 따르면 문상객이 예를 올릴 때는 반드시 상주가 환례하도록 되어 있었다. 때문에 계학령도 어쩔 수 없이 얼굴을 내밀고 호설암을 손님으로 모실 수밖에 없었다.

서로 자리를 마주하고 앉자 호설암은 현란한 언변으로 위로의 뜻을 전했고, 그의 이런 언변에 계학령의 오만하던 태도도 반쯤 수그러들었다.

"계형, 여기 아주 작은 물건을 하나 가져왔는데 왕공께서 제게 직접 전해 달라고 분부하신 것입니다. 거절하지 마시고 기쁘게 받아주십시오."

호설암은 이렇게 말하면서 봉투 하나를 내밀었다. 봉투에 든 것은 호설암 자신이 전장과 전당포의 아는 사람들을 통해 계학령의 빚을 대신 갚고 그 영수증을 모아온 것이었다. 계학령은 호설암이 왕유령이 크게 의지하고 있는 인물이라는 사실을 잘 알고 있던 터라 다소 경계하는 마음을 가졌지만 이내 감복하여 마음을 열었다. 마침 시각이 점심때라 호설암은 계학령에게 점심을 대접하고 싶다고 청했다. 계학령은 내조하는 사람이 없어 집안이 온통 어지러운 형편이라 자신이 주인이면서도 순순히 손님을 따라 나오는 수밖에 없었다.

두 사람은 근처에 있는 '별유천別有天'이란 술집으로 가서 허심탄회한 대화를 나누며 술잔을 기울이기 시작했다. 이 자리에서 호설암은 왕유령이 신성의 주민들을 회유하고 민변을 가라앉히는 일에 계학령을 보냈으면 한다는 뜻을 완곡하게 전했다. 계학령도 왕유령이 자신을 그토록 유능한 인물로 여긴다는 말에 기분이 좋아져 흔쾌히 동의했다. 두 사람은 지기를 만난 즐거움으로 해가 서산에 기울 때까지 거나하게 술잔을 기울이다가 만취해서 집으로 돌아갔다.

며칠 후, 계학령은 왕유령의 계획대로 신성으로 가서 어렵지 않게 임무를 완수하고 돌아왔다. 그는 지방 신사紳士들과 협력하여 주동자들만 붙잡아 항주로 압송하는 것으로 일을 손쉽게 마무리했다.

사람들에게 인정을 보이고 그것이 진심이란 사실이 받아들여지기만 하면 상대방도 진실과 성의로 나오기 마련이다. 사실 호설암이 계학령을 극진히 대한 것은 그를 설득해야 한다는 이유도 있었지만 한편으론 정말로 그에게 감복하여 정성을 다해 그와 인연을 맺고자 하는 바람이 있었기 때문이다.

호설암은 뛰어난 상인으로서 대인관계에 두려울 것이 없었지만 자신의 학식이 부족하다는 점을 항상 안타깝게 생각하고 있었다. 때문에 학문이 깊은 지식인들을 부러워하고 존경했다. 그러므로 호설암이 계학령에게 보였던 진지한 태도는 진심에서 우러나온 것임에 틀림없었다. 훗날 호설암은 직접 중매쟁이가 되어 왕유령 부인의 하녀를 계학령에게 소개해주기도 했다.

호설암은 결코 이익을 중시하고 의리를 경시하는 사람이 아니었다. 그는 항상 '정'과 '의'를 강조했기 때문에 그의 수하에 있던 모든 사람들이 그를 주인인 동시에 친구로 여겼다.

형편을 가려 후하게 대하는 자세

 남다른 혜안으로 인재를 찾아내고 이들의 능력을 최대한 활용하는 것만으로는 용인의 문제가 모두 해결되지 않는다. 어떻게 하면 직원들로 하여금 현재의 위치에서 최고의 적극성을 발휘하여 최대의 성과를 얻게 할 것인가, 하는 문제가 남아 있는 것이다. 직원들에 대한 경영자의 격려가 필요한 이유이다.

호설암은 물질적 이익이라는 지렛대를 이용하여 직원들의 적극성을 유도하고 모든 인재들에게 후한 대우를 아끼지 않았다. 이는 진정으로 사람의 가치를 존중하는 그의 용인 철학을 반영하는 것이다.

그는 물질적 이익이라는 경제적 지렛대를 매우 중시했다. 진대경의 『신절재문존愼節齋文存』의 기록에 의하면 호설암은 부강 전장이 번창하여 여러 곳에 지점을 개설하면서 직원들을 고용할 때, 반드시 그 가정 형편을 살펴 식솔들에게 필요한 것들을 먼저 후하게 채워주었다고 한다. 아무런 걱정 없이 일에 전념하고 주인의 은덕에 감격하여 더욱 분발하게 한 것이다.

상경에서 배우는 경영 정신

돈과 투자가 인재를 만든다

『손자병법』에 "상하가 같은 욕심을 가지면 반드시 이긴다."는 말이
있다. 이 말을 기업에 적용하면 경영자와 직원들 사이의 단결을 의
미한다고 할 수 있다. 이는 직원들이 자신의 이익과 미래를 기업의
발전으로 긴밀하게 연결시킬 때에만 가능한 일이다.

대만의 채만림은 비즈니스계의 거물로서 "재산이 흩어지면 사
람이 모이고, 재산이 모이면 사람이 흩어진다."는 말을 좌우명으로
삼고 있었다. '사람을 모이게 한다'는 목적을 달성하기 위해 그는
모든 직원들을 부자로 만드는 정책을 펴나갔다. 사업을 통해 번 돈
을 오너가 독점하는 것이 아니라 모든 직원이 함께 나눠가져야 한다
는 것이다.

실제로 그는 어느 해에 4억 NT$에 달하는 주식을 과장급 이하
의 직원들에게 골고루 분배했다. 1인당 백만 NT$의 돈을 무상으로
나누어준 셈이다. 평상시에도 이 회사의 연말 보너스는 항상 6개월
분 임금을 초과했다. 그 결과 전 직원의 사기와 의욕이 넘쳤고 기업
수익은 항상 대만 전체에서 수위를 차지했다.

중국 민족자본가의 대명사로서 '중국의 기업대왕' 이라는 영예

---

* NT$_ 신대만 화폐로 1US$가 28.5NT$에 해당한다. 4억 NT$는 128억 원에 해당함

를 누렸던 유홍생도 높은 임금으로 뛰어난 능력을 갖춘 인재를 찾았던 용인술의 대가이다. 그는 창업 초기, 성냥 제조업에서 가능성을 발견하고 '홍생성냥공장'을 설립했다. 회사를 설립하긴 했지만 기술과 영업, 관리 등 각 분야에 믿을 만한 인재를 확보하지 못했던 유홍생은 인재가 필요할 때마다 시기를 놓치지 않고 높은 임금을 제시하는 것을 중요한 일로 삼았다.

초창기 그의 공장에서 생산된 제품에는 두 가지 치명적인 결함이 있었다. 하나는 화약에 습기가 차면서 쉽게 부서져 떨어진다는 것이었고, 다른 하나는 성냥곽 측면의 인이 너무 쉽게 파손된다는 것이었다. 이 두 가지 결점 때문에 양질의 서양 성냥과 경쟁할 생각을 못하고 있던 그는 마침내 임천기林天驥라는 기술자를 만나게 되었다. 그는 미국에 유학하여 화학 박사 학위를 취득한 후 귀국하여 호강대학에서 교수로 재직하고 있었다.

유홍생은 '삼고초려'와 막대한 거금을 아끼지 않고 임천기를 자신의 성냥공장 기술자로 초빙했다. 당시 견습공의 월급은 3RMB에 불과했고 보통 직공의 월급도 10RMB 정도였으며, 자신의 월급도 1천 RMB에 미치지 않았다. 하지만 임천기의 월급은 1천 RMB이었다. 일반 기술자의 월급이 1천 RMB에 달한다는 것은 당시의 중국 기업에서는 결코 있을 수 없는 일로써, 유홍생의 인재관을 반영하는 전형적인 사례였다.

물론 이처럼 엄청난 월급을 받은 임천기는 유홍생의 바람을 저버리지 않고 반 년 만에 두 가지 결점을 모두 해결했고, 유홍생의 성냥은 중국에서 확실한 기반을 잡은 것은 물론, 동남아 각국으로 수출길도 열리게 되었다.

* RMB_ 중국 화폐인 인민폐의 기본 단위이다. 1RMB=150원 내외

1920년대 후반, 유홍생은 도산한 '중국제일방모공장'을 인수하여 '유화모융방직공사'로 상호를 개명했다. 이 회사는 개업 초기에 관리자들의 능력이 부족하여 손실만 거듭하고 있었다. 사장을 연달아 네 번이나 갈아 치웠지만 처참한 상황은 전혀 개선되지 않고 있었다.

유홍생은 마침내 신문에 20만 RMB라는 천문학적인 보수를 내걸고 이 문제를 해결할 인재를 찾는다는 광고를 냈다. 이처럼 높은 임금을 내걸고 인재를 구하는 것은 당시로서는 전무한 일이었기 때문에 유홍생의 구인광고는 사회 전체를 뒤흔들기에 충분했다.

광고를 본 정팽년이란 기업가가 유홍생을 찾아왔으며 곧 대담한 개혁과 기술 개발, 그리고 적극적인 시장 개척을 통해 일 년 만에 회사의 실적을 흑자로 돌려놓았다. 유홍생은 결과에 만족해하며 약속대로 20만 RMB에 상당하는 주식을 정팽년에게 양도했다.

사업이 난관에 봉착할 때마다 유홍생이 이처럼 높은 임금으로 인재를 초빙한다는 소문이 퍼지자 중국 전역에서 우수한 인재들이 모여들게 되었고 유홍생은 마침내 '중국 기업대왕'이라는 영예를 차지하게 되었다.

"돈이 있으면 칼날에 투자하라."는 말이 있다. 비즈니스의 세계에서는 유능한 인재가 바로 칼날인 셈이다. 호설암은 평생 "돈이 인재를 만든다."는 인재관을 실천했고 덕분에 진정한 인재들을 자신의 울타리로 끌어들여 커다란 성공을 이룰 수 있었다.

지극히 정연하고 능숙한 태도

3

逐時 축시

'축逐'이란 쫓는 것으로서 제때에 포착하는 것을 말한다.
'시時'란 적절한 시기와 할 일을 말한다.
시의에 따르는 것을 축시라 하며
모든 일은 시의에 맞게 진행되어야 한다.
옛 현인은 이렇게 말한다.
"때 맞춰 할 일을 아는 사람이 바로 준걸이다.
축시의 의미는 사태를 파악하는 데 있으시 지극히 성연하고,
사물을 운용함에 있어서 지극히 능숙한 것으로
실로 후대 사람들의 모범이 되는 태도이다."

기회란 외부 조건과의 결합이다

호설암 어록

"무슨 일이든지 적당한 기회가 있기 마련이다. 아주 쉽게 해낼 수 있을 것 같은 일도 기회를 놓쳐 뜻대로 이루어지지 않는 경우가 있는 반면, 상당히 힘들어 보이는 일이 기회를 만나 뜻하지 않은 수확으로 이어질 수도 있다. 누구든지 소기의 성과를 이루고 발전의 길을 향해 나아가기 위해선 다가온 기회를 잘 잡는 것이 무엇보다 중요하다. 능력이 있어도 기회가 따라주지 않으면 모든 일이 헛수고로 끝나기 쉽다. 일이란 기회를 잘 잡아 자연스럽고 순조롭게 진행해야지 억지로 추진하려고 해서는 안 된다."

시기를 알고 행동한다

기회를 잘 포착하여 이를 효과적으로 활용하기 위해서는 시대의 흐름을 잘 파악하고 민첩하게 행동하는 것이 중요하다. 기회는 기다리는 것이 아니라 만드는 것이다. 호설암이 좌종당을 도와 조선소를 설립하고, 군함을 건조하기 위한 자금을 서양 상인들로부터 얻어내는 데 성공한 것도 시기를 잘 포착하여 행동한 결과였다.

호설암은 상인의 신분으로 정부를 대표해서 외국 상인들로부터 자본을 이끌어낸 중국 역사상 최초의 인물이다. 이전에도 외국 자본을 끌어들이려 시도했던 사례가 있긴 하지만, 당시엔 누구도 외국인으로부터 자금을 차용할 수 없다는 규정이 있었기 때문에 불가능한 일이었다. 당시 군기대신이었던 공친왕恭親王이 서양 상인으로부터 천만 냥을 대출 받아 군함을 구입하려 했으나 청나라 조정이 이를 허락하지 않아 수포로 돌아간 것이 그 대표적인 예라 할 수 있다.

그러나 호설암이 다른 사람들에겐 불가능했던 서양 상인들로부터의 자금 차용을 가능하게 할 수 있었던 것은 기회를 시의 적절하게 잘 활용했기 때문이다. 좌종당이 차관을 얻어 조선소를 설립하려 했을 당시, 서양 상인들은 청나라 조정이 태평천국의 난을 진압하여 동남지방의 경제 중심지를 회복하려 한다는 사실을 잘 알고 있었다. 이것은 누구보다도 서양 상인들이 바라는 바였기 때문에 차관 요청을 거절할 이유가 없었다.

또한 당시의 상황은 오로지 태평천국의 난을 진압해야 하는 것이 발등에 떨어진 불이었던 만큼 서양의 차관을 이용해 군함을 사들인다는 것에 대해 조정에서도 이전보다 훨씬 긍정적인 자세를 보이

---

* 공친왕恭親王(1832.1.11 ~ 1898.5)_ 본명은 혁흔 奕訢. 도광제道光帝의 여섯째 아들로 중국번 曾國藩을 채용하여 태평천국의 난 등 여러 내란을 진압하고 전통적 체제를 회복하여 '동치중흥同治中興' 이라 불렸다

고 있었다. 게다가 좌종당은 대단한 공을 세운 바 있어 조정의 신임을 한몸에 받고 있는 인물이었다. 결국 이 세 가지 조건이 하나로 어우러지면서 호설암의 운신에 커다란 힘을 실어주게 되었다.

기회란 어떤 일을 성취하는 데 필요한 외부 조건의 결합을 의미한다. 즉, 시기와 장소는 물론 기타 여러 조건들이 최적의 형태로 결합되는 일종의 외부적 추세를 말한다. 좀더 구체적으로 설명하자면 시기와 일, 그리고 그 일을 추진하는 주체가 긍정적인 삼위일체가 되어야 하나의 기회를 형성할 수 있다는 것이다. 또한 여기서 말하는 일은 아주 구체적인 일이어야 한다. 똑같은 일이라 하더라도 실행되는 시기와 이를 추진하는 주체에 따라 성패가 달라지기 때문이다.

물론 여러 가지 변수 가운데 가장 중요한 것은 때를 잘 파악하는 것이다. 어떤 일을 실행하는 과정에 있어서(특히 상업 행위) 행위 주체가 아무리 뛰어난 판단력과 이성을 지니고 있고 정책 결정이 아무리 과감하고 정확하다 할지라도, 이 모든 것들이 보다 효과적으로 작용되기 위해서는 시기의 선택이 절대적으로 필요하다.

호설암이 수많은 일들을 원만하게 처리하고 커다란 성취를 이룰 수 있었던 것은 그가 시기와 기회를 쫓는 데 뛰어났기 때문이다.

기회를 포착하는 능력

 성공한 경영자들의 남다른 점은 사업에 관한 뛰어난 지식이나 풍부한 이론에 있는 것이 아니라 기회를 잘 포착하는 능력에 있다. 시장을 둘러싼 정보가 아무리 많다고 하더라도 이를 제대로 잡아낼 능력이 없으면 무용지물이 되고 만다. 정보를 정확히 잡아내면 큰 돈을 벌 수 있지만 정확하지 못할 경우엔 오히려 해가 될 수도 있다.

따라서 오늘날의 경영인들이 가장 먼저 배워야 할 것은 바로 기회 포착의 능력이다. 시장 경쟁이 가속화될수록 기회도 점점 많아지고 있다. 그러나 기회란 제때에 잡지 않으면 금방 사라지고 만다. 사태가 진행되는 방향과 규칙을 잘 종합해 낼 수 있어야 기회를 정확히 포착하고 이를 활용할 수 있는 방법을 터득하게 된다.

중국의 상업은 번성하였으나, 상인의 신분은 여전히 '비천'한 것이었다. 이들은 신분의 한계를 극복하기 위해 관리들과 결탁하는 등 '정경유착'의 길을 걸을 수밖에 없었다

상경에서 배우는 경영 정신

▎기회는 기다리는 것이 아니라 만드는 것이다

저물어 가는 봉건왕조시대에 살았던 호설암에게 시국이란 것은 대단히 중요한 요소였다. 이러한 시국의 중요성은 현대의 기업가나 상인들에게 있어서도 마찬가지이다.

　중국은 대부분의 생산 자원을 국가가 소유하고 관리하는 사회주의국가여서 교통 운수는 물론 광산과 석유, 토지 등 중요한 산업 시스템과 물자를 전부 국가가 관리하고 통제한다.

　당연히 철도와 도로, 항만, 항공 등이 모두 국가의 소유로 절대적 관리체제 하에 놓여 있었다. 하지만 개혁 개방이 시작되면서 많은 사회간접자본이 개인에게 개방되었고 이러한 변화의 과정은 무한한 성공의 기회를 제공하고 있다.

　온주 창남현 출신인 왕균요王均瑤라는 사람은 열아홉 살부터 주로 항구도시를 떠돌아다니며 잡화를 거래하는 장사를 시작했다. 그에게는 장사長沙에서의 활동이 가장 큰 골칫거리였다. 온주와 장사 사이를 오가는 교통이 불편했기 때문이다.

　왕균요는 문득 비행기를 전세 낼 방법은 없을까, 하는 생각을 하게 되었는데 이는 실제로 새로운 항로를 개설하는 복잡한 일이었다.

하지만 이 일이 제대로 실현된다면 장사에서 온주까지, 그리고 다시 온주에서 장사까지 매주 2회의 항공편이 개설되어 그 편리함은 이루 말할 수 없게 되는 것이었다.

그는 철저한 시장조사를 거쳐 두 도시의 항공 당국과 조건을 타진했고, 그 결과 아주 순조롭게 일을 진행할 수 있었다. 마침내 온주와 장사 사이의 항로가 개설되었고 중국 민항사상 최초의 전세 항로 개설을 실현하게 되었다.

왕균요는 자신의 사업장인 남창현 '금성실업공사'와 호남성 민항 당국 사이의 경영 협정을 체결했는데, 주요 내용은 금성실업공사에서 승객을 모집하여 매회 1만 7천 RMB의 항공 운임을 지불하되 결손과 이익은 금성실업공사에 귀속되며 호남 민항 당국은 AN-24형 여객기를 제공하여 매주 왕복 2회 운항한다는 것이었다. 온주 민항 운수과에서도 왕균요와 지상보증협의를 체결하여 티켓팅과 수속업무, 안전 검사, 그리고 온주 시내에서 공항까지의 여객 운송 등을 책임지기로 했다.

왕균요는 민항 당국과의 합작에 성공한 후 이러한 성공의 경험을 더욱 확대하기로 마음먹었다. 1992년 4월 5일, 그는 자본금 60만 RMB로 '창남천룡 전세기공사'를 차렸고 이 회사는 개업 직후 '상해-온주-상해' 노선과 '상해-황암黃岩-상해' 노선을 개설했다. 그 이후로 왕균요의 전세기 사업은 갈수록 번창하여 중국 내 6개 민항회사와 10개의 전세기 노선을 개설했다.

그 가운데 가장 규모가 큰 것은 '온주-곤명昆明' 간 노선으로 거리가 무려 1천8백 킬로미터에 달했고, 투입되는 여객기도 보잉737로 운항 시간이 2시간 40분에 달했다. 이리하여 그의 창남천룡 전세기공사는 온주에서 전국 각지로 통하는 항공 교통망을 형성하게 되었다. 1992년 7월에는 상호를 '온주천룡 전세기공사'로 바꾸고 자본금도 60만 RMB에서 200만 RMB로 확충했다.

상품은 시장의 하드웨어라고 말한다. 제 자리를 오래 지키는 상품들의 공통된 특징은 바로 사람들의 수요를 만족시킨다는 것이다. 상품과 시장 사이에는 두 가지 관계가 존재한다. 첫째는 시장 수요가 기업 경영자들의 신상품 생산을 유도한다는 것, 즉 수요가 상품을 결정한다는 것이다. 둘째, 때로는 앞서가는 상품이 새로운 수요를 창출할 수도 있다는 것, 즉 상품이 수요를 유도해 내는 것이다. 이는 왕균요와 같은 소수의 탁월한 경영자들이 기회를 발견해 냈을 때에만 가능한 일이다.

'소패왕 컴퓨터 학습기'는 아주 단순한 오락기로서 그 탄생 역시 위기와 도전이 낳은 산물이었다.

단영평은 '소패왕'의 공장장이었고 이 공장의 전신은 중산시 '일화전자공장'이다. 1989년, 단영평은 이 회사를 인수한 다음 대형 오락기 생산에서 가정용 TV 오락기 생산으로 시스템을 전환해 쓰러져가는 회사를 기사회생시켰다. 이어서 그는 이 오락기의 이름을 '소패왕'으로 명명하여 제품을 브랜드화하는 데도 성공했다. 아울러 이른바 '유성有聲 상표'를 사용함으로써 소비자들의 눈뿐만 아니라 귀도 사로잡는 데 성공했다.

그러나 1993년, 단영평과 '소패왕 오락기'는 험난한 도전에 직면하게 되었다. 언론이 오락기가 아이들에게 미치는 부작용에 대해 대대적으로 보도하면서 부모들의 투서가 이어지기 시작한 것이다. 이러한 뜻밖의 사태는 단영평에게는 분명 크나큰 위기였고 그는 난국을 타개하기 위해 고심해야 했다. 결국 상품의 질을 개선하여 새로운 수요를 창출하는 것만이 살 길이었다.

기회는 기다리는 것이 아니라 만드는 것이다. 단영평은 전자 기기와 계산기 분야의 전문인력을 모아 제품개발부를 설치하고 주야로 개발에 몰두했다. 그 결과 1993년 5월, 마침내 최초의 '소패왕 컴퓨터 학습기'를 출시하게 되었다.

'소패왕 컴퓨터 학습기'의 구호는 "누구나 사흘이면 워드 작업을 할 수 있다."는 것이다. 이 학습기가 시장에 나올 무렵, 마침 중국에서는 컴퓨터 학습 열기가 고조되고 있었다. 덕분에 '소패왕 컴퓨터 학습기'는 1993년에 2억 RMB, 1994년에 4억 RMB, 1995년에 8억 RMB라는 기하급수적인 매출 성장을 기록할 수 있었다.

도전은 기회가 될 수 있고 기회는 다시 엄청난 생산력으로 전환될 수 있다. 관건은 신제품 개발의 요구에 초점을 맞춰 경쟁력 있는 상품으로 새로운 수요를 창출한다는 것이다. 시장의 경쟁 법칙은 적자생존이다. 단영평이 시장의 반응을 무시하고 오락기 생산만을 고집했다면 아마도 오래 전에 도태되고 말았을 것이다. 하지만 경영인으로서 감각이 뛰어난 그는 과감하게 시장의 반응을 받아들였고 신제품 개발에 착수함으로써 위기를 기회로 바꿔놓았다.

왕균요와 단영평은 호설암처럼 기회를 발견하는 데 뛰어났을 뿐만 아니라 발견한 기회를 활용하는 데도 뛰어났던 경영인들이라 할 수 있다.

난세일수록
두려움 없이 행동하라

호설암 어록

"모든 사업은 시국의 변화에 영향을 받기 때문에 태평성대에서는 오히려 순조롭게 이루어지지 않을 수도 있다. 태평성대에 살다 보면 임기응변의 재능이 묻혀 평생을 수목처럼 살다가 썩어 갈 수도 있다. 반대로 난세를 만나면 굳이 전장이 아니더라도 어디서든지 공을 세울 수 있다. 어려운 시국일수록 기회는 더 많다는 뜻이다. 결국 난세가 영웅을 만드는 것이다. 내 사업이 비교적 순조로울 수 있었던 것도 기회와 시국을 적절하게 결합할 수 있었기 때문이다."

3년 만 더 벼를 심으시오

성공하기 위해선 변화에 대한 통찰력이 있어야 하고 기회가 찾아왔을 때 놓치지 말고 잡아야 하며, 기회가 오지 않을 때는 스스로 만들어낼 수 있어야 한다. 호설암의 성공 비결은 바로 여기에 있다. 그렇다면 호설암은 어떻게 스스로 기회를 만들 수 있었을까? 한마디로 말해서 '사물의 발전 법칙'을 잘 활용했기 때문이다.

호설암의 고향에 논농사를 짓는 농부가 있었다. 그는 열심히 황무지를 개간하고 관개를 잘 해서 벼를 심었으나 안타깝게도 그 해에 호우가 쏟아지는 바람에 농사를 망치고 말았다. 농부가 호설암을 찾아와 앞으로 어떻게 하면 좋을지를 묻자 호설암은 이렇게 말했다.

"앞으로 3년 만 더 벼를 심으시오. 그러면 큰 돈을 벌게 될 겁니다."

농부는 호설암의 권고를 받아들여 이듬해에도 벼를 심었다. 그러나 또 다시 물난리가 나서 농사를 망치고 말았다. 그 다음 해도 마찬가지였다. 누군가 논을 갈아엎고 한지작물을 심으라고 권하기도 했지만 농부는 흔들리지 않고 호설암의 말을 믿었다.

과연 그 다음 해에는 비가 오지 않아 한지작물들이 흉작을 기록한 반면 논농사는 대풍을 거두게 되었다. 그 후로 2년 동안 똑같은 상황이 반복되면서 농부는 마침내 지난 몇 년 동안의 손실을 보상받고도 남는 돈을 벌었다. 호설암은 장기적인 기후 변화를 미리 읽고 농부에게 큰 소득을 얻을 수 있는 기회를 만들어준 것이었다.

중국 경영인들의 우상으로 고대 중국의 상성商聖이라 불리는 도주공陶朱公에게는 한 가지 공식이 있었다. 오행의 변화에 따라 금년金年에는 풍년이 들고, 수년水年에는 흉작이 들며, 화년火年에는 가뭄이 드는 등 기상과 수확의 변화는 계속 순환한다는 것이었다. 이처럼 사물 변화의 양극단 사이를 순환하는 일종의 규율과 법칙성에 착안하여 기회를 찾아내는 기교는 호설암의 사업 능력에서 매우 중요한 부분을 차지하고 있다.

하지만 호설암처럼 성공적인 상인이 되기 위해선 기회를 찾아낸 다음에 과감하게 생각하고 두려움 없이 행동함으로써 결실을 맺는 배짱이 있어야 한다. 기회는 대부분 일회성이다. 지금 이 순간 나에게 찾아온 기회는 다른 시기, 다른 장소, 다른 사람에게는 아무런 의미도 갖지 못한다.

경영의 세계에서는 더욱 더 그렇다. 대부분의 기회가 일회성이기 때문에 이를 잡으면 돈과 명성이 자신을 향하게 되지만 이를 무시하고 흘려버릴 경우엔 다른 사람에게로 돌아가고 만다. 호설암은 기회의 일회성을 대단히 중시했기 때문에 사업에 있어서 모든 기회를 놓치지 않고 그 흐름을 즉각 자신에게로 돌릴 수 있었다.

한번은 호설암이 친구이자 동업자인 고응춘古應春과 이야기를 나누는 자리에서 기회가 닿지 않아 실행하지 못했던 지난 일들을 회상하면서 탄식을 내뱉었다.

"꼭 해야 하는데도 하지 못하고 넘어가는 일들이 너무나 많습니다. 하고 싶지 않거나 좋은 방법을 생각해 내지 못했던 것이 아니라, 기회를 만들지 못했던 것이지요. 생각은 했지만 시기나 장소가 맞지 않을 경우엔 결국 못하고 넘어가기 쉽거든요. 예컨대 새벽까지 잠을 이루지 못하다가 어떤 일을 생각해 냈을 경우엔 당장 행동으로

* 도주공/범려范蠡(?~?)_ 중국 춘추전국시대 말기의 정치가. 자 소백少伯. 당시 교통·상업의 중심지 산동성 정도현山東省 定陶縣으로 가서 도주공陶朱公이라 칭하고 상업에 종사하여 거만巨萬의 재산을 모았다.

취할 수 없겠지요. 또는 배를 타고 가다가 어떤 일이 생각났을 때도 당장 행동으로 옮기기가 어렵습니다. 그러므로 이런 순간적인 생각들은 그냥 잊고 지나가기 쉽습니다. 결국은 생각해 내지 못한 것과 마찬가지지요. 간혹 다시 생각이 난다 해도 처음 생각했을 때처럼 그렇게 절실하게 마음에 와 닿지 못하는 법이거든요."

호설암의 말은 어떤 일을 성취하는 데 있어서 기회가 얼마나 중요한 역할을 하는지를 절실하게 보여준다. 실제로 그의 첫 번째 무기 거래 사업이 성공할 수 있었던 것도 순전히 시기와 장소가 들어맞았기 때문이다.

당시 홍수전이 남경에 태평천국을 세운 다음 그 여세를 몰아 동남지역을 공략하고 있었고 상해에서는 소도회小刀會라는 비밀결사가 거사를 준비하고 있었다.

조정에서는 강소와 절강지역에 대규모 단련團練을 조직하여 태평천국군의 공격에 맞서는 한편, 양강 총독과 강소순무도 병력을 일으켜 소도회를 진압할 방책을 강구하고 있었다. 이런 일촉즉발의 대치 상황에서 대규모 군비가 필요한 건 당연한 이치였다.

이때 상해에 거점을 두고 있던 외국 무기상들은 태평천국군에게 무기를 판매할 준비를 서두르고 있었고 이미 무기 판매를 시작했다고 공공연히 밝히는 상인들도 있었다. 한쪽에선 사려고 하고 한쪽에선 팔려고 하는 상황이야말로 장사의 최적기라 할 수 있다. 당시의 서양 상인들은 대부분 광주와 상해에 집중되어 있었기 때문에 그들과 교역을 하려면 이 두 도시가 가장 적절한 장소였다. 마침 호설암도 생사를 팔기 위해 상해에 머무르고 있었던 터라 장소와 시기가 절묘하게 맞아떨어진 셈이었다.

* 소도회小刀會_ 청나라 말기의 비밀결사. '반청복명反淸復明'을 추창한 천지회天地會의 일파로, 허리에 소도小刀를 차고 있어 이와 같은 명칭이 붙었다
* 단련團練_ 지방의 민병 조직

상해에 도착한 호설암은 가장 먼저 서양 상인들 밑에서 일하는 고응춘과 관계를 맺어 사업의 교두보를 마련했고, 그에 앞서 왕유령을 도와 경사로 가는 조미漕米의 운송 문제를 해결하면서 이미 조방의 수령인 우오 등과 관계를 맺어 튼튼한 지원 세력을 확보하고 있었다. 조방이 있는 한 상해에서 항주로 무기를 운반하는 문제는 해결된 것이나 마찬가지였다. 이 사업에서 호설암은 기회와 인연을 유감없이 활용한 셈이다.

호설암은 옛사람들이 말하는 천시天時와 지리地利, 인화人和를 모두 갖추고 있었기 때문에 첫 번째 무기사업에서 커다란 수익을 올릴 수 있었다.

시대의 흐름이 만든 영웅

 호설암이 가장 중요하게 여긴 단어가 바로 '시국'이다. 모든 시대는 서로 다른 상황의 시국을 연출한다. 호설암은 시국을 잘 이용하여 기회를 만들었고, 이를 토대로 일대의 거상이 될 수 있었다.

시대의 흐름이 영웅을 만든다는 이치는 "하늘을 나는 새가 사라지면 양궁良弓을 감추고, 재빠른 토끼가 죽은 다음에는 이를 쫓던 개를 삶아 먹는 것"과 마찬가지다. 진정한 영웅이 되기 위해선 시대의 흐름을 탈 줄 알아야 한다. 호설암이 홍정상인의 위치에 올라 후세 사람들의 존경과 부러움을 한몸에 받는 것도 이러한 이치를 잘 실천했기 때문이다.

* 조미漕米_ 양자강 이남지역에서 세금으로 거둬들인 쌀
* 천시天時_ 하늘이 정해준 때

아시아의 용, 중국은 아편전쟁과 8개국 침범 그리고 청
일전쟁의 패배 등으로 급격히 쇠퇴의 길을 걷는다. 서양
은 동양의 종주국 중국을 굴복시킴으로써 '정치'와 '경
제'에 있어 확실한 위치를 점하게 되었다. 19세기 말, 상
해에 세워진 서양식 건물

상경에서 배우는 경영 정신

호설암의 축시론은 그에게 엄청난 부를 안겨주었다. 물론 오늘날의 기업가들 중에도 이런 축시의 고수들은 얼마든지 찾아볼 수 있다.

'동북의 전기대왕'이라 불리는 손봉 孫峰은 '목란전자회사'의 이사장 겸 사장이다. 그가 설립한 목란그룹은 중국 동북지역에 100여 개의 대리점을 거느리고 있고 주해와 흑하, 해남, 심양 등지에서 조명 기기 상가와 전자 상가, 오락기 상가 등을 경영하고 있다. 또한 미국에서는 부동산사업까지 활발하게 전개하고 있다.

손봉의 성공 비결은 '지역 차'와 '시간 차'를 잘 활용한 데 있다. 1980년대부터 그는 '시장 차'라는 사업 정보를 정확하게 인식하여 과감한 경영전략을 구사하였고 그 결과 놀라운 성공을 거두게 되었다. 이 역시 시세와 기회를 재빨리 포착한 결과라고 할 수 있다.

손봉이 핵심적인 정보를 포착하고 시장 차를 이해했던 능력은 그의 군대 경력과 밀접한 관계가 있다. 손봉은 일찍이 광주에서 군 생활을 했고, 그 덕분에 개혁 개방 초기, 광주의 새로운 흐름을 접할 수 있었다. 그뿐만 아니라 현지의 수많은 사람들을 친구로 사귈 수 있는 기회도 만들었다.

이와 같은 경력은 정보를 파악하는 남다른 능력을 키우는 데 큰 힘이 되었다. 심양으로 돌아온 손봉은 광주와 심양의 차이를 뼈저리게 실감했고 곧 개혁의 바람이 남쪽에서 북쪽으로 밀려올 것이라는 확실한 믿음을 가지게 되었다.

이미 대세가 감지될 정도라면 먼저 행동하는 사람에게 승리의 열매가 주어지는 것은 당연한 법이다. 손봉은 광주에 있는 친구들을 통해서 동북지역에서는 접할 수 없는 최신 정보들을 입수하기 시작했다. 그들 가운데 일부는 이미 사업을 시작해 풍부한 경험을 지닌 친구들도 있었고 일부는 공무원으로 일하고 있어 손봉을 도와줄 만한 충분한 능력을 지니고 있었다. 이런 배경에 힘입어 그는 마침내 지역 차를 이용한 사업에 착수하기로 결심했다.

1987년 초, 광주나 심천 같은 남방의 대도시에서 생산되는 녹음기가 공급 과잉으로 잘 팔리지 않자 수많은 상인들이 자금 압박에 시달리게 되었다. 반면, 동북지역에서는 녹음기가 부족하여 젊은이들의 엄청난 수요를 충족시키지 못하고 있었다. 이러한 상황은 손봉에게는 정말 천재일우의 기회였고 그는 즉시 지역 차에 착안한 사업을 시작했다.

시간이 금이라는 말은 사업을 하는 사람들에게는 더없이 중요하고 실감나는 금언이다. 손봉은 즉시 남방으로 내려가 광주와 심천, 주해 등지를 돌며 대량의 녹음기를 구입했다. 사들인 녹음기를 즉시 심양으로 운송했고, 물건은 도착하자마자 날개를 단 듯 팔려나갔다.

손봉은 곧 심양에 10여 개의 대리점을 개설하여 일 년 만에 매출액 4천만 RMB, 순이익 7백만 RMB라는 놀라운 실적을 기록하면서

지극히 정연하고 능숙한 태도

'녹음기 대왕'이라는 별명까지 얻게 되었다.

손봉의 성공은 우리에게 정보는 영원한 것이 아니며 보다 폭넓은 정보를 확보할수록 성공의 가능성이 크다는 평범한 진리를 암시해준다. 정보가 있어야 비교와 방법 선택이 가능하고 '시장 차'를 파악하여 큰 재산을 움켜쥘 수 있는 것이다.

중요한 것은 핵심적인 정보에 대해 정확하게, 빨리, 저돌적으로 반응해야 한다는 점이다. 성공한 기업가들은 대부분 이 세 가지 태도를 견지하는 데 게으르지 않았다.

1985년, 이효화李曉華는 일본으로 건너가 도쿄국제대학에 입학했다. 동시에 그는 한 일본 회사에서 아르바이트를 하면서 일본 특유의 시장 정보와 경영 원리를 열심히 배워가고 있었다.

뛰어난 경영인들은 대부분 지독한 정보동물들이다. 정보 가치에 대한 그들의 감각은 거의 본능에 가깝다. 순간적으로 획득한 정보의 효과를 산출해 낼 뿐만 아니라 남들이 중시하지 않는 정보를 이용해 놀라운 성과를 얻어내기 때문이다.

이효화도 남다른 '정보의 눈'을 갖고 있었다. 1988년, 이효화는 신문을 보다가 한 가지 놀라운 소식을 접하게 되었다. 중국에서 생산되는 '101 발모촉진제'의 일본 내 가격이 갈수록 상승하고 있다는 것이었다. 그는 날카로운 직감으로 자신에게도 기회가 왔음을 감지했다. 보통 사람들에게는 그저 단순한 신문 기사요, 간단한 소식에 불과했지만 이효화에게는 대단히 중요한 정보가 아닐 수 없었다.

이효화는 자신의 판단을 의심치 않았고, 이 제품의 일본 대리권만 확보할 수 있다면 엄청난 돈을 벌 수 있으리라고 확신했다. 그는 즉시 중국으로 돌아가 전통적인 '감정투입법'을 이용하여 한 달 만에 이 제품의 발명자인 조장광趙章光과 친구가 되었고 순조롭게 일본 내의 판매 독점권을 얻어냈다. 확신이 있었던 만큼 신속하고 저돌적인 행동이었다.

경영의 세계에서는 산 하나에 두 마리 호랑이가 살 수 없다. 자신이 기회를 잡지 못하면 다른 사람이 이를 차지하기 마련이다. 이효화는 '101 발모촉진제'의 일본 독점 대리권을 확보한 직후 한 병에 10달러에 구입해 70~80달러를 받고 팔았지만 공급이 부족할 지경이었다. 당연히 엄청난 돈을 벌면서 일본 내에서 유명 인사로까지 부상하게 되었으며 수상의 각별한 접견을 받기도 했다. 그 자리에서 일본 수상은 그를 "가장 우수하고 지혜로운 중국 기업가"라고 칭찬했다.

손봉과 이효화의 사례에서 우리는 그들의 성공이 시국과 기회를 잘 결합할 줄 알았던 호설암의 경영 전략을 착실히 실천한 결과임을 알 수 있다.

기회는 모든
상황에서 만들어진다

호설암 어록

"용병의 묘미는 마음에 달려 있다. 경영을 하는 것도 병력을 이끌고 전쟁에 나서는 것과 크게 다르지 않다. 기회를 잡아 임기응변에 능해야 할 뿐 아니라 변화 속에서 또 다른 기회를 찾아내야 한다. 그래야만 비로소 최고의 상인으로 인정받을 수 있다. 기회는 모두 사람들에게서 나온다. 누군가에게 기회를 제공하면 그 사람도 자신에게 기회를 제공하게 된다. 이것이 바로 '기회의 인연'인 것이다."

새로운 이득의 발견

호설암의 사업이 막 홍운을 타기 시작했을 때 태평천국군이 항주를 점령함으로써 엄청난 변고가 몰아닥쳤다. 이 변고의 내용은 크게 세 가지로 분석해 볼 수 있다.

첫째, 호설암이 경영하던 전장과 전당포, 약방인 호경여당과 가산 일체가 항주에 있었기 때문에 항주가 태평천국군에게 점령됐다는 사실은 그의 모든 사업이 일시에 중단되었다는 것을 의미했다. 게다가 그는 항주에 있는 노모와 처자식을 구해낼 방도를 찾아야 했다.

둘째, 평소 호설암을 시샘하던 사람들이 그가 항주에 쌀을 사보낸다는 명분으로 공금을 상해로 빼돌리려 한다는 악의적인 소문을 퍼뜨리기 시작했다. 왕유령이 생전에 호설암에게 엄청난 자금을 맡겨놓았는데 이제 그가 죽고 아무런 증거도 없는 터라, 이 돈을 송두리째 삼키려고 한다는 모함도 있었다. 심지어 그가 절강에서 조미를 판 공금을 빼돌리는 바람에 군량 조달에 차질이 생겨 항주가 함락되는 난국을 초래하게 되었다고 근거 없는 투서를 보내는 사람도 있었다. 결국 호설암은 조정의 치죄를 감수해야 하는 형편이었고 설사 정부군이 항주를 수복한다 하더라도 다시는 항주로 돌아갈 수 없는 지경에 이를 수도 있었다.

셋째, 조정의 치죄는 면한다 하더라도 그동안 큰 힘이 되어주던 왕유령이 없기 때문에 그의 사업은 커다란 위기에 직면할 수밖에 없었다. 그의 부강 전장도 왕유령이 관장하는 관고官庫를 대리하면서 열 수 있었고 서양 상인들에게 생사를 팔고, 무기 장사를 할 수 있었던 것도 모두 이 때문이다. 호설암이 활동하던 시대의 사업은 큰 사업일수록 관장官場에 기대지 않고서는 애당초 이루어질 수 없었다.

하지만 호설암은 이러한 위기에 직면하면서도 결코 놀라거나 두려워하지 않았다. 자신에게 불리한 상황에서도 자기가 이용할 수 있는 요소를 찾아내는 능력이 있었기 때문이다.

솔직히 항주성 안에 갇혀 있는 사람들은 부득이하게 태평천국군을 도울 수밖에 없었다. 그들이 유언비어를 만들어 내는 것도 사실은 태평천국군이 호설암을 항주로 유인하기 위한 목적이 컸다. 또한 그들의 유언비어가 호설암에게 불리하긴 했지만 그렇다고 이를 이용할 수 없는 것도 아니었다.

이러한 분석에 따라 호설암은 두 가지 방법을 정했다. 우선 항주로 돌아가지 않음으로써 그들과의 정면 대결을 피하는 것이었다. 그는 자신이 확실한 태도를 보이면 그들도 더 이상 집요하게 달려들지 않을 것이라는 사실을 잘 알고 있었다.

다른 하나는 자신이 직접 관장을 접촉해 항주성에 남아 있는 사람들도 실제로는 정부군의 공격에 내응할 준비를 하고 있다는 사실을 밝히는 것이었다. 이는 불리한 상황을 유리하게 전환시키는 묘책인 동시에 항주성에 남아 있는 사람들에게 우정을 베풀어 언제 터질지 모르는 폭약으로 준비해두는 것이었다.

만에 하나 그들이 호설암에게 더 큰 위해를 가해 올 경우 이러한 사실을 항주를 점령하고 있는 태평천국군에게 건네주며 그들이 정부군과 내통하고 있다고 말하면 얼마든지 상황이 역전될 수 있기 때문이다.

또한 호설암에게는 항주가 함락되기 이전에 항주의 군수를 위해 사 두었던 쌀 일만 석이 확보되어 있었다. 원래는 이 쌀을 항주로 운

---

* 관장官場_ 조정과 관료 세력을 일컫는 말

반해 들어갈 계획이었으나 방법이 없어서 일단 영파로 옮겨 이재민들을 구제한 다음, 항주가 수복되면 같은 양으로 되돌려 받기로 약조가 되어 있는 상태였다. 이것 역시 충분히 이용 가능한 요소였다.

호설암은 일단 항주가 수복되면 곧장 일만 석의 쌀을 항주로 운송하기로 결정했다. 그러면 기아에 시달리고 있는 항주 주민들을 구제할 수 있을 뿐만 아니라 신의가 높아져 공금을 횡령했다고 주장하는 사람들의 콧대를 꺾을 수 있기 때문이었다.

실제로 훗날 항주가 수복되자 일만 석의 쌀을 직접 관군에게 넘겼고, 좌종당의 신임까지 얻어 그의 상객으로 항주의 전후 수습을 돕게 되었다. 왕유령보다 더 큰 관장의 권력자를 자기편으로 만들게 된 것이다. 호설암이 홍정자紅頂子를 단 관원 상인이 된 것도 이러한 묘책의 직접적인 결과였다. 상황으로 볼 때, 대단히 불리한 것처럼 보였던 요소들이 실제로는 호설암이 다시 일어서는 데 중요한 기회로 작용한 셈이다.

어렵게 찾아낸 이득이 진정으로 자기의 소유가 되게 하기 위해선 기회를 놓치지 않고 과감하게 생각하고 행동하는 자세가 필요하다. 시장은 항상 변화한다. 적시에 시장의 변화를 잘 파악하고 이에 맞춰 신속하게 경영 전략을 수립할 필요가 있다. 이는 새로운 이득을 개척해 나가기 위해 반드시 필요한 자세이다. 새로운 이득을 발견하는 기회는 시장의 변화에 민감하고 신속하게 반응하는 사람들의 몫이기 때문이다.

능인과 용인의 차이

 자신에게 불리한 것이라도 유리한 요소를 찾아내 잘 활용하기만 하면 피동적 위치에서 능동적 위치로 전환시킬 수도 있다.

기회는 누구에게나 다 찾아온다. 그러나 제때에 이를 포착하여 기선을 잡는 사람은 그리 많지 않다. 이것이 바로 능인能人과 용인庸人의 차이이다. 또한 커다란 곤란에 직면했을 때 용기와 담력을 발휘할 수 있는 것도 경영에 있어서 매우 중요한 요소로 작용한다. 기회의 인연은 대부분 고난과 역경 속에 숨어 있기 때문이다. 이러한 고난과 역경을 과감히 뚫고 나아가는 사람이 최후의 승자가 된다.

전장은 중국의 전통 금융기관이었으며 민족자본을 지키는 구심점 역할을 하였다

상경에서 배우는 경영 정신

기회와의 인연은 만드는 자에게 주어진다

강소성 화서촌華西村 당 위원회 서기인 오인보는 정치 분야에서 뛰어난 통찰력을 갖고 있었다. 1992년 초, 오인보는 여러 신문과 잡지에서 개혁 개방을 대대적으로 고무하고 홍보하는 글을 접하게 되었다. 2월 4일, 상해시 기관지인《해방일보》에는「제11기 삼중전회 이후의 노선이 향후 100년의 중국을 결정한다」는 제목의 무게 있는 글이 실렸고,《심천특구보》에는 2월 19일부터「공산당이 부패를 소멸시킨다」,「안정이 가장 큰 전제이다」등 다양한 각도에서 개혁 개방을 강조하는 논평이 연재되었으며, 2월 22일에는《인민일보》에「경제 건설을 견지하자」,「대외 개방과 자본주의의 이용」등의 제목으로 과감한 개방을 예고하는 정부의 목소리가 쏟아졌다.

이처럼 모든 언론이 이구동성으로 개혁과 개방을 외치는 가운데 여러 분야에서 경험이 풍부했던 오인보는 예리한 통찰력으로 사태를 분석하기 시작했다.

특히 등소평이 남방을 순시하면서 발표한 연설이 오인보의 눈길을 사로잡았다. 그는 최근에 발표된 모든 논설과 기사들이 등소평의 남방 순시와 무관하지 않다는 결론을 내렸다. 오인보는 정부가 곧 대규모의 경제개발계획을 시행할 것이며 이에 따라 중국은 안정적인 발전과 호황의 기회를 맞게 될 것이라고 판단했다.

그의 예측은 정확했다. 엄청난 사업의 기회가 밀려왔고 사람들은 이를 신중하게 따지거나 고민할 겨를이 없었다. 이런 기회를 놓칠 수 없다고 판단한 오인보는 화서촌을 중심으로 대규모의 경제개발 열풍을 불러일으켰다.

기회가 왔을 때는 과감한 용기가 필요하다. 우유부단하게 행동을 미루다가는 다른 사람에게 기회가 돌아가거나 금방 사라져버리기 때문이다. 과감한 판단과 용기 있는 행동이야말로 경영인이 갖춰야 할 가장 중요한 자질이다.

새벽 두 시가 넘도록 잠들지 못한 오인보는 즉시 당 위원회 위원들과 촌장, 각 공장의 공장장 등에게 전화를 걸어 긴급회의를 소집했다. 회의석상에서 오인보는 이렇게 말했다.

"한참 주무셔야 할 시간에 회의를 소집하게 되어 정말 죄송합니다. 저의 오랜 경험을 근거로 중국 개혁 개방의 총지휘자이신 등소평 동지의 연설을 검토해본 결과, 경제 발전을 위한 대규모 개발과 변화의 조류가 밀려오고 있음이 분명합니다. 우리는 이번 기회를 단단히 붙잡아야 합니다. 기회란 대단히 유동적이고 가변적인 것이기 때문에 이를 빨리 잡는 것과 늦게 잡는 것에는 엄청난 차이가 있습니다."

오인보는 화서촌의 발전을 위한 전략목표를 수립하고 구체적인 전술 조치를 시행해 나가기 시작했다. 그는 경제 규모가 커지면 반드시 원자재의 품귀 현상과 가격 상승이 뒤따를 것이라고 판단했다. 무엇보다 안정적인 원자재의 확보가 시급했다. 자금은 많을수록 좋았고 원자재도 많이 들여올수록 유리했다. 오인보는 자금 조달 문제를 해결하기 위해 투자한 만큼 이익을 배분하는 이익 배당제를 시행했고, 덕분에 대량의 자금을 조성할 수 있었다.

오인보의 지휘 하에 화서촌은 간부에서 일반 촌민에 이르기까지 돈이 있는 사람은 돈을 내고, 노동력이 있는 사람은 노동력을 보태면서 모두가 일치단결하는 저력을 과시했다.

이렇듯 화서촌 사람들이 합심하여 엄청난 원자재를 사들이고 있을 때, 아직 눈이 어두워 아무것도 하지 못하는 사람들이 있었다. 등소평이 남방을 순시하면서 행한 연설들이 아직 기층 인민들에게는 전달되지 않고 있었기 때문이다. 3월 9일에서 10일, 강택민 주석은 중국공산당 중앙정치국 전체회의를 주재하면서 등소평의 연설에 대한 당 전체의 진지한 학습을 호소했다.

등소평이 남방 순시중에 발표한 연설문이 중국 전역으로 퍼지자 개혁을 가속화하는 열기가 분출하면서 원자재 가격이 빠른 속도로 치솟기 시작했다. 오인보는 정세 변화를 정확히 판단하고 사전에 준비를 갖춤으로써 화서촌에 1천만 RMB가 넘는 경제 이익을 가져다주었다.

춘란그룹의 전신은 강소성 '태주냉방설비공사'였다. 이 지방 국영기업은 고정자산이 겨우 280만 RMB에 불과했고 연간 매출액도 1천만 RMB에 지나지 않았다. 1985년, 서른두 살의 도건행이 이 회사의 사장으로 취임했고 십 수년이 흐른 지금, 춘란그룹은 중국 최대이자 세계 7위의 에어컨 생산기업으로 성장했다. 정부로부터 단 한 푼의 투자도 받지 못했지만 춘란그룹의 자산과 매출액은 각각 100배 이상 증가했다.

춘란그룹의 고속 성장은 도건행 사장의 과학적인 예측의 성과였다. 도건행은 이 회사에서 생산되는 40여 가지 제품이 생산량이 적고, 원가가 높은데다가 경영 효율이 떨어진다는 사실에 주목했다. 즉시 시장에 대한 대규모 조사를 실시한 결과, 가정용 전기제품의 소비 열기가 냉장고와 컬러 TV에서 에어컨으로 옮겨가고 있다는 자료를 얻을 수 있었다.

1986년, 도건행은 기존의 40가지 제품 생산을 완전히 중단하고 모든 힘을 에어컨 생산에 집중하는 결정을 내렸다. 춘란그룹을 에어컨 전문업체로 만드는 것을 그룹의 목표로 삼은 것이다. 당시 중국에는 이미 에어컨 생산업체가 10여 곳으로 늘어나 치열한 경쟁을 벌이고 있었다.

도건행은 막강한 기업들과의 경쟁을 피하기 위해 대부분의 회사가 생산하고 있는 3천~7천 킬로칼로리의 제품 생산을 피하고 3천 킬로칼로리 이하의 가정용 에어컨과 7천 킬로칼로리 이상의 대형 에어컨을 전문적으로 개발했다. 그 결과 단번에 시장을 독점하면서 경영을 흑자로 돌려놓을 수 있었다.

한때 중국의 에어컨 시장이 정체기로 접어들면서 여러 회사들이 문을 닫게 되었다. 이런 급박한 상황 속에서도 도건행은 일정 기간 조정을 거친 후 다시 호황이 시작될 것이라는 믿음을 가졌다. 오히려 세계시장의 변화에 발맞춰 '최고의 제품을 만들어 세계시장으로 진출한다'는 원대한 목표를 새롭게 설정했다.

이를 위해 춘란그룹은 작업 라인을 개조하고 기업의 규모를 확대하는 조치를 취했다. 시장 예측을 통해 특수한 기능을 갖춘 에어컨이 소비자들에게 큰 호응을 얻을 것이라는 사실을 간파한 도건행은 즉시 인력과 물자를 투입하여 생산라인을 조직하고 6개월 만에 특수 에어컨 제조 공장을 가동시켰다.

다른 에어컨 회사들이 이런 흐름을 깨달았을 때 춘란그룹은 이미 중국 에어컨 시장에서 선두주자의 위치를 다진 것은 물론 세계 시장에서도 무시할 수 없는 위치에 올라서 있었다.

형세를 마음대로 부리는 열쇠

4

任勢 임세

'임任'이란 부리거나 순응하는 것을 말하고,
'세勢'란 추세 즉, 대세를 말한다.
대세에 순응하고 이를 마음대로 부리는 것은
뛰어난 영재들의 자질이자 성공의 열쇠이다.
대세를 따라 군8이 각축을 벌이기 때문에
조류에 순응하는 자는 번창하고 조류에 역행하는 자는 망한다.
상계에 있는 사람들은 반드시 이를 마음에 새겨 행동해야 한다.

흐름을 아는 사람은
흔들리지 않는다

호설암 어록

"사업을 하려면 세상의 큰 흐름을 알아야 한다. 세상의 흐름을 모르면 뒤처지게
되고 나중에 따라잡으려고 아무리 애써 봐도 소용없다. 시기를 기다리는 것은 흐름을
타는 것만 못한 법이다. 어려워 보이는 일들이 의외로 순조롭게 성취되는 것은 대부
분 현실의 흐름에 순응했기 때문이다. 원대한 안목으로 4~5년 후의 일들을 내다보고
큰 흐름을 발견할 수 있어야 비로소 비상할 수 있다."

사리에 밝은 사람이 펼치는 묘책

사업이나 투자가 확실한 이익으로 돌아올 것인가를 판단하는 것은 결코 쉬운 일이 아니다. 종합적인 변화의 추세를 파악하고, 변하지 않는 발전의 법칙과 방향을 찾아낼 수 있어야만 가능한 일이다. 호설암이 전성기를 구가하면서 시장을 석권할 수 있었던 것은 변화의 커다란 흐름을 놓치지 않는 거시적 안목이 있었기 때문이다. 특히 서양 상인들을 상대로 생사 교역을 펼치는 과정에서 그의 이러한 안목이 두드러지게 나타난다.

호설암은 시장과 가격을 순조롭게 통제하고 조절하기 위해 호주에서 구입한 생사를 상해로 운반해 놓고서도 그 이듬해 생사 시장이 열리기 전까지 물건을 처분하지 않고 기다렸다.

그러나 이때 몇 가지 새로운 상황이 전개되었다. 조정에서는 상해 소도회의 요청을 받아들여 생사와 차 같은 물건을 상해로 가져와 서양 상인들과 교역하는 것을 금지했으며, 외국 대사관들은 각기 본국 교민과 상인들에게 소도회와 접촉하거나 돕지 말라는 지침을 공포했다. 또한 청나라 조정은 프랑스와 영국, 미국 등의 항의를 무시하고 상해에 세관을 설립하기로 결정했다.

이러한 흐름은 분명 호설암에게는 유리한 상황이었다. 조정에서 생사의 상해 유입을 금지하고 있었기 때문에 호설암이 이미 상해에 확보해 놓은 생사의 가격이 오를 수밖에 없었다. 또한 상해에 세관이 설치되면 서양 상인들의 사업이 일정한 제한을 받을 수밖에 없었다.

서양 열강들이 본국 상인들과 소도회의 접근을 금지하고 세관의 설치를 극력 반대한 것은 중국과 장기적인 무역관계를 유지하고자 했기 때문이다. 그러므로 이러한 상황이 계속 유지되면서 서양 상인들과 적절한 협상을 진행한다면 이미 확보해 놓은 물건을 아주 좋은 가격에 파는 것은 그리 어려운 일이 아니었다.

하지만 호설암은 그 순간에 엉뚱한 결정을 내려 주위를 놀라게 했다. 오히려 생사를 대단히 불리한 가격에 팔기로 결심한 것이다.

호설암이 이런 결정을 내린 것은 당시의 상황을 다른 각도에서 면밀하게 종합한 결과였다. 당시 태평천국군은 엄청난 기세로 청나라 조정을 압박하고 있었고 서양 상인들도 이 점에 대해 매우 민감한 반응을 보이고 있었다.

조정에서도 비록 중국 상인들과 서양 상인들 간의 교역을 금지하긴 했지만 전란이 평정된 다음에는 시장을 회복시키고 경제를 소생시키기 위해 금령을 해제할 필요가 있었다. 또한 이전까지의 관례에 따르면 정부가 직접 나서서 서양 상인들과 교역 활동을 진행하는 것은 거의 불가능하기 때문에 그들과의 사업은 전적으로 상인들의 몫이 될 수밖에 없었다.

이러한 예측을 토대로 호설암은 조만간 서양 상인들과의 장기적이고 대규모적인 교역이 활발하게 전개될 것이라는 사실을 읽어낼 수 있었다. 그러므로 사업을 순조롭게 진행하기 위해선 미리 은혜를 베풀어 그들과의 친분을 쌓아두는 것이 효과적이라 판단했다.

호설암의 뛰어난 전략은 바로 여기에 있었다. 이번 장사로 호설암이 벌 수 있는 돈은 은자 몇 냥에 지나지 않을 것이고 적어도 자신이 당초에 가졌던 계획도 상당 부분 포기해야 했을 것이다. 하지만 이런 거래를 토대로 호설암은 서양 상인들과의 장기적인 통로를 확보하게 되었고, 앞으로의 대규모 교역을 진행하고 서양 자본을 끌어들여 국제금융업을 개척하며, 궁극적으로는 십리양장十里洋場을 석권하는 데 중요한 기반을 다지게 되었다.

1862년 2월, 호설암은 신임 절강순무인 좌종당을 처음 만나게 되었다. "하늘은 높고 황제는 멀다."는 속담처럼 호설암이 절강 땅에서 돈을 벌어 그 세력을 다른 지역으로 확대할 수 있을 지의 여부는 좌종당이라는 '토지신' 과의 관계에 달려 있다고 해도 과언이 아니었다.

호설암은 왕유령의 위임을 받아 상해에서 구입해 놓은 채 아직 항주로 운반하지 못한 군수용 양곡을 좌종당에 대한 상견 예물로 사용했으며 이로써 20년 동안 계속된 두 사람의 긴밀한 협력과 교류가 시작될 수 있었다.

좌종당은 청년 시절부터 "가진 것 없어도 마음은 천하를 걱정하고, 만 권의 서적을 독파하여 고인들과 교왕하리라."는 원대한 웅지를 품고 있었다. 그가 성취한 높은 지위도 일생을 통한 분투의 결과였다.

하지만 그가 포부를 펼치는 데 가장 큰 도움을 준 것은 그보다 열두 살이나 아래인 호설암이었다. 호설암이 무기 구매와 군량 조달 등을 통해 좌종당이 태평천국군과 염군捻軍, 섬서陝西 회족回族의 반란 등을 진압하는 데 결정적인 도움을 주었던 것이다. 이런 일련의 사건들은 당시의 청나라 조정으로서는 생사존망이 걸린 대단히 중대한 국사였다.

호설암은 좌종당의 양무를 측면에서 지원했고 그가 예순의 나이에 대원수가 되어 아구파 등의 분열 세력과 각축을 벌일 때도, 서양

---

* 십리양장十里洋場_ 당시 상해 조계지에 외국 금융기관과 회사들이 밀집되어 있던 지역으로 국제금융과 무역의 중심지였다

* 염군捻軍_ 태평천국군과 같은 시기인 1853년부터 태평천국군이 몰락한 1868년까지 화북지역에서 봉기한 반청 반란집단을 말하며 염자捻子·염비捻匪라고도 한다

상인들로부터 무기를 구입하고 차관을 유치함으로써 좌종당의 신강新疆 수복에 결정적인 힘이 되어주었다. 게다가 좌종당의 정적들이 하나같이 지원을 거부하고 각 성에서도 관망하는 자세를 취하고 있었기에 좌종당의 눈에는 호설암이 춘추전국시대의 현고弦高나 서한시대의 복식卜式에 비견될 위대한 상인으로 비칠 수밖에 없었다.

호설암이 좌종당을 위해 견마지로를 다한 것은 무엇보다도 그의 신임을 얻기 위한 것이었고, 그 결과 좌종당은 호설암을 '상인 중의 의협'으로 신뢰하게 되었다. 천신만고의 노력과 대가를 치루면서 호설암은 좌종당과 친분을 맺는 데 성공할 수 있었다.

1881년, 좌종당은 양강총독 겸 통상사무대신으로 임명되어 절강으로 부임하면서 먼저 남경으로 가 배편으로 상해에 도착한 다음, 다시 절강으로 향했다.

1883년과 1884년 사이 한때 파산 직전의 위기까지 몰린 호설암은 이때 좌종당의 권력에 의지하여 양대糧臺와 무기 구매, 차관 등의 업무를 총괄하면서 곤경을 면할 수 있었다. 또한 좌종당을 대표로 하는 양무파 대신들의 수하에 있다는 이점을 이용해 상장商場을 좌지우지하는 실력을 발휘하기도 했다.

청나라 말기에는 정치 기강이 해이해지면서 관리들의 뇌물 수수가 만연했다. 서가가 쓴 『청패유초』의 기록에 따르면 후보 지현이 보결을 받기 위해선 최소 천 냥의 은자를 뇌물로 바쳐야 할 정도였다.

관아에서도 상인들의 업무를 처리해줄 때는 업무의 경중에 따라 뇌물의 액수가 정해질 정도였다. 이러한 현상이 오랫동안 지속되면서 권력과 금력의 교역은 관장과 상장에서 보편적으로 통하는 일종의 관행이 될 수밖에 없었다.

---

* 회족回族의 반란_ 1854년 중국 남서부 운남에서 일어났으며 회족과 한족과의 은광 쟁탈을 둘러싸고 생긴 갈등에서 비롯되었다
* 싱창商場_ 상업과 교역 행위가 펼쳐지는 비즈니스의 세계

호설암처럼 사리에 밝은 사람에게 이 문제에 관한 묘책이 없을 수 없었다. 그는 부패한 관리들과 결탁하느니 청렴하고 권위 있는 관리에게 공경하는 자세를 갖춤으로써, 문제가 발생할 경우 관아에서 스스로 나서서 돕게 하는 고명한 방법을 사용했다. 또한 그는 원로 관리들에게 효경을 다함으로써 그들의 재산을 대신 관리해주는 특권을 얻게 되었고, 이를 자신의 사업 자금으로 활용하여 큰 이익을 보장해줄 수 있었다.

나중에 호설암의 부강 전장이 전국 각지에 지점을 개설하게 되자 각 성의 대신들과 경사의 귀족들도 앞을 다투어 돈을 맡겼다. 그 중에는 동치제同治帝의 숙부이자 광서제光緖帝의 백부로서 당시 최고의 권문세가였던 공친왕 혁흔과 민절 총독과 형부상서를 지낸 바 있는 대관료 문욱 등도 포함되어 있었다.

호설암은 고관들의 예금을 유치하면서 이들에게 안전한 금고와 넉넉한 이자를 보장했을 뿐만 아니라 이들과의 거래를 통해 자신의 지명도와 전장의 영향력을 크게 높일 수 있었다.

오늘날은 이처럼 권력에 기대어 이익을 도모하는 것은 바람직하지 않다. 오히려 위법 행위에 해당할 수도 있기 때문이다. 하지만 올바른 의미에서 '임세'의 실천은 경영의 세계에서 반드시 필요한 전략이라 할 수 있다.

* 동치제同治帝 / 광서제 光緖帝 _ 페이지 120 글상자

추세에 따른 계획과 행동

'추세'란 사물이 발전하는 커다란 방향을 말한다. 이러한 추세를 간파할 수 있어야 자신의 분투 방향을 정할 수 있다. 따라서 큰 일을 이루고자 하는 사람은 원대한 계획을 가져야지 작은 이익에 집착해서는 안 된다. 추세에 따라 계획을 세우고 행동해야 작은 힘으로 쉽게 소기의 목적을 달성할 수 있다. 이러한 추세를 제대로 보지 못하면 전혀 상반된 결과를 초래할 수도 있다.

『손자병법』에서도 "싸움에 능한 자는 사람을 탓하지 않고 전세의 흐름에서 승리를 구한다."고 지적한 바 있다. 일단 대세를 파악하면 용인과 전략 등은 문제가 되지 않는다는 뜻이다. 마찬가지로 기업을 경영하는 사람들도 대세를 파악하는 데 정력을 집중해야지 사소한 업무에 정력을 기울여서는 안 된다. 깊이 계획하고 멀리 내다보는 것이 경영자의 가장 중요한 책무인 것이다.

동치제 同治帝 / 광서제 光緒帝

동치제 同治帝 (1856~1874)_ 청나라의 제10대 황제(1861~1874).

이 시기에 태평천국의 난과 이슬람교도의 반란 등이 평정되고, 자강 自強의 촉진을 도모하는 등 내치·외교상의 안정이 회복되고 국세가 일시적으로 만회되었다.

광서제 光緒帝 (1871~1908)_ 청나라의 제11대 황제(재위 1874~1908).

청나라 말기의 격동기에 비극적인 운명을 겪은 황제로, 치세하는 동안 여러 전쟁이 잇달아 일어났으며, 서구열강과의 관계로 가장 다사다난한 시대였다. 깊어만 가는 청나라의 고민과 그 위기를 해결하기 위하여 1898년 무술 戊戌 변법을 시작하였으나 수구파 守舊派 세력의 쿠데타로 실패하였다.

중국에서는 오랜 옛날부터 조가비·곡물 가축·직물·농구 등의 물품화폐가 사용되었다. 은·주 시대에는 청동기문명이 발달하여, 어화魚貨·포화布貨·도화刀貨 등의 주조화폐가 나타났으며 진나라의 시황제는 종래의 포화·도화 등의 사용을 금지하고, 원형방공圓形方孔의 주화를 채택, 화폐의 통일을 이루었다. 한나라에 이르러 사주전私鑄錢의 유통과 진나라 때 주화의 이용불편을 이유로, 가벼운 유협전榆莢錢(콩깍지 모양)을 주조했으나 물가가 폭등하여 경제의 혼란을 주었다.

당나라의 고조高祖는 개원통보開元通寶를 주조하였다.

송나라의 태조太祖는 당의 화폐제도를 본떠, 구리를 소재로 한 송통원보宋通元寶를 주조하여 화폐의 통일을 꾀하였다. 태종太宗 시대에 태평통보太平通寶·순화원보淳化元寶가 주조된 이래로, 개원改元 때마다 새 화폐를 주조하여 연호年號를 각인하는 것이 관례가 되었다.

이 시대에는 무역이 활발하여 해외로의 유출도 많아서 교역국에 많은 영향을 끼쳤다. 금나라·원나라에 걸쳐서는 정릉원보正隆元寶·대정통보大定通寶·태화통보泰和通寶·원정통보元貞通寶·대덕원보大德元寶 등 주로 동전이 주조되었다.

명나라의 태조太祖는 대중통보大中通寶·홍무통보洪武通寶를, 그리고 성조成祖는 영락통보永樂通寶를 주조했는데, 이 시기는 지폐와 통보전通寶錢의 병존시대였다. 이 시기까지는 주조된 동전이 주로 사용되고, 금·은 등은 칭량화폐稱量貨幣의 형태로 사용되고 있었다.

1912년의 민국혁명 후, 국민정부는 1914년 국폐조례國幣條例에 의하여 은본위제를 채택하였다. 그러나 1931년 만주사변부터 전시태세로 들어갔기 때문에 실질적 운영이 곤란하게 되어, 1936년 은본위제도를 폐지되었다. 공산당 정권 수립 후 인민은행이 설립되어 인민은행권이 중국 본토에서 유통되고, 대만 지역 안에서는 대만 은행권이 유통되고 있다.

상경에서 배우는 경영 정신

▌ 대세를 파악하고 처신을 과감하게 한다

동서고금을 막론하고 깊이 생각하고 멀리 내다봄으로써 사물의 추세를 파악하는 것은 경영자로서의 성공을 보장하는 최고의 비결이다.

'백룡그룹' 사장인 손인귀의 성공이 그 대표적인 예라 할 수 있다. 그가 생산해 낸 '아도亞都 가습기'와 '백룡 광천수 주전자'는 대도시를 중심으로 시장을 빠른 속도로 석권하면서 최고의 판매 실적을 기록했다. 그러나 현재의 상황에 결코 만족할 수 없었던 손인귀는 다른 분야의 투자를 신중하게 고려하기 시작했다. 조심스럽게 기회를 찾던 그는 마침내 청도에서 확실한 투자의 대상을 찾게 되었다.

청도는 훌륭한 투자 환경을 갖춘 도시로서 이미 황도경제개발특구가 설치되어 있었다. 황도경제개발특구의 신속한 발전을 위해 산동성과 청도시에서는 약 40억 RMB의 자금을 투자하여 개발을 서두르는 동시에, 일련의 특별 조치를 발표하여 외지 기업과 자본의 유치에 힘쓰고 있었다.

그러나 실제 청도에 투자하려고 나서는 사람은 그리 많지 않았고, 황도의 땅값도 제자리에 머무르고 있었다. 이러한 소식을 접한 손인귀는 나름대로 세밀한 조사를 진행했다. 그 결과, 외지 기업들이 투자를 망설이는 주요 원인이 불편한 교통에 있다는 사실을 알게 되었다. 청도와 황도 사이를 수킬로에 달하는 해수면이 가로막고 있어, 이곳을 왕래하려면 세 시간이 넘는 귀중한 시간을 허비해야 했고, 어쩌다 짙은 안개라도 만나게 되는 날에는 4~5일 동안 발이 묶이기 일쑤였다. 사업을 하는 사람들에게는 시간이 돈이었으므로 이처럼 교통이 불편한 곳에 투자를 꺼리는 것은 당연한 일이었다. 때문에 많은 사업가들이 황도에 관심을 갖고 있으면서도 선뜻 투자를 하지 못하고 발길을 돌려야 했던 것이다.

손인귀는 남들이 미처 생각지 못한 사실을 감지했다. 청도시가 이미 40억 RMB라는 거금을 투자한 이상, 이곳에서 그대로 손을 털진 않을 것이라는 점이었다. 다시 말해서, 조만간 투자에 유리한 또 다른 조치를 취할 것이라는 게 그의 예측이었다. 이런 판단에 따라 1992년 초, 손인귀는 망설임 없이 2백만 RMB의 자금을 투자하여 토지사용권을 사들였다.

바로 이때, 등소평이 남방 시찰중에 행한 중요 연설들이 방송을 타기 시작하면서 각 지방 정부가 서둘러 개혁에 착수하기 시작했고 청도에서도 시 위원회와 시 정부가 토지와 건물을 팔아 대규모 상업센터를 건설하는 등의 과감한 조치들을 단행했다.

이러한 일련의 상황들을 지켜보면서 손인귀는 내심 토지사용권을 더 사들이지 못한 아쉬움을 떨칠 수가 없었다. 자신의 판단이 정확했음은 입증이 되었지만 그에 따른 좀더 적극적인 행동이 미흡했던 것이다. 소 잃고 외양간 고치는 격이었지만 그는 재빨리 청도시의 관계 부서와 담판을 벌여 추가로 토지사용권을 구입하는 계약을 체결해 아쉬움의 일부를 달랠 수 있었다.

남들이 생각하지 못하는 것을 생각하고, 보지 못하는 것을 보며, 행하지 못하는 것을 실행에 옮기는 것이 바로 성공의 비결이다. 마치 손인귀가 모든 것을 사전에 알고 있기라도 했던 것처럼 그가 추가 토지사용권 계약을 체결한 지 불과 일주일도 안 되어 《청도일보》에 놀라운 기사가 실렸다. 청도시가 시내에서 황도로 통하는 해저 터널을 건설하기로 결정했다는 내용이었다.

이러한 소식이 전해지자마자 황도경제개발특구는 일약 경제 중심지로 부상하면서 땅값이 뛰어오르기 시작했다. 손인귀가 이미 아주 싼 가격으로 광대한 토지의 사용권을 확보한 뒤였다.

손인귀가 청도시 정부와 토지사용권 구매 수속을 하러 갔을 때 한 투자자가 그를 찾아와 구입 가격의 네 배나 되는 2천만 RMB에 토지사용권을 사고 싶다고 제의했다. 하지만 손인귀는 그에게 3천만 RMB를 줘도 팔지 않겠다고 대답했다.

이런 손인귀의 태도에 사람들은 놀라움을 금치 못했다. 하지만 손인귀가 토지사용권을 팔지 않았던 이유는 또 다른 정보를 포착했기 때문이었다. 한국의 외무부 장관이 중국 외교부장 전기침의 초청으로 중국을 방문하게 된다는 소식이었다. 손인귀는 이 소식에 크게 주목하고 있었다. 한국 외무부 장관의 중국 방문을 계기로 양국 관계는 한층 더 가까워질 것이고, 더 나아가 외교관계의 수립도 가능하다는 것이 그의 예측이었다.

한국은 아시아의 4룡四龍 가운데 하나로 지리적 위치가 산동반도와 가장 가깝고, 청도는 그 가운데서도 양국의 경제 교류에 가장 유리한 위치에 자리 잡고 있었다. 만일 한국과 중국의 수교가 이루어진다면 청도는 한국의 기업들이 가장 먼저 눈독을 들일 전진 기지가 될 것이라는 것이 그의 생각이었다.

손인귀의 예측은 어김없이 들어맞았다. 한국 외무부 장관이 북경을 다녀간 지 이틀 만에 수교 문제가 전격적으로 타결되어 한중 양국간에 수교의정서가 체결되었고 얼마 후에는 노태우 대통령이 중국을 공식 방문하게 되었다.

이런 소식이 전해지자 청도의 땅값은 천정부지로 치솟기 시작하여 5백만 RMB에 사들인 토지사용권의 가격이 6천만 RMB까지 상승했다. 손인귀는 황도경제개발특구의 발전 추세를 예견한 결과 엄청난 이익을 손에 쥘 수 있었다.

하나의 힘으로
다른 힘을 끌어들인다

호설암 어록

"내겐 상장商場의 세력과 관장官場의 세력이 모두 필요했지만 그렇다고 이 두
가지만으로 충분하지 않았다. 오히려 양장洋場의 세력이 더 필요했다. 내게 양장의
세력이 필요했던 이유는 무엇일까? 관장의 세력에 양장의 세력이 합쳐져야만 상장의
세력이 커질 수 있기 때문이다."

요긴하게 사용한 네 가지 힘

호설암은 자신이 요긴하게 활용한 세력을 관장의 세력과 상장의 세력, 강호江湖의 세력, 그리고 이 세 가지를 확실하게 뒷받침하는 양장의 세력으로 요약하고 있다. 이 가운데 호설암이 가장 먼저 취한 것은 관장의 세력이었다.

일자리를 잃어 가면서까지 왕유령을 도와준 것이나 자신의 애첩 아교를 하계청에게 넘겨준 것, 그리고 좌종당의 서역 정벌을 지원한 것 등이 모두 관장의 세력과 연관된 사례들이다. 이들은 모두 호설암에게 결정적인 이득을 안겨준 계기가 되었다. 그러나 관장에서 그가 행한 것들은 호설암의 임세 활동 중 일부분에 지나지 않는다. 관장의 세력만 가지고는 완전한 경지에 도달할 수 없기 때문이다.

호설암이 끌어들인 두 번째 세력은 상장의 세력이었다. 그 전형적인 사례가 바로 상해의 시장을 독점하면서 상해에서의 사업을 주도적으로 이끌어나간 경우이다.

호설암은 애당초 생사사업에 뛰어들기 전부터 서양 상인들에 대항할 준비를 갖추고 있었다. 그는 서양 사람들을 상대로 사업을 할 때는 생사를 사들일 때와 마찬가지로 확실한 가격을 제시하여 가격 흥정을 거부하는 강경한 자세를 취했다. 이를 위해서는 동종업계의 세력을 굳건하게 연합해 서양 상인들로 하여금 스스로 따라오게 만드는 전략이 필요했다.

서양의 최신 기계가 중국에 들어오기 시작하고 서양 상인들이 직접 상해 등지에 사직 공장을 설립하자 호설암은 양잠 농민들의 이익을 보호하기 위해 가능한 자금력을 총동원하여 대량의 재고 잠사

* 강호江湖_ 이해관계와 의리만을 중시하는 시장 잡배의 세계로서 중국역사에서는 상당한 문화적 함의를 지니는 특수계층이라 할 수 있다

* 양장洋場_ 서양 상인들이 활동하던 상해 조계지를 중심으로 서양 상인들의 점포 등이 집중되어 있던 지역

를 사들였다. 그러자 서양 상인들은 총 세무사를 통해 호설암과의 합작과 균등한 이익 분배를 타진해 왔다.

호설암은 교만하지 않게 대세의 흐름을 관찰했다. 그 결과 생사의 상해 유입을 금지하는 조치가 그리 오래가지 않을 것이고 서양 상인이 너무 궁지에 몰리게 되면 상해의 시장 분위기가 크게 위축될 것이라는 판단을 내렸다. 호설암은 스스로 태도를 바꿔 불화의 원인들을 털어버리고 관장과 서양 상인들로 하여금 서로를 믿게 함으로써 상해의 시장 열기를 활성화시켜야겠다고 마음먹었다.

그러나 이를 위해선 조건이 필요했다. 먼저 중국의 여러 생사업자들과 가격 문제를 상의해야 했고, 그 다음엔 서양 상인들에게서 중국에 공장을 설립하지 않겠다는 확답을 받아내야 했다. 사실 중국 생사업자와의 협상은 호설암 자신과의 협상이나 마찬가지였다. 스스로가 이미 생사업계에서 절대적인 발언권을 행사하고 있었기 때문이다. 발언권과 주도권을 쥐고 있는 이상, 힘으로 자신의 이익과 목적을 달성하는 것은 그리 어렵지 않은 일이었다. 결국 호설암이 기대한 상장의 세력은 이미 확보된 것이나 다름없었다.

이러한 결과는 당연히 관장 세력과의 긴밀한 연계에서 비롯되었다. 생사업계의 헌납금 조정과 서양 상인들의 자유 구매 금지 등의 조치가 모두 관장과의 협력이 없었다면 불가능했다. 특히 좌종당이 호광 총독으로 부임하게 된 것은 호설암으로서는 고기가 물을 만난 것과 마찬가지였다.

호설암이 생사사업을 벌이면서 서양 상인들과 힘겨루기를 지속한 시간은 근 20년에 달한다. 이 기간 동안 호설암은 매번 서양 상인들의 기를 죽이면서 중국 상인의 기백과 뛰어난 상술을 과시했다.

호설암의 다른 사업에 있어서도 상장의 세력은 큰 역할을 했다. 예컨대 그의 전장은 영파와 상해, 무한, 북경 등지로 발전하여 동치에서 광서 연간에 이르는 시기에 이미 전체 강남지역의 금융업계에서 수위를 차지하게 되었고, 북방의 산서방 표호票號와 각축을 이루면서 높은 명성을 떨치고 있었다. 그와 동시에 든든한 국고를 배후로 고객들로부터 확실한 신뢰와 사랑을 받는 금자초패金字招牌가 되어 있었다.

호설암이 활용한 세 번째 세력은 이른바 '강호의 세력'이었다. 그와 강호 세력의 결합은 우오와의 교우로 시작된다. 왕유령은 해운국에 부임하자마자 강남의 조미를 경사로 운송하는 임무를 맡게 되었다. 조미의 운송은 지방관의 명성과 밀접한 관계에 있기 때문에 독무인 황종한은 이를 몹시 재촉했고, 일 년 전에는 이 일을 빌미로 번사 조수에게 압력을 가해 자살하게 만든 사건도 있었다.

이 임무가 너무나 중요한 것은 사실이었지만 무조건 조방에 운송을 재촉하는 것만으론 해결될 수 없는 문제였다. 호설암은 방법을 바꿔 상해로 직접 돈을 가지고 가서 쌀을 구입하여 경사에 조미를 납부하기로 마음먹었다. 문제는 쌀이기 때문에 어떤 식으로라도 목적을 달성하기만 하면 되는 것이었다.

호설암은 조방 세력을 키우는 데도 큰 관심을 기울였다. 그들과 동맹관계를 맺어 고정적으로 관 물자의 운송 기회를 제공하고 선대船隊를 조직해주는 등, 도움이 되는 일이 있을 때마다 어김없이 조방을 찾았다. 먼저 상대를 존중해주면 상대방도 자신을 추켜세워주기 마련이다. 세력이란 이런 식으로 만들어지는 것이다.

청나라 말기로 접어들면서 강호의 세력은 급속도로 쇠퇴히기

---

* 표호票號_ 청나라 때 환업무를 담당한 일종의 금융기관으로 표장票莊·회태장滙兌莊 이라고도 한다. 예금과 대출 등의 은행 업무를 담당하던 상업금융기관이었다

시작했는데, 그 주요 원인은 사회경제의 변화에 있었다.

조방이 남북을 잇는 운수에 사용하던 하도에 토사가 쌓여 막히면서 돈줄이 끊기는 바람에 세력이 쇠퇴하기 시작하자 이어서 강호의 세력 전체가 쇠퇴 일로를 걷게 되었다. 이와는 대조적으로 대규모 전장과 표호 등 금융 세력이 득세하면서 그 자리를 대신하게 되었다.

그러나 이전만 못하다고 해도 강호의 세력은 여전히 갖가지 형태로 재조직 또는 재건되면서 나름대로의 힘을 발휘하고 있었다. 예컨대 국민당 시기 상해의 청방靑幇은 한때 장개석 같은 인물도 몸을 담을 정도로 막강한 세력을 과시하면서 상해탄을 석권하기도 했다.

호설암이 살았던 시기에는 강호의 세력이 사회 전반에 중요한 영향을 미치고 있었다. 호설암은 이러한 강호의 힘을 자신의 관장 세력과 고응춘의 양장 세력에 잘 결합시켜 효율적으로 활용하는 능력을 발휘했다.

호설암이 활용했던 네 번째 세력은 '양장의 세력' 즉 서양 상인들의 힘이었다. 호설암의 성공은 대부분 태평천국의 난이라는 농민운동과 청나라 조정에 대한 외세의 개방 압력에서 그 과실을 취한 것이었다. 이 두 가지 상황은 당시의 중국에 커다란 변화를 가져왔고 호설암은 단연 변화의 방향을 정확히 파악한 대표적인 인물이라 할 수 있다.

호설암은 생사사업을 시작하면서 서양 상인들과 접촉하는 기회를 갖게 되었고, 아울러 서양 매판인 고응춘이란 인물을 알게 되었다. 두 사람은 초면에 오랜 친구처럼 의기가 투합되어 양장의 세력을 활용하여 시장을 장악하기로 약속했다.

호설암은 양장 세력을 배경에 둠으로써 좌종당이 서북 정벌을 위해 특별히 설치한 상해채운국上海采運局을 이끌 수 있었다. 채운국에서 하는 일은 매우 복잡했다. 가장 시급했던 일은 서양 차관의 도입으로, 두 차례에 걸쳐 총 1천 6백만 냥 이상을 받아내야 했다. 둘째는 좌종당의 복주선정국福州船政局에서 기선을 건조하는 데 필요한 기계의 도입이었고 셋째는 각종 서양 무기와 탄약, 대포 등을 구입하는 일이었다.

서북의 반란을 진압하려는 좌종당의 강한 의지는 자연히 양무 활동에 호설암이 적극 나서지 않을 수 없는 상황을 만들었고 그 결과 호설암은 매판으로서 독점적인 지위를 굳히는 기회를 얻을 수 있었다. 서양 상인들도 청나라 대신 좌종당의 유력한 측근인 호설암과 오래도록 거래를 하면서 자연스럽게 특별대우를 하게 되었고, 이런 관계가 그의 양장 세력 장악에 중요한 밑바탕이 되었다.

호설암이 행한 상술의 가장 두드러진 특징은 '한 가지 세력으로 또 다른 세력을 끌어들이는' 이론이라 할 수 있다. 그는 관장 세력과 상장 세력, 양장의 세력과 강호의 세력을 모두 필요로 했고, '세'와 '리'의 불가분의 관계를 잘 알고 있었다. 사람들은 세력이 있는 곳으로 말머리를 돌리기 마련이라 세력을 얻으면 반드시 이익이 있다는 것이 그의 지론이었다.

또한 힘이란 여러 곳에 흩어져 있고 물처럼 흘러다니기 때문에 이를 축적하여 하나의 세력으로 조성하지 못하면 이끌어낼 수 없다는 것이 그의 견해였다. 세력을 모으는 과정이 바로 힘의 축적 과정이요, 규모와 질서, 방향을 조성하는 과정이며, 힘을 모으고 그 세기를 조절하는 것이 유능한 관리자의 진정한 의무라 할 수 있다.

인재가 흩어져 있으면 이를 조직하여 적극적으로 활용하고, 자원이 산재해 있으면 이를 한데 모아 중요한 재원으로 조성해야 한다. 조각조각 흩어져 떠돌아다니는 정보도 잘 조합하여 하나의 힘으로 만들어낼 수 있어야 한다.

그러므로 경영 활동이란 다분히 창조적인 과정이라 할 수 있다. 호설암은 구제 불능인 노름꾼을 생사사업에 활용했고 몰락한 문인을 격려하여 꼭 필요한 자리에서 그 능력을 십분 발휘하게 했다.

관장과 강호 사이에는 의심이 있고 서양 사람들과 관장 사이에는 일정한 틈이 있다. 하지만 호설암은 의심이 있다고 해서 포기하지 않았고 틈이 있다고 해서 반목하지 않았다. 오히려 최대한 포용하여 가능한 힘을 모두 모아 활용하는 지혜와 수완을 발휘했다. 그 결과 모두가 사업에 참여할 수 있었고 소기의 이득을 얻을 수 있었다.

'세'와 '리'가 펼치는 불가분의 관계

 상장과 관장, 강호 그리고 양장 세력의 결합은 호설암이 시장을 좌지우지하면서 마음껏 자신의 의지를 펼칠 수 있게 한 원동력이었다. 중요한 것은 그가 이 네 세력의 이해관계를 인식했다는 것이 아니라, 이를 실제로 운용할 수 있는 능력을 갖추고 있었다는 점이다. 눈만 높고 손이 따라주지 않는다면 큰 일을 이루기 어렵다.

제갈공명이 동풍에 불을 놓아 적벽을 차지한 것이 군사의 묘수였다면, 호설암이 기회를 잡아 큰 돈을 번 것은 상사의 묘수라 할 수 있다. 제갈공명의 동풍은 자연의 바람이었고 호설암의 동풍은 사회의 바람으로 봉건사회의 관장에서 불어온 것이다. 이러한 '동풍'을 확인한 호설암의 상선은 순풍에 돛 단 배였다. '동풍'을 체득한 것이 자신의 실력과 세력을 키우는 절대적 계기가 되었던 것이다.

춘추전국시대 이후로 유명한 거상들은 대부분 제후를 벗으로 삼고 재상들과 교우하는 것으로 '동풍'을 만들어냈다. 이런 추세는 갈수록 발전하여 청나라 말기에는 극성을 이루었다. 이처럼 관장의 '동풍'을 타는 전략은 호설암의 상술에서 가장 중요한 요소로 자리를 잡고 있다.

호설암은 경영을 하면서 권력자에게 의존하는 전략을 매우 중시했다. 그의 경영 활동의 핵심은 남의 힘을 바탕으로 하여 자신의 힘을 확대하는 방식이었고, 일단 남의 세력을 이용할 수 있는 기회가 생기면 절대로 놓치지 않고 이를 통해 자신의 세력을 키웠다.

호설암은 스스로 체득한 자신의 경영관을 '세리勢利'라는 단어로 요약하고 있다. '세'와 '리'는 불가분의 관계로서 '세'가 있어야만 '리'가 발생할 수 있다. 때문에 '리'를 생각하기 전에 먼저 '세'를 추구해야 한다.

형세를 마음대로 부리는 열쇠

상경에서 배우는 경영 정신

1994년, 중국 정부가 대규모 구조조정을 시작하면서 모든 기업들이 적자생존의 시련에 직면했고 수많은 기업들이 도산의 운명에 처하고 말았다. 정부에서는 이러한 상황에 대처하기 위해 손실이 심각한 기업에 대해서는 자발적인 구조조정이나 합병, 매각 등의 방법으로 재생의 길을 찾도록 했다.

건호그룹의 전신인 호천공사는 건실한 경영 성과를 통해 일정한 자금을 확보한 상태였다. 중국 기업의 일반적인 발전 모델은 먼저 공장을 세워 필요한 설비를 구입한 다음 본격적인 생산을 시작하는 것이었다. 그러나 호천공사의 사장인 원보경은 이런 일반적인 공식을 무시하기로 마음먹었다. 남들과 똑같은 방법으로는 큰 발전을 이룰 수 없다고 판단했기 때문이다. 그가 택한 방법은 파산한 기업을 사들여 정상화시키는 방법이었다.

하지만 호천공사의 자금으로는 한두 개의 파산 기업을 사들이는 것이 고작일 뿐 다수의 기업을 사들이는 것은 무리였다. 결국 원보경이 생각해 낸 묘책은 51퍼센트의 자금으로 100퍼센트의 자산을 조종하는 것이었다.

호천공사가 가장 먼저 사들인 기업은 '해이海爾생물제품공사'였다. 이 회사의 자산은 1천만 RMB 정도였으나 원보경은 5백만 RMB로 51퍼센트의 주식을 사들였다. 51퍼센트의 주식이면 얼마든지 경영권을 장악할 수 있었고, 결국 '해이'의 경영과 생산은 호천공사의 통제를 받게 되었다.

다음으로 원보경의 눈에 들어온 기업은 '온양溫陽제약회사'였다. 자산 총액이 1천9백만 RMB에 달하는 제약업계 제2위의 대기업으로서 51퍼센트의 주식을 구입하기 위해선 적어도 1천만 RMB의 자금이 필요했다. 원보경은 해이를 담보로 은행에서 자금을 대출 받아 온양제약회사에 대한 구매 작업에 착수했다. 그리고 이 회사의 경영권을 장악한 원보경은 다시 이를 담보로 대출을 받아 또 다른 기업의 구입 자금으로 사용했다. 아울러 조건이 허락하는 대로 나머지 49퍼센트의 주식도 단계적으로 사들였다.

1996년 가을, 북경에 건호그룹이 정식으로 창립되었을 때 자산 총액은 이미 30억 RMB를 넘어섰고, 산하에 60여 개의 회사가 모여 있었다. 불과 몇 년의 짧은 기간 동안 건호그룹이 이룩한 놀라운 발전은 남들이 생각지 못한 것을 생각해 내고 남들과 다른 길을 걸으면서 마술처럼 기업을 키운 원보경의 남다른 전략의 결과였다.

중국의 비즈니스 세계에서는 호설암처럼 사업의 대세를 파악하는 데 뛰어나고, 일단 이를 확신하면 대어를 낚을 낚싯대를 드리워놓고 묵묵히 기다릴 줄 아는 사람들이 적지 않다. 중국 비즈니스계의 여걸인 여유진呂有珍은 통운회사의 사장을 맡자마자 대세를 파악하는 뛰어난 능력을 발휘하면서 자신의 위치를 확실히 굳혀나갔다.

1992년, 여유진은 개혁 개방이 확대되면서 광주의 발전이 이미 포화상태에 도달해 도시를 확대하는 것은 필연적이라는 사실에 주목했다. 당시 부동산업자들은 모든 자금을 광주 남방의 주강珠江 삼각주에 집중 투자하여 이 지역에 대규모 투자 열풍이 불고 있었다. 이와는 대조적으로 광주 북방의 조그만 현성인 화현化縣은 아무도 찾아주지 않아 썰렁하기 그지없는 지역이었다.

그러나 탁월한 경영자에게는 남다른 통찰력이 있는 법이었다. 여유진은 광주시의 확장에 있어서 가장 이상적인 지역은 북방이며, 그 중에서도 화현이 최적지라는 판단을 내렸다. 그녀는 화현이 개발과 투자의 중요한 포인트가 될 것이라는 확신을 바탕으로 이사들을 설득해 화현에 막대한 토지를 구입했다.

그후 2년의 세월 동안 여유진은 엄청난 비난과 압력을 감수해야 했다. 화현에 땅을 사야 한다는 주장부터 집행과 추진의 모든 과정을 그녀가 직접 이끌었으므로 당연한 화살이었다. 2년 동안 여유진이 겪어야 했던 외로움과 고통은 보통 사람들이 상상조차 할 수 없을 정도였다. 그녀에겐 반드시 화현이 개발되어 큰 수익을 가져다줄 것이라는 희망만이 자신을 지탱해주는 전부였다고 해도 과언이 아니다.

그리고 마침내 때가 왔다. 1994년, 화현은 화도花都시로 승격되었고 정부에서는 이곳에 중국 최대 규모의 국제공항과 경광 철로의 초대형 터미널을 건설하고, 아울러 화도항을 중국 남방 최대의 무역항으로 건설하기로 결정했다. 순식간에 화현의 땅값은 몇 배로 치솟았고 통운회사의 전 직원들은 엄청난 수익을 배분 받게 되었다.

오늘날은 호설암이 살았던 봉건시대의 말기처럼 관장과 강호, 양장과 상장의 세력을 마음대로 좌지우지할 수 없다. 하지만 발전의 방향과 정책의 추세를 정확히 파악하기만 한다면 자신의 시각과 통찰력을 엄청난 힘으로 전환시킬 수 있을 것이다.

형세를 마음대로 부리는 열쇠

흩어진 힘을 모으는 법칙

5

結營 결영

'결結'이란 연결을 뜻하며 몸이 되어 일에 임하는 것을 말한다.
'영營'이란 힘을 합치는 것으로
머리와 꼬리를 맞대고 체력을 하나로 모아
시기와 대세를 조종하는 것을 말한다.
흩어지면 약하나 뭉치면 강해진다.
흩어진 것을 모아 하나가 되면 연합된 힘으로
각자의 추구하는 바를 쉽게 얻을 수 있다.
이는 상인이 갖춰야 할 가장 큰 지혜이다.

모든 힘은
권력으로부터 만들어진다

호설암 어록

"경영자가 권력의 힘을 빌리지 않고 사업을 원활하게 추진할 수 있을까? 권력이 뒤에서 밀어주면 사업은 순풍에 돛 단 배가 될 것이고, 권력이 앞에서 가로막으면 날개 꺾인 새가 되어 땅으로 곤두박질치고 말 것이다. 나는 그다지 뛰어난 집안의 출신은 아니지만 최초로 홍정자를 달고 황마고자를 입는 상인이 되었다. 이것이 바로 나의 비범한 일면이다."

특수한 시대에 필요한 게임의 법칙

호설암은 일찌감치 자신이 살았던 시대의 특수한 관행에 주목하여 관장의 보호를 구하는 것이 사업을 발전시킬 수 있는 중요한 요소임을 깨달았다.

관장의 보호를 구하는 방법에는 여러 가지가 있다. 첫째가 장래를 기약할 수 있는 인사를 지속적으로 돕는 일이었다. 이는 그가 왕유령을 돕는 일에서 그대로 적용되었다. 그 다음 인물은 하계청이었다. 왕유령의 선례가 있었기 때문에 호설암은 하계청을 더욱 더 생각했다. 그래서 그의 영전을 위해 한꺼번에 1만 5천 냥의 은자를 선뜻 내놓았고 더 나아가 자신의 애첩까지 선물했던 것이다.

두 번째 방법은 이런 인물들을 위해 지모와 책략을 제공하는 것이다. 일의 당사자보다는 옆에서 지켜보는 사람의 눈이 더 정확한 법이라 호설암은 단련업무와 조운漕運을 해운海運으로 바꾸는 문제, 무기 구매, 의연금 모금 등 모든 문제에 대해 적절하고 합리적인 대응 방법을 제공했다. 다행히 거의 모든 일이 소기의 목적을 달성했고, 그가 도운 사람들은 조정에서 지위를 더욱 공고히 할 수 있었다. 그리고 이들의 영향력을 통해 호설암의 사업도 크게 번창할 수 있었다. 호설암의 모든 경영 과정에서 관장은 가장 중요한 '교섭' 목표였으며, 관장에 있기만 하면 지위의 고하를 가리지 않고 친분관계를 맺었다.

호설암은 일자리를 잃는 위험을 감수하면서까지 왕유령을 도왔다. 왕유령이 호설암을 만난 것은 가뭄에 단비를 만난 것과 같았으니 혜안으로 준걸을 알아보는 그의 통찰력과 인품에 감격하지 않을 수 없다. 결국 호설암이 베푼 인정의 투자는 엄청난 수익으로 돌아왔고 그에게 '동남대협東南大俠'이라는 칭호를 가져다주었다.

봉건적인 관료정치가 극심하던 청나라 말기의 사회 풍토에서 '권력'은 절대적인 배경으로 작용했다. 호설암이 권력을 등에 업고 얻은 이익은 다른 상인들이 감히 엄두도 못 낼 정도로 엄청난 것이었다.

호설암은 '홍정상인'이란 이름으로 널리 알려져 있다. 이 '홍정자'는 조정에서 상으로 내린 것으로 대단히 상징적인 의미를 갖는다. 관모에 홍정자를 달 수 있다는 것은 황제의 총애를 받고 있다는 뜻이며 그가 펼치는 경영 활동이 합법성을 보장받고 있다는 것을 의미했다. 황제는 지존의 위치에 있는 인물이라 황제의 보호를 받는 사람이 하는 일엔 어떠한 장애도 있을 수 없었다. 때문에 세력가나 대신들도 기꺼이 거액의 은자를 호설암이 운영하는 전장에 예치할 수 있었다.

호설암이 홍정자를 달면서 엄청난 재산을 끌어모은 건 사실이지만 부의 진정한 원천은 그의 배후에 있었던 강대한 관장의 역량이었다. 그리고 날카로운 판단으로 자신이 사는 시대의 특수한 상황을 정확히 간파한 결과이다.

물론 이러한 '관'과 '상'의 결합은 정치 원칙과 도덕에 위배되는 것이다. 또한 관장의 세력에 기대어 사업을 진행할 경우 관장에서의 세력 다툼이나 정국의 혼란이 극성을 부릴 경우 안정을 보장받기 어렵다는 단점도 있다. 호설암이 관장을 통해 이익을 크게 얻은 것도 사실이지만 훗날 난국에 봉착했던 것도 변화무쌍한 관장의 변화가 가장 큰 원인이었다.

익숙해진 정경유착의 관례

 모든 경영 활동은 불가피하게 환경의 영향을 받기 마련이고, 이 가운데 가장 비중이 높은 것이 바로 정치 환경이다. 경영자가 정부와의 관계를 익숙하게 처리하지 못하면 도처에서 장애물을 만나게 될 것이다. 호설암은 일찍부터 이런 관계에 주목했으며 선배 상인들처럼 관장을 피하는 것이 아니라 오히려 자발적으로 관장과 결탁함으로써 커다란 이익을 얻을 수 있었다. 관·상의 결합, 정경의 유착이 호설암에게 엄청난 부를 가져다주었던 것이다.

중국의 봉건 관료제도는 오랜 기간 발전하면서 나름대로의 철옹성 같은 관습을 갖추고 있었다. 특히 직급이 높은 관료의 권력에 기대어 자신의 이익을 취하는 일은 세인들에게 이미 익숙해진 일이었다. 이른바 '관료들끼리 서로 보호해준다'거나 '경사에 아는 사람이 있으면 관리가 되기 쉽다'는 말이 바로 이러한 관습을 잘 대변해주고 있다. 호설암은 오래도록 전장의 수금원으로 일하면서 배후에 든든한 방패가 있으면 위험을 줄이면서 보다 많은 기회를 얻을 수 있다는 사실을 잘 알고 있었다.

상경에서 배우는 경영 정신

이익을 위해선 정치적 감각이 필요하다

봉건사회에서 권력의 힘은 정말 대단한 것이다. 이름 없는 건달이 황제가 되기도 했고 내시가 군주의 권력에 기대어 조야를 호령하기도 했으며, 자잘한 아문의 벼슬아치들이 권력을 휘두르며 거액의 뇌물을 챙기기도 했다. 이처럼 권력은 축재의 대표적인 수단이었으므로 권력자들은 자신의 권력을 유지하고 높이는 데 힘을 기울이지 않을 수 없었다.

예로부터 중국의 상인들은 대부분 정치적 감각을 지니고 있었고 여불위처럼 '태자'의 지위를 사서 최대의 이윤을 남길 줄도 알았다. 또한 중국의 관리들도 대부분 경제적 감각을 갖고 있어 이재를 통해 나라와 백성을 부유하게 하거나 백성들의 고혈을 빨아 자신의 부를 축적하기도 했다. 때문에 범려나 자공子貢, 여불위, 상홍양桑弘羊 같은 인물들은 도대체 상인인지 관리인지 분간하기조차 어렵다. 이들은 관리의 신분을 이용하여 자신의 사업을 발전시켰고, 상업 행위를 통해 자신의 관직을 지켰던 만큼 관과 상의 결합체라 보는 것이 마땅할 것이다.

특히 청나라 말기에는 권력이 관리들의 축재 수단으로 활용되면서 뇌물 수수와 정경 유착이 극에 달했고, 그러다 보니 권력과 금전의 교역에서 서로 속고 속이는 웃지 못할 일들도 종종 발생했다. 청나라 말에 쓰여진 『왕양경필기汪穰卿筆記』라는 책에 이런 기록이 남아 있다.

후보도候補道 한 사람이 모 전장의 총판에게 어느 성의 광산 개발권을 허가해주는 대가로 10만 냥의 은자를 요구했다. 총판은 엄청난 수익을 예상하여 즉시 그의 요구를 받아들이는 한편, 후보도를 후하게 접대했다. 몇 달 후, 일이 성사되자 총판은 더 이상 모습을 나타내지 않았다. 후보도는 답답한 마음에 그를 찾아가 만나 줄 것을 요청했으나 총판은 마치 그를 모르는 사람처럼 대하며 오히려 왠 일이냐고 반문했다. 후보도가 사정을 얘기하자 총판은 짐짓 놀라는 척하며 말했다.

"그럴 리가 있습니까? 잘 못 기억하신 것 아닌가요? 광산 개발권은 원래 제가 이전부터 확보해놓은 것인데 무엇 때문에 그 일로 남에게 부탁을 하겠습니까? 백 냥이나 천 냥쯤 된다면 몰라도 제가 무슨 이유로 그렇게 큰 돈을 내놔야 된다는 겁니까?"

전장의 총판이 후보도를 이용하여 목적을 달성한 다음 상대를 외면하는 것은 아마도 후보도란 관직이 비교적 낮은 관직이라 깔보는 것이거나, 아니면 그보다 높은 직책의 관리와 결탁했기 때문일 것이다. 하지만 이러한 기록을 통해서 우리는 관리가 상인을 위해서 일을 처리해주면서 뇌물의 액수를 거침없이 말할 수 있을 정도로 관과 상 양방의 거래가 보편화되어 있었음을 알 수 있다. 일반적으로 관과 상의 교역은 언제나 "상인은 관리에게 의지하여 먹고 산다."는 말로 표현되었다.

항전 시기에 두월생杜月笙은 홍콩에서 대규모 아편상들과 사업을 벌였다. 한 번에 거래되는 금액이 3천만 원에 달하는 큰 사업이었다. 이때 대립戴笠이 그의 든든한 배후가 되어 대량의 화물 수출입을 보증해주었다. 그러나 약속한 물건이 일 년이 넘도록 인도되지 못하는 난국에 봉착하자 두월생은 중경으로 대립을 찾아가 계약의 이행을 촉구했다.

대립은 이미 약속한 분량의 아편을 준비해놓고 있었다. 하지만 대량의 마약을 장개석의 관할지역에서 반출하려면 재정부장이 발급하는 증빙서류가 필요했는데 재정부장 공상희孔祥熙와는 줄곧 관계가 좋지 않아 문제가 해결되지 못하고 있었다. 두월생은 이러한 사정을 알게 되자 당장 5백만 원짜리 수표를 끊어 공상희에게 보냈다. 공상희는 수표를 받자 빙긋이 웃으면서 즉시 주머니에 집어넣었다.

다음 날, 재정부에서 발급한 아편 반송 허가서가 도착했다. 대립은 한 무리의 무장 특무를 파견하여 십여 대가 넘는 트럭에 실린 아편을 무사히 광서진 남관으로 운송하여 두월생에게 넘겼다. 뇌물의 신통력이다.

국공 내전 당시 상해탄의 황금영은 장개석을 위해 수천 원의 부채를 해결해주었을 뿐만 아니라, 그가 광주로 탈출할 때 상당한 금액의 여비를 제공하기도 했다. 나중에 장개석이 정계에 발판을 구축하자 황금영의 지위는 그 누구도 흔들지 못할 정도로 굳건해졌다.

두월생이 대립을 사귄 것도 마찬가지였다. 대립은 어려서부터 건달이 되어 노점상들의 돈을 갈취하며 살다가 일본 경찰에 붙잡히기도 했다. 상해로 흘러들어온 것도 조직폭력배들과 어울려 '본전 없는 장사'를 하기 위함이었다. 이때 두월생은 이미 황금영의 수하로 들어와 있었고, 대립을 만나자마자 의형제를 맺었다. 나중에 관로에서 곤경에 처하게 된 대립은 두월생을 찾아가 도움을 구했다. 당시 두월생은 옛정을 생각하여 그에게 50원을 주었고, 그 돈을 다 쓰면 또 다시 50원을 주었다. 영웅을 알아보는 두월생의 혜안을 대립은 두고두고 잊지 못했고 매번 상해에 갈 때마다 그를 만나 비밀회합을 갖고 함께 거사를 도모하곤 했다.

두월생은 1920년대 호북의 대군벌이었던 오패부의 비서 양운사에게 인삼과 약품, 가정용품 등을 공급해주었고 그가 죽었을 때는 성대하게 장례를 치러주기도 했다. 부하 중의 하나가 양운사는 이미 옛날의 양운사가 아닌데 그렇게 잘 대해줄 필요가 있느냐고 묻자 두월생이 말했다.

"사람은 누구나 자기를 떠받들어주는 것을 좋아하기 때문에 남을 떠받들어주는 사람을 동정하기 마련일세. 내가 이렇게 병들어 죽은 늙은이에게서 무슨 보상을 기대할 수 있겠는가? 하지만 이렇게 함으로써 내가 장차 얻을 수 있는 것이 지금 내가 손쉽게 지출하는 것보다 훨씬 크고 막대할 걸세."

오늘날의 관점에서 본다면 호설암의 결영법은 분명한 위법행위에 해당한다. 좋은 결과를 얻을 수 없을 뿐만 아니라 법률의 제재를 받게 될 것이 뻔하다. 결국 정경 유착을 통해 이익을 도모하는 것은 불가능하다는 얘기이다. 하지만 호설암의 경험은 우리에게 변화에 따른 기회를 놓치지 않고 인맥을 형성해두는 것이 사업을 평탄하게 할 수 있는 좋은 방편임을 가르쳐주기에 충분하다.

단단한 울타리를 만들어라

호설암 어록

"사업을 성공하기 위해선 반드시 누군가와 연합해야 한다. 자기 혼자의 힘으로
는 큰 일을 이룰 수 없기 때문이다. 사업에는 많은 사람들의 다양한 힘이 필요하다.
지금의 시국에서는 서양 사람들과 연합해야 하고, 이것이 바로 대세이다. 장사로 조
정에 불이익을 끼치지만 않는다면 서양 상인들과 연합하여 사업을 벌이는 것을 결코
나쁘다 할 수는 없다."

이로운 모든 것들을 이용한다

호설암은 실질을 가장 중시했다. 그는 아편전쟁 이후 중국이 더 이
상 서양의 군함과 대포에 저항할 수 없겠지만, 서양도 중국을 쉽게
삼키진 못한다는 사실에 주목했다. 중국은 오랜 역사와 전통을 자랑
하는 나라이며 인구와 영토가 워낙 방대한 탓에 쉽게 무너지지는 않
으리라는 것이 호설암의 생각이었다.

하지만 서양인들이 중국에서 돈을 벌어 이익을 챙기려는 것까
지 포기한 것은 아니었다. 그러므로 사업에서 손실을 입게 될 경우,
무력을 사용해서라도 문제를 해결하려 할 것은 뻔한 일이었다. 물론
실제로 무력을 사용하게 된다면 누구든 막대한 손실을 입을 수밖에
없었다. 이러한 현실적 판단은 호설암으로 하여금 서양 상인들과 사
업을 진행하면서 실력을 크게 증가시키는 힘이 되었다.

어렵게 교역이 시작되었지만 서양인들과의 거래를 제대로 이해
하는 사람은 없었다. 호설암은 탁월한 지모와 고응춘 등의 사교력을
이용하여 서양 상인들과 사업을 시작했고 생사와 차, 무기 등의 교역
에서 막대한 이윤을 챙길 수 있었다. 한편으론 관장 세력과 양장 세
력의 결합을 도모함으로써 자신의 상장 세력을 크게 강화시키는 성
과를 거두기도 했다.

양장 세력과의 연합은 호설암의 관계학에 있어서 중요한 부분
을 차지하고 있다. 그는 교역이 시작되자 중국과 서양, 쌍방 모두의
시장 수요에 대비하여 발 빠르게 움직였다. 함풍 및 동치 연간에 프
랑스인 쟈크와 도크빌을 사귀게 되었는데 이 두 사람과의 친분을 바
탕으로 중불 연합군인 '상첩군'을 조직하여 태평천국군에 대항했

* 아편전쟁_ 페이지 153 글상자

고 나중엔 이 두 사람을 좌종당의 복주선정국에 끌어들여 선정국의 정·부 감독을 맡게 하기도 했다.

호설암은 몇몇 서양 기업들과도 좋은 관계를 유지했다. 이들 기업들은 경험이 많고 자본이 넉넉하여 중국에서 사업하는 외국 기업인들에게 환전, 수출입 대금보증, 대규모 자금대출, 중국인 예금유치, 청나라 조정에 대한 차관 등의 업무를 진행했다. 실제로 중국의 정치와 경제를 좌지우지한 것이다.

호설암은 서양 기업들과의 밀접한 관계를 통해 좌종당의 선정국을 위한 기계와 무기를 대신 구매하고 서양의 차관을 끌어들였다. '이익이 창출되는 것이면 무슨 일이든지 다 하는' 서양인들은 호설암이 좌종당의 측근이란 사실을 알자 주저하지 않고 투자하였으며 철저히 신용을 지켜주었다. 심지어 호설암을 중국에서 가장 믿을 만한 인물로 추켜세우면서 다른 사람에게 자금을 대출할 때도 호설암의 보증을 요구하기도 했다.

호설암은 양장 세력과의 연합을 통해 중국과 서양의 사회제도를 비교하고 깊이 이해하는 기회를 가졌다. 한번은 서양 사람들을 부러워하며 청나라 조정에 대한 불만을 토로한 적도 있었다.

"서양 사람들은 사업을 할 때 정부와 상인이 일체가 되어 정부가 상인들을 보호하고, 어려움이 있을 때도 정부가 나서서 문제를 해결해준다. 때문에 서양 상인들은 관리들을 만나 무슨 얘기든지 다 털어놓는다. 하지만 우리 중국 상인들은 그와 정반대이다. 관아에서는 상인들을 봐주거나 도와주려 하지 않고 상인들도 정부가 나서서 자신들의 문제를 해결해주리라는 기대를 갖지 않는다. 그러니 서양 사람들을 상대로 사업을 진행하면서 주도권을 가질 수 있겠는가. 어디 그뿐인가. 사업이 잘 진행되고 있는데 갑자기 관장에서 정책을 바꾸는 바람에 모든 걸 포기해야 하는 경우도 있다. 외국인들, 특히 영국인들은 상인을 최상류층으로 대우한다. 하지만 우리 중국에서는 '사농공상'이라 하여 사업하는 사람들을 최하층으로 여기는 딱한 실정에 놓여있다."

호설암은 봉건 관료체제가 기업 활동을 방해하는 행태에 대해 날카로운 비판을 가했다. 비교해보지 않았다면 모르거니와, 일단 비교해보니 그 차이가 너무 현저했던 것이다. 중국 상인들의 능력이 아무리 뛰어나다 해도 봉건체제 자체의 한계 때문에 불필요한 어려움을 감수해야 했다. 만약 조금이라도 신중하지 못하면 하룻밤 사이에도 난데없는 장애에 부딪혀야 했다.

호설암이 보기에 서양 상인들은 사물의 이치와 신용을 중시하는 좋은 장점을 지니고 있었다. 이쪽에서 먼저 진지하고 성실한 태도로 대하면 그들도 성실하고 진지한 태도로 나오기 때문에 사업 외적인 문제를 따로 염두에 두지 않아도 좋았다.

반면에 중국 상인들은 사업이 자기 뜻대로 되지 않으면 다른 방법으로 분풀이를 한다. 예컨대 그 지역의 불량배들을 동원하여 행패를 부리거나 관장의 권력을 이용하여 보복하거나 한다. 때문에 중국 상인들과의 협상은 몹시 힘들고 어려운 반면에 서양 상인들과의 협상은 아주 수월했다. 중국 상인들과는 같은 일을 처리하는 데도 엄청난 심혈을 기울여야 했다.

호설암이 중국에서 양무의 일인자가 되었다는 것은 매우 중요한 의의를 갖는다. 국가적으로 볼 때, 그가 서양 차관을 끌어들여 좌종당의 서북 정벌을 가능케 하고 복주선정국을 설립하여 수많은 해양 인력을 양성한 것은 대단히 가치 있는 일이었다. 개인적으로 볼 때에도 양장에서의 사업이 상장에서의 그의 지위를 더욱 공고하게 해주면서 엄청난 부를 가져다주었기 때문이다.

자연스러운 동맹의 필요성

 호설암은 관계학의 극치를 발휘했던 고수였다. 그는 공동의 이익을 위해서라면 얼마든지 연합이 필요하다고 생각했고, 다른 사람들과 연합하면서도 다양한 유형을 연출했다. 큰 사업에는 큰 사업에 맞는 연합 방법이 있고, 작은 사업에는 작은 사업의 연합 방법이 있었다. 서양 사람들과 연합할 때에는 또 다른 형태의 수완이 동원됐다.

오늘날의 관점에서 보아도 호설암이 사업을 위해 사용했던 '결영'의 수법은 충분히 본받을 만하다. 사업하는 사람들에겐 사업의 울타리가 있고, 이 울타리는 사업에 필요할 때에만 이용할 수 있다. 또한 관계를 맺고 울타리를 정하며 동맹을 맺을 때는 자연스러워 흔적이 남지 않아야 하고, 흔적이 남더라도 아주 작게 남기는 것이 바람직하다.

1832년까지 중국무역의 독점권을 갖고 있던 영국 동인도회사는 인도산 목화와 아편을 중국으로 수출함으로써 차의 구매자금을 조달하려고 하였다. 특히, 그들이 전매제도 아래에서 중국인의 기호에 맞도록 정제하여 민간 상인에게 팔아넘김으로써 중국에 밀수된 아편의 양은 해마다 격증하였다.

1830년대가 되자 중국측의 은이 종전까지의 입초入超에서 출초出超로 바뀌게 되어, 중국의 은값이 뛰어오르기 시작하였다. 본위화폐本位貨幣인 은화의 폭등은 재정과 상업에 나쁜 영향을 미쳤다. 특히 일상 동전銅錢을 사용하면서, 이것을 은으로 환산하여 납세하지 않으면 안 되는 농민에게 있어 동전에 대한 은가 비율의 폭등은 심각한 것이었다. 또한 관청, 특히 군대 안의 아편 중독환자의 격증은 전제왕조專制王朝에 심각한 위협이 되었다.

이와 같은 급박한 상황에 몰리자 황제道光帝는 유명무실해진 아편금지령을 엄격히 시행하기 위하여, 강경한 아편금지론자로 알려진 임칙서林則徐를 광주에 파견하여 밀수를 근절하고자 하였다.

임칙서가 무력적인 위협을 포함한 강경수단으로 영국 상인으로부터 아편을 몰수한 것이 전쟁의 직접적인 계기가 되었다. 영국정부가 안팎의 격렬한 비난을 무릅쓰고 굳이 아편문제로 개전開戰하게 된 이유는 두 가지이다. 하나는 아편의 전매수입이 인도의 재정 안정에 큰 비중을 차지하였듯이 아편무역이 당시 영국의 인도 지배에 빼놓을 수 없는 지위를 차지하였던 것이고, 다른 하나는 아편을 이용하여 중국으로부터 얻은 은이 영국을 중심으로 무역의 수지를 결제하는 수단으로서 중요한 지위를 차지한 것 등이다. 즉 아편무역 자체를 수호하고 합법화할 필요가 있었기 때문이다.

상경에서 배우는 경영 정신

▌자신을 돋보이게 하는 '관계'가 필요하다

"명인이 명품을 만든다."는 말이 있다. 예컨대 국빈 방문 시 자신들의 제품을 선물하여 사용하게 한 다음 이를 전략적으로 이용하는 것이다.

이러한 방법은 유명세와 뉴스라는 두 가지 효과를 동시에 거둘 수 있다. 국빈이 그 제품을 받아 사용하면 자연스럽게 제품의 지명도를 높일 수 있고, 언론에서 이를 보도하면 돈 한 푼 안 들이고 엄청난 광고를 하는 것과 마찬가지이기 때문이다. 중국에서도 최근 몇몇 기업이 이러한 방법을 이용해 큰 이익을 얻은 바 있다.

미국 대통령 부시가 영부인 바바라 여사를 대동하여 중국을 방문한 적이 있었다. 천진 자전거 공장은 여러 해 전 부시가 북경 주재 미국 연락사무소에 근무하면서 시간이 날 때마다 부인과 함께 자전거를 타고 북경의 크고 작은 거리를 돌아다녔다는 사실을 알고 있었다. 부시가 대통령의 신분으로 다시 북경을 찾는다는 것은 정말 다시 오기 힘든 기회가 아닐 수 없었다.

천진 자전거 공장은 특별히 품질이 뛰어나고 색상도 아름다운 신형 비둘기표 자전거를 제작하여 외교부서를 통해 부시에게 전달했다. 부시는 몹시 기뻐하며 그 자리에서 자전거를 시승하고 기자들에게 멋진 포즈를 취해주었다. 수많은 내외신 기자들이 이 광경을 카메라에 담았고, 이 사진은 곧 전 세계로 전파되었다.

비둘기표 자전거는 순식간에 엄청난 유명세를 과시하며 국내에 '부시형'과 '바바라형' 비둘기표 자전거의 구매 열기를 조성하면서 불과 열흘 만에 13개 외국회사와 구매 계약을 체결하는 성과를 기록했다.

1983년, 중국 최초의 특급 호텔이자 최초의 중미 합작 호텔인 북경의 장성호텔이 문을 열었다. 1984년 4월 26일부터 5월 1일까지 일주일 동안 미국의 레이건 대통령이 중국을 방문한다는 뉴스가 발표되자 장성호텔에서는 즉시 방문단의 일정과 수행원 수를 확인하는 작업에 착수했다.

총 5백여 명 규모의 기자단이 레이건의 중국 방문을 수행하는데 그 가운데는 미국의 3대 방송사와 각 통신사, 그리고 유명 신문사 기자들이 포함되어 있었다. 이 사실을 확인한 호텔의 의전담당 이사는 오래 전부터 준비해 온 계획을 시도해보기로 마음먹었다.

우선 5백여 명의 기자단을 자신의 호텔에 유치하는 것이 급선무였다. 이들은 수차례에 걸쳐 주중 미국대사관 직원들을 초청하여 무료로 연회를 마련하고 사장이 직접 나와 서비스에 대한 대사관 직원들의 의견을 듣는 등, 다양한 판촉 활동을 벌였다. 이어서 그들은 미국의 최고 대표단인 만큼 미국이 투자한 최고급 호텔에서 접대해야 한다는 그럴듯한 당위성을 내세우며 레이건 수행 기자단의 호텔 유치를 성사시켰다.

다음으로 할 일은 특별 서비스를 통해 잠재 동기를 실현하는 것이었다. 이를 위해 장성호텔은 기자단이 요구하는 모든 서비스를 제공했다. 예컨대 기사의 편리한 송고를 위해 옥상에 부채형 안테나를 가설하고, 객실마다 원고 작성을 위한 사무 공간을 따로 마련해주었다.

미국 3대 방송사의 기자들에게는 또 다른 특별 서비스를 제공했다. CBS에게는 중국 전통 정원의 분위기를 갖춘 '예정원藝亭苑'을 제공하고 NBC에게는 중국과 서양의 분위기가 한데 어우러진 옥상 바 '능연각凌烟閣'을 제공했으며 ABC에게는 단아한 고전미가 넘치는 노천 정원을 공개하여 방송의 배경으로 삼게 했다.

또한 방송을 보고 듣는 전 세계인들이 장성호텔의 이름을 쉽게 기억하도록 하기 위하여 호텔 사장은 기자들에게 "북경 장성호텔에서 ○○○방송의 ×××였습니다."라는 멘트로 보도를 마무리하도록 부탁했다. 물론 모든 비용은 파격적인 할인 가격이었으므로 이해에 관한한 감각이 뛰어난 미국의 방송사들은 기꺼이 이러한 조건을 받아들였다. 그리하여 미국의 각 방송사 기자들은 장성호텔의 대변인이 되어 광고비 한 푼 안 받고 장성호텔의 이름을 전 세계에 알리는 역할을 하게 되었다.

장성호텔은 여기에 만족하지 않고 목표를 한 단계 더 높였다. 레이건이 개최하는 연회를 유치하기 위한 계획을 세운 것이다. 물론 쉬운 일은 아니었다. 정상이 개최하는 연회는 대부분 인민대회당이나 미국 대사관에서 거행하는 것이 관례였고, 장소를 옮겨 개최한 선례가 전무했기 때문이다.

하지만 장성호텔은 레이건 대통령의 동의를 얻어 연회를 유치하는 데 성공했고 연회 유치가 확정되자 호텔의 사장은 즉시 각국 언론사에 장성호텔의 이름을 언급하는 것을 조건으로 보도 장소 사용료를 할인해주겠다는 제안을 했다.

연회가 열리던 당일, 중미 양국의 수뇌와 각국 외교사절은 물론 국내외 기자들이 장성호텔에 운집했다. TV 화면에 장성호텔의 초호화 연회장이 비춰졌을 때, 각국의 TV 방송 기자들과 미국 3대 방송의 뉴스 진행자들은 이구동성으로 "우리는 지금 미합중국 레이건 대통령의 중국 방문 일정을 마무리하는 마지막 연회 장소인 장성호텔에 와 있습니다."라는 말로 보도를 시작했다. 연회가 계속되는 동안 '장성호텔' 이라는 이름은 계속 전파를 탔고, 이 호텔의 품위 있는 내부 광경이 전 세계 시청자들의 머릿속에 각인되었다.

훗날 영부인 낸시 여사는 장성호텔에 편지를 보내 "완벽한 서비스로 저와 제 남편에게 잊지 못할 밤을 보내게 해주신 것에 깊이 감사합니다." 라고 사의를 표했다.

이처럼 성공적인 유치 및 의전 활동으로 북경 장성호텔은 전 세계에 명성을 떨치게 되었다. 세계 각국의 방문자나 여행자, 그리고 비즈니스맨들이 이름을 듣고 찾아왔고, 미국의 여행사와 몇몇 외국 항공사들은 아예 고정 투숙 계약을 제의해 왔다. 최근 38개국 정상들이 중국을 방문했을 때도 장성호텔에서 연회를 개최했고 레이건 대통령과 마찬가지로 감사와 만족을 표시하는 메시지를 남겼다.

서양 사람들, 특히 서양의 최고 수뇌들을 이용하여 자신의 실력을 한층 높인 장성호텔의 전략은 경영자들의 뛰어난 자질이 가져다준 좋은 결과임에 틀림이 없다.

마음을 하나로 모으면
반드시 성공한다

호설암 어록

"사업을 하려면 마음을 한 데 모아야 한다. 서양 상인들과 사업을 할 때는 일단 가격이 정해지면 상대가 원하든 원하지 않든 끝까지 밀고 나아가야 한다. 그래야 그들이 굴복하고 들어온다. 그러나 대부분 서양 상인들을 장악하기는커녕 있는 물건을 헐값에 팔아치우기 일쑤이다. 결국 서양 상인들만 자기들 편하게 장사하게 되는 것이다. 모든 일이 처음에는 어려운 법이라 앞에서 누군가 이끌면 모두가 잘 따라줘야 한다. 서양 상인들과 장사하는 사람들이 손해를 보는 것은 그러고 싶어서가 아니라 겁이 많아 과감한 행동을 하지 못하기 때문이다. 이제 누군가 좋은 방법을 제시하고 모두들 일치단결하여 따라주기를 기대한다."

생사를 두고 벌인 전쟁

호설암은 상부상조의 원리에 해박했고 사업자들끼리 연합하는 방법도 잘 알고 있었다. 호주 남심南潯 생사업계 사상四象 가운데 하나인 방운증龐雲繒은 호설암과 아주 친밀한 사이로 뛰어난 재능과 수완을 겸비한 인물이었다. 아편전쟁 이후 서구 열강들은 중국을 농산물 및 공업원료의 공급지로 삼아 본격적인 교역을 벌이기 시작했다. 남심도 이들에겐 중요한 생사 공급지였다. 동치 연간에 생사 사업을 시작한 호설암에게 광서 원년(1875)에 좌종당이 이런 편지를 보내 왔다.

"최근 러시아 사람들이 호주의 차와 사천의 생사, 대황 등의 물산을 사고자 하는데, 이 일을 잘 성사시키기만 한다면 우리 중국에도 커다란 이익이 될 것이오."

전장 출신인 호설암은 생사사업에 대해선 문외한이라 생사 산지인 호주에 살면서 생사사업에 정통한 사람을 찾던 중에 방운증이라는 사람을 만나 합작을 결정했다.

두 사람이 손을 잡으니 자금과 규모가 넉넉해졌다. 더군다나 전국적으로 연계망이 형성되어 일시에 생사 시장의 분위기가 달아올랐고 어렵지 않게 시장을 독점할 수 있게 되었다. 물론 합작이란 상부상조, 호혜의 원칙에 입각한 것이기 때문에 호설암은 방운증으로부터 생사사업에 대한 도움을 받는 대신 약업 경영의 경험을 전수해 주었다. 이를 바탕으로 방운증은 남심에서 가장 규모가 큰 '방자덕 국약점'을 열어 호설암이 항주에서 연 호경여당과 긴밀한 관계를 유지했다.

상인 간의 연합 가운데 가장 대표적인 사례는 절강 일대의 생사 상인들이 연합하여 서양 상인들의 저가 공세에 대항함으로써 양잠 농가의 생계를 지켜준 일이었다. 이는 호설암의 생애에 있어서 가장 빛나는 쾌거였다. 물론 본인은 적지 않은 손실을 감수해야 했지만, 서양 상인들의 저가 공세를 저지한 것은 물론 오히려 커다란 타격을 입힘으로써 민족 자본에 숨통을 터주는 데 크게 기여했다.

호설암이 세력을 연합하여 생사 시장을 독점하기로 결심한 것은 그의 비범한 담략에 기인한 것이었다. 호주에서 새로 나온 생사를 넘겨받아 상해로 운송해 온 호설암은 물건을 최대한 빨리 처분하여 현금을 손에 쥐는 것이 마땅함에도 불구하고 서둘러 이를 처분하지 않았다.

서양 상인들이 제시한 가격이 그다지 만족스럽지 못한 이유도 있었지만 보다 중요한 것은 상인들을 결속시켜 시장을 마음대로 조정하기 위한 조건이 아직 무르익지 않았기 때문이다. 더군다나 상해로 운반해 온 생사의 양이 그리 많지 않아 서양 상인들과 흥정할 수 있을 만큼 실력을 갖추지 못한 것도 한 이유였다.

호설암의 이런 태도에 대한 서양 상인들의 반응은 강경 일변도였다. 그들은 아무리 싼 생사라도 호설암에게서 나온 생사는 사지 않는 대신, 다소 비싼 가격이라도 다른 성에서 생산된 생사는 사겠다고 허세를 부렸다.

서양 상인들의 대응은 호설암에게 치명적인 일격이 될 수밖에 없었다. 서양 상인들이 정말로 다른 성에서 들여온 생사를 사들이게 된다면, 완전한 파산의 위기로 이어질 수도 있었다. 호설암은 스스로 생사를 가공할 능력이 없을 뿐만 아니라 이미 구입한 생사에 대량의 자금이 묶여 있어 이를 오래 방치해두면 품질이 떨어져 헐값에도 처분하기 어려웠다.

하지만 어려운 일에 직면할수록 더 여유를 갖고 정신을 다잡는 기질을 발휘하는 사람이 호설암이다. 그는 곧장 배를 타고 상해로 갔다. 그리고 저명한 학자인 진정심을 찾아갔다. 호설암은 중국인들이 서양 상인들과의 거래에서 항상 손해만 보는 것은 단결하지 않기 때문이고, 단결이 되지 않는 것은 그들을 사로잡는 정신적 지주가 없기 때문이라고 말했다. 그러므로 학자들이 나서서 상인들에게 민족의식을 고취시켜 모든 힘을 한 데로 모아줄 것을 요청했다.

호설암의 설득에 마음이 움직인 진정심은 즉시 사발통문을 보내 상해 각 사행의 주인들을 한 자리에 모았다. 그리고 호설암의 견해에 대한 그들의 생각을 물었다.

돌 하나가 천파만파를 일으켰다. 서양 상인들의 탐욕은 끝이 없는데 상해에 호설암 같은 인물이 없는 것이 안타깝다는 불평이 이어졌다. 분위기가 무르익었다고 생각한 진정심은 상인들의 지도자를 정해 서양 상인들에게 대항하자고 호소했다. 하지만 당장이라도 단결할 것 같았던 상인들의 반응은 제각각이었다. 만면에 희색을 보이는 사람이 있는가 하면, 고개를 갸우뚱하는 사람도 있었고, 난감한 기색을 보이는 사람도 있었다. 서양 상인들을 상대로 싸우는 것은 자신의 밥그릇과 관련된 일이라 결코 간단한 문제가 아니었다. 만약 기반을 잃어버리게 되면 그 손실을 누가 책임진다는 말인가?

진정심은 상인들이 불안해하는 모습을 보이자 서양 상인들과 싸우는 것은 이미 결정된 일인 만큼 모든 자금을 생사사업에 투입할 계획임을 밝혔다. 그는 모든 생사를 자신이 살터이니 절대로 서양 상인들에게 팔지 말라고 말하면서, 대신 서양 상인들보다 단 한 푼도 싸지 않을 것이라고 천명했다.

상인들은 모골이 송연했다. 그들은 그제야 진정심이 서양 상인들을 상대로 일전을 각오하고 있다는 사실을 실감했다. 그러나 아직도 엄청난 전쟁 후에 닥쳐올 후환을 걱정하는 사람들이 적지 않자 진정심은 기회를 놓칠세라 재빨리 호설암을 소개했다.

호설암이 상인들에게 제시한 생사 처리 방법은 두 가지였다. 첫째는 서양 상인들에게 파느니 자신에게 팔라는 것이었고, 둘째는 자신에게 팔 생각이 없다면 서양 상인들에게도 팔지 말라는 것이었다.

그러나 상해의 생사업계를 좌지우지하기 위해서는 무엇보다도 거두인 방이와 손을 잡아야 했다. 방이는 남심에서 대대로 생사업을 해온 인물로서 상해 생사의 절반을 장악하고 있었다. 처음엔 방이도 호설암이 도중에 다른 생각을 갖게 될지 모른다는 의심을 가졌지만 그가 몇 가지 일을 처리하는 모습을 지켜보면서 의심을 버리고 충분히 친구가 될 수 있다는 생각을 하게 되었다.

방이도 신의를 매우 중시하여 한 번 친구로 믿으면 끝까지 의심을 갖지 않는 인물이었다. 때문에 호설암의 사람됨을 확신한 그는 자신이 상해에 확보해놓은 생사의 처리를 완전히 그에게 일임했다. 호설암은 생사 전체 물량 가운데 약 70퍼센트를 이미 확보한 상태에서 방이의 지지까지 가세되자 생사업계 최고의 실력자가 되었고 마침내 서양 상인들과의 생사 전쟁에서 승리를 거둘 수 있었다.

서양 상인들은 그제야 사태의 심각성을 깨닫고 높은 가격을 제시하면서 중국 상인들과 접촉을 시도해봤지만 결과는 완벽한 거절이었다. 결국 서양 상인들은 호설암을 만나 협상하는 것 외에는 다른 방법이 없음을 깨닫게 되었다. 게다가 본국의 공장에서도 생사를 빨리 보내 달라는 전보가 빗발쳐 합리적이고 공정한 가격을 내놓지 않을 수 없었다.

이번 교역 전쟁으로 호설암은 18만 냥이라는 거액의 이윤을 챙길 수 있었고 절강과 상해지역의 생사업자들에게도 상당한 수입을 가져다주었다. 아울러 생사 공급을 거부함으로써 서양 상인들의 중국 내 공장 설립을 저지하고, 중국의 중소 생사 농가들에게 안전한 생계를 보장해줄 수 있었다.

공동의 생존과 번영

 뛰어난 경영자로서 호설암은 상품 경제가 크게 발달하지 않았던 시기에 이미 독점 경영의 장점을 간파했고, 같은 업종의 상인들과의 동맹을 통해 보다 높은 이익을 추구했다. 특히 서양 상인들의 저가 매수에 직면하면서도 상인 동맹을 결성함으로써 훨씬 강대해진 세력으로 서양 상인들의 공세에 맞섰다.

그가 분산 경영을 반대하고 기업 연합을 제창한 것은 오늘날의 기업 경영에 있어서도 반드시 필요한 부분이다. 특히 외국 제품이 국내시장에 위협으로 다가올 때는 국내의 기업들이 연합하여 출혈 경쟁을 중지하고 공동으로 생존과 번영을 추구하는 것은 바람직한 일이 아닐 수 없다. 호설암의 경영 철학이 우리에게 주는 중요한 교훈 가운데 하나이다.

상경에서 배우는 경영 정신

힘을 합치는 것은 가장 중요한 전략이다

기업을 경영하기 위해선 세력을 연합하여 막강한 실력을 형성하는 것이 중요하다. 1977년 4월, 이가성은 2억 3천만 홍콩달러를 투자하여 미국의 재단이 지배하는 홍콩 '영고공사' 주식 1,048만 주를 사들였다. 그리고 관심과 자금을 홍콩에서 패권을 누리고 있는 영국 자본에게로 돌렸다. 그의 첫 번째 목표는 홍콩의 부동산 제왕인 '치지置地'였다.

구룡창九龍倉은 홍콩 최대의 화물 운송회사로서 홍콩 4대 양행 가운데 우두머리인 이화그룹과 치지가 양 날개를 이루며 세력을 분점하고 있었다.

이가성은 구룡창의 경영 방식에 중대한 결함이 있음을 발견했다. 구룡창은 꾸준히 건물을 신축하고 임대했지만 팔지는 않았기 때문에 자금 회전이 정체하면서 회사 전체가 재정 위기에 빠져들고 있었다. 맹목적으로 원칙만 지키다보면 종종 스스로 수동적인 위치에 처하게 된다. 구룡창이 직면한 곤경도 바로 이런 이유 때문이었다.

이가성은 구룡창의 주가가 상대적으로 낮게 평가되고 있는 원인이 불합리한 경영에 있다고 분석하고 이 회사의 주식을 탐내기 시작했다. 부동산 주가에 정통한 이가성은 이미 치밀한 계산을 끝내놓은 상태였다.

1977년 말부터 1978년 초, 구룡창의 주가는 13~14홍콩달러 사이에서 오락가락하고 있었다. 구룡창이 발행한 주식은 1억 주 미만으로 주식 총액은 14억 홍콩달러를 넘지 않았다. 구룡창은 구룡에서 가장 번화한 지대에 위치해 있는 만큼 당시 동일 지역의 지가가 1평방 마일 당 6~7천 홍콩달러인 것을 고려하면 이 회사의 주가는 적어도 50달러가 되어야 정상이라는 게 이가성의 계산이었다. 게다가 구룡창의 옛 건물 자리를 합리적으로 개발한다면 주가는 더 높아질 것이 분명했다. 이처럼 엄청난 발전 가능성을 갖고 있는 회사의 주가가 실제 가치보다 낮게 평가되어 있다는 것은 이화그룹의 비애이자 수많은 주식 투자자들의 슬픔이었다.

독보적인 혜안을 가진 이가성이 이러한 사실을 그냥 넘길 리 없었다. 영국 자본에 대항해 중국 자본을 지키는 진정한 주인공이 되겠다고 결심한 것이다. 시가의 다섯 배 가격으로 구룡창의 주식을 사들여도 손해가 아니라고 판단한 이가성은 즉시 구룡창의 주식을 사들이기 위해 움직였다.

일단 전략이 정해지자 전술의 문제가 닥쳐왔다. 이화그룹이 구룡창을 절대로 포기하지 않을 것이라는 사실을 잘 알고 있었기 때문이다. 구룡창을 성공적으로 사들이기 위해선 이화그룹의 신경을 자극하지 않는 것이 무엇보다 중요했다. 풀을 건드려 뱀을 놀래게 하는 날에는 '이화'의 손에서 구룡창을 빼앗는 것은 절대 불가능했다.

이가성은 구룡창의 두 날개인 '이화'와 '치지'가 주식 관리에 있어서 균형을 이루지 못하고 있다는 사실에 주목했다. '이화' 기

'치지'를 조종하고, '치지'는 구룡창을 관리하고 있는데 '치지'가
보유한 구룡창의 주식은 20퍼센트에 불과했다. 이가성은 쥐도 새도
모르게 계좌를 분산하는 방식으로 구룡창의 주식을 사들이기 시작하
여 총 2천만 주를 손에 넣는 데 성공했다. 이는 구룡창 주식 총수의
20퍼센트에 해당하는 분량으로 이제 구룡창의 최대 주주는 이화그룹
의 캐서크 가家가 아니라 이가성이라는 사실을 의미하는 것이었다.

20퍼센트의 주식은 이가성과 이화 모두에게 대단히 민감하고
중요한 한계선이었다. 누가 죽고 누가 살 것인지가 바로 이 한계선
에 달려 있었다. 하지만 이가성은 결국엔 자신이 승리할 것임을 알
고 있었다. 전장은 공개적인 것이라 드러내지 않고는 제대로 싸울
수 없기 때문이었다.

구룡창 주식의 거래액은 나날이 증가하면서 자연히 증권 분석
가들의 주목을 끌게 되었다. 후각이 민감한 투자자들이 싸움에 흥미
를 느끼고 개입하면서 구룡창의 주식은 단연 최고 인기 종목으로 급
부상했다. 심지어 제3국 자본가들까지 대거 가세하면서 여러 사람이
구룡창이라는 케이크를 나눠먹는 형세를 이루게 되었다. 1978년 3
월, 구룡창의 주가는 마침내 사상 최고 가격인 46홍콩달러까지 치솟
았다. 비로소 구룡창의 주가가 실제 가치에 근접하게 된 것이다.

이가성이 상대의 공격을 피하기 위해 잠시 주식 매입을 중단했
지만 구룡창은 이미 이가성이 붙인 공격의 불꽃을 감지한 뒤였다.
구룡창은 즉각 반격 매입에 나서 일반 투자자들이 갖고 있는 구룡창
의 주식을 고가로 매입하여 회사에 대한 장악 능력을 증강시키려 했
다. 그러나 절대 안전을 보장하는 주식을 사들이기에는 이화그룹의
자금력도 충분치 못했다. 결국 막다른 골목에 처한 이화는 구룡창을

잃지 않기 위해 마지막 카드를 꺼냈다. 영국 자본의 큰 버팀목인 회풍은행에 지원을 요청한 것이다.

이가성은 이화그룹과 회풍이라는 거대한 적을 동시에 상대하기에는 너무나 역부족이라는 판단을 내렸다. 동시에 언젠가는 자신이 회풍의 지원을 받게 될 거라는 예측도 발목을 붙잡는 요인이었다. 만일 회풍의 체면을 무시하고 계속 구룡창의 주식을 사들인다면 회풍은 막강한 자금을 이용해 이화그룹을 지원할 것이고, 자신의 계획은 완전히 물거품이 되고 말 것이었다. 차라리 회풍의 인심을 얻는 것이 훨씬 이익이라고 생각한 이가성은 더 이상 주식을 매입하지 않겠다는 약속을 했다.

대신 이가성은 '배를 버리고 상륙을 준비하는' 선박왕 포옥강包玉剛에게 공을 넘겨 그에게 대신 구룡창을 공격하게 하는 새로운 전략을 구사했다. 그렇게 하면 회풍과의 정면충돌을 피하면서 포옥강이 이끄는 중국 자본으로 하여금 순조롭게 구룡창의 경영권을 손에 넣을 수 있었기 때문이다.

중국 자본의 거두인 두 사람은 단 한 번의 협상에서 몇 가지 중요한 합의를 도출해 냈다. 첫째, 이가성이 보유하고 있는 구룡창 주식 1천만 주를 3억 홍콩달러에 포옥강에게 양도한다. 둘째, 포옥강은 이가성이 회풍은행으로부터 '화기황포和記黃埔'의 주식 9천 주를 인수하는 데 협조한다. 셋째, 이가성은 수중에 남아 있는 구룡창의 잔여 주식도 점차적으로 포옥강에게 전부 양도한다.

이로써 포옥강은 구룡창을 두고 벌이는 싸움에서 절대적 우세를 점하게 되었고 이가성은 순식간에 5천9백만 홍콩달러의 시세 차익을 챙기게 되었다. 어떤 의미에서 보면 비즈니스에서의 친분은 실질적으로는 이익의 교환이라고도 할 수 있다. 주는 것이 있어야 받는 것도 있다. 이것이 바로 경영의 변하지 않는 법칙이다.

이후, 포옥강과 구룡창은 혈전을 벌였고, 결국 포옥강이 승리하면서 구룡창의 새 주인이 되었다. 하지만 쌍방 모두 상당한 대가를 치러야 했다. 때문에 홍콩 사람들은 두 재벌의 대결을 놓고 "선박왕은 칼을 맞고 승리를 거두었고, 치지는 미소를 머금고 팔을 잃었다."는 재미있는 대구를 지어내기도 했다.

이번 싸움을 통해서 이가성은 일석삼조의 효과를 얻으면서 상전商戰의 훌륭한 전범을 세웠다.

첫째, 이가성은 구룡창의 주식을 낮은 가격으로 매입하여 높은 가격에 매도함으로써 수천만 홍콩달러의 이익을 올릴 수 있었다.

둘째, 포옥강과 깊은 친분관계를 맺게 되었을 뿐만 아니라 그의 손을 빌어 '화기황포'의 주식 9천 주를 손에 넣음으로써 순조롭게 이 영국회사를 합병하여 '최고의 영국회사 킬러'라는 별명을 얻게 되었다. 이는 의리와 이익을 동시에 지키는 중국인 상술의 백미라 할 수 있다.

셋째, 회풍의 개입에 직면하여 상대방에게 인정을 베풂으로써 회풍과의 관계를 공고히 할 수 있었다. 회풍은 이가성에게 보답하는 차원에서 그의 '화기황포' 합병을 적극적으로 지원함으로써 구룡창 주식에서 얻은 것보다 더 많은 수익을 가져다주었다.

고상한 신념을 지키는 의지

6

堅信 견신

'견堅'이란 굳게 정하고 지키는 것을 말하고,
'신信'이란 신념 또는 신앙을 말한다.
신념이 변하지 않아야 큰일을 이룰 수 있다.
신념이 없거나 굳세지 못한 사람은 끝내 일을 이루지 못한다.
사람으로서의 도리 가운데 신념을 굳게 갖는 것이 가장 중요하며
기업을 경영하는 것에서도 마찬가지이다.
자고로 신념이 없으면서 큰 상인이 되기 어렵다.

신념이 없으면
큰상인이 되지 못한다

호설암 어록

"나는 비록 상인이지만 국가의 이익을 벗어난 사리사욕을 추구하진 않는다. 법을 어기는 일은 절대로 해선 안 된다. 조정의 법은 일정한 질서에 따라 합리적으로 만들어진 만큼 누구든지 이에 따르지 않을 이유가 없다. 하지만 법에서 규정하지 않은 일에 있어선 우리 의사대로 행해도 무방하다. 솔직히 말해서 사업하는 사람들이 조정의 법령을 잘 지키고 관리들도 조정에 대한 책임감을 갖고 있으면 천하가 태평하지 않을 리 없다. 관리들이 조정에 대한 책임과 의무를 확실히 한다면 사업하는 사람들도 감히 법을 어기려 하지 않을 것이다. 만일 관리들이 조정에 대한 책임을 외면하고 우리에게만 책임을 강요한다면 필연적으로 부패를 면치 못할 것이다. 내가 굳게 지키는 한 가지 신조는 관리든 상인이든 반드시 사회에 대한 책임감을 가져야 한다는 점이다."

신념을 배신하는 것은 큰 이익을 버리는 것

청나라 말, 상업은 큰 발전을 이룩했지만 상인의 지위는 여전히 낮았다. 하지만 호설암은 상인의 신분으로 사람들의 칭송을 한몸에 받았고 후대 사람들도 그를 추앙해 마지않았다. 그 이유는 무엇일까? 그것은 호설암이 비록 상장에 속한 몸이었지만 천하를 걱정할 줄 알았다는 데에 있다.

호설암이 살았던 시대는 중국 역사상 가장 혼란했던 시대였다. 중국에 아편이 유입되면서 귀한 백은이 대량으로 유출되었고 외세의 침략에 무방비로 노출되어 있어 조정에서도 나라를 지킬 방도를 찾지 못했다. 백성들은 밖으로는 서양 열강의 압력에 시달렸고 안으로는 탐관오리들의 폭정과 아편의 피해로 질곡의 나날을 보내야 했다.

폭정을 견디다 못한 농민들을 이끌고 홍수전이 태평천국을 부르짖으며 난을 일으켜 그 세력이 십 수년 동안 청나라에 필적할 정도였다. 태평천국의 난이 실패로 끝난 후에도 염군과 신강 회족의 난이 일어났고, 방회 세력이 난립하면서 난세의 극치를 이루었다. 이런 시대를 살았던 호설암은 시국을 어떻게 대처했을까?

홍수전은 난을 일으킨 직후, 상해로 사람을 보내 호설암을 찾았다. 그를 태평천국군에 끌어들이려 한 것이다. 이 시기 호설암은 상해에서 서양 상인들과 오래도록 거래관계를 유지하고 있었고 양무에 익숙했기에 홍수전은 그를 통해 서양 상인들로부터 무기를 구입하고자 했다.

홍수전의 사자는 호설암에게 한족으로서 어떻게 만주족이 중화를 다스리는 데 대해 반감을 갖지 않을 수 있느냐고 힐문했다. 또한 상인의 신분으로서 이익이 있으면 당연히 이를 취해야 마땅한 것이 니 태평천국군을 위해 서양 상인들로부터 무기를 구입해달라고 요 구했다. 적지 않은 수익을 보장해주겠다는 것이었다.

그러나 호설암은 제의를 정중히 거절했다. 분명한 원칙과 도리 가 있었기 때문이다. 그는 청나라가 중원을 장악한 지 이미 3백여 년 의 세월이 흘렀고, 비록 건국 초기에는 만주족이 한족을 도륙하긴 했 지만 이미 시대가 바뀌었으며, 강희대제* 이후로는 한족들도 높은 관 직에 올라 조정을 좌우할 수 있게 되었으므로 한족과 만주족의 구분 이 없어진 지 이미 오래라고 생각했다. 게다가 훌륭한 군주들이 백 성들의 사정을 살펴 조세를 감면해주고 가혹한 형벌을 폐지하여 천 하가 청나라 왕조를 인정하고 있었다.

반면에 태평천국군은 서양의 종교를 모방하여 배상제교拜上帝 敎를 세우고 공자 대신 서양의 종교를 신봉하며, 중화의 수천 년 전 통을 무시하고 있기 때문에 그 책략에 있어 멀리 내다보는 바가 없다 는 것이 호설암의 판단이었다. 게다가 태평천국군은 가는 곳마다 강 제로 탈취하고 점령하여 민중들로부터 원성을 샀다. 그 구성원들도 대부분 무지하고 마땅히 의지할 곳도 없던 사람들이라 싸움에 임할 때마다 그 포악함이 이루 말할 수 없었다. 또한 태평천국군에는 문 인이 거의 없기 때문에 이들이 나라를 세운다 해도 결국은 무장들의 난잡한 싸움판이 될 것이 자명했다.

나라가 갖가지 내우외환에 처한 상황인 만큼, 어느 때보다도 안 정된 정부와 질서가 필요했다. 이러한 인식이 있었기 때문에 호설암 은 태평천국군의 제의를 단호하게 거절했던 것이다.

* 강희제康熙帝(1654.5.4~1722.12.20) _ 중국 청나라의 제4대 황제(1661~1722). 본명은 현엽玄燁 / 玄曄. 중국 역
  대 황제 중에서 재위기간이 61년으로 가장 길며 청나라의 지배는 그의 재위기간에 완성되었다

훗날 왕유령이 절강순무로 부임하고 태평천국군이 항주를 포위하면서 왕유령과 호설암은 성 안에 갇히는 신세가 되었다. 비축된 식량도 없고 싸움에 나설 병사들도 없는 상황에서 아무런 희망도 보이지 않았다. 항주성을 포위한 인물은 충왕忠王 이수성이었다. 그는 호설암이란 이름을 익히 들어 알고 있었고, 그가 왕유령과 가까운 사이라는 사실도 알고 있었다. 그래서 왕유령에게 투항을 권고하면서 호설암도 설복시킬 마음을 먹고 있었다. 그가 사람을 보내 호설암에게 말했다.

"태평천국군의 수십만 대군이 항주성을 완전히 포위하고 있어 아무도 당신들을 구해줄 수 없는 상황이오. 호 선생은 대단한 인재라 이 이수성도 오랫동안 앙모해 왔소이다. 이제 호 선생께서 생사의 갈림길에 놓이셨는데 바라건대 왕공을 잘 설득하셔서 항주성을 열어주시기 바랍니다. 그러면 두 분을 왕으로 봉하고 각각 백만 냥의 상을 내리도록 하겠소이다."

하지만 호설암은 그 자리에서 사자를 죽임으로써 자신의 의지를 확실히 밝혔다. 오늘날의 관점으로 볼 때, 호설암은 법과 원칙을 잘 준수하는 훌륭한 국민이었던 셈이다. 그는 언제 무슨 일이 일어나더라도 청나라 조정을 옹호하는 정치 노선을 분명히 했다. 때문에 온갖 변화와 혼란이 휘몰아치는 변혁의 시대에 살면서도 안정적인 발전을 성취할 수 있었다.

호설암의 사상은 백성들에 대한 애정과 보살핌에도 그대로 표현되었다. 그가 동시대 사람들은 물론이요, 후대 사람들에게까지 위대한 상인으로 추앙받는 것은 서민들을 보호하기 위해 과감히 서양 자본과 무력에 맞섰기 때문이다.

"서양 사람은 절대 무서운 존재가 아니다. 정말로 무서운 것은 우리 자신이 단결하지 못하고 개인의 작은 이익을 위해 민족을 저버리고 국가의 이익을 무시하는 것이다. 중국이 강대해지려면 먼저 온 국민이 일심동체가 되어 지금의 난국을 극복해야 한다. 외교와 같은 대사에는 관리들의 신중하고 조심스러운 태도가 있어야지 나 같은 사람이 끼어들 수 있는 일이 아니다. 하지만 상업에 있어선 나의 본업인 만큼 최선을 다해 국익을 보호할 것이다."

그는 자신이 한 말을 그대로 실천했다. 이런 이유로 그에게 '중국 무역의 일인자', '중국 공업의 아버지'라는 명예스런 칭호가 붙게 되었다.

고상한 신조

 오늘날의 경영인들이 호설암에게서 배우지 않으면 안 될 두 가지 교훈은 상인이든 관리든 반드시 사회적 책임감을 가져야 한다는 것과 탐관貪官이나 간상奸商이 되지 말아야 한다는 점이다. 이것이 바로 호설암의 신조였다. 이런 신조 덕분에 그는 일개 미천한 도제에서 거상으로 성장할 수 있었고, 거상이 되어서도 뭇 사람들의 존경과 신망을 한몸에 받을 수 있었다. 그러므로 사업을 하고자 하는 사람들, 특히 큰 사업을 꿈꾸는 사람들에게는 반드시 고상한 신조가 있어야 한다.

 **상경에서 배우는 경영 정신**

▌ 나라를 버리고 사욕을 탐하지 않는다

왕영경王永慶은 대만 최고의 재벌로서 그가 경영하고 있는 '대소臺塑기업'의 총 자산은 1천억 NT$가 넘고 매년 각 단체에 내는 기부금도 수천만 NT$에 달한다. 왕영경은 하루에 돈을 얼마나 버는지조차 모를 정도의 갑부지만 늘 돈이란 부질없는 것이라고 말한다.

왕영경은 돈이란 일회용이기 때문에 어떻게 벌고 사용하느냐가 중요한 것이라고 말한다. 합리적이고 공정하게 돈을 번 사람들은 이 돈을 효과적으로 운용하여 물질의 수준을 높일 뿐만 아니라 생활의 질을 향상시키는 데 관심을 기울인다.

1972년, 한 친구가 왕영경에게 왜 아직도 그렇게 힘들게 일을 하느냐고 물었다. 그러자 왕영경은 자신의 사업은 개인이 창조해 낸 것이지만 사회와 밀접한 관계를 맺고 있으므로 기업의 기초를 든든히 다진 후에도 끊임없이 새로운 사업의 확장을 위해 노력하지 않으면 안 된다고 말했다. 1980년에도 대만 최고의 재벌이 이처럼 악착같이 일하는 이유를 이해하지 못하겠다는 질문을 받자 이렇게 대답했다.

"이는 사회적 책임일세. 기업 경영이 아직 궤도에 오르지 못했는데 어느 날 갑자기 내가 교통사고나 비행기사고로 죽게 된다면 나 하나 죽는 것은 별 문제가 되지 않겠지만 내 회사에 투자한 수많은 투자자들은 어떻게 되겠나? 힘들게 한 푼 두 푼 모은 돈을 내게 맡겼는데 그 돈이 단번에 날아가버린다면 커다란 문제가 발생하지 않겠나? 이들에 대한 도의와 책임을 다하기 위해서라도 열심히 일하는 수밖에 없는 걸세."

왕영경은 인간의 생명이 유한하다는 사실을 항상 마음에 새기고 있었다. 죽음을 이해했기 때문에 생명의 근본을 알고 생명의 고귀함을 깊이 느낄 수 있었던 것이다. 하늘은 우리에게 생명을 주었지 재물을 주진 않았다. 태어날 때나 죽을 때나 사람들은 빈손으로 왔다가 빈손으로 간다. 돈은 태어날 때 가져올 수도 없고 죽을 때 가져갈 수도 없는 생명의 외적인 존재인 것이다. 왕영경은 이렇게 말한다.

"살아 있을 때 한 가지라도 더 의미 있는 일을 해야 죽은 다음에 사람들이 우릴 그리워하고 추모하게 될 걸세. 그런 인생이 바로 의미 있는 삶이 아니겠나!"

또한 개인과 사회의 관계에 대해서도 왕영경은 개인의 성공은 사회 환경의 도움을 벗어나지 못한다고 생각했다. 인간이라면 강자가 약자를 부축하고 능력 있는 사람이 무능한 사람들을 도와야 하며, 자신의 부모에게 효도와 공경을 다하듯이 사회에 대해서도 존중하고 아끼는 마음을 가져야 한다는 것이 그의 생각이었다.

왕영경은 인생의 목표를 부의 추구에 두지 않았다. 그에게는 부귀란 무의미한 것이었다. 그는 사회에 대해 책임을 다하고자 했으며 기꺼이 이익을 사회에 돌려주었다. 그는 국민 모두의 삶이 향상되어 소박하고 조화로우며, 모두가 서로 돕는 세상이 실현되기를 꿈꾸었다.

그는 직원들을 많이 고용하여 그들로 하여금 일할 수 있게 하는 것이 기업가의 책임이라고 생각했다. 또한 청소년들을 교육함에 있어서 문화 지식의 습득에 노력할 것을 강조했고 사회에 공헌하는 인재 양성에 역점을 두었다.

그는 일과 사람의 관계에 대해 다음과 같이 말했다.

"우리는 항상 일과 사람의 문제를 얘기하면서 일을 배우기 전에 먼저 사람을 배워야 한다고 말합니다. 하지만 나는 일을 알고 일을 처리하는 원리를 이해하여 모든 일을 제대로 할 줄 알아야 비로소 정정당당한 사람이 될 수 있다고 생각합니다. 어떤 사람이 될 것인가는 아무리 얘기해봤자 공허할 경우가 많지요. 저는 사람을 평가할 때 목표가 일치되는가, 사리가 분명한가, 일을 진지하게 하는가, 일의 결과가 훌륭한가, 하는 점들을 우선적으로 살핍니다. 일의 규칙과 효율이 있고 자신이 속한 사회에 공헌하는 바가 있어야 제대로 된 인재라 할 수 있는 것이지요. 착실한 사람은 일을 잘하고 사물의 이치를 아는 사람이지요. 사람을 제대로 알아보려면 자신이 먼저 사물의 본말에 정통하여 진위와 우열을 가릴 수 있어야 합니다. 그래야만 지인의 혜안을 가졌다고 할 수 있습니다."

왕영경은 신념이란 일종의 정신적 기탁이자 이지의 선택으로써, 일이건 사람이건 모든 분야에서 신념을 가져야 한다고 역설했다. 그리고 이러한 신념은 종교적 신앙과 마찬가지로 사람들이 서로를 이해하고 서로의 고통을 분담하는 사회적 효용을 지녀야 한다고 생각했다.

처음부터 빈손이었으니
마지막에도 잃은 것이 없다

호설암 어록

"나는 빈손으로 사업을 일으켰고 마지막에도 빈손이었다. 잃은 것이 없는 것이다. 잃은 것이 없을 뿐만 아니라 그동안 먹고, 쓰고, 움직인 것이 모두 번 것이나 다름없다. 죽지만 않는다면 나는 언제든지 빈손으로 다시 사업을 일으킬 수 있다. 중국속담에 '일을 도모하는 것은 사람에 달려 있지만 일을 이루는 것은 하늘에 달려 있다.'는 말이 있다. 보통 사람들은 이 말의 의미를 일생의 성패가 오로지 어떻게 해볼 수 없는 운명에 달려 있다는 뜻으로 이해하고 있다. 나는 이 말을 완전히 바꿔 '뜻을 세우는 것은 자신에게 달려 있고, 일을 이루는 것은 남에게 달려 있다.'라고 말하고 싶다."

하늘이 정한 쓰임새

태평천국군의 패색이 짙어 가면서 항주를 수복하는 것은 시간문제로 보였다. 호설암은 다시 천하를 장악하기 위해선 항주로 돌아가는 것이 최선의 길이라는 것을 분명히 알고 있었다. 고향에서 사업을 일으키는 것이 타향에서보다 훨씬 수월하기 때문이었다.

태평천국군을 진압한 핵심 장령들은 대부분 한족이었고 그 중에서도 증국번曾國藩이 우두머리였다. 그 밑의 명장들로는 그의 동생인 증국전과 좌종당, 이홍장 등이 있었다.

이홍장과 좌종당은 황제의 총애를 놓고 일찍부터 다투기 시작하여 견원지간처럼 앙숙인 사이였다. 좌종당의 세력은 주로 남방에 퍼져 있어 그는 절강과 복건의 지방장관인 민절총독을 지낸 바 있었다. 좌종당 밑에서 항주의 통치를 담당하던 주장은 번사인 장익풍이었다. 이 낯선 두 인물을 대면하면서 호설암은 어떤 반응을 보였을까?

태평천국의 난은 중국 전역의 경제에 심각한 영향을 미쳤으나 호설암은 일찌감치 상해에 부강 전장의 지점을 개설하는 등 위축되지 않은 활동을 펼쳤다. 그는 이미 부유한 상인의 위치에 있었기 때문에 어려운 모험을 할 필요는 없었다. 그러나 호설암의 목표는 원대했다. 그가 바라보는 것은 눈앞의 작은 이익이 아니었다. 때문에 그는 싸울수록 용감해졌고 목표는 갈수록 더 높아졌다.

항주로 돌아와 다시 사업을 시작한 것은 그의 열정이 아직 식지 않았다는 증거였다. 총명한 사람들은 기업을 일으키는 것도 어렵지만 지키는 것이 더 어렵다는 사실을 잘 알고 있다. 사업을 해도 어렵

---

* 증국번曾國藩(1811.11.26~1872.3.12)_ 자 백함伯涵. 태평천국의 난을 진압한 지도자이며 양무운동의 추진자이다. 1860년 양강총독에 임명되어 정치 쇄신, 감세減稅, 화북농민폭동의 진압 등 구질서의 상대적 안정에 기여하였다

고 안 해도 어려운 것이라면 계속 정상을 향해 매진하여 자신의 생명력을 키워나가는 것이 바람직할 것이다.

끊임없이 새로운 사업을 벌임으로써 자신에게 도전할 수 있고 기존의 사업에 있어서도 새로운 흐름을 창출해 낼 수 있다. 이것이 바로 생명력을 키우는 방법인 것이다. 많은 사람들이 일단 '부귀' 호열차에 타게 되면 고생이 완전히 끝난 것으로 생각하지만 이는 잘못된 환상이다.

호설암에게는 확실히 보통 사람을 뛰어넘는 자신감이 있었다. 그가 부강 전장을 세웠을 때의 환경은 상당히 부정적이었다. 태평천국의 난이 일어나 전국이 전란에 처한데다가 태평천국군의 주요 활동지역이 바로 양자강 중하류의 동남 일대였기 때문이다.

또한 당시의 금융시장은 산서의 '표호'들이 거의 독차지하고 있었고 동남지역에서도 나중에 개업한 '영소방寧紹幇'과 '진강방鎭江幇'이 전장업을 경영하고 있었기 때문에 경영 범위나 상계에 대한 영향력에 있어서 산서의 표호에 크게 뒤질 수밖에 없었다.

개인적인 경력으로 봐도 호설암에게는 전장에서 도제로 일한 것 외에는 실제 내세울 경력이 없었다. 그러나 그가 상계에 처음 발을 들여놓으면서 맨 먼저 생각한 것이 바로 자신의 전장을 갖는 것이었다. 때문에 당장은 빈털터리지만 그래도 우선 간판부터 내다걸었다.

전장을 열면서 그가 의지한 것은 자신감뿐이었다. 자신의 도제 생활 경력과 세상사에 대한 이해, 그리고 남다른 안목과 수완만 믿고 전장을 연 것이었다. 물론 관장에 자리를 잡은 왕유령의 도움도 기대할 수 있었고 초보적인 거래를 위한 최소한의 자금이 있었던 것도 사실이지만 전장을 열 수 있게 해준 가장 중요한 힘은 역시 자기 자신을 믿는 자신감이었다.

또한 그는 사업 전체가 도산의 위기에 직면했을 때도 고객들에게 피해를 입히면서 자신의 재산을 빼돌리는 부도덕한 짓은 하지 않았다. 그는 자기가 결코 쓰러지지 않으리라고 확신했기 때문에 파산의 위기에 직면해서도 여유를 잃지 않았다.

"나는 빈손으로 사업을 일으켰고 마지막에도 빈손이었다. 잃은 것이 없는 것이다. 잃은 것이 없을 뿐만 아니라 그동안 먹고, 쓰고, 움직인 것이 모두 번 것이나 다름없다. 죽지만 않는다면 나는 언제든지 빈손으로 다시 사업을 일으킬 수 있다."

큰 일을 이루고자 하는 사람이라면 모름지기 이런 자신감이 있어야 한다. 물론 자신감만 있다고 누구나 성공할 수 있는 것은 아니다. 진정한 성공을 위해선 또 다른 조건들이 필요하다. 어느 정도의 능력도 갖춰야 하고, 일이 성취되기 위한 객관적인 조건도 만족되어야 한다. 우리가 흔히 말하는 하늘의 운세와 시국, 기회 등도 필요하다. 하지만 무엇보다도 중요한 것은 자기가 큰 일을 이룰 수 있다는 믿음과 확신이다.

예로부터 큰 일을 이룬 사람들은 하나같이 남다른 자신감에 충만해 있었다. "이 시대에 나를 버릴 사람 누구인가.", "하늘이 나를 낳은 것은 반드시 큰 쓰임이 있기 때문이다.", "남이 갖추고 있는 것이라면 나도 갖추고 있다." 등의 명언들이 모두 큰 성취를 이룩한 사람들의 넉넉한 가슴을 잘 표현해준다.

자신을 믿어야 스스로 강해질 수 있다. 자신을 믿어야만 어려움이 닥쳐도 이에 맞설 수 있는 투지와 용기를 갖게 되고, 위기에 닥쳐서도 영웅의 본색을 발휘할 수 있다. 실제로 자신감은 높은 목표에 도달할 수 있는 거의 유일한 수단이다. 호설암에게 그런 자신감이 없었다면 애당초 전장을 열 생각도 하지 못했을 것이고, 거상으로 성장할 수도 없었을 것이다.

나는 언제든지 성공할 수 있다

 누구든지 성공하기를 원한다면 자신감을 잃어서는 안 된다. 사실, 상인이 자수성가하려는 의식과 새로운 영역을 개척하려는 기백, 칼끝의 피를 핥는 담량을 갖는 것은 전부가 자신감에서 나오는 것이다. 자신의 능력만으로 우뚝 설 수 있다는 확고한 믿음이 있어야 자신의 영역을 건설할 수 있다. "자기가 성공을 거둘 가능성이 없다고 생각하는 사람은 반드시 실패의 길을 택하게 된다."는 말이 있는데 실제로 그렇다.

성공하고자 하는 사람은 먼저 자신의 노력으로 성공을 거둘 수 있다는 강한 자신감을 갖는 것이 중요하다. 큰 성공을 원하는 사람은 그만큼 큰 자신감을 가져야 하고, 큰 자신감을 가져야만 극한 어려움을 이겨낼 수 있다. 호설암이 성공을 거둘 수 있었던 것도 "죽지만 않는다면 나는 언제든지 빈손으로 재기할 수 있다."는 강한 자신감이 있었기 때문이다.

상경에서 배우는 경영 정신

승리에 오만하지 않고 패배에 쓰러지지 않는다

겉만 화려하고 실속이 없는 사람은 큰 상인이 될 수 없다. 자잘한 성공을 위해 고생하고 땀 흘리기를 원치 않는 사람들은 아무것도 이룰 수 없는 것이다. "화려한 꽃을 수놓은 배게 속은 한 무더기 건초뿐이다."라는 속담이 있는데, 이는 도전에 직면하여 체면만 차리는 사람들을 비웃는 말이다. 성공한 경영인들은 모두 헛된 체면을 벗어던지고 시련과 고통을 체험함으로써 중요한 교훈을 섭취했기 때문에 성공을 거둘 수 있었다.

싱가포르의 '유리대왕'으로 불리는 진가화陳家和는 생계를 위해 고향을 떠나 빈손으로 도시로 왔다. 다행히 당형의 도움을 받아 유리 가게에서 일하게 된 그는 주인을 도와 창틀에 유리를 끼우는 일을 시작했다.

창에 유리를 끼우는 일은 항상 조심을 필요로 하는 대단히 힘든 노동이었다. 조금만 잘못해도 뾰족한 유리에 손을 찔렸고 때로는 피가 철철 흐르는 상처를 입기도 했다. 진가화는 비가 오나 바람이 부나 엄한과 혹서를 무릅쓰고 오토바이에 유리를 싣고 크고 작은 거리와 골목을 누벼야 했다. 유리를 깨기라도 하는 날에는 주인의 호된

고상한 신념을 지키는 의지

꾸지람과 처벌을 감수해야 했다. 이렇게 힘들게 일하면서 받는 매달 70달러의 임금으로는 기본적인 생활을 유지하는 것도 빠듯했다. 그러나 이처럼 힘든 생활이 그에게 검소한 생활 태도를 갖게 해주었고 굳센 의지력을 키워주었다.

그가 가게를 그만두기로 결심했을 때, 유리점 주인은 아직 젊은 사람이 혼자서 천하를 상대하기에는 역부족이라며 월급을 올려줄 테니 계속 같이 일하자고 제안했다. 하지만 이미 자신의 길을 가기로 결심한 그는 주인의 달콤한 제의를 간단히 뿌리쳤다.

처음부터 순탄하지만은 않았다. 진가화가 창업을 준비하자 마침 유리점을 경영하는 친구가 찾아와 돈을 투자하는 조건으로 자신의 유리점을 함께 경영하자는 제안을 했다. 그는 친구에 대한 믿음이 있었고 주인이 될 수 있다는 마음에 선뜻 제의를 받아들여 그에게 돈을 건네주었다. 그러나 3개월이 채 못 되어 친구는 공동으로 가게를 경영하기로 한 약속을 저버리고 말았다.

친구의 배신은 그를 넘어뜨리지 못했을 뿐만 아니라 오히려 더욱 강하게 만들어주었다. 1962년, 진가화는 싱가포르 도심에 월 110달러의 임대료로 작은 점포를 하나 마련하고 '흥경장興鏡莊 유리공업사' 라는 간판을 내걸었다. 성실하고 부지런하게 일한 결과 2년 후에는 상호를 '화홍和興 유리공업 유한공사' 로 개명하고 1983년에는 '화홍투자유한공사' 를 설립하게 되었다.

한 통계에 따르면 싱가포르 고층 빌딩의 유리와 쇼윈도에 사용된 유리의 80퍼센트 이상이 화홍투자유한공사에서 설치한 것이라고 한다. 그는 끊임없이 사업을 확장하여 해외에까지 영업망을 넓혀나갔고 중국의 북경과 천진의 대규모 유리 공사를 수주하기도 했다.

아무것도 가진 게 없다고 해서 실제로 크게 불리한 것은 아니다. 0이란 숫자는 사실 대단히 유리한 숫자이다. 감소의 가능성은 없는 반면 증가의 가능성은 무한대인 숫자가 바로 0인 것이다. 0은 상실의 두려움이 없기 때문에 가장 큰 힘과 용기를 담고 있다. 사람들은 조금만 재산이 모여도 이를 잃지 않을까, 하여 전전긍긍하지만 재산이 없는 사람은 그럴 필요가 없다. 또한 다른 선택의 여지가 없고 퇴로도 준비되어 있지 않은 사람들은 주위에 수많은 유혹들 때문에 방황할 필요도 없다.

닥쳐오는 인생의 역경은 누구나 피할 수 없다. 문제는 역경에 대처하는 방법이다. 어떤 사람은 역경의 무게를 이기지 못하고 허리를 굽히는가 하면, 어떤 사람은 역경 속에서 오히려 투지를 불태우며 분발하여 성공에 이른다. 경영자들에겐 반드시 후자의 성품이 필요하다. 역경 속에서도 불굴의 자세로 열정을 유지할 수 있어야 진정한 '영웅본색'이라 할 수 있다.

해남도海南島 '등룡騰龍그룹'의 이사장 겸 총수인 세독신洗篤信이야말로 이런 성품을 지닌 진정한 영웅이라 할 수 있다. 세독신은 가난한 환경 때문에 학교를 제대로 다니지 못하여 어쩔 수 없이 떠돌며 장사에 나서야 했다. 비록 규모는 작았지만 이를 통해 남다른 경험을 얻으면서 많은 친구를 사귈 수 있었다.

1984년, 해남성 정부가 최초의 농공상총공사를 설치하자 세독신은 고향으로 돌아가 이 회사의 사장직을 맡게 되었다. 당시 해남성에서는 한창 자동차 붐이 일고 있었다. 세독신은 즉시 각종 통로를 활용하여 중국 내수 판매에 나섬으로써 상당한 수익을 올렸다. 하지만 그가 한창 자동차 판매에 맛을 들이고 있을 때쯤, 정부에서는 이 일에 대한 조사를 시작하였다. 물론 세독신도 조사 대상이었고 결과는 불법 영업 행위라는 판결이 내려졌다. 세독신은 관직을 잃었고 회사도 파산했다. 하지만 그는 완전히 빈털터리가 아니었다. 이미 30만 RMB의 자금을 확보한 상태였기 때문이다.

1980년대 초까지만 해도 중국 사람들에게 30만 RMB라는 돈은 천문학적인 숫자였다. 이 정도 돈이면 평생 일하지 않고도 편하게 먹고 살 수 있었지만 진정한 사업가들에겐 사정이 달랐다. 그는 30만 RMB가 아니라 100만 RMB, 또는 그 이상의 큰 돈이 있었어도 그냥 놀고 먹진 않았을 것이다.

세독신은 30만 RMB의 자금으로 회사와 공장을 설립하였고 1987년에는 '경산등룡실업총공사'라는 회사를 설립하여 직접 사장이 되었다. 이때 이 회사의 등록 자본은 90만 RMB였다. 회사 설립 후 세독신은 두 외국 기업과 합작하여 삼아三亞시의 부동산을 개발하기로 결정하고 세 회사가 2천 RMB를 공동 출자하여 공사를 시작했다. 삼아시는 잠재력이 풍부한 관광 휴양 도시로서 이 지역 최초의 부동산 개발업자가 된 세독신은 나름대로 사업에 대한 강한 자부심을 갖고 있었다.

그러나 인간의 판단과 계획이 항상 적중하는 것은 아니었다. 세독신이 삼아시에 2천만 RMB를 투자하고 기대에 부풀어 있었을 때 전국적인 구조 조정이 시작되었다. 당국에서는 은행의 재정에 대해 긴축정책을 펴고 대출을 통제하며 건물의 건축을 중지시켰다. 이에 따라 삼아시의 부동산 시장은 한순간에 얼어붙고 말았다.

예측하지 못했던 난국에 직면하여 세독신과 합작하기로 했던 부동산 회사 하나가 먼저 발을 뺐다. 세독신은 마음을 독하게 먹고 60만 RMB를 투자하여 이 회사를 사들였다. 이어서 또 다른 회사가 발을 빼자 세독신은 다시 4백만 RMB를 들여 이 회사도 인수했다.

물론 세독신도 사태의 심각성을 감지하고 있었다. 정부가 은행의 재정을 압박하면서 대출이 어렵게 되었고 대량의 자금이 부동산 회사 인수에 투입되었기 때문에 부동산 시장이 계속 불황에 허덕일 경우 회사가 파산지경에 이를 수도 있는 상황이었다.

하지만 세독신은 배짱이 두둑했다. "돈을 벌려면 큰 돈을 벌어야 한다."는 것이 그의 신념이었다. 이처럼 곤경에 처해서도 희망과 열정, 그리고 평범하지 않은 용기를 유지한다는 것은 결코 쉬운 일이 아니다. 또한 역경에 처해서도 자신이 처한 상황을 냉정하게 분석하고 지혜로운 판단을 내린다는 것 역시 대단히 고귀한 일이다.

시간이 지나 경제 상황이 호전되기 시작했고 세독신이 투자한 4천만 RMB의 부동산사업은 그에게 최소 1억 RMB 이상의 순이익을 가져다주었다. 이에 따라 '경산등룡실업총공사'는 일약 중국을 대표하는 대기업의 대열에 들어서게 되었다.

역경에 처해서도 실망하지 않고 많은 이익을 얻어서도 교만하지 않으며, 보다 높은 목표를 향해 매진하는 것이 경영자로서 갖춰야 할 중요한 자질임을 알아야 한다. 이런 자질을 갖춰야 '승리해도 오만하지 않고, 패배해도 쓰러지지 않을' 수 있다.

상인에게 필요한 명예

7

篤義 독의

'독篤'이란 충실하고 돈독함을 말하고,
'의義'란 의리와 신의가 있는 것을 말한다.
따라서 '독의篤義'란 신의에 충실한 것을 뜻한다.
신의가 서지 않으면 사람들에게 믿음을 사기 어렵다.
비단에 꽃을 더하거나 대설에 석탄을 보내는 것은
모두가 남에게 의를 베푸는 일이다.
항상 의를 앞세우면 이것이 입에서 입으로 전해지면서
재산이 늘고 모든 일이 형통하며 사업이 번창하게 된다.
무릇 장사의 달인들은 의로 입신하여 명예를 드날리지 않은 사람이 없다.

돈보다 사람을 먼저 얻어라

호설암 어록

"사람과 사람 사이의 교류가 이루어지고 발전되는 것은 전적으로 예의와 이해에 달려 있다. 관계가 발전하지 않으면 아무리 친한 친구라 하더라도 금세 소원해지기 마련이다. 돈은 중요한 게 아니다. 중요한 것은 상대가 지닌 마음의 힘을 얻는 것이다. 친구를 사귀는 것도 이런 단계에 이르러야 제 맛이 나는 법이다. 친구란 모름지기 서로 도움을 주고 마음을 편하게 해주는 관계가 되어야 한다."

상대가 지닌 마음의 힘

호설암은 전장 도제 출신으로 주로 하는 일이 차를 끓이거나 청소를 하는 것이었다. 도제란 실제론 노예나 다름이 없었으며 오늘날에는 이런 도제가 존재하지 않는다. 사부의 책임은 숙식을 제공하는 것뿐이었고 일을 배우는 것은 전적으로 자신의 몫이었다. 생활이 어려웠던 시절, 가난한 가정에서는 아이를 낳으면 양식 문제를 해결하기 위해 아이를 점포의 도제로 보내 호구의 부담을 덜곤 했다.

아이를 도제로 보내는 것이 부모에게는 정신적으로 편안한 일이었다. 도제가 되면 적어도 노예 신세는 면할 수 있고 잘 적응하기만 하면 출세의 기회를 잡을 수도 있었기 때문이었다. 하지만 사부는 도제를 받아들여도 본격적으로 기술을 전수해주진 않았다. 사부로서는 도제를 받아들인 것이 그저 어려운 사람에게 자비를 베푼 것에 불과했기 때문이다.

생산 활동에 큰 도움은 되지 않았지만 도제도 밥을 먹어야 했기 때문에 이러한 '잉여가치'의 존재는 항상 푸대접의 대상이 되었다. 야단치는 것은 물론이고 장사가 잘 되지 않을 경우에는 그 분풀이로 심한 구타를 가하는 일도 비일비재했다. 먹고살기 위해선 너나 나나 할 것 없이 굽실거려야 하는 상황에서 도제가 모든 분풀이의 대상이 되는 것은 어쩌면 당연한 일이었는지 모른다.

그러나 점차 상공업이 발전하면서 도제가 분담하는 일이 늘어나게 되었다. 경제 발전에 따라 도제의 지위도 조금씩 높아지게 된 것이다. 사부는 능력이 뛰어난 도제들을 함부로 대할 수 없게 되었을 뿐만 아니라 오히려 소중하게 모셔야 하는 경우도 생겼다. 일손이 딸려 유능한 도제 없이는 영업을 제대로 할 수 없는 경우도 있었다.

　호설암이 도제로 있던 청나라 말기는 도제의 신분이 가장 낮고 하는 일도 가장 힘들었던 시기였다. 호설암은 운명에 대한 강한 믿음이 있었기에 비록 도제에 불과했으나 자신을 경시하지 않고 언젠가는 좋은 날이 올 것이라 믿었다. 그는 매일 남보다 먼저 일어나 자신이 해야 할 일들을 빨리, 그리고 깔끔하게 처리했다. 같은 일도 남들이 세 시간 걸려서 하는 것을 호설암은 두 시간 만에 끝내곤 했다.

　전장의 주인도 그를 신임하여 수금사원으로 발탁했다. 일반적으로 수금업무는 매우 힘들고 고된 일이었다. 고객들에게 돈을 빌려주는 것은 쉽지만 거둬들이기는 어려웠기 때문이다. 가능하다면 직원들은 점포 안에서 손님을 맞는 일을 택했지 밖으로 돌아다니며 수금하는 일을 원치 않았다. 그러나 호설암은제대로 배우지 못했기 때문에 선택의 기회가 없었다. 주인이 그를 발탁한 만큼 죽으라고 열심히 일하는 수밖에 없었다.

　수금업무가 어렵긴 하지만 하기에 따라서는 훌륭한 자기 수련의 기회가 될 수도 있었다. 호설암은 이 일을 통해서 대인관계의 기교를 터득하는 동시에 사람들의 성격을 폭넓게 경험할 수 있었다. 그가 깨달은 당시 사람들의 성격은 첫째, 욕심이 크지 않고 둘째, 손해 보는 것을 몹시 두려워하며 셋째, 체면을 중시하는 것이라 할 수 있다.

　사람들의 성격을 파악한 호설암은 자신을 적응시키기 위해 노력했다. 그는 친구 사귀기를 좋아했고 한 번 사귀면 끝까지 넉넉한 마음을 잃지 않았다. 주머니에 은자 다섯 냥이 있어 친구가 이를 필요로 하면 아낌없이 내어주는 것이 그의 아량이었다. 이처럼 대인관계가 좋다 보니 수금도 비교적 순조로웠다.

사실, 돈을 빌려 간 사람들 중에는 무뢰한이나 건달이 거의 없었고 체면을 중시하고 기분 내는 것을 좋아했다. 또한 돈을 빌리면 심리적으로 이를 부끄럽게 여겨 자신의 부채를 남이 알까 두려워했다. 수중에 여유 돈이 있어 부채를 갚으려 할 때도 돈을 받으러 온 사람의 태도를 먼저 보게 된다. 돈을 받으러 온 사람이 위세를 떨며 강압적으로 나오면 돈이 있어도 갚기를 꺼려하지만 수금하러 온 사람이 자신의 체면을 세워주면 재촉하지 않아도 먼저 돈을 갚았다.

호설암은 기꺼이 상대방의 체면을 세워주었다. 먼저 남을 한 척 키워주면 상대방은 자신을 한 장 높여주는 것이었다. 이런 원칙에 충실했던 호설암은 다른 사람들에 비해 훨씬 수월하게 수금을 할 수 있었다.

남자들은 돈과 시간이 생기면 쉽게 도박과 여자에 빠져든다고 하지만 호설암은 자신에 대한 굳은 믿음이 있었기 때문에 함부로 타락하지 않았다.

한가한 시간이면 그는 여러 곳을 돌아다니며 친구들을 사귀었다. 수중에 넉넉한 돈은 없었지만, 그는 돈 몇 푼이 급한 친구에게 자신이 가진 전부를 빌려줄 수 있다면 이것도 훌륭한 투자라고 생각했다. 한 번 신세를 지면 평생 이를 잊지 못하는 것이 인지상정이기 때문이다.

마음이 넉넉한 것은 원래 타고나는 것이 아니다. 넉넉한 마음은 어디까지나 환경의 영향이다. 매번 준 것과 받은 것을 대조하고 따지는 사람에겐 넉넉한 마음을 기대하기 어렵다. 호설암은 마음이 넉넉한 것과 마찬가지로 일하는 태도에 있어서도 할 일만 생각하고 승진이나 보수는 크게 염두에 두지 않았다. 업무 성적이 좋으면 승진은 주인이 알아서 생각하고 결정할 문제였다. 먼저 승진을 생각하고 일을 한다면 제대로 일에 전념할 수 없다고 생각했다.

호설암은 발전의 기회가 주어지면 이를 포착하여 전력으로 매진했다. 하지만 결과와 수확은 염두에 두지 않았던 것이 그의 탁월함이라 할 수 있다.

집에서도 친구를 의지하라

 "집에서는 부모를 의지하고 밖에 나가서는 친구를 의지하라."는 말은 이미 수많은 사람들의 좌우명이 되었다. 호설암은 이를 더 발전시켜 "집에서도 친구를 의지하라."고 덧붙였다. 호설암의 행적을 살펴볼 때, 친구들의 도움은 대단히 중요했고 때로는 친구들의 힘이 결정적으로 작용하기도 했다. 하지만 호설암은 친구들에게 의지만 한 것이 아니라 적극적으로 그들을 돕고 협력했다.

심은 대로 거두는 것은 세상의 이치다. 호설암은 전장의 도제로 있을 때도 그랬고 큰 사업가가 되어서도 친구들을 돕거나 후학들을 키우는 데 힘을 쏟았다. 덕분에 그의 주위에는 항상 많은 사람들이 모여들어 사업의 훌륭한 조력자이자 동반자가 되었다.

상경에서 배우는 경영 정신

중국 IT산업의 발전 속도는 대단히 빠르다. 이미 장조양張朝陽이나 송조제宋朝弟, 유전지柳傳志, 양원경楊元慶, 왕지동王志東 등 민족의 영웅이라 칭할 만한 신흥 경영인을 대거 배출하기도 했다.

왕지동은 중국 IT산업의 뉴웨이브로 등장하기 전에 이미 여러 기업에서 주옥같은 전설을 남겼다. 프로그램의 오리지널 코드는 프로그래머들의 생명줄로 간주된다. 그러나 왕지동은 지속적으로 프로그램을 개발하는 5년 동안 자신의 오리지널 코드를 전부 남에게 넘겨주었다.

첫 번째는 왕선王選 교수의 연구실에서였다. 왕지동은 자신이 개발한 첫 번째 중국어 윈도우 1.0을 연구소에 대가 없이 넘겨주었다. 두 번째는 '방정方正'을 떠나면서 BDWin의 오리지널 코드를 주고 나온 것이고 세 번째는 '신천지'를 떠나면서 '중문지성中文之星 1.21'의 모든 오리지널 코드와 관련 자료는 물론 '중문지성 2.0'의 개발 프레임도 남겨주고 나왔다. 그 결과 그가 몸담았던 직장들은 모두 엄청난 돈을 벌게 되었다.

UCDOS의 개발자인 포악교鮑岳橋는 1993년, 자신의 소프트웨어 판권을 '희망공사'에 무상으로 넘겨주었고 희망공사는 그에게 높은 명예로 보답했다. 하지만 희망공사에서 별다른 흥미를 느끼지 못했던 포악교는 독립을 준비하게 되었다. 마침 백신 전문가인 왕강민王江民을 만나게 되었고 왕강민이 그에게 자금을 빌려주었다. 왕강민은 포악교 팀에게 이렇게 말했다.

"여러분에게 약간의 돈을 빌려주는 건 전혀 문제가 없습니다. 설사 그 돈을 다 날린다 해도 두려울 게 없지요. 하지만 여러분이 일을 성취해내지 못하리라고는 생각지 않습니다."

왕강민의 도움으로 포악교의 '연중공사'는 순조롭게 설립될 수 있었다.

1990년대 초, 많은 사람들에게 워드를 배우는 것은 '오자필형五字筆型'을 배우는 것이고 컴퓨터를 사용하는 것은 '오자필형'을 사용하는 것을 의미했다. 이처럼 '오자필형'의 보급과 위력은 절대적이었다. 그러나 잊지 말아야 할 것은 그 개발자가 왕영민王永民이라는 사실이다.

왕영민은 '오자필형' 워드 프로그램을 개발했을 뿐만 아니라 26자 표준 키보드 방안을 개발함으로써 한자 워드에 영문 워드와 동등한 속도를 보장하는 신기원을 이룩했다. 이처럼 왕영민이 '오자필형'을 개발하는 과정은 남을 돕는 과정인 동시에 남에게 도움을 받는 과정이었다.

1978년, 왕영민은 사천의 '영천국방과학위원회' 소속 모 군사기관에서 일하다가 고향인 하남성 남양으로 돌아와 그 지역 과학위원회에서 근무하게 되었다. 여기서 그는 일본이 개발한 '환등식' 키보드를 보고서 기존의 키보드를 대체할 새로운 키보드 체계를 개발해야겠다는 생각을 갖게 되었다.

남양 과학위원회는 왕영민에게 연구개발비로 3천 RMB를 지급했고 그는 상해와 소주, 항주 과학위원회 정보실을 찾아다니며 국내외 관계자료를 샅샅이 뒤졌다. 하지만 만족할 만한 한자 워드 방식을 찾아내지 못한 왕영민은 결국 자신이 직접 새로운 워드 방식을 만들기로 결심했다. 1980년 7월 15일, 왕영민은 키보드의 부호를 62개로 압축하고 이중부호 26쌍을 중국에서 가장 바람직한 네 가지 워드 방안 가운데 하나로 설정했다.

1982년 6월 2일, 하남성 부성장 겸 과학위원회 주임으로 부임한 나간羅干은 왕영민을 자신의 사무실로 불러 그 자리에서 하남성 과학위원회의 예비비 10만 RMB 전액과 당시 최고 수준의 성능을 갖춘 PC8801을 왕영민에게 연구비용으로 제공했다.

1983년 1월, '오자필형'이 처음으로 2D2000 한자 단말기에 실현되었다. 8월 29일, 하남성 과학위원회는 이 분야에 종사하는 중국 최고의 전문가들이 모인 가운데 감정회의를 열었고, 이 자리에서 '오자필형'은 대단히 좋은 평가를 받았다. 12월 5일, 남양에 최초의 '오자필형' 학습반이 조직되었고 왕영민은 여기서 번 돈을 전액 남양 과학위원회에 희사했다.

1984년, 왕영민은 PC 하나를 들고 북경으로 가서 CC-DOS의 개발자인 엄원조嚴援朝의 지원 하에 '오자필형'을 PC에 이식하는 데 성공했다.

성실과 신의로
천하의 고객을 모은다

호설암 어록

  "상인이 되려면 확실한 의지와 신용이 있어야 한다. 말과 행동이 일치해야 하는 것이다. 강호에 있는 사람들과 일을 할 때는 더욱 그렇다. 한 번 약속한 일은 절대 번복해선 안 된다. 약속을 어기면 무시당하게 되고 그 다음부터는 아무 일도 할 수 없게 된다. 성실이 최고의 방책이다. '콩 심은 데 콩 나고 팥 심은 데 팥 난다.' 는 인과의 법칙을 절대 무시해선 안 된다."

신용이 가장 큰 성공의 비결

사업을 한다는 것과 성숙한 인간이 된다는 것은 본질적으로 일치하는 것이다. 성공한 상인들은 대부분 신용이 있는 사람이라는 평가를 받았다. 호설암도 무엇보다 신용을 중시했다. 물론 호설암의 신의는 협객이나 의사들처럼 재산을 나눠주고 의거를 행하는 것이 아니었다. 그가 신의를 중시한 것은 결국 자신의 사업을 위한 것이었고 보다 많은 돈을 벌기 위한 것이었다.

"신의로 장사를 소통시키고, 성실로 천하의 고객을 모은다."는 말을 흔히 듣는다. 성실과 신의로 고객을 모을 수만 있다면 사업이 번창하지 않을 수 없다. 호설암은 부강 전장에 예치했던 나상덕羅尙德 의 예금을 그가 요구하지 않았는데도 불구하고 자발적으로 돌려준 덕에 더 많은 예금을 유치할 수 있었다. 나상덕을 도와 태환 수속을 해주었던 고향 친구들이 청나라 군영으로 돌아가 부강에서 있었던 일을 얘기하면서 부강의 명성이 일시에 청나라 군영 전체에 퍼졌다. 그 결과 많은 녹영의 관병들이 자신들의 돈을 기꺼이 부강 전장에 맡기게 되었던 것이다.

장사에서의 신용은 결국 상인의 신의에서 나온다. 사실, 경영에 있어서 가장 중요한 것이 신용이다. 신용이 없이 속임수와 농간을 벌이다간 사업을 오래 지속할 수 없다. 호설암의 지혜에는 두 가지 남다른 점이 있었다. 첫째는 지혜를 의롭게 구사함으로써 상장을 장악할 줄 안다는 것이고, 둘째는 지혜를 안목으로 승화시켜 사업의 결과를 예측하고 판단할 줄 알았다는 점이다.

그는 왕유령을 돕다가 일자리를 잃고 말았지만 시장통에서 문짝밥을 먹을지언정 이해관계에 연연하지 않았고 큰 돈을 번 뒤에는 사람들에게 후한 선물과 예의를 갖춰 인사하는 것도 잊지 않았다. 때문에 사람들은 호설암과 사귀어 두는 것은 결코 나쁘지 않다고 생각했고 그가 복을 나눌 줄 아는 인물이라고 평가했다.

호설암의 이런 행동은 인정의 지혜라 불리기에 충분하다. 호설암은 사람들은 자신에게 폐를 끼치면 불쾌해 하지만 반대로 조그만 인정에도 감동할 줄 안다는 사실을 잘 알고 있었다.

예컨대 송강 조방의 우오와 '민절관판民折官辦'을 상의하면서 그가 몰래 쌀을 팔 생각이 있다는 사실을 간파한 호설암은 자기가 도와줄 테니 어려운 일이 있으면 서슴지 말고 얘기하라고 했다. 어려움은 마음속에 있는 것이지만 이를 헤아려 구체적인 해결 방법까지 제시한다면 친구로서 충분한 도리를 하는 셈이었다.

이처럼 인성을 잘 파악하는 것이 의로운 행동의 바탕이 될 수 있고 의로운 지혜의 발휘를 통해 새로운 기회를 잡을 수 있는 바탕이 된다.

녹영병인 나상덕이 은자 만 냥을 부강 전장에 예탁하였다. 호설암은 그와의 거래를 시작하기 전부터 의로운 명성으로 자자했다. 나상덕은 자신의 사촌형인 양서판에게서 호설암의 의로운 상도를 전해 들었고 그가 정말 믿을 만한 인물이라는 것을 잘 알고 있었다. 사람들이 갖고 있는 그에 대한 인식 역시 의로운 지혜를 펼친 결과였다.

호설암의 의로운 지혜가 처음 알려진 것은 왕유령을 도왔던 일이고, 두 번째는 부강 전장을 개업하면서 먼저 20여 개 대량의 어음을 할인해줌으로써 관장에 있는 양서판을 도와준 것이었다. 처음에

---

* 문짝밥_ 점포가 없어 남의 가게의 문짝을 빌려다가 식탁으로 대용하며 가난한 사람들에게 염가로 식사를 제공하던 노점 식당
* 민절관판民折官辦_ 정부에 납부할 양곡을 민간에서 임시로 변통하여 사고파는 일

는 지혜를 의리로 바꾼 단순한 행위에 지나지 않았지만 이런 사실이 여러 사람들에게 전해지면서 나상덕의 돈을 예치하게 되었고, 그에게도 의로운 지혜를 베푼 결과 수많은 병사들의 예금을 무이자로 예치함으로써 사업을 크게 발전시키는 밑거름으로 활용할 수 있었다.

절강 일대에 유행하는 속담 중에 "반나절은 자신을 생각하고 나머지 반나절은 남을 생각하라."는 말이 있다. 이는 자신만을 생각해서는 모든 일을 원만하게 이룰 수 없으므로 남을 배려하고 남의 어려움을 이해하며 남의 걱정을 나눌 줄 아는 마음을 가져야 한다는 뜻이다.

호설암은 확실히 남을 생각할 줄 아는 인물이었다. 호설암이 왕유령을 도와 조미의 운송이라는 난제를 해결하려고 조방의 책임자인 우오를 찾아갔을 때의 일이다. 대화하는 과정에서 호설암은 그들에게 말하기 곤란한 어려움이 있다는 사실을 알게 되었다. 조방의 어려움은 다름이 아니라 조정에서 오랫동안 지속해 온 하운河運을 해운으로 바꾸기로 결정한 데 있었다.

강남의 소주와 송강, 태원 일대에서 조정으로 운송되는 양곡은 항상 항주에서 출발하여 북경에 이르는 운하를 통해 이루어졌기 때문에 조운漕運이라 불렀다. 조운을 담당하는 배들은 대부분 관선으로 일정한 지역에 주둔해 있어 이들을 조방이라 칭했다. 물론 조방은 조운에 의지하여 먹고살았다.

불행한 것은 매년 황하의 하상에 토사의 퇴적이 가중되어 일부 구간은 하천으로서의 역할을 할 수 없게 되어 '봄날 황하의 배들이 하늘을 날 듯 물살을 가른다春水船如天上行'는 말이 무색할 정도가 된 것이다. 게다가 운하가 황하의 영향을 받으면서 선박의 운항이 갈수록 어려워져 가뭄이라도 들면 배를 띄우는 것이 불가능할 정도였다. 이에 따라 조정에서는 도광道光 초년에 조미의 운송을 하운에서 해운으로 바꾸어 시행해보기로 결정했다.

조미가 해운으로 바뀌면 자연히 조운에 의지하여 먹고살던 조방 사람들은 생계가 막막해질 수밖에 없었다. 송강 조방으로서는 가장 어려운 위기에 처한 셈이었다. 운송할 조미가 없어 수입이 크게 준 데다가 조방 내에 재정마저 바닥이 나 이를 메울 만한 거액의 자금이 필요했다. 그러므로 해운을 취소하고 하운을 회복시킬 방법을 모색해야 했다.

호설암은 상대방에게 어려움이 있다는 사실을 안 이상 계속 모른 척 하고만 있을 수는 없었다. 도와줄 방법이 없다면 모르겠지만 도울 수만 있다면 최대한 도와주어야 한다는 것과 남의 어려움을 알았다면 이를 자신의 어려움으로 생각해야 한다는 두 가지 원칙 때문에 호설암은 먼저 이들의 어려움을 해결해주어야겠다고 생각했다.

호설암은 신화 전장에 송강 조방에 대한 자금 대출을 요청함으로써 그들의 난관을 극복할 수 있도록 도와주었다. 실제로 조미의 수송이 해운으로 바뀌면 여러 전장들도 적지 않은 위험을 감수해야 하기 때문에 조방에 대한 대출을 꺼리고 있던 터라 호설암의 도움은 상당한 희생을 각오한 의로운 행보였다.

그 뒤에 이어진 호설암의 생사사업과 무기사업은 조방의 협력과 지원이 없었다면 이루어지기 어려웠을 것이다. 결국 남을 생각하고 남을 위해 생각하는 것이 어떤 의미에선 자기 자신을 위해 생각하는 것이 될 수도 있다.

신용 위에서 신용으로 성장

 "말을 하면 신용이 있어야 하고, 신용이 있으면 항구적이어야 한다."는 말은 사업을 하는 모든 사람들의 신조로서 누구든지 이를 어길 경우엔 세인의 비난과 질책을 면키 어렵다. 호설암은 이러한 신조를 굳게 지키는 신용 있는 상인이었기 때문에 사람들의 존경을 한몸에 받을 수 있었고 사업을 발전시킬 수 있었다.

오늘날의 시장경제에서는 신용이 더욱 중시되고 있다. 기업과 경영인은 모름지기 신용 위에 서서 신용으로 성장해야 한다.

청나라 말의 중요한 조약들

베이징조약_ 베이징에서 청국이 외국과 체결한 10여 조약에 대한 통칭. 이 조약을 고비로 청나라에서는 보수배외파保守排外派가 물러나고, 조약체결에 나선 공친왕을 중심으로 한 대외화친파對外和親派가 득세하면서 '양무운동'이 권장되었다.

즈푸조약_ 1876년 윈난雲南 문제 처리를 위하여 중국 산둥성山東省의 즈푸에서 청나라와 영국이 체결한 조약. 이 조약은 난징·톈진 양조약에 입각한 외교관계를 대신하여 중국과 열국과의 새로운 외교관계의 기초가 되었으며, 중국 식민지화의 또 하나의 전환점이 되었다.

황푸조약_ 1844년 청나라와 프랑스 간에 맺어진 수호통상조약. 아편전쟁으로 영국이 난징南京조약을 맺고 미국이 이에 편승하여 왕샤望廈조약을 맺자 프랑스는 영·미 양국, 특히 미국과 거의 같은 내용으로 황푸조약을 체결케 하였다.

상경에서 배우는 경영 정신

장사의 신용은 상인의 신의에서 나온다

1989년 8월, 황산에서 왕효금王效金의 초청을 받은 전국의 3백여 대리점 점주들이 한 자리에 모여 판촉회의를 열었다. 이 자리에서 왕효금은 60도 자리 고정공주古井貢酒를 53도로 낮추고 가격도 60퍼센트 수준으로 낮춰 각 대리점들로 하여금 정부의 구조 조정에 따른 자금 압박을 해소해주겠다고 약속했다. 이러한 조치는 당시 중국의 백주업계에 있어선 원자폭탄 같은 충격이었다.

왕효금은 철학과 병법을 한몸에 체득한 인물이었다. 그의 경영 철학에는 "방법이란 아무도 저항할 수 없는 일종의 지고무상한 힘이다."라는 헤겔의 명제가 그대로 반영되어 있다.

고정공주의 가격과 도수를 내린 판매 전략은 그의 회사에 최고의 이익을 가져다주었다. 이후 수많은 경쟁사들이 기존 제품의 도수를 내렸지만 사실 도수를 내리는 데는 한계가 있었다. 시장에서 도수와 가격의 하락으로 인한 손실을 우려하여 주문량을 크게 줄였기 때문이다.

판매상들의 심리를 파악한 왕효금은 그들을 안심시키는 것이 무엇보다 중요하다고 판단하고 '손실 보장' 제도를 제안했다. 일 년 내에 판매되는 모든 '고정' 시리즈 주류 제품에 관해 가격 하락과 정부의 구조 조정으로 인한 손실 전액을 회사가 부담하고, 반대로 이 기간 동안 발생하는 모든 수익은 판매상들의 몫으로 돌아간다는 것이었다. 이런 방침이 발표되자 고정 주류는 날개 돋인 듯이 팔려나갔다.

왕효금은 모든 활동이 반드시 성실을 바탕으로 이루어져야만 천하의 모든 고객을 불러모을 수 있다는 사실을 잘 알고 있었다. 1989년 12월, 안휘성安徽省에서 열린 주류 판매상 회의에서 왕효금은 다시금 놀라운 발언을 했다.

"세상에는 영원한 이익은 있어도 영원한 동맹은 없습니다. 저는 여러분이 저희 회사의 술을 팔아 손실을 입지 않고 큰 돈을 벌 수 있길 바랍니다. 이제 '황산회의'에서 약속한 것을 이행하도록 하겠습니다. 여러분들께선 각자 가격 인하 이전의 재고량과 이로 인해 발생한 손실액을 보고해주시기 바랍니다. 저희가 직원을 파견하여 실사한 후에 전액 보상해드리도록 하겠습니다."

다음 날 왕효금은 각 판매상들에게 보상해줄 손실액 총액이 187만 RMB라고 밝혔다. 아울러 원래는 직원을 파견하여 정확한 손실액을 실사할 예정이었으나 성실과 신의라는 자신의 경영 방침에 따라 판매상들을 믿고 그대로 받아들이겠다고 말했다.

1988년은 정부의 구조 조정이 극에 달했던 시기라 판매상들에게도 자금이 없었고 고정 주류 공장 역시 지독한 자금난에 시달렸다. 판매상들은 물건을 팔기 위해 사는 것이기 때문에 돈을 마련해서 물건을 사놓지 않으면 당연히 팔 물건이 없어진다. 판매상들에게 물건을 팔지 못하면 고객을 잃게 되는 문제도 있지만 보다 중요한 것은 고정공주 자체의 판로에 문제가 생긴다는 점이었다. 결국 먼저 고객들을 구해주어야 자신을 구할 수 있는 상황이었다. 이 문제에 있어서도 왕효금은 가장 정확한 판단을 내렸다.

고정 주류 공장은 고객들에게 1천 7백만 RMB의 거액을 받지 못한 상황에서 또 다시 외상 거래를 시행했다. 하지만 왕효금의 이런 특단의 조치 덕분에 판매상들은 물건을 팔아 넉넉한 자금을 확보할 수 있었고 고정 주류는 계속 안정적인 판로를 유지할 수 있었다.

북경의 유명한 한약방인 동인당同仁堂은 신용과 도덕을 바탕으로 우수한 회사 이미지를 확립하는 데 성공할 수 있었다. 또한 이러한 이미지가 회사의 생산에도 영향을 미쳐 사회로부터 얻은 수확 또한 풍성했다.

1988년, 남방의 한 도시에서 갑간병甲肝病이 유행하여 일시적으로 이 병의 특효약인 판란근충제板蘭根冲劑의 공급이 부족하게 되었다. 일부 지역에서 이 틈을 이용해 약값을 올려받는 현상이 나타났고, 회사 내에서도 이와 비슷한 주장이 제기되었다. 그러나 동인당은 약속된 약값을 지킨다는 원칙을 고수하면서 부족한 약품을 제때에 공급하기 위해 모든 노력을 다했다. 더불어 모든 직원들에게 올바른 기업 이념과 도덕관을 주지하는 교육을 병행했다.

한번은 북경지역에 약품 품귀 현상이 나타나 약을 구하지 못한 사람들이 동인당으로 몰려드는 사태가 발생했다. 직원들이 동분서주하면서 노력했지만 모든 손님들에게 필요한 처방전을 써주는 것은 불가능했다. 그러자 동인당 간부들은 재빨리 직원들을 대상으로

'내가 환자라면 어떻게 할 것인가?' 하는 주제로 토론을 하게 해 직원들에게 환자의 입장에서 사태를 생각하게 하는 책임감을 고취시켰다.

한 젊은 직원은 '환자 제일'이라는 동인당의 기업 이념과 실제로 이를 실천하는 직원들의 모습에 큰 감동을 받았다고 그날의 소감을 털어놓았다. 최근 몇 년 동안 한약 시장의 경쟁이 극심해지면서 동인당의 이름을 도용하여 큰 돈을 벌려는 사람들이 많이 나타나고 있고, 적지 않은 사람들이 파격적인 조건으로 동인당의 상호를 사용하게 해줄 것을 요구하기도 했다. 이에 대해 동인당은 사업의 양심을 저버릴 수 없다는 원칙에 따라 가짜 의약품이 동인당의 이름으로 유통되게 할 수는 없다고 거절했다.

현재 북경의 동인당은 독특한 처방과 약재의 엄선, 세심한 제조 공정과 뛰어난 약효로 중국은 물론 해외에서까지 커다란 신인도를 확보하고 있다. 때문에 수많은 의료기관이 약품을 구입할 때 동인당의 제품을 선호하고 있으며 환자들도 돈을 더 주고서라도 동인당의 약을 구입하려 하고 있다. 최근 몇 년 동안 동인당은 복건과 해남, 주해 등지에 속속 분점을 설립했고 홍콩과 말레이시아, 호주 등지에도 합작을 통해 분점을 개설하였다.

동인당의 사업 정신은 중국 전통 문화의 축적인 동시에 쉬지 않고 발전하는 시대 정신의 산물이라고 할 수 있다. 물론 풍부한 제약 경영의 노하우가 이 회사 발전과 성장의 객관적인 기초일 것이며 앞으로도 계속 발전해 나갈 것이 분명하다. 이처럼 '신용'과 '의리'는 기업 활동에 없어선 안 될 필수 요소이다.

의에서 재물을 구하는
사람이 진짜 상인이다

호설암 어록

"자신을 의지하는 것만이 참된 것이고 나머진 전부가 다 거짓이다. 인연도 자신에 의존해야 한다. 자신이 부족하면서 어떻게 친구에게 기대하겠는가? 누구든지 어려운 문제가 있을 땐 솔직하게 털어놓고 여러 사람과 상의하는 것이 바람직하다. 강호에서 살아가기 위해선 친구를 해쳐서도 안 되고 고객을 해쳐서도 안 된다."

낭만을 이해하는 상인

호설암은 탁월한 지혜를 '예리한 안목'으로 전환시키는 능력을 가지고 있었다. 이미 언급한 나상덕의 예금 유치의 경우에서도 호설암의 뛰어난 안목을 잘 살펴볼 수 있다. 지혜를 의리로 바꿀 수 있는 것 자체가 안목이다. 다시 말해서 호설암은 몸은 눈앞의 이익을 구하면서도 마음은 먼 미래를 생각하고 있었다.

중국인들이 호설암을 칭송하는 이유 가운데 하나는 그가 낭만적인 멋을 이해할 줄 알았다는 사실이다. 상인이라고 해서 항상 계산만 앞세우고 이윤만 추구하려고 한다면 그 사람의 지혜는 아주 편협한 것이라 할 수 있다. 하는 일마다 부덕하기 그지없어 올바른 지혜를 발휘할 수 없을 것이다.

번사 인계麟桂가 보낸 사람이 호설암을 찾아와 자금 대출을 요청했을 때, 호설암은 인계에 관해 별로 아는 바가 없었다. 사람이 착실하다는 것은 틀림이 없었지만 그런 이유 때문에 돈을 모으지 못했고, 이임하면서까지 돈을 구해 부족한 공금을 메워야 했다. 게다가 금액도 2만 냥이나 되는 거금이었다.

순수하게 상업적 이익만을 따져 돈을 대출해준다 해도 회수하지 못할 가능성이 많았다. 하지만 인계가 요구하는 것은 장기 대출이었고, 그것도 다른 사람에게 손을 벌릴 형편이 못 돼 호설암의 인간성을 믿고 찾아온 것이었다.

'어려운 문제로군! 정말 어려운 문제야!'

고충이 이만저만한 것이 아니었지만 결국 왕유령이 관직에 부임하면서 관리를 부탁한 공금을 합치면 기한을 확정하는 조건으로 대출이 가능하겠다는 판단이 섰다.

위험에 직면하여 가장 먼저 생각해야 하는 것이 바로 의기였다. 인계의 다급한 사정을 이해해주면 인계가 감동할 것이 분명하고, 그가 은혜에 보답할 줄 아는 인물이라면 나중에 강소성 번사로 부임하여 강남대영의 협향協餉을 부강 전장에 맡겨올 수도 있는 일이었다. 그렇게만 된다면 겨우 2만 냥의 대출로 상해에 지점을 개설할 수 있는 기회가 생길 수도 있었다. 결국 호설암은 인계가 요구하는 자금을 대출해주기로 결정했다.

호설암에게 이 사건은 중요한 계기로 작용했다. 그의 예상대로 인계의 도움을 받아 동치에서 광서 초년에 이르는 동안 부강 전장은 전국 최대 규모의 전장으로 성장할 수 있었기 때문이다.

더불어 사는 지혜

 호설암은 사업을 전개하면서 항상 '의'를 앞세웠기 때문에 높은 신용을 얻을 수 있었다. 이는 말로만 신용을 떠들면서 실제 행동에 있어선 신의를 지키지 않는 사람들에게 좋은 경종이 될 것이다.

호설암에게서 친구에 관한 세 가지 중요한 원칙을 찾아볼 수 있다. 첫째, 친구에게 해를 끼쳐선 안 되고 둘째, 친구를 도와야 하며 셋째, 친구와 함께 발전해야 한다는 것이다. 이는 현대인들이 말하는 '더불어 살기'나 '상생'의 원리와 일치하는 것으로 산업사회를 살아가는 우리들에게는 매우 중요한 의미를 갖는다고 할 수 있다.

상경에서 배우는 경영 정신

"군자는 재물을 좋아해도 이를 구하는 데 도리가 있어야 한다."

"인仁에서 이利를 구하는 사람이 진짜 군자이고, 의義에서 재물을 구하는 사람은 대장부다."

이는 상인들도 올바른 의리관을 가져야 하며 불의한 재물은 단호하게 거부해야 한다는 것을 의미한다. 그리고 이것이 바로 호설암 독의론의 핵심이다.

성실한 상인들이 의를 강조하는 것은 그 안에 보다 큰 이익을 취할 수 있는 동기가 감춰져 있기 때문이다. 경제적 타산과 도덕성의 추구는 서로 배타적인 것이 아니라 상호 보완적으로 결합된 개념이다. 훌륭한 상인들은 합리성을 무시하고 악착같이 돈을 버는 것이 일시적으로는 이익을 가져다줄지 모르지만 장기적으로는 신용을 상실하여 결국엔 고객의 발길이 끊기게 된다는 사실을 잘 알고 있다.

미국 제빵계의 여왕 캐서린 클라크는 자신의 빵이 '세상에서 가장 신선한 식품'이 되게 하겠다는 야심 찬 결심을 했다. 그래서 빵 포장지에 제조 일자를 명기하여 3일이 지난 제품은 절대 팔지 않겠다고 선언했다.

처음엔 이런 규정이 그녀에게 큰 손실을 가져다주었다. 한 가지 제품이 시장에 나와 늘 순조롭게 유통 과정을 거치는 것은 아니었기 때문이다. 때문에 운송이 순조롭지 못할 경우엔 '3일을 넘기지 않는다' 는 규정을 지키기가 쉽지 않았고, 특히 수많은 소매점들이 그런 불편을 원하지 않았다. 캐서린은 반품을 받을 준비가 되어 있었지만 소매점들이 제품을 매일 검사하여 날짜가 지난 것을 골라내는 번거로운 작업을 원치 않았다.

많은 사람들이 캐서린의 지나친 진지함에 불만을 갖게 되었고 빵은 3일이 지나도 괜찮은데 굳이 3일에 한 번씩 제품을 교환할 필요가 있느냐고 반문했다. 하지만 캐서린은 빵은 신선도가 가장 중요한 조건이라고 굳게 믿고 있었다. 소비자들에게 좋은 신뢰감을 심어주고 자신의 빵이 다른 제빵업자들의 빵과 다르다는 인식을 심어줄 수만 있다면 절반은 성공한 것이라고 굳게 믿었다.

소매상들이 제기하는 문제를 해결하기 위해 캐서린은 새로운 방법을 시도했다. 갓 구운 빵을 차로 직접 소매점에 배달하고 기일이 지난 빵도 직접 회수하는 방식을 취하고 인접한 지역을 하나의 영업권으로 묶어 순회표를 만들고 3일에 한 번씩 순회하기로 한 것이다. 만일 일부 소매점에서 3일이 되기 전에 빵을 다 팔면 수시로 주문을 받아 곧장 부족한 물량을 채워주었다. 이러한 방법은 소매상들에겐 대단히 편리하고 바람직한 방법이었다. 게다가 "3일이 지난 빵은 절대 팔지 않는다." 는 자신의 약속을 지켜나가면서 시장에 나온 빵의 신선도를 보장할 수 있었다.

어느 해 가을, 홍수가 발생하여 빵의 공급이 크게 부족한 사태가 발생했다. 캐서린 회사의 영업사원들은 별다른 지시를 받은 바가 없기 때문에 평소의 순회표 대로 소매점들을 돌아다니며 새로 구운 빵을 배달하고 기일이 지난 빵을 회수하고 있었다. 빵 배달차가 아주 외진 곳에 위치한 몇몇 상점에서 기일이 경과한 빵을 회수하여 돌아오는 길에 사람들이 빽빽이 모인 소매점에 들르게 되었다. 가게 앞에 차를 세우고 내리는 순간, 영업사원은 빵을 사려고 모여 있던 사람들에게 둘러싸이고 말았다. 사람들은 마치 시위라도 하듯이 차에 실려 있는 빵을 팔라고 요구했다.

영업사원은 유통 기한이 지난 빵이라고 해명하면서 판매를 거부했으나 사람들은 값을 올리기 위한 수작이라고 오해하며 소리를 질러대기 시작했는데 그 중에는 기자들도 몇 명 섞여 있었다. 영업사원은 어쩔 수 없이 다시 한 번 해명했다.

"여러분, 제발 절 믿어 주십시오. 사재기했다가 비싸게 팔려고 이러는 게 아닙니다. 게다가 저희 회사의 규정은 아주 엄격합니다. 차 안에 있는 빵은 전부 기한이 지난 것들입니다. 만일 기한이 지난 빵을 여러분들께 팔았다는 사실을 저희 사장님이 아시는 날엔 저는 그날로 목이 달아날 겁니다. 제발 좀 이해해주십시오."

하지만 모두들 절박한 상황이었기 때문에 차 안에 있던 빵들은 강탈당하듯 하나도 남김없이 모두 사라져버렸다. 그 자리에 있던 기자들에 의해 이 사실은 곧 기사화되었고 캐서린의 빵은 떠들썩하게 장안의 화제가 되면서 소비자들에게 깊은 인상을 심어주었다.

캐서린은 기한이 지난 빵을 고객들에게 팔았다는 이유로 담당 영업사원을 심하게 질책했지만 실제로 이 질책은 신선하지 못한 빵을 그대로 파는 다른 제빵업자들에 대한 질책이나 다름없었다. 이 일을 계기로 그녀의 제빵회사는 조그만 가게에서 어엿한 대형 식품 회사로 성장하게 되었고 연간 매출액도 2만 달러에서 400만 달러로 급성장하여 캐서린을 일약 재계를 대표하는 인물로 만들어주었다.

어느 해 초여름, 한 여인이 도쿄의 거리들을 돌아다니며 옷을 고르고 있었다. 마음에 드는 옷을 찾지 못해 상심한 채로 집으로 돌아가려고 할 때, 그다지 크지도 않고 화려하지 않은 가게의 쇼윈도에 아주 멋진 옷 한 벌이 눈에 띄었다.

이 옷은 실크 혼방 니트로 색상이 짙고 디자인도 새로워 무척 매력적으로 보였다. 그녀가 오랫동안 찾아 헤매던 바로 그런 옷이었다. 그녀는 곧장 가게 안으로 들어갔다. 종업원은 아주 친절하게 그녀를 맞아주었고 상냥한 어투로 그 옷이 방금 나온 신제품이며 자기 가게에 20점이 도착했는데 처음 이 옷을 찾는 것으로 보아 안목이 매우 뛰어난 손님인 것 같다고 말했다. 그녀는 망설임 없이 옷을 구입해 집으로 돌아왔다.

그러나 며칠 입다보니 옷이 너무 몸에 꽉 끼이는 것 같은 기분이 들었다. 특히 땀이 나면 피부에 너무 딱 달라붙어 불편한데다가 부드러운 옷이 피부에 닿아 주름이 생기면서 미관상 좋지 않았다. 그녀는 더 이상 이 옷을 입지 않게 되었다.

여인은 다른 옷을 사기 위해 다시 거리로 나섰다. 우연히 전에 옷을 샀던 상점 앞을 지나는 순간, 그녀는 그 옷에 대해 한마디 해주는 게 좋겠다는 생각이 들어 가게로 들어갔다. 물건을 팔았던 종업원은 여인을 기억하고 반가운 표정으로 맞아주었다. 그리고 여인의 설명을 들은 종업원은 미안하다는 사과와 함께 물건값을 그대로 환불해주는 것이 아닌가.

그날 저녁 집으로 돌아온 이 여인은 옷가게로부터 전화를 받았다. 전화를 한 사람은 그 친절한 종업원이었다. 종업원은 그녀에게 실크 80퍼센트와 폴리에스텔 20퍼센트가 섞인 원단은 여름에 착용하기 적합하지 않다는 결론이 나와 상점에 있는 동일 원단의 제품을 전부 걷어놓았다면서 사과와 함께 반품해줘서 고맙다는 인사를 했다. 반품을 했는데 고맙다니! 모든 상점들이 이런 식으로 영업을 한다면 얼마나 좋을까, 하는 생각이 들었다. 그래서 자신의 겪은 일을 글로 써서 신문사에 투고를 했다.

그녀의 글이 신문에 실리자 대단한 반응이 일어났다. 그녀의 글은 보통의 상품광고를 훨씬 능가하는 효과를 발휘하여 외진 곳에 위치한 옷가게에 수많은 고객들을 데려다주었다. 반품과 교환이 100퍼센트 보장되는 가게였던 만큼 크게 번창할 수밖에 없었던 것이다.

친구에 대한 의리와 고객에 대한 성실이 호설암에게 엄청난 이익과 명성을 가져다준 것처럼 현대의 경영인들에게도 '의리'와 '이익'을 연계시키는 지혜가 필요하다. 이러한 자세야 말로 경영의 세계에서 인정을 받을 수 있는 최고의 지름길이다.

상인이 지켜야 할 원칙

8

智仁 지인

'지智'란 지혜를 말하고 '인仁'이란 인의를 가리킨다.
지혜로운 자는 마음속에 있는 바를 볼 수 있고
어질고 의로운 자는 그 변화를 파악할 수 있다.
상인에게 있어서 '지인智仁'이란
행동을 조심스럽게 하고 원칙을 지키며, 시장을 장악하고 변화에 잘 대처함을 뜻한다.
무릇 지혜롭지 못하면 어리석게 되고
어리석으면 하는 일이 미련하여 해가 될 소지가 없는데도 해를 초래하게 된다.
어질지 못하면 간사해지고 간사하면 남을 속이면서 도를 잃게 된다.
모름지기 상인은 원칙에 충실하면서 임기응변의 묘를 발휘하되
반드시 '지인' 두 글자를 마음에 새겨야 한다.

즐거운 마음으로
지갑을 열게 한다

호설암 어록

"가장 중요한 것은 생재지도生財之道이다. 여기서 말하는 '도'란 돈을 버는 비결과 기교를 말한다. 두말할 것도 없이 상업 활동은 돈을 벌기 위한 것이다. 다시 말해서 다른 사람의 주머니에 있는 돈을 자신의 주머니로 옮겨놓아야 한다. 상인이 이윤을 추구하는 것은 당연하면서도 쉽지 않은 일이다. 더구나 공명정대한 방법으로 남의 주머니에 있는 돈을 꺼내 오되, 상대방으로 하여금 즐거운 마음으로 주머니를 열게 하는 것은 더더욱 어려운 일이다. 때문에 이를 위해선 특별한 기교와 묘수가 있어야 한다. 이를 사람들은 '생재지도'라 부른다. '생재지도'를 터득하지 못하면 '군자가 재물을 좋아하는 것'도 좋아하는 것으로 그칠 뿐, 제대로 실현되기 어려울 것이다."

손해에서 얻는 이익

보통 사람들의 시각에서 판단한다면 호설암이 보여준 몇 가지 상술은 실제로 '밑지는 장사'의 전형이었다. 그러나 호설암의 고명함은 작은 이익에 붙잡히지 않고 멀리 이익을 볼 줄 안다는 데 있었다. 때문에 눈앞의 작은 이익을 희생했는데도 그의 투자는 항상 큰 수익으로 돌아왔던 것이다.

호설암의 부강 전장이 개업한 지 얼마 지나지 않아 녹영병 나상덕이 평생 모은 돈 1만 냥을 가지고 호설암을 찾아왔다. 나상덕은 시골 사람으로 젊은 시절부터 항상 수천 냥씩 갖고 다니며 도박을 일삼았고, 몇 년 만에 조상들이 물려준 막대한 유산을 한 푼 남김없이 깡그리 탕진했다. 그것도 모자라 가업을 다시 일으키라고 장인이 빌려준 1만 5천 냥의 거액을 역시 노름으로 탕진하고 말았다. 이에 격분한 장인은 자신의 딸을 이런 망나니에게 맡길 수 없다면서, 혼약을 파기하고 딸을 데려가버렸다. 혈기왕성한 청년이었던 나상덕은 장인에게 무시당하고 결혼이 파기되는 치욕을 겪고 나서야 죽기 전에 악착같이 돈을 벌어 반드시 1만 5천 냥의 부채를 갚고 말겠다고 굳게 다짐했다.

고향을 떠나 각지를 전전하던 나상덕은 절강으로 흘러들어와 녹영병에 입대했고, 그후 19년 동안 온갖 수단을 가리지 않고 돈을 벌었다. 이제 1만 냥이 넘는 돈을 모으긴 했지만 곧 부대를 따라 다시 전선으로 나가야 하는 처지라 어쩔 수 없이 돈을 맡길 만한 적당한 장소를 찾아야 했다. 그때 마침 호설암의 명성을 전해 듣고는 평생 고생하여 모은 돈 1만 냥을 부강 전장에 맡기기로 한 것이다.

　　보통 녹영병이 1만 냥이나 되는 돈을 모았다는 사실은 돈의 출처에 대한 의심을 불러일으키기에 충분했다. 게다가 나상덕은 그 돈을 4년간 예치하되 이자는 받지 않겠다고 제안했기 때문에 전장의 지배인으로서는 자금의 출처가 걱정이 되어서라도 마음대로 예치할 수 없는 입장이었다. 혹시라도 적법하지 못한 돈을 받았다가 관장에 적발되기라도 하는 날에는 배상 책임은 물론이요, 전장의 존재가 위태로울 수도 있기 때문이었다.

　　호설암은 그 돈에 얽힌 가슴 아픈 사연을 듣고는 나상덕을 내실로 청해 술을 대접했다. 술잔이 몇 번 오고가자 두 사람은 마음을 열어놓고 허심탄회한 대화를 주고받기 시작했다. 나상덕은 호설암의 호방하고 의기 넘치는 모습을 보고는 전해 들은 명성이 과연 허명이 아니었음을 깨닫고 자신의 경력과 계획을 소상하게 털어놓았다.

　　호설암은 4년 후에 나상덕이 돈을 찾으러 오면 원금과 이자를 합쳐 1만 5천 냥을 돌려주고, 만일 오지 못하게 되더라도 그의 장인에게 1만 5천 냥의 부채를 갚음으로써 그의 치욕을 씻어주겠다고 약속했다. 나상덕은 호설암의 호방하고 의기 넘치는 인품에 탄복하여 예금증서도 마다하고 흐뭇한 마음으로 부강 전장을 떠났다.

　　보통 사람들의 시각에서 본다면 호설암의 이런 행동은 스스로 손해를 자초하는 것과 마찬가지였다. 하지만 이런 의기가 가져다줄 엄청난 광고 효과는 아무도 생각하지 못했다. 나상덕은 군영으로 돌아가자마자 녹영군의 병사들에게 부강 전장에서 있었던 일을 소상하게 알렸고 그 결과 수많은 병사들이 갖고 있던 돈이 전부 부강 전장으로 몰려왔다. 이로써 개업하면서 겪었던 자금난을 일거에 해소할 수 있었다.

경영과 판매의 전략

호설암은 머리가 뛰어나 탁월한 기교로 많은 고객들을 끌어모았다. 이러한 기교를 현대적인 용어로 말하자면 '경영과 판매의 전략'이라 할 수 있다.

호설암의 상술은 크게 간판을 중시하고, 체면을 중시하며, 신용을 중시하는 것으로 요약할 수 있다. 널리 인재들을 모으고 확실한 경영을 유지하며, 돈으로 이름을 날리고 많은 사람들과 인연을 맺은 것 등이 전부 그의 생재지도의 내용이다. 그리고 이 모든 상업적 기교들을 그는 매우 효과적으로 운용했다.

예컨대 '호경여당'이란 약방을 열면서 몇 가지 특별한 조치를 취했다. 삼복 더위에 길가는 사람들에게 더위를 식혀주는 단약을 무료로 나눠준 것이다. 단약은 공짜였지만 그 작은 포장지 위에는 '호경여당'이란 네 글자가 선명하게 찍혀 있었다. 또한 조정에서 태평천국의 난을 진압하는 데 전력하고 있을 때 호경여당은 역병과 과상을 치료할 수 있는 고단환산膏丹丸散을 개발하여 염가로 정부군에게 제공했다.

이러한 계책으로 호경여당은 개업 초부터 안정적인 기반을 다지면서 절강성을 기점으로 전국적인 명성을 떨치는 일류 약방으로 성장할 수 있었으며 그 기세는 10년이 지나도록 시들지 않았다. 또한 호설암이 호경여당을 설립하면서 갖게 된 명성이 이미 조성된 잠재 효과에 영향을 미쳐 전장과 생사, 전당포 등 다른 사업에도 긍정적으로 작용했다.

상경에서 배우는 경영 정신

❚ 남이 생각하지 못한 것을 먼저 생각하라

경영에서 가장 중요한 것은 남이 생각하지 못하는 것을 생각해 내고, 이에 맞는 계획과 전략으로 남들이 찾지 못한 시장을 개척하는 것이다.

대만의 유명한 기업가인 '대소그룹' 회장 왕영경은 부하들에게 사업에 있어선 항상 머리를 써야 한다고 강조했다. 그는 아이스크림을 팔려면 겨울에 개업해야 한다고 말한다. 겨울에는 고객이 적기 때문에 최선을 다해 만들고, 최선을 다해 팔아야 하며, 원가 관리를 엄격히 하고, 서비스를 강화해야만 사람들이 즐거운 마음으로 제품을 사먹을 수 있기 때문이다.

이처럼 확실한 방식으로 사업의 기초를 다져두면 여름이 와도 어렵지 않게 시장을 장악할 수 있고 일시에 기업을 크게 발전시킬 수 있다는 것이다.

그는 문제를 발견하고 새로운 발전 방향을 찾는 데 뛰어난 능력을 발휘했다. 양계를 예로 들어보자. 양계업이 대규모 생산 방식을 갖추고 합성사료를 이용하기 시작하면서 닭의 성장 속도는 빨라지고 생산 단가도 매우 낮아지게 되었다. 이런 닭을 대만에서는 '육계

肉鷄'라 부른다.

그러나 육계는 맛이 별로 좋지 않아 가격이 그리 높지 못했다. 이 외에 '토계土鷄'라 불리는 닭이 있는데 이는 시골의 가정에서 사육하는 닭으로서 각종 곡물을 사료로 쓰기 때문에 고기 맛도 좋고 육질도 훌륭하여 가격이 육계의 두 배에 달했다.

한편 육우도 고기 맛을 좋게 하기 위해 도축하기 전 일정 기간 동안 영양이 풍부한 사료를 사용하곤 했다. 이렇게 하면 사육비를 절감하면서도 판매 가격은 많이 올릴 수 있었는데 이를 '비육肥育'이라 했다. 왕영경은 양계에 있어서도 비육의 방법을 사용하면 같은 효과를 거둘 수 있을 것이라 생각했다.

먼저 합성사료를 사용하여 병아리를 키운 다음 비육의 방식을 사용하여 저급 조미를 먹이면 약 45일 후에는 육질과 육미가 토계와 비슷해지면서 육계의 말랑말랑한 맛은 그대로 남아 있기 때문에 토계보다 맛이 좋아 훨씬 비싼 값에 팔 수 있다는 것이었다.

왕영경은 항상 다른 사람들과 반대 방향으로 움직이고 남들이 생각하지 못하는 행동을 하길 좋아했다. 그는 경제가 침체되어 있을 때가 투자와 설비 확장의 적기라고 생각했다. 그의 대소그룹이 크게 성장한 것도 투자의 시기와 방향을 적시에 포착하여 끊임없이 도전을 거듭한 결과이기 때문이었다.

왕영경은 불경기가 계속되면 새로운 투자에 따른 설비 확장의 비용이 적게 들기 때문에 그만큼 경쟁력을 보장할 수 있다고 생각했다. 게다가 불황은 일정 주기에 따라 순환하기 때문에 불경기에 공장 설비를 현대화하면 경기가 회복될 때 맞춰 완공할 수 있고, 그때는 타의 추종을 불허하는 독보적인 생산 체제를 갖출 수 있다는 것이다. 그리고 이런 전략이 시장 경기와 맞아떨어지는 순간에는 그야말로 엄청난 기회가 주어질 수 있었다.

1980년대 초, 미국의 석유화학 공업이 침체의 늪에 허덕이면서 많은 기업이 도산하거나 생산을 중단하고 있을 때 왕영경은 정반대의 길을 걷기 위해 텍사스 주에 대규모 석유화학 공장을 건설했다. 또한 미국의 대기업으로부터 두 개의 석유화학 공장과 8개의 폴리염화비닐 가공 공장을 인수했다.

왕영경의 전략대로 얼마 지나지 않아 미국 경제가 회복되기 시작하면서 폴리염화비닐 제품의 수요가 폭발적으로 늘어나 그에게 엄청난 이익을 가져다주었다.

1985년, 대만 경제가 최악의 불경기에 시달리자 투자 의욕이 극도로 저하되었다. 하지만 같은 해 4월, '남아합성수지회사'의 이사회에서 왕영경은 불경기가 투자의 최적기라는 뜻밖의 선언과 함께 향후 2년 내에 47억 NT$를 투자하여 대대적으로 정보통신 사업을 발전시키겠다는 야심 찬 계획을 밝혔다. 물론 이 계획은 그대로 실행되었고, 그 결과 막대한 이익을 올릴 수 있었다.

투자의 장소를 선택하는 데 있어서도 왕영경은 뛰어난 통찰력과 과감한 행동력을 과시했다. 처음에는 인도네시아와 태국 등 동남아 국가에 투자했지만 이들 국가의 정책이 안정적이지 못한데다가 국민성이 무사안일주의에 빠져 있어 예상했던 이익을 올리지 못했다. 그는 즉시 해외 투자의 중심을 투자 원가가 비교적 높은 미국으로 돌렸고 똑같은 경영 전략으로 큰 이익을 올릴 수 있었다.

1989년, 중국과 대만의 관계가 발전됨에 따라 왕영경은 해외에 있는 자사 기업을 앞세워 대만과 가장 가까운 거리에 있는 중국 남부의 항구도시 하문廈門에 대규모 석유화학단지 건설을 추진하였다. 이 소식이 대만 경제계에 알려지자 수많은 중소기업들이 중국 투자에 참여하게 되었고 그의 용기 있는 투자는 대만과 중국 국민 모두에게 큰 환영을 받았다.

호설암이나 왕영경 같은 성공하는 경영자들에게는 남이 생각지 못하는 것을 생각하고 남이 찾지 못하는 재원을 찾아내는 지와 안목이 갖춰져 있었던 것이다.

군자는 도에서 재물을 구한다

호설암 어록

　"누구나 돈을 벌고 싶어 한다. 그러나 상인은 정직하고 성실한 방법으로 돈을 벌어야지 횡재수나 일확천금을 기대해선 안 된다. 돈만 바라보고 다른 모든 것을 무시하는 사람들은 결국엔 돌을 들어 제 발을 찍는 화를 자초하게 된다. 때문에 돈을 벌되 반드시 정도에 따름으로써 명리 名利를 한꺼번에 잃어버리는 일이 없어야 할 것이다."

호설암의 경영원칙

아마도 '도'라는 말에 담겨진 뜻을 알았음인지 호설암은 스스로 재물을 구하는 데 특별한 주의를 기울였다. 호경여당을 열었을 때도 점원들에게 반드시 좋은 약재를 써서 적절한 가격에 판매할 것을 지시하면서 절대로 불량한 약재를 쓰거나 터무니없는 가격을 매겨 환자들을 괴롭히는 일이 없게 했다. 친구들과 합작할 때에도 항상 성실하고 진실한 태도로 원칙을 준수했고, 자신이 손해를 보는 일이 있을지언정 친구가 손해 보게 하는 일은 없게 했다. 이 모든 일들이 상인으로서 호설암의 인격을 잘 말해준다. 그는 모든 경영 활동에서 다음과 같은 원칙을 지키고자 노력하였다.

첫째, 돈을 벌기 위해서라면 칼날에 묻은 피를 핥는 것도 마다하지 않지만, 그렇다고 조정의 법령과 규율을 어기면서까지 불의한 재물을 탐하지 않는다.

둘째, 가급적 쉬운 방법으로 돈을 벌되 남의 약점을 이용하거나 자신의 이익을 위해 남의 밥그릇을 빼앗는 짓은 하지 않는다.

셋째, 친구들의 힘을 빌려 돈을 벌긴 하지만 이로 인하여 친구들에게 손해를 입히거나 면목 없는 짓은 하지 않는다.

넷째, 기회를 잘 잡아 활용하되 사람들을 배신하지 않는다.

다섯째, 돈 버는 일을 일상의 모든 활동 가운데 가장 중요한 것으로 여기되, 사람들에게 재물을 베푸는 데 있어서도 항상 넉넉한 마음을 보이고, 모아놓은 재물을 지키기 위해 안달하지 않는다.

우선 호설암은 동항들과의 경쟁에서도 음흉한 수법으로 부당한 경쟁을 하지 않았고 항상 "큰 돈을 버는 사람은 그만한 자격을 갖춰야 한다."는 뜻을 잊지 않았다.

호설암이 소주에 갔을 때 급히 돈이 필요하여 영흥성永興盛 전장에서 20개의 원보元寶를 태환하려고 했을 때였다. 이 전장에서는 당장 태환해줄 생각은 하지 않고 오히려 부강의 은표가 신용이 없다고 툴툴거리면서 무례한 태도로 손님의 화를 돋웠다.

자신이 그런 일을 당해야 할 이유가 없다고 생각한 호설암은 나중에 한번 혼을 내줘야겠다고 마음먹었다. 그는 먼저 경사에 있는 '사대항四大恒'이 '의원義源 표호'를 공격할 때 사용했던 방법을 써먹기로 작정했다.

의원 표호는 그 명성이 대단하여 관장에서도 신용과 지명도가 높았고 놀라운 속도로 사업이 번창해가고 있었다. 그러자 '사대항'의 동항들이 이를 시기하여 암암리에 협약을 맺고 의원 표호가 발행한 수표를 최대한 모아두었다가 곧 도산할 것이라는 유언비어를 퍼뜨려 일시에 예금 인출 소동을 일으킨 다음, 자신들이 모아놓은 수표를 태환함으로써 의원 표호를 정말로 도산하게 만들었던 것이다.

호설암이 이런 방법을 모방하려 한 것은 실제로 '사대항'이 했던 것보다 훨씬 수월하게 할 수 있었기 때문이다. 절강과 강소 지역에는 공금의 왕래가 있었는데 호설암은 자신의 영향력을 동원하여 해운국의 공금과 호주 연방의 군수자금, 절강에서 강소로 보내는 협향 등을 모두 합쳐 '영흥성'의 은표로 바꾼 다음 이를 강소 번사와 양대로 보내 관부에서 직접 '영흥성'으로 가서 태환하게 할 수 있었다. 그렇게 하면 '영흥성'은 도산을 피할 방법이 없었다. 게다가 현은으로 태환하는 돈은 전부 관아의 공금이고, 그 중에는 군수자금도 포함되어 있기 때문에 끝까지 몰아붙이면 전장의 문을 닫는

* 사대항四大恒_ 청나라 때 북경에서 가장 큰 네 개의 전장으로서 금융계에 대한 영향력이 거의 절대적이었다

것은 물론이고, 심지어 주인이 영오의 몸이 되어 목을 잘리는 수도 있었다.

그러나 호설암은 결국 '영홍성'을 용서하고, 잠시 가졌던 잔인한 계획을 실행에 옮기지 않았다. 그가 계획을 포기한 데는 두 가지 이유가 있었다. 첫째는 방법이 너무 잔인하고 확실하기 때문에 이 방법을 썼다가는 '영홍성'의 주인이 다시는 살길을 찾을 수 없다는 것이었고 둘째는, 그렇게 해봤자 '영홍성'을 무너뜨릴 수는 있지만 자신의 수고에 대해 아무런 이익도 돌아오지 않는다는 것이었다. 결국 남을 해치고도 자신에게 이익이 없는 일에 호설암의 마음이 내킬 이유가 없었던 것이다.

정도를 걸어 돈을 벌어야 한다는 호설암의 주장에는 사업을 하면서 원칙을 지켜야 한다는 또 다른 의미가 내포되어 있다. 벌어야 되는 돈과 벌어선 안 되는 돈을 명확히 구분하여 돈만 바라보고 도의를 저버리는 일이 없어야 한다는 것이다.

호설암은 사업을 하면서 위험을 두려워하지 않았다. 항상 "위험이 없는 사업은 누구나 할 수 있으니 어떻게 두각을 나타낼 수 있겠느냐."고 말하면서, 심지어 상인은 이익을 위해서라면 칼날에 묻은 피를 핥는 것도 마다하지 말아야 한다고 주장했다. 아울러 위험을 무릅쓰기 전에 먼저 신중한 생각이 앞서야 한다고 강조했다. 칼날에 묻은 피도 핥을 수 있는 피인가, 핥아선 안 되는 피인가를 먼저 따져봐야 한다는 것이다.

언젠가 호설암이 부강 전장의 당수인 유경생에게 한 가지 비방을 알려주었다. 고객에게 돈을 빌려주기 전에 돈을 빌리는 사람이 쌀장사를 하는 사람이라는 사실을 알았다고 가정하면, 그의 쌀이 어느 지역으로 운송될 예정인지 확인해봐야 한다는 것이다. 쌀이 반도들에게 점령되어 있지 않은 안전한 지역으로 운송될 예정이라면 돈을 빌려줘도 무방하겠지만, 만일 태평천국군이 점령하고 있는 지역으로 갈 예정이라면 돈을 빌려줘선 안 된다고 했다. 조정을 도와 돈을 버는 것은 무방하지만 반도인 태평천국군을 도와선 안 되기 때문이었다.

호설암은 스스로 대청제국의 신민임을 항상 자랑스럽게 생각하고 있었다. 때문에 조정을 도움으로써 돈을 버는 것은 정도를 걷는 일이지만, 태평천국군은 역적의 무리인 만큼, 그들을 돕는 것은 엄연한 부역 행위에 해당하고, 이를 통해 돈을 버는 것은 가장 기본적인 상도의 원칙에 위배되므로 아무리 큰 돈을 벌 수 있다 하더라도 삼가해야 한다는 것이다.

상술의 기본적인 원칙을 지켜나간다는 것은 상인의 이익을 위해서도 절대 필요한 자세이다. 정도를 걷다 보면 명성과 실리를 동시에 얻을 수 있고, 설사 일시적으로 실패가 있더라도 얼마든지 재기의 희망을 가질 수 있다. 하지만 도의를 저버리면 사람들에게 버림받게 되고, 한 번 실패하면 명성과 실리를 동시에 잃어 영원히 일어서지 못하는 파국을 맞게 된다.

정말로 눈부신 성취를 이루는 상인들은 정당하게 돈을 버는 거의 모든 방법을 알고 있고, '동전 구멍 사이로 공중제비를 넘는다'고 자부하면서도 기본적인 원칙을 지켜 실리를 잃는 일이 없어야 한다는 점을 마음에 새기고 있었다. 그리고 이를 항상 자신과 동향들에게 반복해서 주지시키곤 했다.

도에서 재물을 구한다

 호설암은 전통적 경제 체제 하에
서 상업적 도덕을 매우 중시했던
인물이다. 상업적 도덕은 경영에 있어 매우 중요한 위치를 차지한다. 당
장의 기업 목표에 영향을 줄 뿐만 아니라 장기적인 경영에도 막대한 영
향을 미치기 때문이다.

사업을 하려면 성실과 신의에 따라 경영을 해야지 눈앞의 작은 이익을
위해 남을 속이거나 편취해선 안 된다. 이것이 모든 활동의 성패를 결정
하는 조건이다.

호설암은 "군자는 재물을 좋아하되 반드시 도에서 이를 구한다."는 말을
항상 입에 달고다녔다. 여기서 '도'란 재물을 취함에 있어서 양심에 어
긋나지 않고 정도를 해치지 않는 것을 말한다.

어떤 의미에서는 상도商道 역시 일종의 인도人道라 할 수 있다. 상경지
도商經之道 역시 인간이 되는 것 즉, 인도를 얻는 데서 시작되기 때문이
다. 마음속에 돈만 있고 사람이 없어 돈을 위해 인성을 속이고 천리를
해치는 상인이 바로 간상奸商이다. 간상은 간사함과 사악함의 극치이다.
이런 사람은 아무리 돈이 많아도 사람 대접을 받기 어렵다.

상경에서 배우는 경영 정신

상도는 곧 올바른 인간의 도리이다

"군자는 재물을 좋아하되, 반드시 도에서 이를 구한다."는 말은 중국에서 수천 년 동안 전해져 내려오는 금언이다. '도道'라는 말의 의미에 대해선 사람마다 다른 해석을 내릴 수 있다. 그러나 어떻게 이해하든 여기서 말하는 '도'가 '정도正道' 즉, 올바른 길을 뜻한다는 사실은 아무도 부인하지 못할 것이다.

이른바 정도라는 것은 통속적으로 말해서 남을 속이지 않고 왜곡된 길로 빠지지 않으며, 규정과 원칙을 잘 지키면서 돈을 버는 것을 가리킨다. 현대의 기업 윤리에서 강조하는 것처럼 자신의 성실성에 의지하여 정당한 방법으로 재산을 모으는 것을 의미하는 것이다. 원칙에 따라 재물을 취해야만 정도를 걸을 수 있고, 군자가 재물을 사랑해도 치욕으로 여겨지지 않기 때문이다.

청나라 광서 연간에 호광총독을 지낸 바 있는 장지동張之洞은 황제를 알현하기 위해 경사에 올라와 우연히 해왕촌海王村을 돌아보다가 아기자기한 물건들로 가득 차 있는 한 골동품점 앞에서 걸음을 멈췄다. 점포 안에 진열되어 있는 골동품 항아리에 마음이 끌린 것이었다. 항아리는 형상도 기괴한데다가 색상이 화려하여 커다란 거울에 대고 자세히 비춰보았더니 과연 눈길을 거둘 수 없는 명품이었다.

좀더 자세히 살펴보니 둘레에 온통 두꺼비 모양의 전문篆文이 새겨져 있었는데 무슨 뜻인지 알 수가 없었다. 장지동은 물건이 마음에 들어 손에서 내려놓지 못하다가 주인에게 가격을 물어보았다. 그런데 주인은 어느 관리 댁에서 빌려다가 진열해 놓은 것이라 함부로 팔 수 없다고 대답하는 것이었다. 장지동은 서운한 마음으로 돌아오긴 했지만 어떻게 해서든지 주인이 그 가치를 모르고 있을 때 싼 값에 손에 넣어야겠다고 생각했다.

며칠 후, 그는 골동품을 좋아하는 부하를 대동하고 그 가게를 다시 찾아가, 이리저리 둘러보는 척 하면서 부하에게 그 항아리를 자세히 살펴보게 했다. 부하 역시 틀림없는 골동품이라고 대답하자 그는 서둘러 항아리를 사기로 마음먹고 주인에게 그 관리와 협상해줄 것을 부탁했다.

골동품점 주인은 관리의 대리인을 데리고 와서 3천 냥의 가격을 제시했다가 결국 2천 냥에서 가격 흥정을 마치고 물건을 인도했다. 장지동은 골동품 항아리를 마당에 내다놓고 그 안에 물을 채워 금붕어를 몇 마리 기르게 했다.

그날, 밤새 폭우가 내렸다. 다음 날 아침 장지동은 자리에서 일어나자마자 마당에 놓인 골동품 항아리부터 살펴보았다. 그런데 이상하게도 항아리 둘레의 전문이 온통 얼룩으로 변해 있는 것이 아닌가. 알고 보니 전문은 고대의 골동품으로 보이게 하려고 종이와 초를 섞어 모조한 것이었다. 결국 헐값에 명품을 차지하려던 욕심이 그로 하여금 헛되이 큰 돈을 낭비하게 만들고 말았다.

"군자는 재물을 좋아하되, 반드시 도에서 이를 구한다."는 말의 의미를 좀더 구체적으로 말하자면, 자신의 능력과 용기, 그리고 지혜에 의지하여 성실하고 근면한 노동을 통해 안정되고 합리적인 방법으로 돈을 벌어야지 단번에 일확천금하는 횡재수를 기대하거나 남을 속여서 자신의 이익을 추구해서는 안 된다는 의미로 해석할 수 있다.

"말은 밤에 풀을 먹어야 살이 찌고, 사람은 횡재를 해야 부자가 된다."는 평범한 속담도 사실은 황당한 오해에 불과하다. 진정으로 대성하는 상인들은 상술에 있어서 가장 중요한 것이 신용과 성실이라는 사실을 잘 알고 있다. 정당하게 열심히 노력하면서 사업을 일궈야 오래 번창하는 상인이 될 수 있는 것이다.

19세기를 전후로 중국에서도 자본주의의 싹이 자라긴 했다.

이 시대 경제의 특징은 발전이 빨랐던 강남지역에서 직물업 등 공업이 발달하면서 미곡 생산의 중심지가 이동하여 경제 중심지가 분화되었다는 점이다. 소주, 항주 등지가 견직물업의 중심 도시가 되었고 송강松江 일대는 면직물업의 중심지가 되었다. 또 상주常州, 진강鎭江은 마직물의 중심지가 되었다.

직물업 등의 발달에 따라 농민의 작물 생산이 증가하면서 각 지역마다 소규모 정기시가 번영하였고 이러한 지역시장은 대도시와 연결되었다. 상업의 발달은 대자본을 보유한 대상인 집단을 발생시켰고 특히 산서 상인과 신안 상인의 활약이 두드러졌다.

한편 이 시대에는 서양 상인이 중국에 와서 활발한 무역관계를 맺었다. 유럽 상인은 중국으로부터 견직물, 도자기, 차 등을 수입하였고 이를 통해 은이 대량으로 유입되어 중국의 은경제가 발전하였다. 외국은이 들어오면서 국내 교역에서도 은이 광범위하게 사용되고 조정에서도 은에 대한 수요가 증가하였다.

이 시기 상공업 발전의 바탕에는 농업 생산력의 발전이 밑받침되고 있었다. 미작 품종이 다양해졌을 뿐 아니라 고구마, 감자, 땅콩, 연초 등 외래 품종의 도입을 비롯하여 기타 곡물들도 다양하게 재배되었다. 또한 이모작 지역이 확대되고 수리 시설의 확대, 토지 개간 등으로 호광, 사천 같은 새로운 미곡 생산지가 생겨났으며 벼농사의 북방한계선이 북경, 천진 근방까지 올라가게 되었다.

농업 생산력의 발전, 상공업과 도시의 발전은 자연히 서민들의 지위 향상을 가져 왔다. 소작료 거부 투쟁, 조세 거부 투쟁, 직물노동자의 반란 등 밑으로부터의 투쟁이 격렬했던 것은 그만큼 수탈이 심했다는 것을 뜻하기도 하지만 한편으로는 농민, 노동자의 자의식 성장을 반영하는 것이기도 했다. 모든 것이 급격하게 변하면서 사회 각 분야에서 양과 질이 팽창하는 시기였고 특히 경제는 더욱 그러했다.

" '웃는 얼굴로 손님을 맞으면 따스함이 가득하지만, 차가운 말투로 사람의 마음을 상하게 하면 춘삼월보다도 추워진다.' 는 말이 있듯이 고객을 무시하거나 심지어 괄시한다면 상품이 아무리 훌륭하다 해도 손님을 끌기 어렵다. 고객은 양명의 근원으로서 우리가 먹고 입는 것이 모두 고객에게서 나온다. 따라서 고객을 생명의 원천으로 여기고 부모를 공경하듯 정성껏 모셔야 한다. 호경여당의 명성이 자자하고 장사가 잘 된다고 해서 손님을 우습게 여겼다가는 머지않아 살 길이 막막해지는 곤경에 처하게 될 것이다."

인의로 고객을 대하는 것이 최고의 광고

호경여당이 막 개업했을 때 호설암은 홍정상인이 되어 가슴에 조주朝珠를 달고 근엄한 관복을 입게 되었다. 하지만 손님들을 맞을 때는 여전히 정중한 자세를 잃지 않았다. 한번은 호주에서 온 향객香客 하나가 호경여당에서 '호씨벽온단胡氏辟瘟丹' 한 갑을 사 가지고 뚜껑을 열어보더니 금세 얼굴을 찌푸렸다. 옆에서 보고 있던 호설암은 즉시 손님에게 다가가 물건을 자세히 살펴보고는 결함이 있는 것이 분명하다고 말하면서 점원을 불러 즉시 새 물건으로 바꿔드리라고 지시했다.

그러나 공교롭게도 그 날은 벽온단이 다 팔려 남은 물건이 없는 상태였다. 호설암은 손님에게 사흘 내에 새로 벽온단을 만들어 호주로 보내주겠다고 약속했다. 사흘 후, 호설암은 약속을 이행했고 새로 배합하여 제조한 벽온단은 호주의 향객에게로 보내졌다. 이 고객은 관리의 신분이면서도 진지하게 고객을 대하고 최선을 다해 약속을 지키는 호설암의 태도에 감동했고, 그 후부터 아는 사람을 만날 때마다 호경여당의 친절한 서비스에 관해 입에 침이 마르도록 칭찬을 늘어놓았다. 인의로 고객을 대한 것이 더 없이 훌륭한 광고가 된 것이다.

청나라 말기, 아직 상품 경제가 성숙하지 않은 중국의 상장에서 호설암이 이처럼 확실한 서비스 정신을 갖고 있었다는 것은 시대를 앞서가는 선견지명이 있었기 때문이다. 호설암의 뛰어난 선견지명은 호경여당과 같은 시대의 유명한 상점이었던 '손춘양孫春陽 남화점南貨店'과의 비교에서도 쉽게 알 수 있다.

* 조주朝珠_ 관원을 상징하는 옥장식
* 향객香客_ 절에 향을 피우러 가는 사람

손춘양 남화점의 창립자인 손춘양은 원래 명나라 만력 연간의 지식인으로서 조적이 영파寧波였으나 여러 차례 과거 시험에 낙방하자 마침내 공명을 얻어 관로로 나서겠다는 생각을 버리고 소주로 이사하여 당나라 때 육여거사六如居士가 책을 읽던 추방북구趨坊北□라는 곳에 자신의 이름을 딴 점포를 열었다.

이 점포의 경영 방식에는 남다른 데가 있었다. 점규가 지나칠 정도로 엄격하고 모든 제도가 매우 치밀하다는 점이었다. 덕분에 명, 청 두 조대를 걸친 2백여 년의 역사를 자랑하면서도 그 명성이 조금도 시들지 않았다. 음식의 맛과 멋을 매우 중시하는 강소와 절강 지역의 사람들은 '손춘양 남화점'에서 만들어 파는 간식류의 남다른 맛과 멋을 대단히 좋아했다.

소주는 자고이래로 인구가 많고 도시 문화가 크게 발달한 지역이라 각양각색의 상품들이 넘쳐났고 온갖 물건을 파는 상점들이 천여 군데를 넘었다. 하지만 그렇게 많은 상점들 가운데 오로지 '손춘양 남화점'만이 먼 지방에까지 명성을 날리면서 2백 년이 넘도록 그 명성을 유지해 온 것이다.

'손춘양'이 오랜 세월 동안 명성을 유지할 수 있었던 이유는 점원들 모두가 각자 맡은 일에 정통했고 일하는 동작도 대단히 민첩했으며, 독특한 점당의 영업 방식 때문이었다. 점포 안에는 점원과 손님들의 모습만 보일 뿐, 상품은 보이지 않았다. 손님들은 점포 안으로 들어서면 사고자 하는 물건의 이름과 수량을 말하고 돈을 지불한 다음, 전표 하나를 받아 들고 점당 뒤로 가야 했다.

이 점포의 영업은 조정의 6부를 본떠 전체 직원을 남화부南貨部와 북화부北貨部, 해화부海貨部, 엄랍부腌臘部, 밀전부蜜餞部, 납촉부

---

* 육여거사六如居士(1470~1523)_ 자 백호伯虎. 강소성江蘇省 출생. 그는 가정기嘉靖期 오파吳派의 문인화풍 완성에 커다란 영향을 주었으며, 서정경·축윤명·문징명 등과 더불어 '오중사재자吳中四才子'라 불렸다

蠟燭部 등 여섯 개의 부서로 나누어 분업으로 일을 진행했다. 전당前堂에는 물건을 쌓아 두지 않고 돈을 받고 전표를 끊어주는 일만 했고, 후당後堂에서는 전표에 따라 손님들에게 물건을 포장해서 건네주는 일만 도맡아 했다. 이 외에도 '손춘양'은 이름에 걸맞는 품질을 보장했고 수량이나 무게를 이용해 손님들을 속이는 일이 없었다.

이런 이유로 소주성 사람들 모두가 이 집 물건이 아니면 만족하지 않았다. '손춘양'의 먹거리보다 더 맛있고 좋은 상품이 없다는 의미였다.

하지만 호설암은 이 가게가 명성을 오래 유지하지 못할 것이라는 판단을 내렸다. 호설암은 직접 점당을 찾아가 약간의 다식과 납촉을 구입해보았다. 아울러 항주의 화퇴火腿와 품질을 비교해보기 위해 소주 화퇴도 조금 구입했다. 그는 다른 손님들과 똑같이 전당의 계산대로 가서 돈을 지불한 다음, 후당으로 가서 점원에게 구입한 물건들을 자신이 묵고 있는 객잔으로 보내달라고 부탁했다.

그러나 후당의 화방에서는 이런 부탁을 거절함으로써 '손춘양'의 명성을 무색하게 만들었다. 점원의 얘기인즉슨 이 점포에는 손님을 위해 물건을 배달해주는 규정이 없고, 자기도 오래 전부터 내려온 규정을 어기면서까지 물건을 배달해주고 싶은 마음이 없다는 것이었다. 바로 이런 점 때문에 호설암은 '손춘양'이라는 이름이 앞으로 그리 오래 가지 못할 것이라는 판단을 내리게 되었다. 점규가 지나치다 못해 발전을 가로막고 있다는 생각이 들었다.

점규라는 것은 사정에 따라 얼마든지 바뀌거나 개선될 수 있어야 한다고 생각했다. 이른바 '통변通變'이라는 것은 사정에 따라 규정을 바꿔 일을 성사시키는 것을 의미하는데, 이렇게 통변된 것이 오

* 화퇴火腿_ 돼지고기로 만든 햄과 유사한 식품

래 지나면 또 하나의 법칙으로 자리 잡게 된다. '변해야 통할 수 있고, 통해야 오래 갈 수 있는' 것이다. 사물은 항상 시세의 발전에 따른 부단한 개혁과 적응을 통해 시들지 않는 생기를 얻게 된다. 경상 활동의 환경이 끊임없이 변화하고 있는데 지나간 시대의 규정과 원칙을 고수하면서 어떻게 치열한 경쟁에서 살아남을 수 있단 말인가!

'고객이 양명의 근원'이라는 말을 실현하기 위해 호경여당은 고객들이 편히 쉴 수 있는 휴식 공간을 설치하여 차와 담배 등을 제공했고, 유행병이 창궐하는 폭서기에는 더위를 식혀주는 중초약탕中草藥湯을 비롯한 각종 약품을 무상으로 제공했으며, 묘당을 찾아 분향하기 위해 각지에서 항주로 몰려오는 사람들을 고객으로 유치하기 위해 매월 초하루와 보름이면 약품 가격을 대폭 내렸다.

기관지염이나 천식 등이 많이 발생하는 겨울에는 한밤중에도 손님들이 찾아와 약국 문을 두드리기 일쑤였다. 그럴 때면 당직 약공들은 위급한 환자들을 최대한 돌봐줘야 한다는 호경여당의 점규에 따라 난로에 불을 지피고 신선한 담죽淡竹을 삶아 그 즙을 천천히 우려내어 다시 초지로 여과한 다음 환자에게 마시게 하는 수고를 게을리 하지 않았다. 한 번 이렇게 죽력竹瀝을 조제하려면 보통 두 시간 이상 소요되었고 환자가 많을 때는 훨씬 많은 시간이 필요했지만, 약공들은 위급한 환자들의 고통과 어려움을 생각하여 힘든 걸 참고 세심하게 환자들을 돌보는 데 전념했다.

고객이 양명의 근원

 고객들은 어떤 상품을 구매할 때, 특정한 형태와 용도를 가진 실체의 상품을 소유하는 동시에 친절하고 주도면밀한 서비스를 기대한다. 시장 경영학에서는 서비스도 일종의 확대된 상품이고, 상인이 제공하는 서비스의 품질이 상인의 신용도를 측량하는 중요한 지표가 된다. 고객을 무시하면 상품이 아무리 아름답고 훌륭하다 하더라도 손님들이 찾지 않는다. 상인이라면 예의를 갖춰 손님들을 대하고 철저한 서비스를 제공해야만 손님을 끌어 돈을 벌 수 있다.

'고객이 양명의 근원'이라는 말은 호설암이 호경여당을 설립하면서 제창한 점규였다. 그는 점원들에게 손님을 자기 생명의 원천으로 여겨 부모를 공경하듯 정중하게 모실 것을 당부했다. 이런 기업 이념 덕분에 호경여당은 최고의 약재와 철저한 서비스로 오랫동안 고객들을 사로잡을 수 있었다.

호설암은 조야에 두루 이름을 날린 홍정상인으로서 관장으로부터 확실한 지원을 받았고 '살아 있는 재신財神'이라는 명성을 얻기도 했지만, 자신의 세를 이용하여 남을 탄압한 적이 없었다. 호경여당을 경영하면서도 업계의 오랜 악습이었던 속임수를 배격하고 고객을 최우선으로 여기는 점규를 만들어 처음 도제가 들어오면 고객을 맞는 방법부터 가르치는 전통을 세웠다. 호경여당에서는 고객이 점당 안으로 들어오면 점원은 얼른 자리에서 일어나 고객을 안내해야 했고 절대로 고객과 등을 맞대고 설 수 없었다. 고객이 안으로 들어설 때 고개를 다른 곳으로 돌려도 안 되고, 고객이 약을 받아 돌아갈 때도 만족한 얼굴을 할 수 있도록 맡은 일에 최선을 다해야 했다.

호설암은 백 년 전에 이미 '고객이 양명의 근원'이라는 경영 의식을 갖고 있었다. 탁월한 서비스 정신이야말로 그의 성공의 중요한 밑거름이자 뛰어난 경영 정신이라 할 수 있을 것이다.

상경에서 배우는 경영 정신

고객을 부모 모시듯 대한다

오늘날은 시장의 성격이 벤더 마켓Vender's Market에서 바이어 마켓 Buyer's Market으로 전환되면서 소비자들이 시장을 통제하기 때문에 모든 기업과 상인들이 고객을 이윤의 원천으로 간주하여 '고객지상', '고객제일' 등의 구호를 제창하고 있다.

사실, 고객을 만족시켜야 한다는 경영관은 상품 경제가 크게 발달하지 못했던 고대 중국에도 존재하고 있었다. 고대 중국의 철학자이자 법가의 대표 인물인 한비韓非는 『한비자』라는 책에서 '구맹주산狗猛酒酸'의 이야기를 전하고 있다.

전국시대 송나라에 넉넉한 인심으로 맛 좋은 술을 판다는 그럴 듯한 간판을 내건 주점이 하나 있었는데, 찾아오는 손님이 별로 없어 술이 오래 묵다 보니 맛이 시큼하게 변질되고 말았다. 이를 이상하게 여긴 주점 주인은 동네의 장로인 양천을 찾아가 그 이유를 물어보았다. 그러자 양천은 술집의 개가 너무 사납기 때문에 사람들이 어린아이에게 술을 받아오라고 시켜도 아이들이 사나운 개를 보고 두려워하여 감히 이 술집을 찾지 못하는 것이라고 말해주었다.

이 짧은 우화에는 경영자들에게 꼭 필요한 한 가지 철리가 담겨

---

* 구맹주산狗猛酒酸_ 개가 사나우면 술이 시어진다

있다. 우수한 품질뿐만 아니라 훌륭한 서비스도 경쟁이 치열한 경영의 세계에서 불패의 자리를 굳히는 데 중요한 역할을 담당하는 요소라는 것이다.

근대 중국의 우수한 기업들은 하나같이 완벽한 서비스를 강조했다. 중국의 전통 비단 상점인 '서부상瑞蚨祥'은 고객을 매우 중시하여 남들과 다른 독특한 영업 방식을 갖추고 있었다. 고객의 신분과 구매하고자 하는 물건에 따라 각기 다른 예우 방식을 쓰는 것이었다.

'서부상'의 각 계산대에는 '료고了高'라 불리는 직원들이 배치되어, 구매하고자 하는 상품에 따라 고객의 신분에 차등을 두고 적절한 예의를 갖춰 진열대로 안내했다. '료고'들은 장사 경험이 대단히 풍부했기 때문에 고객의 구매 심리를 완벽하게 이해하고 있었다. 예를 들어 고객의 행색이 그다지 단아하지 않고 점포에 들어서자마자 자신이 찾는 물건을 지명하는 경우엔 대부분 구매 목적물이 정해진 상태이기 때문에 곧장 앞에 있는 진열대로 모시고 가서 물건을 고르게 하는 것이 바람직했다.

남녀가 섞인 여러 명의 고객이 한꺼번에 점포에 들어설 경우엔 구매할 물건이 다양하고 많을 것이라 판단하고 두 번째 진열대로 모시고 가서 천천히 물건을 고르게 했다. 또한 화려한 옷차림에 아주 부유해 보이는 고객이 찾아오면 고급 상품들만 진열해 놓은 2층 특실로 안내해 각별하게 대우했다.

'료고'들은 항상 얼굴에 웃음을 잃지 않고 지나칠 정도로 친절하게 손님들을 대했다. 특히 2층으로 모시는 특별 손님들에겐 차와 담배를 제공하는 등 최고의 서비스를 아끼지 않았다. 진열대 앞에는 긴 의자와 차 주전자 등을 마련해두었고, 여름에는 차가운 음료수도 준비하여 고객에게 편안하고 쾌적한 구매 환경을 제공했다. 이처럼 치밀하고 친절한 서비스 덕분에 '서부상'의 각 점포에는 연일 손님들의 발길이 끊이질 않았다.

중국 정주鄭州시 '아시아' 상가에는 애프터서비스를 전문으로 취급하는 회사가 하나 더 있다. 중국에서는 이런 회사를 '배상회사'라 부르는데, 이 회사에서는 1992년 5월에 설립된 이래로 총 172만 RMB에 달하는 금액을 고객에게 배상해주었다.

이 상가에서는 매일 100만 RMB 정도의 상품이 팔렸고, 고객이 서비스 센터에 상품 배송을 요구하기만 하면 회사에서 무료로 상품을 배달해주었다. 네 대의 소형 트럭이 쉬지 않고 물건을 실어날랐고, 트럭 한 대가 매일 120킬로미터 이상을 달리면서 크고 작은 골목과 거리를 누볐다. 기사들의 하루 근무시간은 10시간이 넘었고, 6월 6일 하루에는 네 대의 트럭이 26만 7천6백 RMB에 달하는 상품을 배달했다.

고객들은 대형 상품을 살 경우 제품의 파손을 가장 두려워하기 마련이지만 '아시아' 상가에서 산 물건은 하자가 있을 경우 전화 한 통만 하면 즉시 오토바이를 탄 서비스 팀이 달려가 제품을 무상으로 수리해주었다. 서비스 팀은 기술이 뛰어날 뿐만 아니라 다양한 최신 장비를 두루 갖추고 있어 고객이 물건을 다시 들고나오지 않아도 확실한 수리와 정비를 받을 수 있었다.

마음에 들지 않는 물건을 사게 되는 것도 소비자들의 또 다른 골칫거리였다. 그러나 '아시아' 상가에서는 이런 경우에도 큰 문제가 되지 않았다. 애프터서비스 회사로 가져가 반품하면 되기 때문이었다.

한번은 개봉시에 사는 한 고객이 스커트 두 점을 구입하다가 판매원의 실수로 바닥에 떨어져 오염된 것을 그대로 포장해서 돌아갔다. 집에 돌아와서야 오염 사실을 안 고객은 다음 날 물건을 애프터서비스 회사로 가져와 반품하면서 교통비까지 요구했다. 닷새 후 이 회사에서는 직접 개봉시로 고객을 찾아가 사과하고 손해 배상금으로 100RMB를 지급했다. 이처럼 철저하게 고객을 생각해주는 회사의 태도에 소비자들이 감동을 받은 것은 당연한 일이다.

'아시아' 상가의 부사장인 한매韓梅는 자신들의 서비스에 대해 이렇게 말한다.

"애프터서비스 회사는 고객들에 대한 배상을 전담하는 기관입니다. 하지만 이 회사 덕분에 1993년 한 해 동안 이 상가에서 판매된 상품 총액이 3억2천만 RMB에 달해 하남성 최고의 수준을 기록했지요. 손해 배상과 매출 사이에 필연적인 상관관계가 있는 것이 분명합니다."

이처럼 우수한 서비스는 단기적으로 기업의 원가를 상승시키긴 하지만 장기적으로는 그보다 훨씬 큰 수익을 가져다준다. 현재 수많은 기업과 상인들이 외치고 있는 "고객의 만족이 우리의 목표"라는 구호는 백 년 전 호설암이 제창했던 "고객이 양명의 근원"이라는 구호와 맥을 같이 하는 정신으로서, 상인이라면 반드시 명심해야 할 중요한 원칙이다.

큰상인과 작은상인의 구별

9

勇謀 용모

'용勇'이란 결단을 말한다.
시기를 잘 잡아 일을 결정해야지 우유부단해선 안 된다.
상인이 용기와 결단력을 갖추지 못하면
매사에 어영부영하다가 몸과 마음만 지치고 기회를 잃게 된다.
'모謀'는 남이 알지 못하는 전략을 말한다.
상인은 모름지기 남이 못 보는 것을 보고,
남이 살피지 못하는 것을 살피며, 높이 서서 멀리 행할 줄 알아야 한다.
'모謀'는 '용勇'의 근거가 되고
'용勇'은 '모謀'의 추진력이 된다.
이 두 가지 모두 상업의 중요한 요소이자 자질로서,
양자의 결합을 절대 경시해선 안 된다.

칼날에 묻은 피를 핥는다

호설암 어록

"상인은 이익을 중시하기 때문에 이익이 있는 일이라면 칼날에 묻은 피를 핥는 것도 마다하지 않는다. 위험이 따르지 않는 사업은 누구든지 할 수 있고 그만큼 성취도가 떨어지게 된다. 위험이 많은 사업일수록 이윤이 많다. 이는 선택의 문제이다. 무사안일하게 하루 하루를 보낼 수도 있고, 제때에 기회를 포착하여 위험을 무릅쓰고 과감한 모험에 도전할 수도 있다. 바로 여기서 큰상인과 작은상인이 구별되는 것이다. 나 호설암은 사업을 하면서 위험을 두려워한 적이 없다. 돈이 보이면 자본을 다 날리는 한이 있더라도 과감하게 밀고나아가야 한다. 남에게 먹힐 바에야 차라리 자신에게 먹히는 것이 낫지 않겠는가!"

큰상인이 되기 위한 남다른 기백

호설암은 빈손으로 사업을 일으켜 거상이 되었다. 그가 크게 성공할수 있었던 것은 청말의 혼란한 환경이 만들어준 기회를 놓치지 않았기 때문이다. 한마디로 말해서 호설암은 상장의 용사였다. 그는 "상인이라면 이윤을 위해 자신의 살을 베어 칼날에 묻은 피를 핥을 수있어야 한다."고 말했다.

그는 위험이 가득해 보이는 곳에서도 사업의 기회를 찾아냈고위험을 무릅쓰는 결단을 내렸다.

태평천국의 난이 실패하자 반도들의 돈을 대거 받아들여 금융사업의 자금으로 활용했던 것도 사실은 극도로 위험한 모험이었다.물론 호설암이 이런 결정을 한 데는 나름대로의 계획이 있었기 때문이다.

태평천국군이 강남의 부유한 지역을 장기간 점거하고 있었던만큼 이들 가운데 적지 않은 사람들이 나름대로 주머니를 불렸을 것이 분명했다. 비록 태평천국군이 관군에 쫓기는 다급한 처지가 되었지만 이들 가운데 상당수가 이번 고비만 잘 넘기면 남은 인생을 걱정없이 살아갈 수 있는 사람들이었기에 이들에게는 가장 안전한 현금보관처가 꼭 필요했다.

그러나 조정의 법에 따르면 태평천국군의 개인 재산은 엄연한'역산逆産'에 속하므로 임의로 숨겨 줄 수 없었다. 사사로이 역산을숨겨주었다가 발각되는 날에는 부역의 죄명을 뒤집어쓰고 반도들과똑같은 처벌을 받게 될 가능성이 컸다. 더군다나 설사 몰래 감춘다해도 추적을 피할 수 없기 때문에 관부의 조사를 받게 되면 도저히

* 역산逆産 _ 역적의 재산·부정한 재산

벗어날 방법이 없었다.

물론 관군 중에도 뇌물을 받고 상황을 눈감아주는 사람이 적지 않았지만, 그렇다고 해서 완전히 안전하다고는 할 수 없었다. 이런 두 가지 위험을 뻔히 알면서도 태평천국군의 예금을 받아들인 것은 그야말로 칼날에 묻은 피를 핥는 것이나 다름없었다.

하지만 이처럼 위험한 '거래'에도 분명 이익이 따랐다. 이런 예금에는 애당초 이자를 지급할 필요가 없기 때문에 조건 없이 사업 자금을 빌려주는 것이나 마찬가지였다. 결국 호설암의 판단은 정확했다. 태평천국군들의 예금을 받음으로써 전장업계에서의 지위를 확실히 높여주었을 뿐만 아니라 사업도 정상 궤도로 올려놓는 이득을 챙길 수 있었다.

'칼날에 묻은 피를 핥을' 수 있는 배짱은 큰 성공을 희망하는 경영자라면 반드시 갖춰야 할 자질이다. 위험이 없는 사업은 누구나 다 할 수 있고 이윤을 나눠가져야 하는 불리함이 따른다. 실제로 큰 돈을 벌 수 있는 사업은 대부분 위험 요소를 내포하고 있다.

호설암이 산서의 표호들처럼 승관을 준비하는 관원들에게 돈을 빌려준 것도 실제로는 위험하기 짝이 없는 행동이었다. 임지로 가는 도중에 예기치 않은 사고를 만날 수도 있고, 부임하자마자 파관을 당할 수도 있으며, 병사하거나 전장에 나가 사망할 수도 있었다.

당시에는 전쟁의 혼란 속에서 온갖 변고와 사건이 끊이질 않았기 때문에 결국 대출해준 돈을 한 푼도 회수하지 못할 수도 있었다. 하지만 호설암은 사업을 하면서 위험이 두려워 손을 터는 행동을 하지는 않았다.

이보다 더 위험했던 사업은 상해에서의 생사사업이었다. 상해의 시장 상황이 매우 불안정하고 방회 조직인 '소도회'가 8월에 봉기할 예정이라는 첩보까지 입수한 상황에서 그대로 사업을 밀고 나가는 것은 이만저만한 위험이 아니었다. 만일 소도회 봉기 이전에 생사 장사를 완료한다면 위험이 없겠지만, 그들의 봉기가 성공하여 상해가 한동안 혼란에 빠지게 된다면, 외부에서 생산된 생사를 상해로 들여올 수 없는 상황이 펼쳐질 것이 분명했다.

그러므로 봉기가 성공하기 전에 대량의 생사를 미리 구입하여 상해로 운반해놓는다면 어려움 없이 큰 수익을 보장할 수 있었다. 물론 생사를 쌓아 놓는 데도 그 나름대로의 위험이 뒤따랐다. 우선 자금이 생사에 묶이므로 시국이 안정되지 않을 경우엔 상당한 재고의 부담을 감수해야 할지도 몰랐다.

대단한 결단을 요하는 대목이 아닐 수 없었다. 상인이라고 해서 모든 정보를 정확히 파악하기는 어렵기 때문에 어느 정도의 위험을 각오하고 마지막 순간에 대략적인 예측만으로 결정을 내려야 했다. 자신의 예측이 정확한지, 또한 사태가 예측한 방향으로 전개되어 갈 것인지는 전적으로 운명에 달려 있었다. 결국 호설암은 대량의 생사를 사들여 조계지에 보관해두기로 하였다.

이러한 결정에는 그럴 만한 배경이 있었다. 서양 상인들이 암암리에 소도회를 지원하고 있는 만큼, 청나라 조정도 서양 상인들을 견제하려 할 것이고 이를 위한 가장 좋은 방법은 교역을 금지시키는 것이었다. 따라서 서양 상인들은 석 달 동안 돈을 가지고도 생사를 살 수 없게 될 것이 뻔했고 생사 가격도 크게 뛸 것이 분명했다.

모든 상황은 호설암의 예측대로 진행되었다. 양강 총독이 조정에 상서를 올려 서양 상인들과의 교역을 금지시키고 이들과 교역하는 자들은 엄벌할 것을 주장했다. 청나라 조정은 그의 뜻대로 하라는 회신을 보내 왔다.

이것이 호설암이 자립하여 처음 장사를 시작한 이래로 진행한 대규모사업이었고, 이를 위해 그는 수십만 냥의 은자를 긁어모았다. 그 가운데 상당 부분이 동항들에게서 빌린 것이었다. 동항들은 돈을 빌려주면서도 그의 행동이 너무 무모하다고 염려했다. 그러나 결국 호설암의 판단은 정확했다.

만에 하나 호설암의 판단이 틀렸다고 가정해보자. 어쩌면 석 달 동안 생사를 묶어둔 데 따른 이자로 수천 냥이 들어갔을 수도 있고, 갑자기 금지 조치가 풀리면서 생사 가격이 급락할 수도 있었을 것이다. 만일 그런 일이 일어났더라면 호설암의 사업은 그 순간부터 막을 내려야 했을 지도 모를 일이었다.

다행히도 결과는 호설암의 판단과 그에 따른 대처가 정확했음을 입증해주었다. 이는 오로지 그의 지혜와 의기가 '개구멍도 막을 수 있다'는 그의 처세술과 결합된 결과였다. 게다가 호설암에게는 관장과 양장, 그리고 강호로부터의 빈틈없는 정보망이 형성되어 있어 결정을 내리는 데 큰 도움이 될 수 있었다.

상인으로 성공하기 위해선 남다른 담력과 기백이 있어야 한다. 남들이 생각하지 못하는 일들, 또는 생각은 하지만 감히 용기가 없어 못하는 일들을 할 수 있어야 한다. 물론 용기가 결단을 위한 유일한 요소는 아니다. 용기에는 상황에 대한 철저한 이해와 정확한 추론이 뒤따라야 하기 때문이다.

칼날에 묻은 피

" 두려움 없이 칼날에 묻은 피를
핥아라! "

상인의 4덕은 지인용신智仁勇信이다. 어느것 하나 중요하지 않은 게 없
지만 그 가운데서도 '용'이야말로 가장 중요한 기둥이라고 할 수 있다.
기회는 항상 많은 사람들의 눈에 띄기 마련이다. 그러나 그와 동시에 적
지 않은 위험을 내포하기도 한다. 좋은 기회일수록 위험은 더 많은 법이
다. 그러므로 위험을 감수할 것인가 말 것인가, 하는 문제를 놓고 과감한
결단을 내릴 수 있는 용기가 필요하다.

용기란 곧 결단력이다. 수많은 경영자들이 각축을 벌이는 비즈니스의 세
계에서는 중요한 순간에 어떤 결정을 내리느냐가 엄청난 결과의 차이로
나타난다. 따라서 이익과 위험을 동시에 바라보면서 과감한 결단을 내릴
수 있는 능력이 사업의 성패를 좌우한다고 할 수 있다.

하지만 원래 경영자들에게는 갖가지 걱정이 많은 법이다. 중요한 순간에
과감하게 결단하지 못하고 우유부단한 태도를 보이는 것은 본인은 물론
이요, 직원들과 여러 협력업체에 커다란 손실을 안겨주는 요인이 된다.
용기가 없는 경영자가 좋은 기회를 잡는다는 것은 불가능하다.

큰상인과 작은상인의 구별

상경에서 배우는 경영 정신

남이 못 보는 것을 보고 살피지 못하는 것을 살핀다

호설암의 성공은 위험을 두려워하지 않는 용기의 결과라고 할 수 있다. 상장에는 위험이 없는 곳이 없기 때문에 안정만을 추구한다면 큰 성공을 거두기가 어렵다. '성공하면 왕이요, 실패하면 도적이 된다'는 각오로 죽음을 우습게 여길 줄 알아야 삶에도 부끄럽지 않을 수 있는 것이다.

미국의 석유 재벌이었던 아몬 하머는 소설적인 경영자의 삶을 살았던 인물로서 중국 개혁 개방의 지도자였던 등소평도 '진정으로 용기 있는 사람'이라고 극찬한 바 있다.

그는 미국 웨스턴 석유회사의 이사장 겸 사장이었다. 그의 회사는 미국 석유회사 가운데 여덟 번째의 위상을 자랑하는 회사로서 연간 매출액이 127억 5천만 달러(1985년 통계)에 달했다. 그는 한때 러시아 혁명의 영웅인 레닌과 절친한 사이였고 뛰어난 도전 정신으로 남들이 달 탐사보다 위험하다고 말한 소련과의 교역을 성공시켜 '이루지 못하는 일이 없는 붉은 자본가'라는 별명까지 얻었다.

제1차 세계대전이 끝날 무렵, 미국의 제약업계에는 정부가 의약품 공급 계약을 취소할 계획이고 이에 따라 의약품 시장이 크게 위축될 것이라는 소문이 퍼져 있었다. 그의 경쟁 회사들이 대규모 감원과 더불어 의약품의 생산량을 대폭 감산하고 있을 때, 하머는 그와 정반대의 조치를 취했다. 그는 전쟁이 끝나면 의약품에 대한 규제가 해제되어 일반 대중의 의약품 구매가 크게 증가할 것이라고 판단했다.

하머의 날카로운 판단은 정확했다. 그의 약제소는 매출액이 폭발적으로 증가하면서 몇 십 명에 불과하던 직원이 천여 명으로 늘어났고, 회사 명칭도 약제소에서 제약회사로 바뀌게 되었다. 당시 스물세 살이였던 하머는 콜롬비아 의대에서 금배지를 받는 동시에 최초의 의대 출신 백만장자가 되는 영예를 차지했다.

"할 만한 가치가 있는 일이라면 망하는 한이 있어도 모험을 할 필요가 있다."는 것이 그의 좌우명이자 사업의 지표였다. 남이 없다고 하는 것을 있다고 하고, 남이 포기하는 것을 과감히 취함으로써, 격렬한 경쟁이 지배하는 비즈니스의 전장에서 불패의 지위를 구축했다.

1921년, 하머는 부친의 지시에 따라 약품을 구하기 위해 모스크바를 오가면서 소련 사람들을 상대로 사업을 확장하기 시작했다. 당시로서는 소련 사람들과 장사를 한다는 것은 한 마디로 '미친 짓'이었고 달 탐사에 버금가는 엄청난 모험이었다. 당시 신흥 소비에트 정권은 대단히 어려운 국면에 봉착해 있었다. 식량이 부족한데다 동상과 콜레라가 창궐했고, 굶어 죽은 시체가 전역에 널려 있었다.

하지만 하머는 아무런 두려움 없이 소련 땅에 발을 들여놓았다. 그는 우랄지역의 참혹한 상황을 시찰하고 나서 그곳이 우량한 공업지역으로서 다양한 광물과 모피, 보석 등의 자원이 대단히 풍부하다는 사실을 발견했다. 당시 미국은 식량이 과잉 생산되어 곡물 가격이 갈수록 하락하고 있었고, 식량을 저장할 곳이 없는 대규모 농장주들은 곡물을 태워버리거나 바다에 내다버릴지언정 터무니없이 낮은 가격에 팔려고 하지 않았다. 이런 상황에서 미국과 소련 사이에 물물교환이 이루어진다면 더 좋을 것이 없겠다는 것이 하머의 생각이었다.

그는 만일 자신이 이 일을 진행시킨다면 소련 쪽 파트너가 될 수 있는 사람이 누구인지를 생각해보았다. 바로 레닌이었다. 레닌은 하머의 생각에 망설임 없이 찬동하면서 소련 대외무역부에 서둘러 이 일을 진행하도록 지시하겠다는 회신을 보내왔다. 이어서 레닌은 하머를 초청하여 "아몬 하머 동지에게. 1921년 11월 10일, 일리아노프가"라고 영문으로 사인한 사진을 선물로 주었다. 하머도 이처럼 진지하고 다정한 레닌의 인품에 감동했고, 이때부터 두 사람은 이념을 넘는 깊은 우정을 다졌다.

하머는 소련을 위해 100만 포대의 밀가루를 보내주는 대가로 소련으로부터 여우 모피와 미국 시장에서 찾아보기 어려운 캐비어를 들여왔다. 하머가 보내준 식량은 소련의 기아를 해결하는 데 큰 도움이 되었고, 덕분에 소련에서의 하머의 사업은 갈수록 번창했다.

레닌은 그에게 특허권과 함께 소련 인민은행의 첫 번째 예금주가 되는 영예를 주었다. 그로부터 12년 후에야 미국 정부는 정식으로 소비에트 정권을 인정했고, 하머는 소련의 대미 무역을 독점하는 대리상이 되었다.

하머는 미국의 자동차 황제인 포드를 설득하여 소련에 포드 자동차를 파는 최초의 대리점을 열었고, 미국의 30개 기업과 연계하여 소련과의 대규모 무역을 전개했다. 이를 통해 하머가 미국에서 벌어들인 돈만 해도 천문학적인 금액이었고, 소련 은행에 예치한 돈도 놀라울 정도의 막대한 액수였다.

하머는 영원히 만족할 줄 모르는 인물이었다. 돈을 벌 수 있는 기회는 절대 놓치지 않았다. 어느 날, 하머는 모스크바에 있는 한 상점에서 모양이 아주 단순한데도 값이 비싼 독일제 연필을 발견하게 되었다. 가격이 미국 연필의 열 배가 넘었다. 미국에서는 연필 한 자루에 2~3센트면 사는데 소련에서는 20센트가 넘었다. 그는 즉시 연필 생산 허가증을 딴 다음, 거액의 월급을 주고 기술자들을 초빙하여 연필 생산에 들어갔다.

1926년, 그의 연필 생산량은 1억 자루를 기록했다. 값싸고 질 좋은 연필로 소련의 국내 수요를 만족시키는 것은 물론, 10여 개 국가로 수출하여 연필 한 품목만으로 수백만 달러를 벌어들였다.

1930년대 초, 소련을 떠나 10년 만에 뉴욕으로 돌아온 하머는 엄청난 자금을 바탕으로 새로운 사업을 시작했다. 시장을 분석해본 그는 뉴욕 부두에 술통 가공 공장을 설립해야겠다는 결정을 내렸다. 루스벨트가 새 대통령으로 취임하면서 금주령을 해제하면 자연히 술통의 수요도 폭발적으로 늘 것이라고 판단한 것이다. 그의 술통 생산라인이 가동되어 대량의 술통이 시장에 나오기 시작할 무렵, 마침내 금주령이 해제되고 술통은 선금을 주고도 사기 어려운 품귀 현상을 일으키면서 하머에게 막대한 이익을 안겨주었다.

제2차 세계대전이 발발하면서 식량 공급이 부족해지자 곡물을 이용한 주류 생산이 금지되었다. 이때 하머는 다시 한 번 탁월한 판단력을 발휘했다. 그는 재빨리 주당 90달러의 가격으로 위스키 회사의 주식 5천5백 주를 사들였다. 두 달 후에 이 회사의 주가는 150달러로 뛰었다. 대주주가 된 하머는 위스키의 포장 방식을 통에서 병으로 바꾸고 자신의 상표를 붙여서 판매하기로 결정했다.

병에 든 위스키는 급속히 빠른 속도로 팔려나갔고 재고가 2천 통밖에 남지 않았다. 하머는 화학 기술자의 도움을 받아 80퍼센트짜리 고구마 주정을 개발하여 이를 위스키 생산에 사용함으로써 원가를 크게 줄이면서도 부족한 위스키 재고를 늘리는 데 성공했다. 맛은 별 차이가 없었기 때문에 고구마 주정을 사용한 위스키도 술꾼들에게 큰 환영을 받았다. 결국 2천 통의 위스키가 1만 통으로 늘어나면서 하머는 또 다시 돌을 황금으로 바꾸는 기적을 창출했다.

하지만 지금까지 열거한 사업들도 그의 석유사업에 비하면 조족지혈에 불과하다. 1956년, 이미 58세의 고령이 된 하머는 수익성이 가장 높고, 그만큼 경쟁도 치열한 석유사업에 뛰어들었다. 하지만 처음 석유 시장에 발을 들여놓은 하머는 갖가지 시련에 직면해야 했다. 당시의 석유 메이저들은 제각기 자신의 지역에서 패권을 누리고 있어 그가 발을 디딜 자리는 찾기 어려웠기 때문이다.

1960년, 1천만 달러의 탐사 비용을 들이고서도 아무런 성과를 거두지 못한 하머는 진퇴양난의 상황에서 다시 한 번 사업가로서의 초인적인 위력을 보여주었다.

그는 엄청난 위험에도 불구하고 샌프란시스코 동쪽, 텍사코 석유회사가 버려둔 지역에 대규모 자금을 투자하여 천연가스 개발에 착수했다. 결과는 대성공, 마침내 추산 가치 2억 달러에 달하는 캘리포니아 천연가스 유전을 발굴해냈고, 몇 달 후에는 매장량이 풍부한 또 다른 천연가스 유전을 찾아냈다.

탐험가라는 별명을 갖게 된 하머는 지칠 줄 모르는 초인적 열정과 창업 정신으로 예측을 불허하는 비즈니스의 전쟁에서 수십억 달러에 달하는 돈을 벌어들이면서 경영인으로서 값진 성공을 이룩했다. 그는 아흔 살의 고령에 이르러서도 하루에 10시간씩 일하는 건재함을 과시했다. 그는 자신의 성공을 이렇게 회고했다.

"행운이란 것은 하루에 14시간씩, 일주일에 7일을 꼬박 일에 몰두하는 사람들에게만 떨어지는 것 같습니다."

이러한 성실성이 바로 그를 거부로 만들어준 마술인지도 모른다. 그가 수많은 경영인들에게 마지막으로 던지는 결론은 이렇다.

"모험과 과학은 서로 상반된 개념의 정신이 아니다."

큰상인과 작은상인의 구별

돈을 버는 진짜 마술이 있다

호설암 어록

"사람들은 흔히 '군자는 재물을 반드시 도에서 구해야 한다.'고 말한다. 하지만 실제 사업에서는 '도'에 수완도 포함된다고 할 수 있다. 이른바 기술적인 능력을 말한다. 도덕과 양심만 알고 돈을 버는 방법을 모르거나 일정한 상업 수완을 갖추지 못한다면 성공할 수 없다. 사업하는 사람이라면 '동전 구멍 사이로 공중제비를 넘을 줄 알아야 하고, 마술을 부릴 줄도 알아야 한다.' 하지만 마술은 어디까지나 거짓이다. 가끔씩 구사하는 건 괜찮지만 너무 자주 써먹으면 돈을 벌기 어렵다. 돈을 벌려면 진짜 묘술을 발휘해야 한다."

남의 닭을 빌려 알을 낳는 것

호설암의 상술에서 가장 돋보이는 부분은 '남의 닭을 빌려 알을 낳는 것' 즉, 남의 돈으로 자신의 돈을 버는 것이다. 그는 또 '항아리 일곱 개에 뚜껑 여덟 개' 처럼 서로 융통하는 방법에도 뛰어났다. 한마디로 호설암은 자금 운영의 달인이었다고 할 수 있다.

그는 자신의 전장을 열면서 20만 냥의 자본금으로 시작한다고 떠벌렸지만, 사실 수중엔 단 한 푼의 돈도 없었다. 왕유령이 절강해운국으로 돌아와 있다 하더라도 그에게 갖춰진 것이라고는 관장의 세력뿐이었고 자금으로 그를 도와줄 사람은 아무도 없었다. 전장의 개업을 그럴듯하게 하려면 적어도 5만 냥의 은자가 필요했다.

그러나 이런 악조건 속에서도 호설암은 보란 듯이 자신의 전장을 개업했다. 그는 사업을 시작하는 데 자본금은 그다지 중요한 문제가 아니라고 생각했다. 다름 아닌 '남의 닭을 빌려 알을 낳는 것'과 같은 전략을 구사할 수 있었기 때문이다. 이는 곧 남의 돈으로 자신의 사업을 펼치는 것을 의미한다. 호설암은 남의 닭을 빌릴 수 있는 두 가지 방법을 생각해두고 있었다.

첫 번째는 신화 전장에서 절강해운국에 조미 대신 지불하는 20만 냥의 은자였다. 왕유령은 부임하자마자 조미 운송의 어려움을 깨닫게 되었고, 공무를 순조롭게 완수하기 위해선 20만 냥의 은자가 필요하다는 점을 알게 되었다. 호설암은 왕유령과 상의하여 신화 전장으로 하여금 먼저 20만 냥을 지급하게 하는 걸로 하고 자신이 직접 신화를 찾아가 협상을 벌였다.

이런 거래는 신화로서는 호빅이 제 발로 굴러 들어오는 것이나 다름없었고 호설암의 입지도 전과 같지 않았기에 큰 어려움은 없었다. 왕유령이 항주로 돌아오자마자 호설암의 오명을 깨끗이 씻어주어 신화 전장의 지배인이 호설암에게 쩔쩔매는 상황이었고, 신화도 해운국과 거래 관계를 맺고 싶어 안달하는 상태였다. 해운국을 고객으로 확보하면 해운국의 공금을 대리하면서 엄청난 수익을 올릴 수 있고, 또한 해운국이 정부기관이라는 점 때문에 금융업계에서의 위상이 크게 달라지기 때문이었다.

이런 조건들이 호설암에게 유리하게 작용하고 있었기 때문에 신화에서 20만 냥의 은자를 먼저 지급하게 하는 협상은 이미 성사된 것이나 다름없었다. 원래 해운국에서 필요로 하는 20만 냥은 잠시 동안만 사용할 임시 융통이었지만 호설암은 이를 장기 대출로 바꾸는 이화접목지계移花接木之計를 통해 신화의 자금으로 자신의 전장을 열려 했다.

호설암이 '남의 닭을 빌려 알을 낳는' 두 번째 방법은 다분히 장기적인 것으로서 왕유령의 관장 세력을 활용하는 것이었다. 호설암은 왕유령이 오랫동안 절강해운국의 좌판으로 남아 있지 않고 머지않은 장래에 외지로 발령을 받게 될 것이라 확신했다. 그때가 되면 그가 부임하는 주현의 국고를 대리할 생각이었다.

관례에 따르면 도고道庫와 현고縣庫의 공금 거래는 이자를 지급하지 않기 때문에 나라 돈을 공짜로 사용하는 셈이 된다. 호설암은 먼저 자신의 전장을 열면 당장으로서는 껍데기만 갖추는 것에 불과하지만, 일단 왕유령이 다른 주현으로 이임하기만 하면 그 지방의 공금을 기필코 대리하여 내실을 기하려 했던 것이다.

그리하여 호설암은 먼저 왕유령과의 관계를 이용하여 절강해운

* 이화접목지계移花接木之計_ 꽃을 빌어다가 나무를 교접시킨다는 뜻으로 남몰래 교묘한 수단을 써서 바꾸는 것을 의미함

국의 공금에서 5천 냥을 차용하기로 하고 왕유령과 전장 개업에 관해 상의한 다음 곧장 인재들을 모으고 점포를 물색하는 등 본격적인 전장 개업 준비에 착수했다.

호설암의 이러한 전략은 마술과 같았다. 비즈니스 세계에서 마술은 경영자의 안목과 용기, 그리고 지략의 고하를 가늠할 수 있는 중요한 요소이다. 사업을 진행하다 보면 마술을 부려야만 할 때가 무수히 많다. 타인의 이익에 피해를 주지 않는 범위 내에서 가능한 모든 마술을 부릴 수 있어야 하는 것이다. 물론 사업에 있어서의 '마술'이란 정말로 사람들의 눈을 속이는 속임수가 아니라 꼭 필요한 경영 기술을 말한다. 때문에 호설암은 "마술을 부릴 줄 알아야 한다. 하지만 마술은 어디까지나 거짓이라, 가끔씩 구사하는 건 괜찮지만 너무 자주 써먹으면 돈을 벌기 어렵다. 돈을 벌려면 진짜 묘술을 발휘해야 한다."고 말했던 것이다.

훗날 호설암은 생사사업을 하면서 아주의 아버지 장씨에게 천 냥의 은자를 자금으로 마련해주고 호주에 생사 점포를 열게 했다. 그런데 한 가지 골치 아픈 문제가 있었는데 바로 아첩牙帖을 구하는 일이었다.

관례에 따르면 사행絲行의 아첩은 경사에서만 발급되기 때문에 이를 위해 경사에 다녀오려면 적어도 3개월의 시간이 필요했다. 새로 나오는 생사는 4, 5월이면 시장에 쏟아져나오기 때문에 그때가 되면 정신없이 일에 매달려야 했다. 그런데 시기가 이미 4월 말이라 아첩을 발급 받으러 경사에 갔다가는 장사를 완전히 놓칠 수밖에 없었다. 게다가 생사 장사는 한 해에 딱 한 계절밖에 없기 때문에 이 시기를 놓치면 다음 해를 기다려야 했다.

* 아첩牙帖_ 관아에서 발급하는 일종의 영업 허가증

장씨가 이런 상황을 호설암에게 말했을 때, 그는 마침 급한 일로 정신이 없었다. 호설암은 장씨에게 즉시 호주로 와서 방법을 상의하자고 한 다음 몇 백 냥을 들여서라도 아첩을 빌리는 것이 바람직하다는 결론을 내렸다. 어떻게 해서든지 장씨가 사행을 열어야 자신이 보름 후에 호주로 생사를 인수하러 올 수 있었던 것이다.

호설암이 모든 일을 이처럼 다급하게 처리하는 것은 그의 성격 때문이었다. 그는 해야 할 일이라면 절대로 미루지 않고 그때그때 처리하는 습성이 있었다. 하지만 또 다른 중요한 이유도 있었다. 그에겐 이미 호주에서 받게 되는 현은으로 현지에서 생사를 사들이겠다는 주도면밀한 계획이 서 있었던 것이다. 왕유령은 이때 이미 호주 지주라는 좋은 자리로 발령을 받아 곧 부임을 앞두고 있었고, 호설암의 부강 전장도 체제를 갖춘 상태였다. 왕유령이 부임하면 자신의 부강 전장에서 호주의 공금 출입을 대리하게 할 것이라는 점은 그가 전장을 열기 전에 이미 염두에 두고 있었던 일이다.

왕유령이 호주에 도착하자마자 가장 먼저 한 일은 은량을 징수하여 거액의 돈을 성도省都인 항주로 보내면서 이를 부강 전장에서 대리하게 한 것이었다. 호설암은 여기서 다시 한 번 이화접목지계를 발휘하여 호주에서 받은 현은으로 현지에서 생사를 사들인 다음, 이를 항주로 가지고 가서 처분한 돈으로 항주의 '번고藩庫'를 채워 놓았다. 이처럼 완벽한 계획이 있는데 일 년을 허비할 이유가 어디 있단 말인가?

호설암의 이러한 이화접목지계 역시 실제로는 '남의 닭을 빌려 알을 낳는 것'의 한 방식이었다. 하지만 이런 방식은 공금을 이용하여 전장업무를 진행해 나가는 단순한 경영보다 분명 한 단계 위의 전략이라 할 수 있다.

　자금은 유통 과정을 통해서만 증식될 수 있지 돈이 돈을 낳을 수
는 없다. 호설암의 표현대로 하자면 "대원보大元寶가 소원보小元寶
를 낳을 수 없는" 것이다. 따라서 자금을 한 곳에 묶어두어선 안 된
다. 사업을 하는 사람은 자금을 마련하는 방법도 알아야 하지만 자
금을 사용하는 다양한 방법도 터득해야 한다. 자신의 자금을 '살아
있는 돈'으로 만들어야지 사용 가능한 자금을 한가하게 놀려선 안
된다. 그런 점에서 호설암의 '이화접목지계'와 '남의 닭을 빌려 알
을 낳는 것'은 현대의 경영인들에게도 시사하는 바가 크다고 할 수
있다.

쌀이 없어도 밥을 짓는다

　경영 활동에 있어서 가장 기본적
인 작업은 자금을 마련하는 일이
다. "아무리 재주가 좋은 아낙도 쌀 없이 밥을 지을 수는 없다." 사업을
하려면 반드시 자금이 있어야 하고 사업의 규모가 클수록 필요한 자금
도 많아진다. 수중에 돈이 한 푼도 없으면서 당장 큰 사업을 벌이려 한
다면, 그리고 이것이 성공한다면 보통 사람들의 눈에는 신화나 기적으
로 보일 것이다. 하지만 호설암은 우리에게 실제로 이런 신화와 기적을
보여주었다.

상경에서 배우는 경영 정신

큰상인은 죽은 돈도 살아 있는 돈으로 만든다

다니엘 로빅은 호설암 못지않은 신비의 인물이다. 그가 보유한 상선은 오나시스 같은 세계 최고 선박왕들의 선단 규모를 능가했다. 로빅의 선단은 최대 5백만 톤에 달했고 그 가운데 여섯 척이 세계 최대의 유조선이었다.

30대 중반까지도 그다지 주목할 만한 인물이 아니었던 로빅은 마흔 살이 되기 직전, 불후의 사업을 일으키기 위한 거대한 모험을 시작했다. 남의 돈으로 자신의 돈을 버는 마법을 배운 이후의 일이었다. 로빅의 성공 방정식에는 중요한 두 단계가 있다. 첫 번째 단계는 그가 낡고 평범한 선박을 사들여 이를 유조선으로 개조하면서(유조선의 이익이 화물선보다 훨씬 높았다) 시작되었다. 그는 뉴욕의 은행들을 두루 찾아다녔다. 은행 직원들은 그의 허름한 옷차림을 보고 무슨 담보물을 제공할 수 있는지 물었다. 그에겐 낡았지만 항해가 가능한 유조선 한 척 있을 뿐이었다.

은행 직원은 당시의 일을 이렇게 말한다.

"그가 우리 은행에 와서는 그의 유조선이 한 석유회사에 임대되어 있고, 그 임대료가 우리 은행에서 대출 받고자 하는 금액의 원금과 이자를 매달 분납하기에 충분하다고 말했습니다. 그러면서 이 배의 명의를 우리 은행으로 이전해 놓으면 석유회사에서 임대료를 곧장 은행으로 입금하게 될 거라고 하더군요."

수많은 은행가들이 이는 미친놈의 계산법이라고 일축했다. 하지만 실제로 은행으로서는 이 정도의 담보물이면 일반 중소기업에 해당하는 안전성을 확보하는 셈이었다. 로빅 혼자서는 충분한 신용을 보장할 수 없지만 석유회사의 신용은 양호한 대출 조건이었던 것이다. 따라서 은행에서는 예측이 불가능한 경제 재난이 발생하지 않고 석유회사가 도산하지만 않는다면 매달 일정한 자금을 안정적으로 회수할 수 있을 것으로 판단했다. 로빅으로서는 석유회사의 신용을 이용하여 자신의 미약한 신용도를 대대적으로 높이는 효과를 거두게 된 것이다.

은행은 로빅이 제시한 조건대로 자금을 대출해주었고 사고자 했던 낡은 선박을 사들여 유조선으로 개조한 후에 석유회사에 임대할 수 있었다. 그런 다음 똑같은 방법으로 이 배를 담보물로 대출을 받아 또 다른 화물선을 사들여 유조선으로 개조했다.

이런 방법을 여러 해 반복한 결과, 배 한 척에 대한 대출금을 다 갚기도 전에 또 다른 배 한 척을 살 수 있었다. 이때, 그는 문득 기묘한 구상을 하게 되었다. 기존의 배를 자금 대출용 담보로 활용할 수 있다면 아직 건조가 완료되지 않은 선박도 담보로 제공하지 못할 이유가 없었다. 이런 구상이 바로 남의 돈으로 자신의 돈을 버는 방법을 배우는 두 번째 단계의 신호였다.

그의 새로운 사업의 방법은 이런 것이었다. 우선 특수 목적을 갖는 유조선이나 기타 선박을 설계하여 건조에 들어간 다음, 용골을 장착하기 전에 임대할 고객을 찾는다. 그런 다음 이 임대계약서를 갖고 은행에 대출을 신청하여 계약된 배를 건조하는 것이다.

대출의 방식이 흔히 볼 수 없는 '상환 연기 대출'이라, 이런 조건 하에서는 배가 진수되기 전에 은행은 아주 적은 액수만을 회수할 수 있고 심지어 한 푼도 회수하지 못할 수도 있었다. 하지만 은행으로 봐서는 그 정도의 위험은 얼마든지 감수할 수 있었고, 그 이후의 상환 방식은 이전에 하던 방식과 같았다. 결국 여러 해가 지나 대출금을 다 갚고 나서 로빅은 정식으로 배를 소유하게 되었다. 자기 돈은 단 한 푼도 들이지 않고 선주가 된 것이다.

이제 로빅은 거대한 부의 축적을 위한 장기적인 모험에 들어갔다. 물론 그것도 남의 돈을 이용한 것이었다. 제2차 세계대전 기간에는 미국 정부가 가장 큰 고객이었다. 로빅의 소형 조선소는 폭발적인 속도로 성장을 지속했고 그가 건조한 유조선은 전량 정부가 사주었다.

전쟁이 끝난 후, 사람들이 그토록 그리워하던 경제 번영은 1940년대 말에야 간신히 싹이 보이기 시작했다. 로빅은 여전히 전방위로 자신의 사업을 확장할 방법을 모색하고 있었다. 다른 조선업자나 해운업자들과 마찬가지로 그 역시 미국이 이제는 조선이나 해운업을 하기에 가장 불리한 나라가 될 것이라고 판단했다. 임금과 물가, 그리고 세금이 높아져 전체 해운업계의 납세 문제가 미국 정부를 괴롭히고 있었다. 로빅은 사업의 방향을 해외로 돌려야 할 때가 왔다는 결론을 내렸다.

1950년대 초, 그는 일본을 발전 가능성이 가장 뛰어난 지역으로 선정했다. 일본은 세계대전의 패전국이었다. 오키나와는 일본의 주력함과 항공모함, 그리고 기타 대형 선박들의 기항지로서 이미 거대한 조선 시설을 갖추고 있었다. 전쟁이 끝난 후 이 조선소는 폐쇄되었고 수천 명의 노동자들은 실업자가 되어 흩어져버린 상태였다. 오키나와 전역이 심각한 경제 침체에 빠져버린 것이었다.

일본 정부는 이 지역에 대해 개발 조치를 취하고 싶었지만 이곳이 영원히 미국의 해군기지가 되지나 않을까, 하는 걱정 때문에 섣불리 움직이지 못하고 있었다. 그러므로 로빅이 거액의 현금을 가지고 도착했을 때, 일본은 그를 대대적으로 환영하지 않을 수 없었다. 일설에 의하면 일본 정부의 한 관리는 그와 합작 계약을 체결하면서 너무 감격한 나머지 눈물까지 흘렸다고 한다.

일본인들은 즉시 이 말없고 과묵한 미국 신사와의 거래를 진행했다. 일본은 특히 일본인 노동자들을 고용하고 일본산 강철을 사용한다는 조건에 대한 보상으로 파격적인 임대료로 오키나와 항구를 장기간 임대해주었고 세금에 있어서도 막대한 혜택을 주었다. 그때부터 지금까지 로빅은 계속 오키나와에서 유조선과 철강운반선, 그리고 기타 선박들을 건조하고 있다. 그가 건조하는 선박은 갈수록 규모가 커지고 새로 건조된 선박들은 이전에 건조된 것들에 비해 훨씬 저렴한 가격으로 보다 많은 화물을 수송할 수 있는 능력을 갖추게 되었다.

중국의 호설암이든 미국의 로빅이든 거대한 부를 축적한 성공적인 경영자들이 '남의 닭을 빌려 알을 낳는 것' 이라는 특수한 마술을 적극 활용하고 있다는 사실을 오늘의 경영자들도 눈여겨보아야 한다.

사업을 일으키는 근본

10

手活 수활

'수手'란 인간이 갖고 있는 도구로서
수법 또는 수단의 뜻으로 해석할 수 있다.
'활活'이란 활발하고 민첩한 것을 말한다.
따라서 '수활手活'은 인간 생존의 기초요,
사업의 근본이라 할 수 있다.
장사란 것도 여기에 근거를 둔다.
손이 활발하고 민첩하면 사업이 번성하고 일이 순조롭지만,
손이 둔하고 느리면 사업이 부진하고 하는 일이 위태로워진다.

장사는 손이 살아 있어야 한다

호설암 어록

"사업을 하려면 기동성과 융통성을 발휘해 한쪽에서 구멍이 나면 다른 쪽에 있는 것을 가져와 재빨리 메울 수 있어야 한다. 이것이 바로 능력이다. 누구나 '관리배치' 란 단어를 알고 있을 것이다. 관리배치란 바로 조정과 예측을 말한다. 언제 자금이 필요하고 어느 것을 먼저 막아야 하는지를 정확히 예측할 수 있어야만 다른 사람들보다 앞서 나갈 수 있다. 사업은 민첩하고 융통성 있게 해 나가야 한다. 여기서 민첩하다는 것은 물론 여러 가지 요소들을 포함한다. 어느 한 쪽만을 고집하려 들지 말고 민첩하게 손을 써서 하기로 마음먹은 일은 즉시 해치워야지 질질 끌다가 일을 망쳐선 안 된다. 이것이 바로 '수활' 의 정신이다."

수활의 요체

호설암은 사업을 진행하는 동안 매번 놀라운 민첩성과 탁월한 지략을 과시했다. 한 번 움직일 때마다 한 가지 지모가 뒤따랐고, 이러한 지모는 거대한 재산이 되어 돌아왔다.

그는 생사사업과 왕유령이 맡고 있는 호주 관부의 공무를 위해 여러 차례 호주를 드나들면서 이 지역에서 상당한 영향력을 갖고 있는 호주 서방書房의 서판 욱사를 사귀게 되었다. 호설암은 의기와 식견을 십분 발휘하여 욱사의 집안일을 손쉽게 해결해준 덕분에 그에게서 확실한 신망을 얻고 있었고, 욱사는 욱사대로 호설암의 도움에 보답하기 위해 자신이 직접 나서서 젊은 과부인 부용을 호설암의 첩실로 맺어주었다.

부용의 친정은 부유한 집안으로 바로 윗대까지만 해도 '유경덕당劉敬德堂'이라는 큰 약방을 경영하고 있었다. 그러나 부용의 부친이 약재를 구하러 사천에 갔다가 배가 뒤집혀 사망하면서 급속하게 몰락의 길을 걷게 되었다.

부용의 삼촌 중에 유불재라는 인물이 약방을 넘겨받게 되었는데 워낙 귀하게 자란 도련님인 데다가 너무 노름을 좋아해 일 년도 채 못 되어 경영을 유지할 수 없게 되었다. 결국 점포마저 다른 사람의 손에 넘기고 빚을 얻어 먹고살아야 하는 처지가 되고 말았다. 하지만 이런 유불재에게도 남들에게서 찾아보기 힘든 뛰어난 재주가 있었고 자존심 또한 대단했다.

비록 궁색한 처지였지만 조카인 부용이 가업의 비방을 남에게 팔아넘기는 것을 허락하지 않았고, 첩실로 맺어지긴 했지만 조카사

위인 호설암을 탐탁지 않게 여기며 친척으로 여기지도 않았다. 그는 가업의 비방이 남아 있는 한, 자신의 집안은 아직 건재하기 때문에 언젠가는 다시 집안을 크게 일으킬 수 있으리라고 굳게 믿고 있었다.

부용을 첩실로 맞은 호설암에게는 좀처럼 자신을 친척으로 받아들이려 하지 않는 유불재가 커다란 골칫거리일 수밖에 없었다. 보통 사람들 같았으면 이런 상황에서는 서로 나 몰라라 했을 것이다.

호설암에게는 두 가지 선택의 여지가 있었다. 하나는 욱사의 말대로 서로 아무 관계도 없는 사람들처럼 모른 척하고 살아가는 것이고, 다른 하나는 부용의 생각대로 그에게 거액의 은자를 주고 가업의 비방을 사들이는 대신 그로 하여금 스스로 장사를 하여 먹고살게 하는 것이었다. 어차피 친척으로 인정하지 않을 바에야 유불재로서도 그렇게 하는 것이 손해를 보거나 자존심을 다치지 않는 일이었다.

하지만 호설암의 생각을 달랐다. 그는 유불재에게 친척으로 인정을 받는 것은 물론이요, 그를 이용하여 자신의 약방을 경영하겠다는 야무진 생각을 하고 있었다. 호설암은 약방이 대단히 유망하고 큰돈을 벌 수 있는 사업이라는 결론을 내리고 있었다.

민란이 빈발하여 도처에 싸움이 벌어지다 보면 역병을 예방할 약품이 필요할 것이고 병사든 민간인이든 간에 부상자가 많아져 그만큼 약품의 수요가 늘어날 것이 분명했다. 따라서 좋은 약재를 쓰면서 가격만 적당하게 책정해준다면 약방을 여는 것도 나쁠 이유가 없었다.

더군다나 좋은 약으로 많은 사람들의 생명을 구하고 불쌍한 사람들을 구제했다는 소문이 널리퍼지게 되면 쉽게 관장의 지원을 받아 큰 돈을 벌 수 있는 기회를 잡는 것은 물론 훌륭한 명성까지 얻게 될 터이니 이보다 더 좋은 일이 어디에 있단 말인가!

처삼촌인 유불재가 약방업의 전문가인 이상, 그를 잘 설득하여 좋지 않은 버릇만 고치게 하면 크게 중용할 수 있을 것이고, 게다가 그에겐 대단한 가업의 비방이 있기 때문에 약방을 여는 데 더 좋을 것이 없었다.

생각을 정리한 호설암은 즉시 욱사를 불러 도움을 청했다. 가족임을 인정하는 잔치를 베풀고, 그 자리에서 약방을 여는 데 필요한 자금과 장소, 시기 등의 문제까지 일거에 마무리 지으려는 의도였다.

호설암의 '호경여당'은 이렇게 하여 문을 열게 되었다. 몇 십 년의 시간이 흐르는 동안 '호경여당'의 명성은 널리 알려져 천하제일의 의약 명가가 되었고, 든든한 자금줄 역할도 해주었다. 또한 호설암에게는 선행에 힘쓰는 훌륭한 상인이라는 명성을 안겨주면서 이후의 모든 사업에 긍정적인 영향을 미치기도 했다.

전장과 함께 생사사업까지 벌이고 있던 호설암이 그것으로 만족하지 않고 약방을 시작한 것은 부단하게 이익을 쫓는 뛰어난 기동성의 모범을 보인 것이다. 사실 사업이라는 것은 자신의 전문 영역을 지켜내는 것도 힘든 일이고, 사업이 확대된다 하더라도 같은 업종과 방법에 국한되는 것이 대부분이다.

하지만 거부가 되기 위해선 절대 한 가지 영역에만 집착해선 안 된다. 때문에 호설암은 이렇게 말하고 있다.

"사업을 할 때는 민첩하고 기동성이 있어야 한다. 물론 여기서 말하는 기동성은 모든 분야를 포함한다. 한 가지 영역만 고집하지 말고 전방위로 사업의 범위를 넓혀야 한다. 그리고 일단 마음먹은

일은 질질 끌지 말고 신속하게 해치워야 한다. 이것이 바로 '수활'의
정신이다."

빠르고 민첩해야 한다

 사업을 하려면 민첩하고 융통성
있게 해야 한다. 민첩함과 융통성
이란 두 가지 차원의 의미를 지닌다. 첫째는 어느 한 영역이나 세계를
고집하지 않고 구체적인 상황에 근거하여 유동적인 반응을 보이라는 것
이다. 둘째는 모든 일에 대해 빠르고 민첩하게 대응하되, 원만하게 해결
해야 한다는 것이다. 문제를 분석하고, 처리함에 있어서 실수가 없어야
다가온 기회를 놓치지 않을 수 있다.

호설암은 사업을 하면서 시종 이러한 입장을 견지하여 "장사를 할 때는
항상 손이 살아 있어야 한다."고 말했다. 이 말의 의미는 상장에서의 모
든 행위는 철저한 전략에 따라 신속하게 이루어져야 한다는 것을 뜻한
다. 호설암이 항상 주장하는 민첩성과 신속한 반응, 그리고 적재적소에
자금과 인력을 배치하는 것 등이 모두 그의 '수활' 전략의 반영이다.

호설암은 항상 '손이 빨라야 한다'는 생각을 갖고 있었기 때문에 모든
계획을 자연스럽게 행동으로 옮길 수 있었고, 사업을 펼치는 중요한 실
천 원리로 관철시킬 수 있었다.

상경에서 배우는 경영 정신

사업을 할 때는 모든 일에 있어서 민첩하고 융통성이 있어야 하며 임기응변에 능해야 한다. 이것이 호설암 '수활'의 핵심이다. 베트남의 유명한 중국인 사업가인 온성동溫成同은 호설암의 이러한 정신을 이어받아 빈털터리 난민 신세에서 불과 8년 만에 홍콩 알루미늄 생산량의 3분의 1, 노동자 수의 3분의 1을 점유하는 '동기同記 알루미늄 공사'의 사장이 되었다.

1956년 베트남 사이공 근교의 작은 농촌에서 태어난 온성동은 1976년 베트남 정부 당국이 조장한 반중국인 폭동의 와중에서 부모님이 세상을 떠나자 단신으로 홍콩으로 넘어와 새로운 생활을 시작했다.

그가 처음 홍콩에 왔을 때는 남루한 옷 한 벌 외에는 아무것도 가진 게 없는 빈털터리였다. 그러나 불과 8년 만에 자신의 사무실과 공장을 경영하는 사업가가 되었고 그가 생산해 낸 상품은 아프리카와 동남아 등지로 수출되고 있다. 그의 성공 비결을 알기 위해서는 먼저 그의 창업 초기로 돌아가 볼 필요가 있다.

어느 날 건축 자재를 운반하던 온성동은 실수로 창문용 알루미늄 새시를 망가뜨렸고 그 일을 계기로 알루미늄의 제조 과정과 구조를 연구하게 되었다. 알루미늄이 목재를 대신할 수 있다는 사실이 그에겐 대단히 신기한 일이었다. 온성동은 틈이 날 때마다 공사장 폐자재 적치장을 찾아다니며 간단한 공구로 알루미늄 새시 제작 과정을 훈련하기 시작했다.

"세상에 어려운 일이란 없다. 단지 마음이 따르지 않는 것이 두려울 뿐이다."

온성동은 스스로 기술을 연마하는 한편 의도적으로 기술자들을 접촉하여 도면을 훔쳐보며 몰래 기술을 익혔다. 하늘은 스스로 돕는 자를 돕는 법이다. 6개월 동안의 훈련과 학습을 통해 그는 마침내 알루미늄으로 새시를 제작하는 공정을 완전히 터득하게 되었다.

그의 첫 번째 거래는 어느 개인 주택에 네 개의 창틀과 창문 새시를 제작해주는 것이었다. 시공이 정교하고 섬세한데다가 자재 선택도 훌륭하고 가격도 비싸지 않았던 까닭에 납품과 동시에 고객으로부터 대단한 찬사를 받았다.

그는 하청 단계를 거치지 않고 자재 주문에서부터 시공에 이르기까지 모든 과정을 직접 도맡아 했기 때문에 불필요한 비용을 줄일 수 있었고 단 한 번의 거래로 5천5백 홍콩 달러의 매출을 올려 원가를 제하고도 무려 3천5백 홍콩달러를 벌 수 있었다. 이는 그의 한 달 월급에 해당하는 금액이었다.

처음부터 뜻밖의 성공을 거두자 그의 마음속에는 한 가지 구상이 싹트기 시작했다. 알루미늄으로 목재를 대신하는 문틀을 제작하는 것이었다. 온성동은 하던 일을 그만두고 독자적으로 알루미늄으로 문틀을 제작하는 사업을 시작했다. 그의 제품은 품질이 우수하고 가격이 저렴한데다가 시공이 세밀하여 고객들로부터 큰 환영을 받으면서 시장을 급속도로 넓혀나갔다. 그의 '동기알루미늄공사'는 이렇게 해서 설립되었다.

온성동은 고객에 따라 예우와 서비스를 달리하며 민첩한 자세로 사람들의 마음을 사로잡았다. 때로는 고객이 다른 회사를 찾아가지 못하도록 일부러 상담 시간을 빡빡하게 잡았고, 상담할 때에는 고객으로 하여금 자신과 거래하지 않으면 나중에 후회할 것 같은 마음이 들게 하는 심리전술을 구사했다.

온성동은 '기회'만을 인정했지, '비결'을 인정하진 않았다. 그는 창업 과정에서부터 상황에 대처하는 임기응변 능력을 증강하는 데 주력했고, 주위 환경의 변화에 민첩하게 대응하는 기동성과 적응 능력을 기업의 생명으로 여겼다. 적응 능력이 갖춰져야만 기업의 생존력과 경쟁력을 증진시킬 수 있었기 때문이다.

사업의 규모가 확대되면서 수공 제작으로는 더 이상 수요를 따라갈 수 없게 되었다. 이러한 변화에 적응하기 위해 온성동은 50만 홍콩달러를 투자하여 공장을 임대하고 새로운 설비를 구입하여 규모를 확대했다. 나중에 그는 당시의 상황을 이렇게 회고했다.

"당시 저는 성공할 거라는 생각보다 실패할지도 모른다는 생각이 더 많았습니다. 비록 수공 제작이 낙후되긴 했지만 안정적으로 현상유지를 할 수 있었거든요. 게다가 생산을 확대하려면 거액의 투자가 필요했습니다. 투자한 자금을 회수할 수 있을까, 하는 두려움이 더 컸지요."

투자에 대한 두려움에 그는 설계 사무소와 공사장을 돌아다니는 한편, 건축사들을 찾아가 알루미늄 공사의 전망을 계산하고 예측해 보았다. 그리고 결국, 은행에서 사업 자금을 대출 받아 공장을 임대하고 설비를 구입한 다음, 비싼 설비를 썩히지 않기 위해 공장을 24시간 가동했다. 이처럼 기업의 기동성과 적응 능력을 제고시킨 결과, 불과 몇 개월 만에 대출금의 원금과 이자를 모두 상환할 수 있었다. 수공 제작에서 기계 생산으로 전환하면서 생산성은 열 배로 향상되었고 자율적인 판매 전략도 갖게 되었다.

온성동이 기업의 기동성과 적응 능력을 중시하게 된 것은 기업 내외의 조건에 따른 것이었다. 외부적으로는 정보를 중시하고 내부적으로는 인력과 생산성을 중시했던 것이 관건이었다. 누군가 그에게 서양에서는 알루미늄 제품이 이미 나일론이나 플라스틱 제품처럼 사람들의 환영을 받지 못하고 있다고 말하자 그는 웃으면서 동남아와 아프리카, 그리고 중국에서는 적어도 20년 동안 공급이 수요를 따르지 못할 것이라고 대답했다. 이는 국제 시장의 동향에 대한 그의 정확한 이해와 정보를 그대로 반영하는 말이었다.

온성동은 직원들의 정서를 다스리는 데도 뛰어났다. 한번은 방금 일본에서 도착한 알루미늄 자재를 하역해야 했는데 그때가 마침 직원들의 퇴근 시간이었다. 그는 즉시 공장으로 달려가 직원들에게 사실을 있는 그대로 설명했다. 직원들은 회사의 어려움을 자신의 일처럼 여기고 전원이 하역 작업에 나서주었으며 온성동도 직원들과 함께 작업에 참여했다.

두 시간 동안의 작업으로 알루미늄 자재는 무사히 하역을 마쳤고, 덕분에 상당한 금액의 창고 비용을 절약할 수 있었다. 작업을 마치자 그는 고급 음식점에 자리를 예약하여 술과 음식으로 직원들의 노고를 치하하고 그 자리에서 시간 외 수당을 지급함으로써 직원들

의 사기를 높여주었다. 이에 든 비용은 창고 비용에 비하면 조족지
혈에 불과했다. 온성동은 이렇게 말했다.

"담배를 피우는 사람은 담배값이 들고 술을 좋아하는 사람은
술값이 듭니다. 기업가라면 직원들을 위한 사소한 지출에 인색해서
는 안 되겠지요."

적당한 선에서 사고
적당한 선에서 판다

"세상을 살다 보면 한쪽에서는 이익을 보고 다른 한쪽에서는 손해 보는 일을 피할 수가 없다. 하지만 경우에 따라서는 손해 보는 것이 득이 될 수도 있다. 손해를 본다는 것은 동시에 다른 사람에게 인정을 베풀고 있다는 것을 의미하고, 이러한 인정은 기회가 되면 적절한 보답으로 돌아오기 때문이다. 사업에도 양면성이 있어서 한쪽에선 이익을 보면서 다른 한쪽으론 손해를 보기 쉽다. 매매의 쌍방은 언제나 적대관계라 사는 쪽이 이익을 볼 수도 있고 파는 쪽이 이익을 볼 수도 있다. 그러나 정말로 사업을 할 줄 아는 사람은 양쪽에서 이익을 챙긴다. 적당한 선에서 사고 적당한 선에서 팔기 때문이다. 사업도 인격과 마찬가지다. 최대한 멋진 장사를 해야지 멍청한 모습을 보여선 안 된다. 멍청한 사람은 어떤 사람인가? 이익만 챙길 줄 알고 손해 보는 것을 못 참는 사람이다."

멋지게 손해를 보는 투자

도주공은 선진 시기의 유명한 상인이었다. "부유한 사람들을 모두 도주공이라 칭했다."는 말은 그가 모든 상인들의 모범이자 우상이었다는 사실을 잘 말해준다. 선진 이후 2천여 년 동안 지속된 봉건사회에서 도주공이란 이름은 상인들에게 줄곧 흠모의 대상이 되어 왔다. 근대로 들어선 이후로도 상업이나 무역에 종사하는 사람들 사이에서 "경영은 도주공의 부유함을 따라야 하고, 축재는 자공의 현명함을 본받아야 한다."는 말이 회자되었던 것을 보면 상인들의 마음 속에서 그가 차지하는 중요성을 가늠할 수 있다.

도주공은 상업 및 경영 활동에서 이른바 '계연지책計然之策'이라 불리는 일련의 이론과 지식을 지도 원리로 운용했다. 그 내용은 크게 두 가지로 대별할 수 있는데 하나는 '치국지도治國之道'로서 봉건국가의 식량 및 시장 관리의 원리이고, 하나는 '적저지리積著之理'로서 개인적인 축재와 이재의 학문이다.

도주공의 '적저지리'에는 물건의 귀함이 극에 이르면 다시 천해지고 천함이 극에 이르면 다시 귀해진다는 한 가지 원칙이 있었다. 따라서 귀한 것을 흙으로 여길 줄 알아야 하고 천한 것을 보물로 받아들일 줄 알아야 하는 것이다.

이는 상품의 가격과 시장에서의 수요와 공급의 관계를 설명한 것이라 할 수 있다. 수요와 공급이 안정된 상황에서는 상품의 가격과 공급량이 반비례하지만 공급이 과잉되면 가격이 어느 정도 하락하다가 일정한 수준에 이르면 다시 상승하게 된다. 상품 가격의 등락에는 일정한 한도가 있기 때문에 가격 상승이 포화상태에 이르면 다시 하락하게 되고, 가격 하락도 일정한 하한선이 있어 필연적인 반등이 이루어지게 된다는 것이다. 이것이 상품 교역에 있어서 가장 기본적인 가격 원리이다.

상인이 이러한 규칙을 파악하고 있다면 교역을 하면서 시장의 표면적인 상황에 현혹되지 않고 시세의 변화를 잘 관찰하여 분별 있게 행동함으로써 자신의 상품 가치를 극대화시킬 수 있다. 아울러 가격이 최저점에 이르렀을 때, 대량으로 물건을 구입하는 이득을 취할 수 있다. '귀한 것을 흙으로 여길 줄 알고 천한 것을 보물로 받아들일 줄 아는 것' 이 바로 상품 처리와 구매의 기본 원칙이다.

도주공의 '적저지리' 에 대해서 호설암은 한 걸음 더 발전한 견해를 보였다.

"세상의 모든 일은 양면성을 지닌다. 한쪽에서 이익을 보면 다른 한쪽에서 손해를 보기 쉽다. 사업도 마찬가지다. 매매의 쌍방은 언제나 적대관계라 사는 쪽이 이익을 볼 수도 있고 파는 쪽이 이익을 볼 수도 있다. 그러나 정말로 사업을 할 줄 아는 사람은 양쪽에서 이익을 챙긴다. 적당한 선에서 사고 적당한 선에서 팔기 때문이다."

실제 생활에 있어서도 한쪽에서 이익을 얻으면 다른 한쪽에선 손해를 볼 수도 있다. 하지만 손해를 복으로 받아들일 수 있느냐의 여부는 전적으로 개인의 시각에 달려 있다. 손해를 본다는 것은 동시에 누군가에게 인정을 베풀고 있다는 것을 의미하고 인정은 언젠가는 보답으로 돌아오기 때문이다.

일반적으로 물에 빠진 개는 때리지 않는 법이고, 남의 여자를 빼앗으려면 그만한 대가를 준비하고 있어야 한다. 이것이 바로 모든 사물과 현상의 양면성이다. 전자의 경우 체면을 잃는 대신 퇴로를 보장받는 것을 의미하고, 후자의 경우는 자신의 즐거움을 찾는 대신 상대방의 요구를 들어줘야 한다는 것을 뜻한다. 이때 가장 중요한 것은 인정의 법칙에 따라 먼저 상대방의 요구를 만족시켜 준 다음 그 보답을 기대해야 하며 어정쩡하고 인색한 태도를 보여선 안 된다는 점이다.

어정쩡한 모습이란 상대방에게서 이익을 얻어 놓고 자신은 상대방으로 인한 손해를 받아들이지 않으려 하는 태도를 말한다. 인정의 법칙에 따른 손해를 받아들이지 않다가는 더 큰 손해를 초래하게 된다.

호설암은 자신의 애첩 아교를 하계청에게 선물하는 과정에서 엄청난 감정의 회오리를 경험했다. 아교는 호설암과의 생활에 있어서 세세한 부분까지 마음이 가장 잘 통하는 여자였고 서로를 누구보다도 아끼고 이해하는 사이였다. 그러나 하계청을 만나게 되고, 그가 아교의 아름다움에 흠뻑 빠지게 되면서 아교의 마음에도 동요가 일기 시작했다. 이때 호설암은 아교가 자신에 대해 철저하게 변심했거나 아니면 아예 자신이 아교를 만나지 않은 것으로… 그것도 안 되면 아교의 향기와 아름다움이 이미 사라져버린 것으로 치부하기로 마음먹지 않을 수 없었다.

호설암은 사사로운 감정을 포기하고 이해관계에 따라 생각을 다시 정리할 필요를 느꼈다.

하지만 아교로서는 아직 새 사람과는 정이 들지 않고 호설암과의 옛정도 완전히 잊지 못한 상태였다. 호설암도 아교와 함께 보냈던 꿈같은 밤들을 잊지 못했고 다시 계획을 바꿀까, 하는 생각도 해보았다.

하지만 손해를 보려면 끝까지 봐야 한다. 그래야 나중에 이를 만회할 수 있는 기회가 생기는 것이다. 설사 만회한 것이 손해를 완전히 보상해주지 못하거나 마음에 차지 않는다 하더라도 일단 상대방의 마음 한 귀퉁이를 잡아 놓은 셈이 된다. 정말로 손해를 볼 줄 아는 사람은 때때로 정반대의 결과를 얻는다.

손해를 보며 이익을 챙긴다

 호설암 '수활'의 또 한 가지 특징은 손해를 받아들임으로써 훗날 이익을 취하는 것이다. 보통 사람들에겐 손해를 본다는 것이 대단히 기분 나쁜 일이다. 어찌됐건 간에 자신에게 피해를 주기 때문이다. 그러나 호설암의 생각은 달랐다. 그는 모든 사물과 현상에는 양면성이 있다고 생각했다. "어떤 현상이 극에 달하면 반드시 돌아선다."는 말처럼 손해를 본다는 것이 반드시 나쁜 일만은 아니다. 제대로 장악하기만 하면 손해 보는 것도 좋은 일이 될 수 있다. 손해 속에서도 이익을 챙길 수 있는 것이다. 이처럼 손해를 보면서도 이익을 챙기고 이익을 볼 때는 당연히 이익을 보는 것이 이른바 이중 이익이고, 이것이 바로 호설암 '수활'의 극치이다.

손해 속에서 이익을 챙긴다는 것을 좀더 자세히 규명해 보면 진보를 위한 일보 후퇴임을 알 수 있다. 손해를 보는 것과 일보 후퇴하는 것은 실질적으로 동일한 전략으로서 경영의 세계에서는 흔히 활용되는 방법이다. 그 목적은 힘을 축적한 후에 적절한 시기를 찾아 보다 효과적으로 발진하거나 도약하기 위함이다.

상경에서 배우는 경영 정신

▌경영은 도주공의 부유함을 따라야 한다

사업을 하면서 손해를 보거나 양보하는 데 뛰어난 것도 능력이다. 그래야 더 큰 성취의 여지가 생기고 보다 넓은 발전의 공간을 확보할 수 있기 때문이다. 고금의 경영의 세계에 있어서도 손해를 감수하고 한 걸음 물러설 줄 알았던 사람들은 대부분 두 배의 이익을 얻었고 결국 큰 일을 이룰 수 있었다. 반대로, 손해를 받아들일 줄 모르는 사람들은 발전이 없었고 심지어 더 큰 화를 당하기도 했다.

도주공은 도陶에 거하면서 세 아들을 두고 있었는데 둘째 아들이 사람을 죽여 초나라에 잡히는 신세가 되었다. 주공이 말했다.

"이치대로 하자면 사람을 죽일 경우 목숨으로 갚아야 하는 법이다. 하지만 내가 듣기로는 천금으로 뇌물을 쓰면 아들의 목숨을 구할 수 있다는구나."

그리하여 그는 셋째 아들에게 천금을 수레에 싣고 초나라에 다녀오라고 분부했다. 큰아들이 이 얘길 듣고는 자신이 가겠다고 나섰으나 주공은 큰아들의 말을 들으려 하지 않았다. 그러자 큰아들이 다시 졸라댔다.

"집안에서 장자의 책무는 집안을 잘 감독하는 것입니다. 지금

동생이 죄를 범해 갇혀 있는데 저를 보내시지 않고 셋째를 보내신다면 이는 저를 불효자로 만드시는 처사입니다."

말을 마친 큰아들은 스스로 목숨을 끊으려 했다. 그러자 주공의 아내가 옆에서 거들고 나섰다.

"작은아들을 보내더라도 반드시 둘째를 구해서 돌아오리라는 보장이 없잖아요. 공연히 큰아들만 먼저 죽게 될 테니, 그래선 안 될 것 같네요!"

주공도 하는 수 없이 큰아들을 보내기로 하고 옛 친구인 장생에게 보내는 편지를 한 통 써주었다. 그리곤 큰아들에게 일렀다.

"도착하거든 이 돈을 장생 댁에 전해 드리고, 잘 좀 처리해 달라고 부탁드려라. 절대로 그 양반과 다투진 말아라."

큰아들은 길을 떠나면서 부친이 준 천금 외에 따로 수백 냥의 금을 가지고 갔다. 초나라에 도착해 보니 과연 장생은 몹시 곤궁한 상태였다. 큰아들은 편지를 건네며 부친이 시킨 대로 천금을 장생에게 주었다. 장생이 말했다.

"일찍 돌아갈 수 있을 것이오. 이곳에 오래 머물러서는 안 된다는 점을 명심하시오. 동생은 곧 풀려나게 될 테니 그 이유는 묻지 마시오."

큰아들은 장생의 말을 듣지 않고 그의 집에서 나와 초나라에 더 머물면서 자신이 따로 가져온 돈으로 초나라 관리 하나를 구워삶았다. 장생은 비록 가난하긴 하지만 청렴하고 정직하기로 소문이 자자한 인물이라 초왕도 그를 크게 존경하고 있었다.

주공이 보낸 돈도 그는 절대 받으려 하지 않았고, 그의 아들이 억지로 건네는 바람에 받아두긴 했지만 일이 성사된 후에는 다시 주공에게 돌려줄 작정이었다. 때문에 그는 금을 받으면서도 아내에게 이렇게 말했다.

"이는 주공의 금이라 나중에 돌려줘야 하니 함부로 꺼내 쓰지 않도록 하시오."

주공의 큰아들은 장생의 사람됨을 잘 모르는 터라 그 말뜻을 이해하지 못했다. 이윽고 장생은 적당한 기회를 잡아 초왕을 찾아가 말했다.

"최근에 서쪽 하늘에 이상한 별이 하나 나타나기 시작했는데 이는 필시 초나라에 큰 우환이 생길 징조입니다."

평소에 장생을 신임하던 초왕은 불안한 마음에 장생에게 다그쳐 물었다.

"그럼 짐이 어떻게 해야 하오?"

"빨리 덕행을 쌓으셔야 화를 면할 수 있을 겁니다."

"그럼 방생을 하란 말이구려. 짐이 당장 그렇게 하리다."

초왕은 즉시 사자를 보내 삼전부를 봉했고 주공의 큰아들에게서 돈을 받은 관리가 재빨리 이 소식을 알려주었다.

"초왕께서 대사면을 단행하려 하시오."

큰아들이 되물었다.

"무엇으로 그 사실을 입증한단 말이오?"

"초왕께서는 대사면을 단행하실 때마다 먼저 삼전부를 봉하곤 하셨는데 어제 저녁에도 그러셨소."

주공의 아들은 초왕이 대사면을 단행한다면 동생도 풀려날 것이 분명한 이상, 천금이나 되는 금을 헛되이 장생에게 바칠 필요가 없다고 생각하고는 장생을 찾아갔다. 장생은 그를 보자 깜짝 놀라며 물었다.

"아니, 왜 아직 돌아가지 않고 있는 게요?"

"제가 초나라에 온 것은 동생을 구하기 위해서입니다. 이제 초왕께서 대사면을 베푸시니 당연히 동생도 풀려나겠지요. 그래서 다시 한 번 어르신을 찾아뵙고 인사나 드리고 가려고 들른 겁니다."

이 말에 장생은 그가 다시 찾아온 것이 금을 되돌려 받기 위한 것임을 알아차렸다.

"그럼 내 집에 가져왔던 금을 도로 가져가도록 하시게."

큰아들은 황금을 돌려받으며 마음속으로 쾌재를 불렀다.

자신이 주공의 큰아들에게 놀림을 당했다는 생각에 몹시 기분이 상한 장생은 초왕을 찾아가 말했다.

290
상
경

"며칠 전 제가 대왕께 별자리가 흉하다고 말씀드리면서 덕행을 베풀어야 화를 면할 수 있다고 했는데, 퇴조하여 밖에 나가 보니 주공의 아들이 사람을 죽여 초나라에 갇히게 되자 돈으로 대왕의 신변에 있는 인사들을 매수하려 한다고 도처에서 말들이 많더군요. 그러면서 하는 말들이 대왕께서 대사면을 단행하신다면 이는 초나라 백성들을 어여삐 여기는 것이 아니라 주공의 돈에 매수됐기 때문일 거라는 것이었습니다."

초왕이 대노하여 말했다.

"내가 비록 수양이 덜 된 사람이지만 어찌 주공 같은 사람을 위해 은혜를 베푼단 말이오?"

그리고는 사람을 시켜 주공의 아들을 처형하고 나서, 그 다음 날 사면령을 내렸다. 결국 주공의 큰아들은 동생의 시신과 천금을 어깨에 메고 돌아가야 했다.

이 이야기는 보통 사람들이 갖고 있는 고질병을 날카롭게 지적하고 있다. 손해를 끝까지 참지 못하여 아무런 보답이나 대가를 얻지 못하는 것이 바로 우리 모두의 고질병인 것이다.

계책은 부모에게도
말하지 않는다

호설암 어록

"장사에 있어서 한 가지 중요한 요소는 계책과 수법을 잘 구사할 줄 알아야 한다는 것이다. 장사에는 머리를 쓰지 않아도 되는 일이란 없다. 자신이 먼저 머리를 쓰지 않으면 누군가 먼저 계책과 술법을 써서 장사의 주도권을 잡기 때문이다. 따라서 장사를 하는 사람은 반드시 민첩하고 효과적인 계책과 술법을 구사할 수 있어야 한다. 또한 그 계책이나 술법은 반드시 절묘하고 빈틈이 없어야 한다. 아울러 또 한 가지 중요한 사실은 모든 계책이나 술법을 구사함에 있어서 생각의 폭이 넓어야 한다는 것이다. 모든 요소들을 고려하고 염두에 두어야만 진정한 '수활'이 될 수 있다."

반드시 이기는 전략

호설암이 '융창隆昌 양곡상'을 상대로 했던 연환계는 그의 계책과 술책이 얼마나 뛰어난 것인가를 잘 알 수 있게 한다.

담백년은 융창 양곡상에서 주인을 능가하는 권력을 휘두르고 있었다. 진짜 주인은 석삼관石三官이라는 인물로 멀리 고향인 소주에 살고 있는 부잣집 도령이었다. 부친이 세상을 떠나면서 엄청난 재산과 함께 아주 오랫동안 경영해 온 양곡상을 물려받았지만 그는 투계와 경마, 귀뚜라미 싸움 등에 미쳐 있어, 사업이나 장사는 소홀히 하였다. 따라서 양곡상의 모든 사무를 외삼촌인 담백년에게 일임한 채, 단지 매년 벌어들인 돈을 가져다주기만 하면 아무것도 묻지 않았다.

양곡상의 전권을 거머쥔 담백년은 이러한 점을 십분 활용해 주인 행세를 하며 점원들을 혹독하게 다루었기 때문에 위아래 할 것 없이 모두 그의 눈치를 보며 두려워했다.

하루는 담백년이 아침 식사를 마친 다음 중요한 회의에 참석하기 위해 '복헌 객잔'으로 향했다. 가는 길에 담백년은 머릿속으로 자신이 해야 할 일들을 정리해 보았다. 금년에 소주는 기후와 기상이 순조로워 곡미가 대풍을 이루었고 융창 양곡상은 적기에 대량의 쌀을 수매하여 창고에 만 석이 넘게 쌓아놓은 상태라, 당장 매주買主를 찾아야 하는 입장이었다. 담백년은 쌀장사를 한 지 이미 30년이 넘어 쌀에 관한 일이라면 모르는 것이 없었고 쌀장사의 오묘한 비결을 손바닥에 훤히 꿰고 있었다.

그의 경력이나 수완으로 볼 때, 얼마든지 따로 자신의 양곡상을 열어 진짜 주인이 되고도 남았지만 운명이 그의 발목을 잡고 있었다. 그는 소강지가 출신이었지만 병화로 인해 한순간에 재산을 다 잃고 남의 집 일을 해주고 먹고사는 처지로 전락했다가 천신만고 끝에 양곡상의 당수까지 오르게 되었다. 그러나 몸을 의지하고 있던 주인들이 하나 둘 파산하면서 담백년은 또 다시 상갓집 개꼴이 되고 말았다. 다행히 외조카인 석삼관이 그를 융창 양곡상의 당수로 초빙하고 모든 업무를 일임함으로써 지금의 지위를 누리게 된 것이다.

하지만 그는 늘 자신의 처지에 대해 불만을 갖고 있었다. 모든 업무를 전담하면서도 힘들게 번 돈을 전부 석삼관에게 갖다 바쳐야 한다는 것이 여간 억울한 것이 아니었다. 물론 외조카가 그를 박하게 대우하는 것은 아니었다. 연봉도 적지 않은데다가 따로 적당한 이익 배당도 있었다. 하지만 아무리 그렇다 해도 '융창'이 결코 자신의 양곡상이 될 수는 없었다. 장부를 조작하는 수법으로 약간의 돈을 따로 챙길 수도 있었지만 이처럼 자잘한 돈으로는 큰그릇이 될 수 없다. 담백년은 늘 어떤 기회가 찾아오기만을 기다리고 있었다.

회의가 있기 하루 전, 산동의 양곡상 반가상潘家祥이 상해에 도착했다. 담백년은 그 소식을 듣고 다음 날 회의 참석을 결정하게 되었다. 반가상은 상해에서 대량의 양곡을 사들여 북방으로 운송해 갈 계획이었다. 반가상은 이미 《신보》의 보도를 통해 산동지역을 휩쓴 큰한재로 쌀 작황이 크게 떨어져 대량의 곡물을 필요로 하고 있으며 상해의 양곡상들이 난립하여 서로 치열한 경쟁을 벌이고 있다는 사실을 알고 있었다.

그동안의 경험을 통해 담백년은 반가상이 자잘한 장사에 만족할 인물이 아니라는 점을 잘 알고 있었다. 소자본의 양곡상들과 거래할 경우 번거롭기만 하고 이윤이 적은데다가 필요한 수요를 채울 수 없기 때문이었다. 그의 눈에 들 만한 대형 양곡상은 상해에 겨우 서너 곳뿐이었는데 담백년이 여러 해 동안 열심히 노력한 덕분에 '융창'이 그 가운데 세 번째 자리를 차지하고 있었다. 담백년은 대량의 쌀을 싼값에 팔아 치우되 손실액을 부풀리면 석삼관에게 대금을 건네주고도 상당한 액수의 돈이 자신의 수중에 떨어진다는 계략을 생각해 냈다.

하지만 반가상을 만나고 나서야 그는 반가상이 이미 호설암과 거래를 약속한 상태임을 알게 되었다. 담백년은 실망을 금치 못하며 속으로 호설암에게 마구 욕을 퍼부었다.

"지독한 놈, 상해까지 손을 뻗쳐 남의 밥그릇을 빼앗다니!"

호설암은 절강해운국의 지원으로 조운이 해운으로 바뀌면서 상당한 성공을 거둬, 상계에서 모르는 사람이 없었다. 하지만 담백년은 그가 상해 양곡상들의 사업을 가로챌 줄은 생각지도 못했고, 사전에 손꼽아 본 양곡상들의 명단에도 호설암이란 이름은 들어 있지 않았다. 담백년의 주산에 따르면 융창 양곡상이 보유하고 있는 쌀을 전부 팔아 치울 경우 자신에게 떨어지는 은자만 해도 족히 2만 냥은 되고도 남았기에 그의 쓰린 마음은 말로 다 표현할 수 없었다.

생각다 못한 담백년은 온갖 감언이설로 반가상을 설득하여 호설암과의 약속을 파기시키기로 마음먹었고 반가상이 약속을 파기하려 한다는 소식을 들은 호설암은 깊은 시름에 빠졌다.

반가상은 하나만 생각했지 둘은 생각할 줄 몰랐다. 절강도 마침 쌀이 풍작을 이뤄 가격이 급락한 반면, 북방지역에는 가뭄이 들어 급히 대량의 쌀이 필요하다는 깃을 알았기 때문에 호설암도 재빨리 쌀을 사들였다가 양곡상을 찾아 좋은 가격에 팔면 거액의 이윤을 챙길 수 있으리라는 판단에서 쌀을 사 두었고 담백년과 마찬가지로 절박한 심정으로 손이 큰 매주를 찾고 있었다. 호설암의 생각은 다른 양곡상들과의 경쟁이 심해지기 전에 빨리 거래를 끝낸 다음 다시 정상적인 가격으로 쌀을 사들여 해운에 들어갈 생각이었다.

반가상의 위약은 호설암에게 실패의 아픔을 안겨준 것은 물론 그의 신용에도 큰 타격을 입힐 수 있었다. 반가상은 산동의 거상으로 북방의 민간 양곡시장을 독점하고 있으면서 상장 전체에 커다란 영향을 미치고 있는 데 반해, 호설암은 줄곧 신용과 성실을 자본으로 하여 장사를 해 왔기 때문에 반가상과의 거래가 깨어지면 상장에서의 체면이 크게 깎일 수밖에 없는 형편이었다.

생각다 못한 호설암은 자신의 이익을 위한 전쟁을 벌이기로 마음먹었다. 그는 한참을 심사숙고한 끝에 한 가지 연환계를 생각해 내고는 단계적으로 이를 진행해 나갔다.

첫 번째 단계는 담백년의 약점을 잡는 일이었다. 호설암은 반평생을 상장에서 지내면서 상대방의 약점이나 단점을 잡아 공격하는 데 이골이 나 있었다. 그의 직감에 의하면 담백년은 융창 양곡상의 당수인 만큼, 틀림없이 사사로이 챙기는 돈이 있는 게 분명했다. 세상에 그 누가 주인이 되고 싶지 않고, 그 누가 돈을 좋아하지 않겠는가?

호설암은 자신이 듣고 경험한 담백년의 과거 거래 내역을 면밀히 조사하고 기억해 냈다. 보통 사람들 같았으면 완전히 잊혀졌을 사실도 호설암의 머릿속에는 그대로 남아 있었다. 문득 그의 머리를 스치는 사건이 한 가지 있었다. 이전에 그가 가격을 흥정하면서 아무런 생각 없이 1리 2푼의 이윤을 따로 챙겨 '유화 전장'의 구좌로 입금시켰던 일이 생각난 것이었다. 이윤을 따로 분리하여 주거래 전장이 아닌 다른 전장에 맡긴다는 것은 주인의 감사를 피하기 위함이 분명했다.

당시의 상장에는 당수가 주인의 눈을 속여 사리를 취하는 사례가 비일비재했기 때문에 호설암은 그런 사정을 손바닥 들여다보듯이 훤히 알고 있었다. 이제 적의 약점을 잡은 이상, 이런 사실을 천하에 알리는 것만으로도 싸움은 간단히 끝낼 수 있었다.

두 번째 단계는 담백년을 꼼짝 못하게 압박하는 것이었다. 호설암은 20만 은자를 예금한다는 조건으로 자금이 부족한 유화 전장의 당수 곡진호谷眞豪에게 융창 양곡상의 담백년과 유화 전장의 거래 내역을 알려 달라고 요구했다.

곡진호는 지체 없이 거래 날짜와 액수, 이율 등이 정확히 기재된 거래명세서를 보내 왔다. 이제 '융창'의 사업에는 비밀이 남아 있지 않은 셈이었다.

세 번째 단계는 융창 양곡상의 지분을 확보하는 것이었다. 호설암은 유화 전장의 명의로 담백년이 '유화'에 맡긴 돈의 내역을 석삼관에게 보내 융창 양곡상의 주인인 석삼관으로 하여금 담백년의 소행을 알게 했다. 아울러 호설암은 석삼관을 찾아가 3할의 지분을 투자하고 손실이 발생할 경우 자신이 전액 보상하는 조건으로 양곡상의 업무에 관여할 수 있는 자격을 얻어냈다.

네 번째 단계는 담백년을 굴복시키는 것이었다. 호설암은 담백년의 죄상을 들이대며 관아에 가서 처벌을 받든지 아니면 주인이 안심하고 양곡상의 일을 맡길 수 있도록 처신을 잘 하든지 알아서 선택하라고 기회를 주었다. 호설암의 위협과 설득에 몰린 담백년은 딜리

길이 없었다. 어떻게든지 호설암의 편에 서서 그의 마음을 풀어줘야 하는 처지가 된 것이다.

다섯 번째 단계는 반가상의 대응에 준비하는 것이었다. 반가상은 융창 양곡상의 변고에 대해 전혀 모른 채 담백년만 철석같이 믿고 있었다. 계약을 체결한 후, 반가상은 급히 산동으로 돌아가 쌀을 함께 판매해줄 동업자를 찾았다. 이때 북방의 여러 성에서는 가뭄에 시달리다 못해 약탈과 절도 행위가 극성을 부렸고 염군과 백련교白蓮敎 등 민간의 사교 집단이 봉기할 조짐마저 일고 있었다.

조정에서는 각 독무들에게 속히 창고를 열어 빈민을 구제하고 최대한 민심을 수습하여 민란을 방지하라는 엄명을 내렸다. 이런 상황을 목도한 반가상은 내심 쾌재를 불렀다. 굶주린 백성들이 많을수록 쌀의 판로를 걱정할 필요가 없고, 오히려 가격이 최고 수준까지 올라갈 때까지 기다려 큰 돈을 벌 수 있기 때문이다.

그가 한창 대리상을 물색하고 있을 때, 호설암의 부탁을 받은 양도 대인이 그를 찾아갔다. 이 관리는 산동을 비롯한 북방지역의 양곡 수급을 관장하는 관리로서 급히 쌀을 구하고 있었다. 반가상은 조정의 창고가 비어 있고 해운이 늦어져 상황이 매우 급박하다는 말에 그의 요구를 받아들이지 않을 수 없었다.

너무나 다급하고 불안한 마음에 관리는 한 석에 은자 열다섯 냥이라는 높은 가격을 제시했고, 그 정도면 운송비를 제하고도 10만 냥이 넘는 은자를 벌 수 있는 장사라 반가상도 꺼릴 이유가 없었다. 반가상은 속으론 쾌재를 부르면서도 겉으로는 짐짓 내색하지 않고 엄살을 부리며 말했다.

"강남지역에도 전란이 빈발하여 곡가가 앙등하고 있어 쌀을 구하기가 그리 쉽지 않습니다. 게다가 길이 멀고 운송이 힘들어 저도 크게 손해를 보고 있기 때문에 많은 양을 인도하진 못할 것 같습니다."

관리는 그가 가격을 흥정하려는 의도임을 알고 한 석에 두 냥씩 올려 주었고, 반가상은 기꺼이 수락하여 거래가 성사되었다. 계약금을 치른 다음 양도 대인은 의미심장한 어투로 한 마디 던졌다.

"상황이 매우 급하니 반공께선 약속을 꼭 지켜주시기 바라오. 이는 어디까지나 공무이니 일을 그르쳤다가는 큰 일이 날 것이오."

반가상은 자신의 가슴을 탕탕 치며 자신 있게 말했다.

"문제 없습니다. 염려 붙들어 매십시오."

반가상은 서둘러 기선을 타고 상해로 다시 왔다. 그는 담백년이 약속된 시기에 쌀을 인도해주기만을 기다리며 이미 쾌속선 스무 척을 예약하여 운송 준비를 서둘렀다. 하지만 약속된 날이 되었으나 융창 양곡상에서는 아무런 움직임도 보이지 않았고, 선주들만 객잔으로 찾아와 언제 출항할 것인지 물어 대는 것이었다. 그는 다급한 마음에 융창 양곡상으로 찾아가 따졌지만 담백년은 연신 미안하다고 사과하면서 이미 양곡상의 주인이 바뀌어 일을 자기 맘대로 할 수 없는 상황이 되었으니, 이제부터는 호설암과 상의하라는 것이었다.

반가상이 담백년에게 화를 내면서 호통을 치려는 순간, 뒤에서 호설암이 팔짱을 낀 채 걸어 들어왔다. 그제야 반가상은 자신이 호설암의 함정에 걸려들었다는 사실을 깨달았다. 약속된 날짜는 다가오고, 다시 양곡상을 구할 시간도 없었다. 날짜를 어겼다가는 호설암과 잘 아는 사이인 양도 대인이 자신을 가만히 놔둘 리 없었다. 반가상은 생각할수록 두렵고 진땀이 났다.

반가상으로서는 호설암에게 고개를 숙이는 수밖에 없었고, 결국 한 석에 스무 냥이라는 가격으로 필요한 쌀을 사기로 했다. 이리 하여 호설암은 패배를 승리로 전환시키면서 10만 냥의 은자를 벌어 들일 수 있었다.

도덕과 법에 어긋나서는 안 된다

 호설암의 '상경'에 있어서 계책 과 술법의 활용은 '수활'의 중요 한 내용을 이룬다. 계책과 술법의 사용은 고대 중국의 역사에서도 얼마 든지 찾아볼 수 있다. 하지만 계책과 술법을 상장에서 눈부시게 운용한 사람으로서는 단연 호설암이 최고이다. 호설암의 이른바 '수활'은 사변 의 폭이 대단히 넓다.

사업을 하려면 반드시 '수활'이 이루어져야 하는데 가장 기초가 되는 것이 바로 계책의 활용이고, 그 다음이 계책의 절묘함이다. 자신의 계획 이 상대방보다 뛰어나면 상대를 얼마든지 이길 수 있지만, 반대로 계획 이 남보다 부실하면 계획이 없는 것과 같은 결과를 가져온다. 따라서 계 책을 운용함에 있어선 시야를 넓게 가져야지 간단한 계략의 영역에 국한 되어선 안 된다.

고대에 운용됐던 계략은 어느 영역의 것이든 간에 오늘날의 상장에서 얼 마든지 활용할 수 있다. 예컨대 미인계나 연환계連環計, 공심계攻心計 등은 비즈니스 세계에서도 흔히 사용되고 있다. 그러나 한 가지 반드시 알아야 할 것은 현대에는 이러한 계책의 사용이 도덕 원칙과 현행 법률 에 저촉되지 않아야 하고 시도 때도 없이 마구잡이로 사용되어서는 안 된다는 점이다.

상경에서 배우는 경영 정신

자신이 계략을 쓰지 않으면 반드시 남이 쓴다

오늘날의 비즈니스 전쟁에 있어서 계략의 운용은 없어선 안 될 필수적인 전략 요소이다. 호설암이 강온 이중 공략법과 연환계를 즐겨 사용했다면, 미국 웬디스 사의 사장인 웬디스는 미인계를 이용하여 맥도날드 햄버거의 '맥터너 아저씨'를 성공적으로 공격했다.

미국의 햄버거 시장은 오래 전에 이미 대기업들의 독과점 상태로 들어갔다. 맥도날드가 약 45퍼센트를 점유하고 있고 버거킹이 약 30퍼센트, 캔터키 프라이드치킨 등 나머지 회사들이 약 25퍼센트의 시장을 점유하고 있다.

웬디스는 미국 패스트푸드 업계의 후발 주자로 1969년에 설립되었다. 웬디스는 특이한 실내장식과 철저한 서비스, 그리고 새로운 제품을 개발하는 능력으로 기존의 대기업들과 대등한 경쟁을 벌여 나갔지만 10년이 넘도록 특별히 놀랄 만한 성과는 거두지 못했다.

1980년대로 들어서면서 맥도날드는 미국 패스트푸드 업계에서 패권의 지위를 굳히면서 제품의 배합과 구색에 있어서 이미 독특한 기준을 갖추었다. 예컨대 햄버거에 사용되는 빵의 직경이 3.5인치를 초과하지 못하고 스테이크의 중량은 45.5그램으로 하되 구운 지 10

분이 지나도 팔리지 않는 것은 무조건 폐기하도록 조치했다. 또한 업체들 사이의 과열된 경쟁에 대응하기 위해 신제품을 개발하여 스테이크 중량이 두 배인 100그램짜리 빅맥을 출시한 데 이어 대형 햄버거를 내놓음으로써 시장의 변화에 민첩하게 대처했다.

막강한 적수를 상대해야 하는 웬디스 햄버거는 정면 승부로는 승산이 없다는 점을 인식하고 맥도날드 영업 시장의 틈새를 공격한다는 전략을 세웠다. 웬디스는 치밀한 조사를 통해 맥도날드의 시장 타깃이 주로 청소년과 아동들을 대상으로 하고 있다는 사실을 발견했다. 또한 미국 인구의 출생률이 급격히 떨어지고 인구 노령화가 가속화되고 있다는 사실을 감안하여 웬디스는 스무 살 이상 청장년들을 시장 타깃으로 설정함으로써 점차 시장의 지분을 확대하고 기업 발전의 돌파구를 찾는 데 성공하게 되었다.

이러한 첫 번째 전과를 확대하기 위해 웬디스는 두 번째 단계로 맥도날드에 대한 심리전을 전개하기 시작했다. 그 처음 시도가 바로 스테이크의 크기를 약간 늘리는 것이었고 이 사소한 변화로 뜻밖의 엄청난 효과를 거둘 수 있었다. 그 다음 시도는 광고였다.

때마침, 미국 농무성의 공식적인 조사 결과, 맥도날드의 햄버거에 들어가는 스테이크의 함량이 크게 떨어진다는 사실이 발표되었다. 웬디스는 맥도날드의 허점을 잡은 이상, 정면 공격의 시기가 찾아왔다는 판단을 내리게 되었다. 웬디스는 천재일우의 기회를 단단히 붙잡기 위해 거액의 자금을 쏟아부어 대대적인 광고에 나섰다. 웬디스는 "고기는 어디 갔어?" 라는 카피를 내세우며 유명 영화배우 클라라가 출연하는 광고를 제작하여 맥도날드의 맥터너 아저씨와 전혀 상반된 이미지를 연출했다. 아울러 유머 감각이 짙은 표현

기법으로 관중들의 폭소를 자아내는 선전 효과를 조성했다.

웬디스의 광고는 착하고 아름다운 부인이 테이블 위에 엄청나게 큰 햄버거를 놓고 춤을 추면서 매력적으로 웃는 장면부터 시작된다. 그리고는 햄버거의 빵을 들추고 그 안에 있는 손톱만한 스테이크를 발견하고는 "고기는 어디 갔어?" 하고 외치는 장면으로 이어진다.

이처럼 맥도날드의 허점을 과감하게 공략하는 광고는 햄버거 값을 주고 빵만 먹을 수 없다는 관중의 소비 심리에 부응하면서 유머와 놀라움, 허탈감과 분노 등의 감정을 기교적으로 배합하여 성공적인 광고 효과를 도출했고, 아울러 "고기는 어디 갔어?" 라는 유행어를 낳기까지 했다.

이러한 광고 전략의 성공으로 웬디스는 미국 햄버거 시장의 15퍼센트의 지분을 차지하면서 업계 3위의 자리로 도약하게 되었고, 수년간에 걸친 노력의 결과, 웬디스의 1983년도 매출액은 19억 달러에 달해 맥도날드 연간 매출액의 4분의 1에 육박하게 되었다.

깊은 안목과 넓은 시야의 조건

11

眼銳 안예

'안眼'이란 눈이요, 인간의 시각 기관이다.
안력 '眼力'이란 눈의 기능과 작용을 말한다.
안력은 인식에 영향을 주기 때문에 안력이 있어야 일을 줄이고
마음을 다스리는 힘을 기를 수 있다.
'예銳'란 세밀하고 날카롭고 정밀한 것을 뜻한다.
'안예眼銳'란 것은 안목과 관찰력이 날카롭고 정확한 것을 말한다.
또는 방향을 제대로 파악하고 발전의 추세를
정확히 인식하는 데 뛰어난 것을 의미한다.

어려운 경험이
깊은 안목을 만들어준다

호설암 어록

"사업을 하려면 총명해야 하고 계산이 철저해야 하지만 이것만으로 충분하지 않다. 가장 중요한 것은 안목이다. 사업의 규모가 클수록 멀리 내다볼 수 있는 안목이 있어야 한다. 예컨대 날씨가 일찍 더워지는 것을 보면 여름이 길 것을 예상하여 빨리 우산을 많이 사두는 것이 작은 장사에 필요한 안목이다. 큰규모의 사업을 하기 위해선 반드시 거시적인 안목이 있어야 한다. 전체적인 형세가 안정되어야 작은 일도 하기 쉽기 때문이다. 나는 '먹다 남은 두부'가 되고 싶지 않았고, 반드시 자립하여 일가를 이루고 싶었다. 지금은 전란이 발생하여 혼란이 계속되면서 은값이 수시로 오르내리고 있다. 이런 상황에서 정확한 안목만 갖고 있으면 태환하면서 돈이 드나들 때마다 큰 돈을 벌 수 있다. 기회를 놓쳐선 안 된다."

먹다 남은 두부가 되고 싶지 않다

안목의 정확성에 있어서는 호설암도 적지 않은 실수를 경험했다. 원래 강소성과 절강성 일대의 주민들은 수공으로 잠사와 베를 짜서 생계를 유지했기 때문에 생활은 비교적 풍요로웠다. 그러나 광서 연간에 서양 상인들이 중국에 들어와 잠사 방직업에 간여하면서 중국의 전통 수공업에 결정적인 타격을 입히게 되었다. 기계 한 대의 생산량이 숙련된 인력 30명의 생산량과 맞먹었기 때문이다.

이로 인해 호설암도 엄청난 손실을 입게 되었지만 결코 굴복하지는 않았다. 그는 직원들에게 시대의 변화에 적응하는 지혜를 깨우쳐주면서 한편으로는 서양의 기계를 사들여 경쟁력을 키워나가는 일을 게을리 하지 않았다. 아울러 서양 상인들과의 경쟁을 통해 적절히 민족 감정을 유도했다. 이런 전략의 일환으로 좌종당의 권력을 이용해 서양 상인들의 사업 기반을 약화시키려고 시도했고 잠사세를 징수하도록 요구하기도 했다.

하지만 서양 상인들에 대한 호설암의 감정적 대응은 일시적인 의기의 소치였다. 시간이 흐르면서 그는 보다 객관적이고 합리적인 전략을 갖게 되었다. 서양 상인들에게서 배워야 할 것들을 깨닫기 시작했고, 기계를 이용한 근대적 생산 시스템을 받아들여야 한다고 생각하게 되었다. 이처럼 잘못된 노선을 재빨리 수정할 수 있었던 것은 그만큼 그의 안목이 날카롭고 정확했기 때문이다.

호설암은 정확성과 더불어 포괄성과 지속성도 매우 중시했다. 그는 이렇게 말했다.

"나는 '먹다 남은 두부'가 되고 싶지 않았고, 반드시 사립하여 일가를 이루고 싶었다. 지금은 전란이 발생하여 혼란이 계속되면서 은값이 수시로 오르내리고 있다. 이런 상황에서 정확한 안목만 갖고 있으면 태환하면서 돈이 드나들 때마다 큰 돈을 벌 수 있다. 기회를 놓쳐선 안 된다."

이런 생각을 바탕으로 그가 가장 먼저 손을 댄 사업이 전장사업이었다. 왕유령이 그에게 사업 계획에 관해 물었을 때, 그는 그동안 해오던 일을 계속하고 싶다고 대답했다. 그가 말하는 '하던 일'이란 바로 전장사업으로서, 이제 자신만의 전장을 열고 싶다는 뜻이었다. 하지만 그의 수중에는 단 한 푼의 돈도 없었다.

호설암이 전장을 개업하려는 이유는 단지 그 일이 오랫동안 해오던 익숙한 일이기 때문만은 아니었다. 전장사업은 안정되게 입신의 기회를 찾을 수 있는 업종으로서, 자신의 수완을 충분히 발휘하기만 하면 엄청난 재산을 모을 수 있는 사업이라는 점을 정확히 간파하고 있었기 때문이다.

그는 이렇게 말했다.

"사업의 규모가 클수록 멀리 내다볼 줄 알아야 한다. 큰 사업을 하는 사람의 시야는 종합적이고 장기적이어야 한다. 시야가 한 도시에 국한되어 있는 사람은 사업의 범위도 한 도시로 한정될 수밖에 없지만 천하를 바라볼 줄 아는 사람은 천하를 상대로 사업을 펼칠 수 있다. 심지어 외국으로 눈길을 돌릴 수 있다면 사업의 범위는 얼마든지 외국으로 확대될 수 있을 것이다."

안목의 중요성을 강조하는 호설암의 견해는 옳았다. 그가 여기서 말하는 안목은 크게 두 가지 속성을 갖는다. 첫째, 사물을 정확하게 꿰뚫어 보는 것으로서 다른 사람들이 발견하거나 생각하지 못하는 것들을 간파해 내는 능력을 포함한다. 둘째, 폭넓은 식견을 바탕으로 사물의 변화와 흐름을 멀리 내다볼 수 있어야 한다는 것이다. 자기가 항상 바라보는 익숙한 분야에만 시선을 고정시키지 말고 새로운 시야를 가져야 한다는 의미였다.

"호설암은 정말 대단한 안목을 갖고 있는 분이에요. 대란 이후의 일을 미리 예견할 정도였으니까요."

조방의 우두머리인 우오의 누이이자 고응춘의 부인인 여장부 칠고내내七姑奶奶가 호설암을 칭찬하면서 한 말이다. 눈이 높기로 소문난 여걸이 이처럼 호설암을 칭찬한 것은 그가 서양 상인들을 상대로 생사 무역을 진행하면서 전란 시기와 전란 이후의 시기를 구분하여 투자의 초점을 맞춰 엄청난 돈을 벌어들였기 때문이다.

호설암이 전장사업 다음으로 손을 댄 것은 전당포였다. 호설암은 자신이 살고 있는 시대의 모든 직업과 사업에 대한 충분한 이해가 있어야 한다고 생각했다. 전란이 빈번하고 흉작이 계속되는 시대에는 하루 한 끼밖에 못 먹는 가난한 사람들은 말할 것도 없고, 도시에 사는 다소 유복한 사람들, 심지어 항상 돈을 쌓아놓고 사는 계층들조차도 때로는 궁핍한 지경에 몰리기도 했다. 그들은 급한 대로 전당포에 물건을 저당 잡혀 어려운 일을 해결하곤 했고, 이로 인해 상업이 발달한 모든 도시와 시장에서 전당포 사업이 널리 성행하게 되었다.

호설암으로 하여금 전당포사업을 시작하게 만든 직접적인 계기는 주복년朱福年과 나눈 몇 차례의 대화였다. 주복년은 방이가 상해에 연 생사 도매상의 당수로서 호설암이 방이와 손잡고 서양 상인들과 거래하는 과정에서 발탁한 인물이었다.

주복년의 고향은 휘주였다. 중국 역사상 이른바 '조봉朝奉'이라 불리던 전당포의 주인들은 대부분 휘주 사람이었다. 주복년의 숙부도 조봉이었기 때문에 그가 전당포사업에 관해 아는 바가 많은 것은 당연한 일이었다. 호설암은 주복년에게서 전당포사업의 운용 방법 등 필요한 정보를 전해 들으면서 전당포사업이 상당히 매력 있는 분야라는 생각을 갖게 되었다. 실제로 주복년은 자신이 전당포사업에 투신하지 않고 생사 도매상에 얹혀 밥을 먹고 있는 것이 큰 실책이 아닌지 모르겠다면서 '전당포를 차려 먹고사는 것'이 다른 업종과 확실히 구분되는 점은 그것이 어떤 업종보다도 마음 편한 분야라는 사실이기 때문이라고 설명했다.

주복년과 이야기를 나누면서 호설암은 전당포사업에 투자해야겠다는 결심을 굳히게 되었다. 그는 주복년에게 자기를 대신해서 전당포사업 분야의 인재들을 찾아 달라고 부탁하고 자신은 항주로 돌아가 제1호 점포로 '공제전公濟典'을 개장했다. 그리고 몇 년이 지나지 않아 그의 전당포는 23개로 늘어났고, 항주를 비롯하여 강소와 호북, 호남성을 포함한 화중華中과 화동華東 대부분 지역에 점포를 개설하게 되었다.

물론 호설암이 전당포사업을 시작한 것이 결코 '전당포 밥을 먹는 것'이 다른 일보다 편했기 때문은 아니었다. 호설암은 "전장은 돈 있는 사람들의 전당포이고, 전당포는 가난한 사람들의 전장이다."라고 전당포사업의 취지를 분명히 밝히고 있다. 결국 그가 전당포를 연 목적은 가난한 사람들의 급하고 어려운 사정을 해결해주기 위한 것이었다. 사실 말은 이렇게 할 수 있지만 세상에 이윤을 남기지 않는 전당포가 어디 있겠는가? 호설암은 가난한 사람들을 생각하면서도 계산은 정확히 했으므로 그의 전당포는 이윤을 추구하지 않았음에도 불구하고 많은 이윤을 남길 수 있었다.

전당포의 자본은 속칭 '가본架本'이라 불리는데 관례에 따라 돈의 액수를 따지지 않고 점포의 수로 계산했다. 당시의 화폐 단위는 천 문이 한 냥으로 1천만 문이면 1만 냥에 해당됐다. 일반적으로 규모가 작은 전당포는 5만 냥에서 20만 냥의 '가본'을 보유하고 있었는데 호설암이 각 지역에 개설한 전당포는 규모의 대소를 불문하고 평균 10만 냥의 가본을 보유하고 있었고 점포 수가 23개였으니까 가본의 총액이 230만 냥에 육박했다. '가화架貨'를 할인하여 합산한다 하더라도 전체 가본은 두 배로 늘어나는 셈이었다.

이처럼 호설암이 경영하는 23개의 전당포가 보유하여 운용하는 가본의 총액은 적어도 4백여 만 냥으로, 한 달 평균 40여 만 냥의 이윤을 벌어들여 한 해에 5백여 만 냥의 이익을 올릴 수 있었다. 한편 전당포의 가본이 한 번 운용되면 이로 인한 이익은 이자에만 그치는 것이 아니었다. 이 점을 잘 아는 고응춘은 호설암에게 이렇게 말한 적이 있다.

"나에게 다른 장사는 맡기지 말아요. 난 그저 전당포 23개만 운영하면 그만이니까."

호설암처럼 사물을 분석하는 새로운 시각과 시장을 바라보는 남다른 혜안을 갖추고 있으면 사물 발전의 추세를 정확히 파악할 수 있고 새로운 재원을 얼마든지 발굴해 낼 수 있다.

* 가화架貨_ 저당 잡힌 물건을 말함

타고난 자질도 필요하다

세상이 빠르게 변화하면서 서로 간에 얽힌 이해관계가 너무나 복잡해졌다. 경영의 세계도 변화무쌍하여 예측이 불가능하다. 경영자들이 원대한 계획을 펼쳐 나가려면 정확한 안목과 변별력을 꼭 갖춰야 한다. 원대한 시야와 날카롭고 정확한 안목이 성공하는 경영자들이 반드시 갖춰야 할 기본적인 소양이라는 점이다.

안목은 한 개인의 종합적인 자질과 소양을 반영한다. 한 개인의 모든 자질들이 그의 안목을 제한하기 때문이다. 눈이 먼 사람이 사물의 크기와 길이를 제대로 판단할 수 없듯이 시장을 이해하지 못하는 사람은 시장의 추세에 대해 정확하고 날카로운 판단을 내릴 수가 없다.

그렇다면 어떻게 해야 정확하고 날카로운 안목과 원대한 시야를 갖출 수 있는 것일까? 한 마디로 말해서 자질을 향상시켜야 한다. 호설암이 정확하고 날카로운 안목과 시야를 가질 수 있었던 것도 그런 자질을 몸에 지니고 있었기 때문이다. 자질을 향상시키는 데는 기본적인 두 가지 절차가 필요한데, 하나는 경험을 통해 체득하는 것이고 하나는 책을 통해 학습하는 것이다. 호설암의 사업가적 자질은 전자에 속하는 경우로서, 그는 어려서부터 전장과 시장을 돌아다니며 몸으로 부딪치며 귀중한 경험을 쌓아나갔다.

상경에서 배우는 경영 정신

원대한 시야와 날카롭고 정확한 안목을 키워라

멀리 정확하게 내다보는 안목과 예리한 혜안은 사업가로 대성하는데 없어서는 안 될 중요한 자질이다. 호설암도 그랬지만 세계적 무선통신 사업가인 폴 골드윈의 성공도 바로 이러한 안목 덕분이었다. 골드윈은 예리한 시각과 초인적인 예지력을 갖춘 인물이었다.

골드윈은 어려서부터 변화에 매우 민감했다. 열 살밖에 안 된 나이에 그는 이미 기차역에서 팝콘을 팔면 장사가 잘 된다는 사실을 알았다. 당시 하버드는 철도의 교차점으로 대부분의 열차들이 석탄이나 물을 보급 받기 위해 정차했다. 그러다 보니 많은 아이들이 열차가 쉬는 틈을 이용하여 팝콘을 팔아 상당한 이익을 올리곤 했다.

남에게 지는 것을 싫어했던 골드윈 역시 팝콘 장사에 뛰어들었다. 그는 작은 팝콘 봉지가 가득 들어 있는 바구니를 손에 들고 팝콘을 사라고 큰 소리로 외치면서 여행객들 사이를 부지런히 뛰어다녔다. 때로는 다른 아이들과 '전쟁'이 발생하기도 했다. 하지만 골드윈은 '전쟁'이 발생할 때마다 재빨리 상대방과 화해했고 그때마다 충고를 아끼지 않았다.

"우리가 계속 이런 식으로 장사를 한다면 어떻게 다 같이 돈을 벌 수 있겠니!"

골드윈은 팝콘의 매출을 늘리기 위해 열차 주변에서 소리를 지르는 것 외에 다른 방법이 없을까, 고민하기 시작했다. 마침내 그는 손수레를 밀고 다니면서 팝콘을 파는 일종의 노점상을 시작하게 되었고, 손님들의 기호에 맞추기 위해 팝콘에 크림과 소금을 넣어 맛을 더했다. 그의 간단한 노력은 큰 효과를 거두었고 시간이 흐르면서 매출이 빠른 속도로 증가하기 시작했다. 골드윈은 자신의 손수레를 동생인 벨리와 죠셉에게 넘겨주고 자신은 전문적으로 객차 안에서만 장사를 계속했다.

1910년, 하버드 역에 큰 눈이 내려 승객을 실은 기차가 출발하지 못하는 사태가 발생했다. 골드윈과 그의 동생들은 재빨리 다량의 샌드위치를 만들어 팔았다. 그다지 잘 만든 음식은 아니었지만 허기에 지친 승객들은 앞 다투어 샌드위치를 사려고 달려들었다. 골드윈 형제는 터무니없는 가격으로 바가지를 씌우지 않으면서도 상당한 액수의 돈을 벌 수 있었다.

여름이 되자 골드윈은 새로운 상품을 고안해냈다. 그는 반달 모양의 상자를 설계하여 멜빵으로 어깨에 고정시킨 다음, 상자 안의 공간을 둘로 나눠 한 쪽에는 아이스크림을 담고 다른 한쪽에는 삶은 계란을 담아 팔기 시작했다. 새로운 아이템인 계란과 아이스크림 장사는 여름 한 철 엄청난 호황을 누리면서 큰 이익을 안겨주었다.

골드윈의 성공에 고무되어서인지 기차 안에서 장사하는 것이 큰 유행이 되었다. 하버드 읍의 수많은 아이들이 줄줄이 장사에 뛰어들었고 철로 연변에 사는 다른 지역 아이들도 덩달아 장사에 나섰다. 이처럼 혼란해지는 경쟁을 감지한 골드윈은 과감히 기차 안에서의 장사를 포기하고 물러났다. 얼마 후, 객차 안에는 누구를 막론하고 상행위를 금지한다는 공고문이 나붙었다.

어린 시절부터 시장의 동태를 잘 파악하는 골드윈의 남다른 능력은 그의 장사에 중요한 원동력으로 작용했다. 1936년 무렵, 골드윈의 모토롤라는 회사 규모가 이미 헤리슨 가에 위치한 빌딩의 규모를 넘어서 일부 생산 설비를 길 건너편에 있는 다른 빌딩으로 확장해야 했다.

골드윈은 갈수록 늘어나는 직원과 설비를 수용할 만한 새로운 사무실과 공장을 건설하기로 결정했다. 그는 여러 차례 적당한 부지를 찾아다니다가 마침내 어거스트 가에 위치한 부지를 사들였고, 시카고의 현대적 건물들을 본떠 재빨리 건축 계획을 세웠다. 사실 골드윈에게 있어서 이 같은 설비 확장은 대단한 모험이었다. 당시 미국의 경제는 심각한 쇠퇴 국면으로 접어들고 있었으며 수많은 라디오 회사들이 불경기를 견뎌내지 못하고 도산하는 상황이었다.

"모두들 간신히 궁지에서 벗어나려고 하는 판에 자네는 오히려 자신을 더 위험한 지경으로 빠뜨리고 있으니 대체 어떻게 할 셈인가? 이제 자네에겐 저당잡힐 만한 물건도 남아 있지 않단 말일세!"

하지만 골드윈은 이러한 질책과 비난에 침착하게 대응했다. 어느 날 직원들과 함께 점심 식사를 하는 자리에서 그는 이렇게 말했다.

"직원들의 수입을 높이고 생산 설비를 확장하기 위해선 건설을 하는 수밖에 없습니다. 국가의 미래를 위해서라도 우리는 정도를 걸으면서 필사적으로 난국을 헤쳐나가야 합니다."

그는 자신이 한 말을 분명히 하기 위해 새로운 모토롤라 공장의 시공을 명령했다. 골드윈은 구태의연한 태도와 탐욕스런 철학에 물들어 있던 경영자들을 비판하면서 중견 경영인으로서 새로운 세대를 구성했다.

그의 관점은 기업을 일종의 생활 방식인 동시에 돈을 버는 방식으로 간주해야 한다는 것이었다. 경영자들은 그리스신화에 나오는 예언자들처럼 기회를 기다릴 것이 아니라 과감하고 적극적으로 자신의 기업을 확장시켜 나가야 한다고 생각했다.

새로운 공장의 가동과 동시에 골드윈은 가정용 라디오의 출시를 결정했다. 자동차용 라디오는 계절성 상품이라 매년 6월 이후에는 생산라인의 가동을 중단해야 했다. 가정용 라디오를 제조한다면 장기간의 생산 공백을 메울 수 있다고 판단했다.

결국 골드윈은 탁상용 라디오와 축음기 등 일련의 신제품을 생산하기 시작했다. 드디어 1937년 여름, 가정용 라디오 박람회에서 골드윈의 신형 라디오가 첫선을 보였다. 그러나 시작이 순탄하지만은 않았다. 신형 라디오의 주파수 조종 손잡이와 변압기 등에 문제가 발생하면서 소비자들의 불평이 쏟아졌고 이로 인해 구매 열기도 한순간에 얼어붙고 말았다.

더욱 심각한 문제는 미국 전체의 경기 하락에 있었다. 일대 불황을 겪으면서 판매 성수기임에도 불구하고 모든 모델의 라디오 제품 가격을 대폭 인하해야 했던 것이다. 하지만 골드윈은 이런 고비들을 넘기면서 남다른 예지력을 키우게 되었고 이런 능력은 때때로 대단한 위력을 발휘하기도 했다.

1936년, 전쟁의 먹구름이 유럽 전체를 뒤덮었다. 골드윈은 이때 아내 릴리안과 열세 살 된 아들 밥을 데리고 6주 동안 유럽을 여행하고 있었다. 전쟁을 좋아하는 독일 사람들 사이에 개전을 지지하는 여론이 널리 퍼져 있는 것을 감지한 골드윈은 기적이 일어나지 않는 한 전쟁은 불가피하다는 판단을 내렸다. 그는 즉시 전쟁에 필요한 제품을 만들어야겠다고 생각했다. 그는 귀국하자마자 엔지니어들에게 군용 무선 전화기를 개발하도록 지시했다.

1940년 초 어느 날, 《시카고데일리》의 편집장이 골드윈에게 전화를 걸어왔다.

"위스콘신 주의 맥코이 캠프에서 군사 훈련을 하던 국가 방위군이 통신 선로의 연결 부족으로 행동하는 데 큰 지장을 받고 있습니다."

이러한 소식을 접한 골드윈은 즉시 수석 엔지니어인 미첼과 뉴트를 맥코이 캠프로 보내 현지 조사를 실시했다. 미첼은 사병들이 육중한 통신 설비를 메고다니는 것을 보며 이런 낙후된 장비를 들고 전쟁터에 나갔다가는 엄청난 고생을 감수해야 할 거라는 판단을 내렸다. 미첼은 당장 미 육군 통신부대 장교를 찾아갔다.

"이런 장비를 가지고는 제대로 전투를 수행할 수 없습니다. 저희가 가볍고 휴대하기 편리한 무선통신 장비를 제공해드리겠습니다."

회사로 돌아온 미첼은 골드윈에게 자신이 본 상황을 상세히 보고했다. 아직 육군 측과 어떤 구체적 계약도 없는 상황에서 골드윈은 즉시 엔지니어들에게 전력을 다해 편리하고 성능이 좋은 무선통신 장비를 개발하라고 지시했다.

미첼의 뛰어난 지도 아래 엔지니어들은 마침내 시제품 제작에 성공했다. 이 시제품은 수화기와 안테나, 전지로 구성되어 있어 중량이 5파운드밖에 되지 않았지만 통화 거리는 1마일이 넘었고, 때에 따라서는 3마일의 거리에서도 통화가 가능했다. 이것이 바로 최초의 무전기였다.

진주만이 일본군에 폭격 당하기 6개월 전, 모토롤라는 생산라인을 풀 가동하고 있었다. 그러던 어느 날, 모토롤라는 '특수하고 긴박한 상황' 이니 이틀 내에 100대의 무전기를 보내 달라는 긴급 주문서를 접수하게 되었다. 물론 골드윈은 제때에 물건을 보내주었고, 몇 개월 후에 그 주문서를 보낸 곳이 그 유명한 게리슨 유격대였다는 사실을 알게 되었다. 유격대의 대장은 모토롤라의 무전기를 입수한 이후로 모든 전투에서 연전연승을 거두었다.

전쟁 기간중에 군대에 기여한 공로에 힘입어 모토롤라는 미 육군과 해군으로부터 다섯 차례나 훈장을 받았고, 1946년에는 골드윈에게 개인 자격의 훈장이 주어졌다.

모토롤라가 전쟁에서 얻은 뛰어난 성과는 골드윈의 영감을 더욱 촉진시켰다. 그는 기존의 무전기 설계에 잔존하는 통화중의 문제점들을 보완하기만 하면 경찰에서도 대량으로 사용할 수 있을 것이라는 생각을 갖게 되었다. 그는 곧 이 일에 착수하기로 마음먹고 회사 간부들에게 말했다.

"아직 아무도 점령하지 않은 시장이기 때문에 바로 우리가 해야 한다는 겁니다."

어느 날 골드윈은 잡지에서 우연히 코네티컷 대학의 노블 교수가 경찰국을 위한 자동차용 FM 통신 시스템을 개발했다는 기사를 접하게 되었다. 기사를 읽고 잠시 생각에 잠긴 골드윈은 곧 노블 교수와 접촉했다. 그리고 대학을 떠나 모토롤라에서 일 년 동안 자신을 위해 일해 달라고 설득했다.

골드윈의 이러한 행동에 대해 회사 내부에서는 반대 의견이 분분했다. 모토롤라의 기존 엔지니어들은 대부분 높은 수준의 독특한 실제 경험을 갖추고 있는 반면, 대학의 연구팀이 사용하는 도구는 초라한 드라이버와 전기인두에 지나지 않았기 때문이다.

그들은 노블 교수를 가격과 이윤을 고려하지 않고 오로지 학술 연구에만 몰두하는 학자일 뿐이라고 주장하면서, 그런 책벌레 침입자를 믿어선 안 된다고 골드윈을 설득하려 했다. 그러나 골드윈은 흔들리지 않았다.

미국이 참전한 직후 노블 교수가 워싱턴을 방문했을 때, 한 육군 대위는 그에게 미 육군 통신부대에서 신형 AM 무전기를 개발하기 위한 계약을 체결했다고 말했다.

그러자 노블 교수는 혀를 끌끌 차며 그것은 대단히 잘못된 결정이라고 지적했다. 정작 개발해야 할 것은 FM 휴대용 무선전화기라고 솔직하게 말해주었다. 미 육군 통신부대에서는 모토롤라에 위탁하여 FM 휴대용 무선전화기를 개발하는 계약을 서둘러 체결하게 되었다.

노블 교수는 휴대용 무선전화기를 개발하는 데 참여한 공로를 인정받아 미 육군에서 수여하는 '공로 증서'를 받게 되었다. 1941년, 골드윈과 협약한 합작 기간이 끝난 후에도 그는 대학으로 돌아가지 않고 정식으로 모토롤라의 직원이 되어 신제품 연구 개발에 주력하게 되었다.

1943년 6월, 골드윈은 시카고에서 거행된 라디오 제조업협회 회의에서 이제는 곧 다가올 평화 시기의 경제 문제를 고려해야 할 때라고 말했다. 골드윈은 전쟁이 끝나면 군사적 수요가 급격히 줄어들면서 전쟁 기간에 설립된 수많은 기업들이 도산하게 될 것이라고 예측했다.

이러한 예견에 따라 그는 엔지니어링 부문을 민간의 신제품 설계로 이전할 것을 주장하면서 새로운 경영 계획을 준비하기 시작했다. 그 일환으로 그는 라디오 생산을 계속하는 동시에 오디오 시스템의 생산을 증강시켰다. 아울러 기존의 쌍방 무선통신 기자재 생산을 주요 아이템으로 확정함으로써 지속적인 매출 증가를 실현했다.

1945년, 마침내 제2차 세계대전이 막을 내렸다. 전쟁의 막바지 일 년 반 동안 모토롤라의 군수 기술은 이미 무선통신에서 레이더 쪽으로 무게중심을 옮긴 상태였다. 이러한 기술 혁신은 모토롤라가 전후 시장에 재진입하면서 시종 주도적인 위치를 점할 수 있는 힘이 되어주었다.

1946년, 모토롤라가 군용에서 민간으로 생산 및 경영 체제를 전환한 후 상반기의 경영 실적은 약 60만 달러의 손실로 나타났지만 연말에 가서는 손실액이 증가하지 않았을 뿐만 아니라 오히려 60만 달러의 기록적인 흑자를 남겼다.

다른 회사들이 거대한 손실을 이기지 못해 도산하는 상황에서 보여준 놀라운 경영 실적은 많은 사람들로 하여금 골드윈의 남다른 기업 운영 능력에 찬탄을 금치 못하게 만들었다.

청나라 조정은 한때 서양 상인들의 교역을 제한하는 조치를 취하는 한편 이들로부터 정치자금을 받는 등 이중적인 모습을 보이기도 했다

큰방향을 보고 움직여라

호설암 어록

"무엇을 하든 전체적인 형세를 파악하여, 절대 변하지 않는 필연적인 방향을 찾은 다음 이 방향을 따라 매진하는 것이 실패하지 않는 지름길이다. 장사의 세계에서는 눈에 보이는 상황이 아무리 복잡하다 해도 그 가운데는 반드시 따라가지 않으면 안 되는 절대적인 방향이 있기 마련이다. 이런 큰방향을 알아볼 수 있느냐, 또는 찾아낼 수 있느냐의 여부는 각자의 안목에 달려 있다. 장사를 하면서 만나게 되는 시비와 대소, 흥망의 현상들은 모두 장사에 있어서의 큰방향과 관계가 있다. 그러므로 큰방향을 정확히 파악하여 착실히 따라가면 사업은 순조로울 것이고, 이러한 방향을 알아보지 못하고 큰방향을 놓쳐버리면 사업은 순조로울 수 없다."

모든 사물이 움직이는 법칙

호설암이 시장을 자유롭게 석권할 수 있었던 것은 변화무쌍한 정세 속에서도 남들이 찾지 못하는 큰방향을 간파하는 뛰어난 안목을 갖추고 있었기 때문이다.

사물의 발전 법칙과 그 방향을 인식하는 통찰력은 그 무엇보다 중요하다. 현실 생활에서도 마찬가지다. 무엇을 하든 변화의 큰흐름을 파악하고 이에 순응하며, 혼란한 국면에서도 큰방향과 법칙을 찾아 조직적으로 대응해 나간다면 절대로 실패하는 일이 없다.

호설암이 사태 발전의 필연적인 법칙을 찾아내고 이 법칙을 적극적으로 활용하였던 전형적인 사례가 바로 화폐의 운용 규칙을 파악하여 자신의 사업에 적용한 일이었다. 호설암은 전장을 경영하면서 '무이자'의 규칙성을 발견하고 이를 적극적으로 사업에 활용했다. 이른바 '무이자'란 화폐가 손에 머물러 있지 않는 것을 의미하는데, 이러한 법칙은 자본의 동적 특성을 정확히 반영하는 것이라 할 수 있었다.

상인은 이윤을 얻기 위해 끊임없이 물건을 사고판다. 이와 상응하여 화폐도 계속 유통된다. 어떤 의미에 있어 상인들의 끊임없는 매매 과정은 상인들이 보유하고 있는 자본의 존재 방식이라 할 수 있다. 만일 이러한 과정이 중단된다면, 이는 상인들의 자본이 생명력을 상실하는 것을 의미하게 된다. 매매 과정이 순조롭게 진행되는가의 문제는 상품의 품질에 달려 있다. 상인들은 자신의 상품이 순조롭게 팔려나가기를 원하지만, 이윤을 얻으려면 무엇보다도 상품의 품질을 중시해야 한다.

상인들의 자본이 가진 가장 큰 특징은 유통 과정에서 일정한 양의 화폐를 투입하여 보다 많은 양의 화폐를 추구한다는 것이다. 만일 화폐가 손 안에 머물러 있다면 이는 대단히 어리석고 바람직하지 못한 일이다. 때문에 화폐 형식에서 본 상인들의 자본은 화폐가 끊임없이 유통되고 운용되는 상태를 말하는 것이며 '무이자' 는 이러한 운용의 가장 훌륭한 표현이라 할 수 있다.

호설암은 어렸을 때부터 전장에서 도제로 일하면서 사업의 오묘한 비법을 깊이 있게 체득했다. 덕분에 전장 개업 초기에 수중에 가진 돈이라고 해야 10만 냥 정도의 현금에 불과했지만 매번 결재 시기가 임박할 때마다 어디서 구했는지 자금을 융통하여 무사히 고비를 넘겼고, 이에 그치는 것이 아니라 따로 자금을 확보하여 새로 시작한 생사사업에 투자하기도 했다.

당수인 유경생은 호설암에게서 자금 조달 지시를 받긴 했지만 항상 망설이며 선뜻 행동으로 옮기지 못했다. 그는 뛰어난 전장 전문가로서 전장사업에는 지급 준비금을 넉넉하게 갖추고 있어야 곤경에 빠지지 않고 사업을 전개해 나갈 수 있다는 사실을 누구보다도 잘 알고 있었다.

그의 속마음을 꿰뚫어 보고 있는 호설암은 '무이자' 의 원리를 설명해주었다. 호설암은 전장사업을 제대로 하려면 만반의 대책을 갖춰 곤경에 빠지지 않도록 하는 것이 자신의 능력을 발휘하는 가장 좋은 방법이라고 강조했다. 오늘 수입이 얼마이고 잔고가 얼마이며, 언제 얼마나 지출을 해야 하고 언제 어떤 항목으로 수입이 들어오는지를 정확하게 계산하고 있어야 한다는 것이다.

멀리 앞을 내다보는 안목으로 모든 계산을 맞춰놓고 돈의 흐름을 원활히 하여 수중에 있는 돈을 썩혀서는 안 된다. 전장사업에 있어서 가장 경계해야 할 일은 지급 준비금을 썩히는 일이다. 어떤 사람의 예금을 유치하여 이를 다른 사람에게 대출하지 못한다면 그 전장은 금융업의 기능을 상실한 것이나 마찬가지다.

호설암이 유경생의 수중에 있는 돈을 다른 곳에 융통하려 했을 때, 그는 이미 많은 일을 벌려놓은 상태였기 때문에 왕유령이 호주의 양대를 대행하면서 또 다른 자금이 굴러 들어오게 될 것이라는 예측을 하고 있었다. 그가 자금의 방출을 서둘러 결정하게 된 것도 바로 이러한 예측에 근거한 것이었다.

심지어 호설암 자신도 예상하지 못한 일이 일어날 때도 있었다. 아주 오래 전에 돈으로 정분을 사두었던 사람 중에 강소 번사로 부임하게 된 인계라는 인물이 있었는데, 그가 부임하자마자 부강 전장으로 사람을 보내 절강의 강남대영으로 보낼 협향을 전부 부강에서 대리하도록 하겠다고 알려온 것이었다. 이런 상황이 벌어지자 유경생도 첫날 자금을 방출했던 것이 오히려 매우 잘한 일이라는 생각을 갖게 되었다. 그러지 않았더라면 엄청난 지급 준비금을 썩히면서 헛수고만 할 뻔했기 때문이었다.

호설암에게서 배울 수 있는 보편적이며 일반적인 원칙 하나는 바로 사물의 일정한 규칙성을 발견해 내는 것이다. 사물의 운행 법칙을 찾아내고 우연 속에서 필연을 찾아내어 이에 따라 확실하게 행동으로 옮기기만 한다면 성공하지 못할 이유가 없다. 이것이 바로 날카로운 '안예'의 힘이다.

큰방향과 필연

우리는 세상 만물이 끊임없이 발전하면서도 어떤 필연적인 규칙을 갖고 있다는 사실을 잘 알고 있다. 그래서 독일의 유명한 철학자 헤겔은 "세상은 일련의 우연으로 구성되어 있지만, 그것을 관통하는 필연적인 존재가 있다."고 말했던 것이다.

이런 심오한 철학의 원리를 조금만 일반화해서 살펴보면 복잡하고 조잡한 세계와 모든 사물에도 반드시 보편적인 법칙이 존재하며 일정한 방향성이 존재한다는 사실을 알 수 있다.

호설암은 이러한 원리를 자신의 사업에 그대로 활용했다. 그는 복잡한 사물이나 현상에서 일정한 발전 법칙과 방향을 간파하는 데 뛰어났고 이를 사업에 적절히 적용할 줄 알았다. 호설암이 말한 '큰방향'이란 헤겔이 지적한 '필연'으로서 우리가 통상 말하는 규칙을 가리킨다. 호설암은 만물에 존재하는 이러한 규칙성을 깊이 있게 이해했고 날카로운 안목으로 이를 정확하게 판단하여 순조롭게 자신이 원하는 대로 사업을 펼쳐나갈 수 있었던 것이다.

상경에서 배우는 경영 정신

사물이 가지는 규칙성과 방향을 이해하라

엥겔스는 "인류가 규칙에 대해 끊임없이 인식하는 것이야말로 발전하고 있다는 증거이다."라고 말했다. 경영도 예외가 아니어서 시장의 변화와 흐름을 인식하는 것이 사업가로서 성공할 수 있는 황금률이자 '상경'의 핵심이다. 현대 홍콩 영화계의 대부인 소일부邵逸夫의 성공 역시 상경의 핵심을 증명하는 사례였다.

소일부의 '꿈 공장'인 청수만淸水灣 영화성이 7년에 걸친 대규모 공사 끝에 완공되었을 때 영화성의 규모는 너무 방대하여 아시아 최고의 영화 시설일 뿐만 아니라 세계 영화계에 내놓아도 손색이 없을 정도였다.

영화성의 건립으로 소일부는 물을 만난 물고기처럼 사업을 진행할 수 있게 되었다. 동시에 영화성은 그에게 든든한 활동 기반과 확실한 업무 환경을 제공해주었다.

1960년대 초, 소일부는 하루에 적어도 두세 편씩 영화를 감상했고, 어떤 날에는 하루에 무려 아홉 편의 영화를 보기도 했다. 대중이 어떤 영화를 좋아하는지 알기 위해 그는 세계 각국에서 제작되는 대부분의 영화를 빠뜨리지 않고 감상했다. 어떤 사람은 소일부가 중국인 가운데 영화를 가장 많이 본 사람이라고 말하기도 했다. 소일부 자신도 기자들에게 이렇게 말했다.

"나는 영화 감상을 무척 좋아하기 때문에 국내 영화는 물론이요, 미국 영화와 일본 영화, 스페인 영화, 이태리 영화, 독일 영화, 프랑스 영화, 멕시코 영화 등 제가 구할 수 있는 영화는 가리지 않고 다 보는 편입니다."

규모에 관계없이 수많은 영화 제작자들이 영화를 통해 큰 돈을 벌려고 한다. 하지만 소일부는 정말로 영화를 좋아하여 영화를 평생의 사업으로 추구하는 진정한 영화 애호가였다. 그는 짬만 나면 시사회실로 달려갔다. 1년 365일, 밤낮을 가리지 않고 영화를 감상하는 습관을 버리지 않았다.

가끔씩 영화성에 친구들이 찾아오면 소일부는 자신의 별장에서 연회를 베풀기도 했다. 식사하기 전에 그는 항상 먼 길을 달려온 손님들을 환영하는 의미로 특별한 프로그램을 마련했다. 손님들을 시사회실로 안내하여 최근에 구한 영화를 함께 보는 것이었다. 몇 십 년을 하루 같이 소일부는 이 의례를 바꾼 적이 없었다.

시사회실 영사실에서 필름을 돌리는 기술자는 두 조로 나뉘어 교대로 일을 했다. 아침저녁으로 그가 부르기만 하면 곧장 달려와 수시로 영화를 상영해야 했기 때문이다. 기술자 한 명은 아예 영화성 기숙사에서 살면서 필요할 때면 언제든지 달려와 필름을 돌렸다. 물론 소일부는 심야 상영도 피하지 않았다.

이렇게 유지해 온 습관은 평생 변하지 않았다. 완전히 고착화된 습관이라 쉽게 바꿀 수도 없었다. 간혹 홍콩 유흥업계에서 일하는 친구들이 이렇게 묻기도 했다.

"선생님께선 지금까지 보신 영화가 전부 몇 편이나 됩니까?"

소일부는 얼굴 가득 웃음을 머금고 아리송하게 대답했다.

"글쎄, 정말 대답하기 곤란한 질문이군. 내가 영화를 얼마나 봤는지 나조차 알 수 없다네."

영화를 많이 보다 보니 소일부는 성공한 사람들의 삶과 일을 자신의 거울로 삼으려 했고 때로는 다른 사람이 쓴 영화 줄거리와 창작 방법을 그대로 모방하기도 했다. 하지만 그는 다른 사람들의 기법을 모방하거나 표절하는 것을 심각한 문제로 생각하지 않았다. 그는 자신의 이런 약점을 솔직하게 털어놓았다.

"내가 어떻게 그렇게 많은 이야기나 소설을 각색해서 시나리오를 만들 수 있겠나? 게다가 홍콩의 영화 시장은 미국 영화 시장에 비해 훨씬 작으니, 창작에 쏟아부을 시간과 돈이 어디 있겠나? 그럴 듯한 영화들을 유심히 살펴서 여기 저기 좋은 점들을 따다가 잘 찍기만 하면 되는 게 아니겠나!"

소일부의 말에도 일리가 있다. 실제로 홍콩의 각 영화사들이 찍은 수많은 영화들이 대부분 외국 영화의 복제판이기 때문이다.

소일부도 전성기에는 일 년에 약 40편의 영화를 찍었다. 물론 창작물은 상대적으로 적었고 표절하거나 모방한 것이 대부분이었다. 표절하지 않고서야 어떻게 그렇게 많은 영화를 제작해 낼 수 있겠는가? 그가 찍은 영화의 영감은 대부분 그의 시사회실에서 나온 것이었다.

그는 자신이 먼저 영화를 보고 만족한 후에 연출자들에게 따로 시간을 내서 자세히 관찰하게 하는 방법을 사용했다. 그리고 연출자들이 작업하는 동안에도 소일부 자신은 다른 영화를 보고 있었다.

소일부는 영화를 볼 때면 모든 일을 잊고 완전히 작품에 몰입하여 아무리 중요한 일이 생겨도 눈 하나 깜짝하지 않았다.

어느 날, 소일부가 시사회실에서 흥미진진하게 영화를 보고 있었다. 그때 갑자기 싱가포르에 있는 셋째 형 소인매邵仁枚에게서 전화가 왔다. 그의 큰아들 유명維銘이 누군가에게 납치를 당했다는 것이었다. 소일부는 얼굴색 하나 변하지 않고 태연하게 물었다.

"돈으로 해결할 수 있는 상황인가요?"

셋째 형에게서 긍정적인 대답을 들은 소일부는 수화기를 내려놓고 아무일 없었던 것처럼 태연하게 샌드위치와 차를 음미하면서 자신이 좋아하는 영화를 계속 감상했다.

사람들은 소일부가 영화를 보는 것이 단순히 오락으로 시간을 소비하기 위한 일이라고 생각할지 모르지만 사실은 그렇지 않다. 매일 영화를 감상하는 그의 습관은 시장 정세와 규율을 익히고 장악하기 위한 것이었다. 현재 어떤 영화가 환영을 받고 어떤 영화가 푸대접을 받는지 유심히 살펴 자신의 제작 방침과 전략을 결정하는 데 활용하기 위함이었다. 소일부는 항상 영화사업에 몰두해 있었기 때문에 영화시장의 큰방향과 발전 법칙을 깊이 있게 이해할 필요가 있었다.

서양식 건물들이 늘어선 19세기 상해의 모습. 중국 상인
들에게 서양 자본의 침투는 생존을 위협하는 절박한 문
제이기도 했지만 시대의 흐름을 거스를 수는 없었다

자신의 미래를
예측할 수 있어야 한다

호설암 어록

"모든 일에는 항상 퇴로가 있어야 한다. 설사 문제가 생기더라도 그 자리에서 무마할 수 있어야 하는 것이다. 실수를 했다 하더라도 상대를 잘 이해시킬 수만 있다면 상대방의 용서를 구해 모든 일을 처음부터 다시 시작할 수 있는 기회를 얻게 될 것이고, 실패하지 않을 수 있다. 상황이 빠른 속도로 나빠지고 있는데도 제때에 방법을 생각해 내지 못하면 일은 완전히 망가지게 되고 급기야 손을 쓸 방법이 없게 되고 만다. 때문에 우리 같은 사업가들은 항상 멀리 내다 보고 사전에 준비를 하며 여러 가지 퇴로를 생각해놓고 자신의 미래를 예측할 수 있어야 한다."

호설암의 뼈아픈 실수

호설암은 사업의 모든 단계에서 갖가지 위험을 감수했고, 그 과정에서 항상 자신을 위한 퇴로를 준비해두었다. 태평천국의 난이 실패로 끝나면서 수많은 반도의 잔병들이 은닉해두었던 재산을 자신의 전장에 예금으로 유치할 수 있었던 것이 바로 이러한 방비의 전형적인 예라 할 수 있다.

호설암은 태평천국의 난이 진압된 후에는 조정에서 반도들의 '역산'을 추적하여 관례에 따라 그들의 사유재산을 전부 몰수하게 될 것이라는 사실을 잘 알고 있었다. 만일 자신의 전장에까지 찾아와 '역산'을 조사하게 된다면 전장으로서는 이에 따르지 않을 수 없고, '역산'을 은닉해준 혐의로 치죄를 면하기 어려웠을 것이다.

이처럼 난감한 상황에 직면한 호설암은 일단 관부에서 조사를 나올 경우를 대비하여 이에 상응하는 조치를 취하기 시작했다. 호설암이 준비한 것은 두 가지였다. 하나는 관아의 관리들을 매수하여 그들과 원만한 관계를 유지함으로써 조사를 받게 되더라도 선처를 부탁할 수 있는 여지를 확보하는 것이었고, 하나는 태평천국군 잔병들의 예금을 받아들이되 통장을 실명으로 발급하지 않고 가명으로 기재함으로써 '역산'인지 모르고 받았다는 증거를 제시하는 것이었다.

당시의 법은 모르고 저지른 죄에 대해선 책임을 묻지 않았다. 이 두 가지 조치가 마련된 이상, 장차 어떤 사태가 발생하더라도 빠져나갈 퇴로가 생긴 셈이었다.

전란으로 인해 세상이 어수선할 때 양곡을 사들이려는 양곡상에게 자금을 대출할 경우에도 반드시 비상 퇴로를 마련해두어야 했다. 호설암에게는 한 가지 확실한 원칙이 있었다. 먼저 구매한 쌀이 어디로 운송되는지를 파악하는 것이었다. 쌀이 관군이 점령하고 있는 지역으로 들어간다면 자금을 대출해도 무방할 뿐만 아니라 손실이 돌아올 가능성도 없었다. 여의치 않을 경우에는 화물을 반송해 올 수도 있었다.

그러나 자금을 대출 받는 사람이 쌀을 태평천국군의 점령지역으로 운송할 경우에는 반도들을 상대로 장사를 했다는 혐의를 벗어나기 어렵기 때문에 전혀 퇴로를 마련할 수 없었다. 호설암은 자신을 위해 퇴로를 남겨두는 것을 매우 중시했고, 이를 위해선 사전 대책이 반드시 필요했다. 호설암은 모든 성공의 비결은 사전 대책에 있으며 실패하는 사람들은 하나같이 사전 대책에 게을렀기 때문이라고 지적하고 있다.

호설암은 모든 일에 있어서 사전 방비를 게을리 하지 않았다. 안타까운 것은 그럼에도 불구하고 한 차례 큰 고비를 넘기지 못해 도산하고 마는 비운을 겪었다는 사실이다.

호설암의 실수 가운데 가장 대표적인 것이 좌종당의 서역 정벌때 군향을 조달하기 위해 상인들로부터 자금을 융통하면서 자기 자신을 위한 퇴로를 남겨두지 않은 것이었다. 특히 군향 조달을 위해 서양 상인들로부터 돈을 빌린 것이 무엇보다도 위험한 일이었다.

좌종당은 서역 정벌을 통해 나라에 큰 공을 세울 수 있으리라고 확신했다. 광서 4년, 그는 호설암에게 민간의 기업주들을 모아 영국 자본인 회풍은행에서 자금을 융통해 달라고 부탁했다. 의기를 중시하던 호설암은 그의 부탁을 받아들여 자금을 융통했고, 이리하여 65

만 냥이라는 거금이 서역 정벌에 필요한 군향으로 투입되었다. 좌종당의 추산에 따르면 7년 동안 섬서성에서 지원 받을 수 있는 협향이 약 1천8백만 냥에 달하기 때문에 서양 상인들에게 빌린 돈을 갚는 데는 큰 문제가 없었다. 단지 협향이 전달되는 시기가 제각각이었던 만큼, 상환의 기한을 확정하지만 않으면 되는 일이었다. 그러나 이는 좌종당의 기대였을 뿐 현실은 그렇지 못했다. 실제로는 반 년에 한 번씩 원금과 이자를 상환하는 방식으로 6년이 지나 대출금을 완전히 상환해야 했던 것이다.

좌종당은 황지를 받들어 경사로 이임하면서 후임인 유금당劉錦棠을 대신하여 또 다시 회풍은행에서 4백만 냥을 대출 받았다. 서양 상인들의 자금을 빌려 군향에 사용하는 것은 원래 국가가 책임져야 할 일임에도 불구하고 1천만 냥에 달하는 채무의 책임이 호설암 한 사람의 어깨에 고스란히 떨어진 것이다. 광서 4년, 좌종당은 서양 상인들에 대한 부채를 조정에 상주했고, 한 달 후에 부비復批를 받았다.

"상업 자금을 차용한 데 대한 이자가 무거울 것이나 각 성과 경사의 모든 지출은 이미 세밀한 계획에 따라 확정된 것이니 이를 매년 상관의 원금과 이자를 상환하는 데 사용할 수는 없다. 앞으로 좌종당을 위해 군향을 조달할 때는 서로 의논해서 처리하라. 그리고 차후로는 절대로 상인의 자금을 빌리지 말 것이며 또 다시 상관을 차용할 경우엔 그 결과를 책임지도록 하라."

결국 조정에서는 서양 상인들에 대한 좌종당의 부채를 책임질 수 없다는 얘기였다. 이리하여 채무는 전적으로 상인인 호설암이 떠맡게 되었다. 물론 이 모든 부채를 각 성에서 보내오는 협향으로 갚을 예정이었으나 협향이 도착하는 시기가 일정치 않았고, 채무 상환을 목적으로 책정된 협향 자체가 완전히 취소될 가능성도 배제할 수 없었다. 협향이 도착하지도 않고 차관을 상환할 수도 없는 상황에서 호설암으로서는 자신의 신용을 지키기 위해 최선을 다해 자금을 마련해야 했다. 이런 상황을 예측하지 못하고, 사전 대책을 마련하지 않은 것이 호설암의 뼈아픈 실수였던 것이다.

화는 복에서 나오고, 복은 화에서 나온다

 호설암이 보여주었던 날카로운 안목의 또 다른 일면은 모든 일에 대한 철저한 사전 준비를 게을리 하지 않았다는 점이다. 뜻하지 않은 문제에 대처하는 방법은 크게 두 가지가 있는데, 하나는 임기응변의 준비를 갖추는 것이고 또 하나는 예측하지 못한 일이 닥칠 경우 빠져나갈 퇴로를 마련해두는 것이다.

세상은 예측을 불허할 정도로 빠르게 변해가고 있다. 그리고 이에 따라 함께 변하는 세상의 인심도 중요한 변수로 작용한다. 큰사업가가 되려면 예측하지 못한 일에 대해 항상 충분한 마음의 준비를 갖추고 있어야 한다. 그래야 문제가 생겼을 경우 조기에 사태를 수습할 수 있다.

노자는 일찍이 "화는 복에서 나오고, 복은 화에서 나온다."고 했고 민간의 속담에서도 "맑은 날에도 항상 우산을 갖고 다니듯, 배부를 때 굶게 될 날을 생각해라."고 충고하고 있다. 이러한 격언들은 변하는 것은 절대적인 반면, 변하지 않는 것은 상대적이라는 심오한 진리를 내포하고 있어 우리에게 항상 임기응변할 수 있는 마음의 자세를 갖춰야 한다고 권하고 있다.

상경에서 배우는 경영 정신

▌배 부를 때 굶게 될 날을 생각해라

남다른 안목을 지닌 상인은 어떤 상황에서도 적절한 대책을 세울 수 있다. 일의 득실을 모두 따질 수 있어야 하고 유리한 상황에서도 불리한 조건과 요소를 날카롭게 파악하여 사전에 대비할 수 있어야 하며, 발생 가능한 모든 재난의 싹을 제거할 수 있어야 한다. 또한 불리한 상황에서도 최대한 이로운 조건과 요소들을 찾아보고 불리한 것을 유리한 것으로 바꿔 성공을 쟁취해야 한다. 호설암은 사전 대책을 세우는 데 뛰어났다. 이 점은 현대 일본의 니시다케西武 그룹의 총수인 요시 아키라에게서도 찾아볼 수 있다.

가업을 계승한 니시다케 그룹의 총수인 요시 아키라는 사전 대책이라는 면에서 남다른 능력을 보여주었다. 어려서부터 교육받은 확고한 이론에 풍부한 실천 경험이 합쳐지면서 항상 과학적이고 정확한 분석으로 경영 전략을 안정적으로 이끌어나갔다.

1965년, 일본 전역의 지가가 갑자기 치솟기 시작했을 때, 요시 아키라는 니시다케 그룹의 토지 구매를 금지함으로써 많은 사람들의 원성을 샀다. 부동산을 사들이는 것이 그룹의 주요 업무였고, 끊임없이 폭등하는 땅값에 대단한 매력을 느낀 일부 대기업들이 적극적으로 부동산 시장에 뛰어들었으며 심지어 중소기업이나 일반 개인회사들도 앞을 다투어 부동산 거래에 나섰기 때문이었다.

요시 아키라는 정부가 지가 폭등을 방치하지 않고 조만간 억제책을 마련하게 될 것이고, 그렇게 되면 지나친 욕심으로 부동산 시장에 뛰어들어 대량의 토지를 구입한 사람들은 큰 손해를 입게 될 것이라고 예측했다. 과연 얼마 있지 않아 땅값이 폭락하여 땅을 샀던 기업과 개인들은 막대한 손실을 입게 되었고, 이를 견디지 못해 파산하는 회사도 적지 않았다. 요시 아키라는 남다른 선견지명으로 이런 불명예와 손실을 사전에 막을 수 있었다.

그가 볼링장 경영에서 과감하게 손을 뗀 것도 퇴로를 준비하는 사전 대책의 전형적인 사례였다. 당시 요시 아키라는 볼링 같은 대중 스포츠가 일본 열도를 뒤흔들 것이라고 예측하고 시나가와品川 지역을 중심으로 대규모 볼링장을 개장해 나갔다. 그러다가 볼링이 큰 유행을 이루면서 수많은 기업과 단체들이 경쟁적으로 볼링장을 개설하게 되었다. 그 순간에도 그의 직원들은 하나같이 볼링장을 열기만 하면 큰 돈을 벌 수 있다고 생각하고 볼링장을 추가로 개장할 것을 종용했다.

그러나 요시 아키라는 직원들의 요구를 무시하고 '축소'를 명령했다. 그는 볼링업계의 경쟁이 날로 심해져 반드시 타격을 입게 될 것이며, 불황이 겹치는 날에는 도산을 피하지 못할 것이라는 판단을 내렸다. 이번에도 그의 예측은 정확히 들어맞았다.

요시 아키라와 호설암의 선견지명은 상인이라면 아무리 순조로운 상황에서도 미래의 재난과 역경을 예감하고 사전에 대비할 줄 알아야 한다는 심각한 교훈을 던져주고 있다.

늘어선 상점들의 모습. 중국 상인들은 모두 크게 성공하
여 '금차초패'에 이르는 것을 일생의 영광으로 생각했다

천하의 이익을 얻기 위한 계략

12

哄市 홍시

'홍哄'이란 들어올리는 것으로
사물을 자신에게 유리하도록 조정하는 것을 말한다.
'시市'란 상인들이 모이는 곳으로
온갖 물건들을 모아놓고 사고파는 장소를 말한다.
그래서 "이익을 얻는 모든 행위는 시장에서 이루어진다."고 말할 수 있다.
때문에 시장을 활성화시켜 자신에게 유리하도록 만들어야 한다.
홍시에는 반드시 계략이 있어야 하는데 첫째는 최대한 크게 키우는 것이고,
둘째는 이름을 드러내는 것이고, 셋째는 대중을 이용하는 것이나.
이것이 바로 홍시의 핵심이다.
또한 홍시는 평범한 것을 경계하고 통속적인 방법을 피해야 한다.
그렇지 못하면 애만 쓰고 오히려 반대의 효과를 얻게 된다.

계략의 첫째는
시장을 키우는 것이다

호설암 어록

"시장이 활성화될수록 부강의 사업도 번창할 것이다. 나는 내 시장을 북경은 물론이요, 외국에까지 확대해 나갈 생각이다. 남들이 하지 못하는 일들을 나는 할 수 있다. 그것이 바로 능력이다. 사업을 하려면 자신의 시면市面을 조정할 수 있어야 하고 시장을 활성화시키는 방법을 알아야 한다. 시면을 조정할 수 있으려면 먼저 시장 상황을 잘 파악해야 하고, 천하의 평정에 관심을 가져야 한다. 천하가 평정되어야만 시장이 번성할 수 있기 때문이다. 우리가 여러 가지 일을 하면서 서양 사람들과 교섭하고 관부와 서양 상인들과의 관계를 조종하는 것도 모두가 천하를 평정시킴으로써 시장을 안정시키기 위한 것이다. 시장이 커지고 안정되면 사업은 저절로 번창하게 된다."

시면을 다루는 뛰어난 기교

부강 전장을 개업하면서 호설암은 두 가지 일을 통해 '시면'을 다루는 뛰어난 수법과 기교를 유감없이 발휘했다.

첫 번째 사례는 왕유령을 통해 절강순무 황종한의 군수 의연금 1만 냥을 대리함으로써 자신이 고용한 부강 전장의 당수 유경생의 체면을 크게 세워준 것이었다.

조정에서는 군향의 부족을 메우기 위해 경사의 각 대신들과 각 성의 독무들에게 군향을 모금해서 보내줄 것을 지시했고, 황종한은 이를 호주지부 겸 해운국 좌판인 왕유령에게 맡기기로 마음먹었다. 이 일을 소홀히 할 수 없는 왕유령으로서는 무슨 수단을 쓰든지 은자 1만 냥을 마련해야 했다. 이 금액은 원래 해운국과 직접적인 거래관계가 있는 신화 전장을 통해 경사로 보내야 하는 것이었고 왕유령도 곧장 신화로 가서 돈을 융통하려고 했지만 호설암은 유경생을 시켜 이 돈을 부강 전장에서 처리하기로 마음먹었다.

호설암의 의도는 분명했다. 유경생은 크게 성장할 수 있는 인재였지만 평범한 점원에서 갑자기 당수의 위치로 뛰어오른 처지라 동항들의 시기를 피할 수 없었다. 모든 사업은 결국 사람의 손에서 시작되는 것이기 때문에 유경생의 자질과 그에 대한 사람들의 평판이 어떠한가에 따라 부강의 발전을 담보할 수 있는 것이었다. 따라서 호설암은 그에게 황종한의 의연금을 대리하게 함으로써 그의 지위를 크게 높여 보고자 했다. 더 중요한 사실은 황종한의 의연금이 동항들 사이에서의 부강의 영향력을 제고시키는 데 결정적인 작용을 할 뿐만 아니라 시장의 활기를 조성한다는 점이었다. 그리고 '시면'

* 시면市面_ 경제 활동의 주무대가 되는 환경, 시장을 일컫는 말

이 왕성해질수록 부강의 사업도 더 번창하게 되는 것이었다.

두 번째 사례는 호설암이 부강의 간판을 내건 후에 동항들에게 이를 알린 '수법'을 들 수 있다. 부강이 문을 열던 날, 돌아가는 손님들을 다 배웅하고 나서 호설암은 유경생을 불러 자신이 뽑아놓은 명단대로 각각 은자 20냥씩 입금되어 있는 통장 열두 개를 준비하여 나눠주라고 지시했다.

이 통장의 예금주에는 절강순무 황종한의 문방을 주관하고 있는 유이劉二를 비롯하여 절강무대와 번대 등 대관들의 부인들과 첩실 등이 고루 포함되어 있었다. 호설암이 이 사람들에게 공짜로 20냥짜리 통장을 만들어주는 목적은 두 가지였다.

첫째는 이를 미끼로 하여 그 사람들의 예금을 대거 유치하려는 것이었다. 이들처럼 신분이 높은 여인네들에겐 필경 쓰다 남은 사방전私房錢이 있을 것이고 그 가운데 일부는 적지 않은 액수의 돈이었다. 이들에게 통장을 만들어주고 이자를 계산해주면 돈이 늘어나는 맛에 자발적으로 가진 돈을 예금하려 할 것이고, 이것이 모이면 거대한 자금을 형성할 수 있었다. 이런 방법은 동항들 사이에서 한 번도 시도되지 않은 방법으로 호설암이 처음 창시하여 시도하는 시장 활성화 전략이었다.

둘째는 보다 중요한 목적으로서, 이런 방법을 통해 자신의 영향력을 확대하려는 것이었다. 호설암은 부녀자들의 사방전을 예금으로 유치하는 것이 부강의 사업에 큰 자금원이 되어주진 못하겠지만, 이들이 입에서 입으로 부강의 명성을 널리 알리는 효과를 가져다줄 것이라 생각했다. 그의 이러한 기교 역시 시장을 활성화시키고 자신의 기세를 과시하는 수단으로서 대단히 고명한 전략이라 할 수 있다.

---

* 사방전私房錢_ 봉건시대 여인네들이 수중에 지니고 다니던 비상금

호설암의 이 두 가지 수법은 그의 남다른 수완을 보여주기에 충분했다. 유경생이 호설암의 지시대로 12개의 통장을 유이에게 맡기면서 관리들의 부인들에게 나눠주라고 했을 때 세상사에 익숙한 문방의 주관인 그 역시 호설암의 남다른 기교에 탄복을 금치 못하면서 그 자리에서 180만 냥짜리 은표를 한 장 꺼내 부강의 자기 계좌로 입금했다.

이 외에도 호설암의 '시면' 수법은 다양하게 펼쳐졌다.

첫째는 세심하고 정확한 사업부지 선택이다. 호경여당은 대정항大井巷에 자리 잡고 있었는데 뒤에는 오산吳山이 있고, 그 위에는 사원과 묘당이 흩어져 있어 다양한 잡기와 연극이 벌어지곤 했기 때문에 사람들이 놀러다니기에 안성맞춤이었다. 또한 앞에는 청하방淸河坊이 있고 그 좌우에는 점포들이 즐비하여 온갖 물건들이 사고 팔렸다. 이처럼 항주에서 가장 번화한 최적의 위치에 호경여당이 자리 잡고 있었으니 이것이야말로 지리地利의 묘를 다한 것이라 할 수 있었다.

둘째는 정담의 배치와 장식이 특이했다는 점이다. 벽은 벽돌을 가지런히 쌓아 중후한 분위기를 자아냈고 양쪽에 동물 조각상이 달린 거대한 동환 대문이 있어 범상치 않은 웅장함을 연출했다. 문 안으로 들어서면 구불구불한 주칠 회랑에 난간마다 갖가지 화분이 놓여 있고 벽에는 홍목판에 새긴 대련이 걸려 있었다. 중문을 열고 들어가면 중당으로서 휘황찬란한 금벽에 홍목으로 짠 진열대와 계산대, 그리고 의자와 탁자들이 가지런히 배치되어 있었다. 이처럼 화려하고 특이한 실내장식은 호경여당을 찾는 사람들에게 신비롭고 아늑한 인상을 주기에 충분했다.

셋째는 처음으로 우편 판매를 창시한 것이다. 보다 많은 환자들에게 약품을 보급하고 약방의 명성과 이미지를 널리 확산시키기 위해 호설암은 우편 판매 전담부서를 설치했다. 덕분에 아무리 멀리 떨어진 지역에 사는 환자라 해도 편지 한 통만 쓰면 즉시 약을 받을 수 있었다. 환자들은 이런 방법이 매우 편리할 뿐만 아니라 호경여당에서 환자를 특별히 배려한 혜택이라고 생각했다.

넷째는 광고 효과를 충분히 활용한 것이다. 호경여당은 광서 초년에 설립되었는데 중국에는 바로 이 시기에 광고의 개념이 처음 도입되었다. 날카로운 눈을 가진 호설암이 광고의 효과를 깊이 체감하지 않을 수 없었다. 그는 개업하자마자 《신보》에 연속적으로 광고를 게재하면서 호경여당의 설립 취지와 우편 판매 등의 영업 내용을 구체적으로 소개했다. 그 결과 아주 외딴 지역까지 서민 구제에 힘쓰는 호경여당의 이름이 널리 알려지게 되었다.

호설암은 이에 그치지 않고 상품을 이용한 광고 방법도 시도했다. 벽온단의 제조에 성공하자 이를 기념하는 의미로 3년 동안 무상으로 고객들에게 약품을 제공했다. 그 결과 무상으로 약을 받은 사람들이 호경여당을 부지런히 선전하여 폭넓은 고객층을 확보할 수 있게 해주었다.

호설암의 이러한 상품 판매 전략은 현대의 판매 이론과 거의 일치한다. 그의 경영 전략은 형식 효용, 임무 효용, 시간 효용, 장소 효용, 획득 효용과 현대 경영이론에서 고객의 요구를 만족시키는 데 필요한 다섯 가지 효용(여기서 말하는 효용이란 고객을 만족시키는 능력을 말한다)을 고루 갖추고 있기 때문이다.

하지만 호설암의 시장 경영 전략에서 무엇보다 중요한 것은 그가 시장의 규모와 안정성이 사회 치안과 정국 등 사회 외재적 환경과 밀접한 관계에 있다는 점을 깊이 있게 인식하여 사회 안정과 정국 안정의 유지에 적극 노력했다는 점이다.

오늘날 기업 경영은 한 국가의 정치와 경제, 문화에 큰 영향을 받는다. 정국이 불안정하면 경제 환경이 열악해져 기업의 경영에 막대한 어려움이 초래된다. 따라서 환경이 안정되어야 시장이 번창할 수 있고, 사회도 장기적인 발전을 지속할 수 있으며 개인의 사업도 성장할 수 있는 것이다. 정부를 지원함으로써 정국을 안정시킨 호설암의 전략은 이런 의미에서 큰 의의를 갖는다고 할 수 있다.

청나라 조정에서는 군수 자금을 조달하고 과도한 재정 지출을 보충하기 위해 호부관표를 발행했다. 그리고 이를 각 성의 번사들에게 위임하여 전장이나 표호업자들에게 사들이도록 강제했다. 이는 전례가 없던 일이라 전장의 주인들은 하나같이 떨떠름한 표정으로 미온적인 태도를 보였다.

관표의 발행이 지나치게 되면 조정의 현은이 부족하여 관표의 실제 가격이 폭락하기 때문에 커다란 위험이 뒤따랐다. 동시에 번사로부터 관표를 인수하면 판매 대행의 방식으로 최대한 이용한 다음에 번고에서 결산을 해야 하기 때문에 전장으로서는 번사의 일을 대행해주는 것에 불과하여 아무런 이득도 얻을 수 없었다. 이런 이유 때문에 전장 주인들은 관표의 수매에 대해 방어적인 자세를 취할 수밖에 없었다. 그러나 호설암은 망설임 없이 부강의 당수인 유경생에게 먼저 나서서 관표를 사들이라고 지시했다.

그가 이런 결정을 내린 데는 전장을 개업한 초창기라 동항들에게 자신의 세력을 과시하려는 의도도 있었지만 몇 가지 깊은 이유가 있었다.

첫째, 관표는 조정에서 발행한 것이라 전장으로서는 사들이지 않을 수 없는 입장인 만큼, 피할 수 있을 때까지 피하다 나중에 억지로 사느니 차라리 자발적인 태도를 보이는 것이 더 바람직하다는 판단이었다.

둘째, 관표의 신용은 발행 규정의 완전함에 기인하지만 그 실제 가치를 유지하는 것은 전장과 표호들의 지원에 달려 있는 만큼, 전장들의 노력 여하에 따라 얼마든지 관표 가치의 안정성을 유지할 수 있었다. 또한 관표는 누구든지 이용할 수 있지만 전장과 표호들의 이해관계와 밀접하게 관련되어 있기 때문에 관표를 이용하여 자기 전장의 신용을 높일 수 있었다.

셋째, 관표의 발행은 태평천국군을 진압하는 데 필요한 충분한 역량을 갖추기 위한 군수 자금 마련에 그 목적이 있었고, 호설암의 사업 취지 가운데는 정부를 지원하는 것도 매우 중요한 부분이었으므로 그는 정부군의 승리를 위한 사업이라면 설사 손해를 본다 하더라도 기꺼이 나설 각오가 되어 있었다. 호설암이 정부의 지원을 아끼지 않았던 이유는 일단 어떤 방법으로든 정부를 도와주면 정부에서도 자신의 사업에 갖가지 편의와 혜택을 제공할 것이라고 믿었고 큰 사업을 진행하기 위해선 하루빨리 시국이 안정되어야 하기 때문이었다.

이처럼 정부를 도와 시면을 안정시킨다는 전략은 호설암의 남다른 안목과 기업 정신을 잘 대변해준다고 할 수 있다. 이런 정신을 호설암은 "관부를 돕는 것이 자신을 돕는 것이다."라는 말로 표현하고 있다.

천하가 태평해야 이익이 생긴다

 이른바 '시면市面'이라는 것은 시장을 가리킨다. 시면을 조정한다는 것은 '시장 운영'에 해당한다고 할 수 있다. 시장은 가장 중요한 경영과 개척의 대상인 것이다. 누구나 다 아는 사실이지만 경영과 판매는 기업의 가장 중요한 활동으로써 어떤 의미에선 기업의 생사존망을 결정한다고 할 수 있다. 때문에 호설암은 '시면'이 크고 왕성할수록 부강의 사업이 더욱 번창할 것이라고 단언했다.

호설암이 시장을 만들고 이용하는 기교는 현대의 경영자들도 충분히 본받을 만하다. 작게는 점포의 내부와 외관을 꾸미는 방법에서부터 크게는 사업의 방향 설정에 이르기까지 하나같이 사회의 혼란을 다스리고 안정을 꾀하는 데 주력하고 있다. 그는 나라가 부강하고 정국이 안정되어야 천하가 태평해질 것이고, 그래야 자신의 사업과 시장도 발전의 공간을 확보할 수 있다고 생각했다. 그렇지 못할 경우에는 되는 일이 없는 것은 고사하고 하루아침에 망할 수도 있다는 것이다.

 **상경에서 배우는 경영 정신**

동서고금을 막론하고 인류는 안정된 시기를 통해 놀라운 발전을 이룩할 수 있었다. 특히 경제적 발전과 상업의 번영은 반드시 사회 환경의 안정을 필요로 했다. 고대 아시아와 유럽, 아프리카의 문명은 아주 오래 전에 안정된 지역에서 발생하기 시작했다. 에게 문명과 중국, 아드리아 해 주변의 상업 발전 등이 이러한 사실을 잘 증명해주고 있다.

현대의 서구 자본주의도 세계대전 이후, 경제가 되살아나기 시작하면서 1960년대와 1970년대 사이에 최고의 전성기를 구가하게 되었는데 그 주요 원인은 역시 사회적 안정에 있다고 할 수 있다. 중국 개혁 개방의 선구자이자 뛰어난 지도자였던 등소평도 전 세계적인 평화와 안정의 분위기를 십분 활용하여 대대적인 경제발전 전략을 제시했다.

하지만 오늘의 화려한 모습이 과거의 암울했던 역사를 완전히 가려주지는 못한다. 가장 기본적인 생활필수품들을 배급제에 의존해야 했던 전쟁 시기의 참상이 불과 20여 년 전인 문화대혁명 기간까지 그대로 재현되었고, 한 술 더 떠서 '자본주의의 싹을 없애야 한다'는 왜곡된 사상으로 물질의 부족 속에 안주하려 했던 기억이 아직도 생생하다. 이러한 역사의 교훈 덕분에 오늘날의 중국인들은 사회의 안정이 입국의 근본이요, 경제 번영의 근본임을 잘 알고 있다.

"약자는 환경에 적응하지만 강자는 환경을 만들어간다."는 말이 있다. 어떤 환경이 필요하면 스스로 이를 창조하면 된다는 것이다. 특히 상인에겐 이러한 정신이 더더욱 필요하다.

강한 책임감을 지닌 상인이라면 이런 질문을 할 수 있을 것이다.

"나는 안정된 사회 환경을 갖춰 자신의 사업을 경영해 나갈 수 있기를 원한다. 그렇다면 사회 환경의 안정을 위해 내가 공헌할 수 있는 방법엔 어떤 것이 있을까?"

해남도 등룡그룹의 이사장 겸 사장인 세독신洗篤信은 1993년 해남성 인민대표 대회와 정치 협상 회의에서 해남도 변두리의 빈곤 지역과 소수 민족 거주지역을 위한 경제발전 전략을 제시했다.

거리도 멀고 개발에 어려움이 많은데다가 투자해야 할 자금에 비해 효용이 떨어지는 지역이긴 했지만 세독신은 이에 굴하지 않고 과감하게 '등룡' 개발구를 설정하여 총 22억 5천만 RMB의 거액을 투자하기로 결정했다. 세독신은 사회 환경의 안정을 유지하고 성 내의 빈곤 지역을 없애기 위해 실제 행동으로 애국자다운 대답을 내린 것이다.

인간은 환경에 적응하는 생존자일 뿐만 아니라 자신의 생존 환경을 변화시키는 개조자가 되어야 한다. 역사가 인간에게 이러한 계시를 내리고 있는 만큼 인간은 자신의 어깨에 떨어진 책임과 사명을 분명하게 인식해야 한다.

전국적으로 선매법이 시행되자, 불량 모조 상품으로 전제 상품 유통을 교란시키는 현상이 만연했고, 수많은 소비자들의 원성과 함께 안정된 사회 환경을 실현하여 상품 유통의 부작용을 제거해야 한다는 여론이 비등했다.

물론 이러한 부작용의 최대 피해자는 상인들이었다. 진정으로 성공하는 상인들은 신용을 기업의 명예로 여기기 마련이고 신용은 동시에 효용을 의미한다. 소비자들이 어떤 상품이나 상점에 대해 의혹을 갖기 시작하면, 이때부터 그 상점은 고객을 상실하게 되고, 좀더 악화되면 그 상점과 상품은 그대로 무너질 수밖에 없다.

때문에 책임감이 강한 상인이나 경영인들은 자발적으로 돈을 들여 국가 관계 부서와의 공조 하에 대규모 '모조품 소탕' 운동을 벌임으로써 소비자들을 위한 건전한 소비 환경을 조성하고, 한 걸음 더 나아가 사회 환경 전체의 안정화를 촉진하려고 노력해야 한다.

1994년 구정 전야, 대설이 내리는 가운데 심천 정화政華그룹의 총수이자 중국 10대 청년가 중의 하나인 오지검吳志劍은 직원들을 상대로 '정화 빈민 지원 운동'을 전개하여 가난한 농민들에게 시가 20만 RMB에 달하는 의류와 식품을 여덟 대의 트럭에 실어 전달했다. 오지검은 이에 그치지 않고 8만 RMB의 의연금을 쾌척하여 석문石門 등지의 가난한 백내장 환자들에게 수술을 받게 함으로써 광명을 되찾아주었다.

물론 빈민들을 돕는 가장 효과적인 방법은 근본적인 빈곤의 근원을 제거하여 스스로 자립해 나갈 수 있게 해주는 것이다. 1995년 2월, 오지검과 그의 부친은 각각 100만 RMB씩 출자하여 석문현의 가난한 향진에 현의 축목국畜牧局과 협력하여 '축산발전공사'를 설립해줌으로써 가난한 주민들에게 가축 사육으로 일정한 소득을 보장받을 수 있게 해주었다. 그 결과 한 가구당 30마리의 양을 사육하여 연간 4천5백 RMB의 순익을 올릴 수 있게 되었다.

물론 이처럼 사회 환경 안정에 힘쓰는 경영자가 오지겸 한 사람만이 아니다. 수많은 경영자들이 다양한 방법을 통해 사회 환경 안정에 힘쓰고 있는데, 이는 사회 안정이 시장 조성을 위한 필수적인 전제가 되기 때문이다.

천하의 이익을 얻기 위한 계략

계략의 둘째는
사람을 키우는 것이다

호설암 어록

"모든 사람들이 마음을 합쳐야만 진정으로 시면을 안정시킬 수 있고 시장을 활성화시켜 다같이 돈을 벌 수 있다. 능력 있는 사람일수록 다른 사람들의 지원과 보살핌이 필요하다. 황제에게는 태감이 있어야 하고, 고위 관리들에겐 참모들이 있어야한다. 장사를 하는 사람들에겐 더더욱 조력자가 필요하다. 나 호설암이 생각하는 미래의 시장은 무한히 넓고 크다. 하지만 도와주고 지원해주는 사람이 없이 적수공권만으로는 아무리 능력이 뛰어나다 해도 소용이 없다. 나 한 사람만의 힘에는 한계가 있기 때문에 여러 사람이 힘을 합쳐 시면을 끌어올려려야 한다."

호설암의 시면 운동

"시면을 운영하는 데는 여러 사람의 힘이 필요하다."는 호설암의 경영 이념은 그의 사업에서 그대로 실행이 되었다. 직원들에게는 늘 힘을 합쳐 일을 처리해야 한다고 강조했고, 같은 동항들에게도 항상 호혜의 윈윈 이념을 역설하면서 단결하여 함께 돈을 벌자고 주장했다. 덕분에 호설암의 시면 운영은 날로 힘을 얻고 활발해져 갔다.

시면을 중시하는 호설암의 경영 이념이 구체적으로 실행된 사례는 수없이 많다. 특히 상해의 어려운 시국에 직면하여 조정과 서양 상인들 사이에서 서슴없이 분쟁 해결의 조정자로 나섬으로써 쌍방의 화해를 도출해 낸 것이 그 대표적인 예라 할 수 있다. 호설암은 규모가 큰 상해 시장을 자기 혼자의 힘으로는 도저히 일으켜세울 수 없고 반드시 조정과 서양 상인들의 도움이 있어야 가능하다는 사실을 잘 알고 있었다.

더구나 상해에 자신이 경영하는 부강 전장의 지점을 개설할 계획을 갖고 있었고 이를 바탕으로 희원戲院과 차관茶館을 차려 본격적으로 유흥업에 뛰어들 생각을 갖고 있었다. 하지만 이런 사업을 전개하기 위해선 무엇보다 상해가 경제적인 안정을 유지해야 한다는 조건이 필요했다.

그러나 상해의 정세는 몹시 불안정했으며 그 원인 가운데 하나는 소도회의 봉기였다. 당시의 상해는 두 부분으로 나뉘어져 있었다. 하나는 상해 현성이고 다른 하나는 '이장夷場' 또는 '양장洋場'이라 불리는 외탄外灘의 외국인 조계지였다. 외국인들이 소도회를 받아주는 대가로 조계지가 전화의 영향을 받지 않게 된 것은 사실이

* 차관茶館_ 중국의 전통 찻집

지만 소도회가 현성을 점령하게 되면 지척에 화근을 두게 되는 것과 마찬가지였다.

　두 번째 원인은 서양 사람들이 소도회를 받아들이고 태평천국군과 무기 교역을 진행함으로써 청나라 조정을 자극했다는 사실이었다. 이에 따라 조정에서는 상해에서의 서양 상인들의 사업에 제한을 두기로 결정하고 생사와 차를 상해로 들여오는 것을 금지했다. 아울러 상해에 내지 관세를 설치하여 관세를 크게 높였다.

　이 두 가지 사건으로 인해 상해의 발전과 번영은 치명적인 영향을 입게 되었고 청나라 정부와 서양 상인들 사이에 냉기류가 형성되었다.

　하지만 이런 상황에서도 국면 전환의 여지가 없는 것은 아니었다. 국면을 전환할 수 있는 관건은 실제로 청나라 조정이나 서양 상인 모두 장기적인 냉전 상태를 원하지 않는다는 사실에 있었다. 서양 상인들로서는 조정과의 대치 상황이 자신들의 사업에 전면적인 손실을 가져다줄 수밖에 없었다. 당장 급한 생사와 차의 유입이 단절되면 상해 경내에서 비싼 가격에 사들여야 하기 때문이었다.

　청나라 조정도 마찬가지였다. 외국인들이 소도회를 지원하고 태평천국군에게 무기를 제공한다는 사실은 불쾌했지만 실제로 서양 상인들의 살길을 끊는 것은 조정의 자금원을 막는 것과 마찬가지였다. 결국 생사와 차의 금수령은 누구에게도 이익은 없고 손실만 가져다주는 악수인 셈이었다.

　바로 이러한 상황 때문에 호설암이 조정자로 나서야 했다. 호설암은 청나라 조정과 서양 상인들 사이의 대치가 그리 오래 가지 않을 것이라고 판단했다. 이에 호설암은 조정과 서양 상인 사이에서 국면 전환의 돌파구를 찾기로 했다.

이를 위해 호설암이 가장 먼저 한 일은 자신이 사두었던 생사를 서둘러 시장에 푸는 것이었다. 원래 시장을 독점하기 위해 대규모로 사두었던 생사를 싼 가격으로 푸는 이유는 서양 상인들에게 우호적인 손짓을 보내기 위한 것이었다. 일반적으로 서양 상인들이 중국에서 사업을 하기 위해서는 중국 상인들의 태도를 살필 수밖에 없기 때문이다.

호설암이 두 번째로 한 일은 소주로 가서 소주 학대인 하계청을 만나 관장에서 국면 조정에 나서줄 만한 사람을 찾는 일이었다. 호설암의 생각으로는 힘 있는 사람이 나서서 조정과 서양 상인들 사이의 갈등을 해소해준다면 상황은 훨씬 빨리 호전될 수 있으리라 생각했다.

하늘은 스스로 돕는 자를 돕는다고, 마침내 호설암은 개인적인 소망을 실현하면서 조정과 서양 상인들 사이의 싸움을 중지시키고 상해 시면의 번영을 위해 함께 노력하자는 합의를 이끌어낼 수 있었다.

단결과 협력의 중요성

 호설암이 '시면'을 활성화시켜 시장을 일으키는 데 적용한 계략은 여러 사람이 힘을 합쳐야 한다는 것이다. 시장의 안정적인 번영은 여러 사람들의 공동 노력에 달려 있기 때문이다. 한마디로 말해서 시장을 조성하고 개척해 나가는 과정에서 협력의 중요성을 강조한 것이라 할 수 있다. 현대의 경영자들에게 있어서 이러한 단결과 협력의 정신은 훨씬 더 중요하게 강조된다.

그렇다면 단결과 협력의 정신이란 어떤 것인가? 이 문제에 대해선 아직도 확실한 정의가 쉽지 않지만 대부분의 사람들이 단결 정신의 요소로서 강한 소속감과 일체감, 단체나 조직 성원들 간의 협력과 합작 등을 거론하고 있다.

물론 백여 년 전의 호설암에게는 현대의 경영자들처럼 단결 정신에 대해 깊이 있는 이해와 파악이 없었을 지도 모른다. 하지만 그는 어렴풋하게 나마 단결 정신의 기능과 작용을 인식하고 있었고 실제 상업 활동에 이를 적용했다. 작게는 자신의 종업원들에게 단결과 화합을 강조했고 사업 파트너들과의 긴밀한 협조를 위해 노력했으며, 크게는 정부와 서양 상인들 사이의 협력과 공조에 힘을 쏟았다.

상경에서 배우는 경영 정신

하늘은 애써 협력하는 자를 돕는다

단결과 공영의 정신이 호설암의 시대에는 아직 모호한 관념에 불과했다면, 오늘날에는 기업 관리의 중요한 요소로 자리 잡고 있다.

세계적인 호텔 재벌인 힐튼의 관리 비결이 바로 '단체정신'이다. 힐튼은 군대에서 체득한 관리 원칙을 한 단계 더 발전시켜 격려와 명예심 고취 등을 통해 직원들의 업무에 대한 열정을 드높였다. 이때부터 그의 사업은 모든 직원들과 함께 하는 공동의 사업이 되었고 탄탄한 성공의 길을 걷게 되었다.

힐튼은 모빌레 호텔의 면모를 일신하는 작업을 완료한 후에 또다른 생각을 갖게 되었고, 이 생각은 그후 힐튼의 호텔 경영에 중요한 원칙으로 자리 잡게 되었다.

힐튼은 줄리안과 경영 문제를 상의하는 자리에서 단결 정신이라는 비결을 도입함으로써 자신들의 호텔이 다른 호텔에 비해 월등한 차별성을 갖게 하는 동시에 훨씬 많은 돈을 벌 수 있다고 주장했다. 당시에는 이런 방식을 사용하는 호텔이 없었기 때문이다. 힐튼의 설명을 들은 줄리안은 그의 생각에 전적으로 찬성했다.

힐튼이 강조한 정신은 그가 군 복무 시절에 배운 것이었다. 군

천하의 이익을 얻기 위한 계략

대에서, 특히 전장에서는 모든 사람들의 생명이 전우들 간의 협력에 달려 있기 때문에 최선을 다해 서로 협력하는 정신이 없이는 결코 살아남을 수 없었다. 이것이 바로 '단결정신'이다. 힐튼은 호텔을 경영하는 것이 전쟁터에 나가 싸우는 것과 같기 때문에 치열한 경쟁에서 생존하기 위해서는 위에서 아래까지 모든 직원들이 일치단결해야 한다는 점을 깊이 인식하고 있었다.

단결정신을 실현하는 방법은 명예심과 격려였다. 월급을 많이 주는 것만으로는 직원들의 열정을 제고시키는 것이 불가능했다. 직원들의 열정을 높이기 위해선 직원들 모두가 방관자가 아니라 주인이라는 의식이 필요했다. 그래야만 직원들도 자신의 일에 혼신의 힘을 다할 수 있기 때문이다. 당시에는 호텔이나 공장을 포함한 대부분의 기업에서 직원은 어디까지나 직원이고, 노동자는 노동자이며, 오너는 오너라는 확실한 고용과 피고용의 관계가 확립되어 있었고 양자 사이에 이를 제외한 다른 관계는 존재하지 않았다.

그러므로 힐튼의 '단결정신'은 당시로서는 대단히 놀라운 창의적 기업 이념이었다. 힐튼은 자신이 제창한 '단결정신'을 굳게 믿었다. 그는 당시의 감회를 이렇게 술회했다.

"저는 아마 당시 텍사스 주에서 가장 운이 좋은 사람이었을 겁니다. 그때도 그랬지만 지금도 그 생각에는 변함이 없습니다. 저는 만복이 사람에게서 나온다는 말을 믿습니다. 복이란 모두 주위 사람들에게서 나오는 것이지요. 제가 누리는 복은 모두 저와 제 주위 사람들과의 관계의 산물입니다. 저의 성공은 파일 씨와의 우정과 폴스 같은 동료들과의 협력, 그리고 줄리안 같은 친구들과의 합작을 통해 얻어진 것이지요. 저는 친구와 동료는 물론 직원들까지 제 주위 사람들을 믿고 의지합니다. 그리고 이들과 영원히 즐겁게 지낼 수 있기를 바랍니다. 제가 누릴 복은 전부 그들에게서 나올 테니까요."

"시면을 활성화시키기 위해선 여러 사람이 힘을 합쳐야 한다."는 호설암의 기업 이념과 힐튼의 '단결정신'은 시공을 초월하여 일맥상통하는 유력한 기업 이념임에 틀림이 없다.

사업의 세력을 넓히는 기반

13

造場 조장

'조造'란 다스리고 건설하며, 창조하여 이를 키워 가는 것이다.
만들 수 있다는 것은 이룰 수 있다는 것을 의미한다.
'장場'이란 터 즉, 기반을 의미한다.
힘이란 것은 추세에 의해 발생되는 것이기 때문에
시장과 교역의 형세도 남에게서 나온다고 할 수 있다.
따라서 '조장造場'이란 힘을 빌리고
세력을 넓일 수 있는 기반을 형성하는 것이라고 할 수 있다.
이러한 기반을 차용하거나 확보할 수 있어야만 장사가 번창할 수 있다.

새롭지 않으면
웃음거리가 된다

호설암 어록

"사업을 하려면 먼저 요란하고 기세등등한 장면을 연출할 수 있어야 한다. 이런 장세는 크면 클수록 좋다. 장세와 사업은 물과 배의 관계다. 장세가 활발하면 강에 물이 가득 찬 것과 같아서 사업도 원활하게 이루어진다. 하지만 장세에 활기를 불어넣기 위해선 새로운 방법, 새로운 기교를 구사해야지 낡아빠진 수법으로 남의 웃음거리가 되어선 안 된다. 장세를 조성하기는 쉽지만 거기서 수익을 얻는 것은 쉽지 않다. 실력이 있다면 장세가 클수록 좋겠지만 실력에 한계가 있을 경우엔 적당한 선에서 멈출 줄 아는 운영의 묘수가 필요하다."

호방한 자세의 효과

'장세'를 확대하고 활발하게 만드는 방법은 사람마다 다르다. 요즘처럼 화환을 보내고 폭죽을 터뜨리며, 연회를 베풀고 선물을 돌리는 것도 좋은 방법이 될 것이다.

호설암도 부강 전장을 개업하면서 이처럼 보이는 모습에 많은 신경을 썼다. 예컨대 유경생을 시켜 점당을 구하고 내부를 장식하면서도 호방한 분위기를 연출했다. 심지어 점당 현판의 글자까지 호화롭게 보이게 하기 위해 최선을 다했다. '부강'의 이름에 조금이라도 손색이 없도록 하기 위해서였다.

전장 개업 당일, 부강 전장은 호화로운 등과 채색 매듭을 내걸고 접수대의 직원들도 새로 지은 남포 장삼을 입고 손님들을 맞았다. 항주성의 명사들도 모두 초대되어 호설암의 접대를 받았다. 해가 서산에 질 때까지 개업식과 연회의 여흥이 계속됐다.

사업을 시작할 때는 이처럼 호화롭고 풍요로운 외관과 분위기가 필요하다. 당당한 기세가 고객들의 신뢰를 사는 가장 중요한 외부 조건이기 때문이다. 한눈에 보기에도 초라한 분위기는 처음부터 고객들에게 외면당하기 쉽다.

외부적인 모습을 과시하는 것은 허식 행위가 아니다. 자신의 실력을 과시함으로써 고객들의 관심과 구매를 유도하는 실질적인 실력 행사인 것이다. 따라서 기세를 돋보이게 하기 위해 남다른 방법을 찾는 것은 경영의 필수 요소이다. 호설암의 생각은 속이 다소 부실하더라도 최대한 겉을 꾸며야 한다는 것이었다. 실제로 개업 초기의 부강 전장은 완전히 속 빈 강정이었다.

외관과 장세를 부풀리는 과정에서 한 가지 주의할 점은 일단 기세를 떨면 이를 접기 어렵다는 사실이다. 사업을 하면서 실질적인 능력이 뒷받침되면 갈수록 기세를 더할 수 있지만, 일단 허세를 부려놓고 이를 다시 거둬들이려면 어느 정도의 대가를 치러야 한다. 상호에 대한 고객의 신뢰는 항상 유동적이라 조금이라도 약한 모습을 보이면 그 기업의 실력에 대해 의심하게 되기 때문이다. 그런 의미에서 볼 때, 기업이나 점포의 외부적 분위기는 두 자루의 칼과 같다고 할 수 있다. 때문에 기세의 발휘와 철회는 반드시 신중해야 한다.

이런 이유 때문에 호설암은 파산 직전의 상황에서도 최대한 기세를 부리는 데 신경을 썼다. 갑오전쟁이 일어나고 서양 상인들이 서로 연합하여 상해의 상장을 압박하고 있는 상황에서 양무를 책임지고 있던 성선회成宣懷 등이 세력을 잃으면서 호설암의 전장사업은 엄청난 위기에 직면하게 되었다.

이때 마침 그의 셋째 딸이 시집을 가게 되었다. 그를 도와 일하던 사람들은 이럴 때일수록 최대한 비용을 아껴 검소하게 혼례를 치러야 한다고 말했지만 호설암은 사업의 위기에도 불구하고 딸을 위해 최대한 호화롭게 혼례를 치러주었다.

딸의 혼례가 있던 날, 호설암의 집에는 화려한 홍등과 가마의 행렬로 한바탕 성황을 이루었다. 혼사를 알리고 축하하는 각양각색의 등롱과 채색 매듭이 멀리까지 늘어졌고 혼례를 돕는 집사들도 하나같이 남포로 지은 검정 마고자를 입었다. 신부의 가마를 메는 가마꾼들도 붉은 테를 두른 남색 마고자 차림이었다.

이처럼 호화롭고 넉넉한 분위기의 기세가 부강 전장에 가져다준 효과는 정말 놀라웠다. 혼례를 지켜본 고객들은 온갖 나쁜 소문에도

---

* 성선회成宣懷(1844~1916)_ 중국 청나라 말기의 대표적인 관료자본가로서 양무운동 추진자의 한 사람

불구하고 전장을 비롯하여 전당포와 약방, 사행 등 모든 사업에 대해 전혀 의심을 갖지 않게 된 것이다. 결국 약한 모습을 보이지 않음으로써 호설암의 사업은 무사히 위기를 넘길 수 있었다.

장세의 상황을 중시한다

 호설암의 '조장'은 다양한 수법으로 장세를 크고 활발하게 변화시키는 것을 말한다. 호설암은 점포의 크기와 활기가 자신의 사업에 결정적인 영향을 미친다는 사실을 잘 알고 있었다.

이른바 '장場'이란 물질의 기본적인 존재 형식으로 에너지와 동력, 질량을 바탕으로 물질 간의 상호작용을 하고 있다. 그리고 '장세'란 '장'이 작용하고 기능하는 터전을 말한다. 사업을 하려면 '장'과 '장세'가 있어야 하고 일정한 거래의 에너지가 수반되어 상품과 화폐, 생산자와 고객 간의 활발한 상호작용이 이루어져야 한다. '장'과 '장세'가 클수록 시장의 힘이 커지고 생산자와 상인, 그리고 고객 사이의 매매가 활발하게 실현될 수 있다.

'장'이 클수록 '장세'가 커진다는 것은 기본적인 물리학의 개념에 불과하지만 호설암은 이를 구체적으로 사업에 실천했다. 그는 사업을 하면서 항상 '장세'의 상황을 중시했고, 사업을 시작할 때마다 먼저 '장세'를 크게 확대하거나 조성하는 계획부터 세웠다. 오늘날의 경제 이론으로 호설암의 '장세'를 고찰해 볼 때, 그 본질은 선전과 자기 이미지 확립을 통해 지명도를 높이는 홍보 활동이라 할 수 있다.

상경에서 배우는 경영 정신

장이 클수록 장세가 커진다

시장 경쟁에 있어선 절묘한 홍보와 아울러 믿음직스런 기세를 연출하는 것이 중요하다. 1950년대, 프랑스의 브랜디는 국내 시장에서뿐만 아니라 해외 시장에서도 큰 각광을 받게 되자 프랑스 주류 상인들은 미국 시장을 향해 눈을 돌리기 시작했다. 미국 시장 공략을 위해 의전 전문가들을 초빙하고 대대적인 조사를 벌인 끝에 놀랄 만큼 참신한 홍보 계획을 세울 수 있었다.

홍보의 전체적인 주제는 "예의는 정을 경시하고 의를 중시하지만, 술에는 정이 듬뿍 녹아 있다."는 것이었다. 이들의 홍보 전략에 영감을 준 것은 당시 미국 대통령이었던 아이젠하워의 예순일곱 살 생일 잔치였다.

홍보의 초점이 프랑스와 미국 국민의 우정에 모아지면서 가능한 한 양국의 모든 매체를 동원한다는 전략이 세워졌다. 홍보의 방법은 프랑스에서 먼저 시작하여 미국으로 전파하는 일종의 복사형 홍보였다. 이 계획에 따르면, 아이젠하워 대통령의 예순일곱 살 생일에 백악관 앞에서 두 병의 67년산 프랑스 브랜디를 선물로 전달하는 성대한 증정 예식을 거행하도록 되어 있었다. 이를 위해 프랑스 최고의 디자이너가 병을 특별히 디자인하고, 네 명의 잘 생긴 젊은이들이 프랑스 전통 궁중 근위대의 복장을 하고서 두 병의 브랜디를 들고 백악관 안으로 걸어 들어간다는 것이었다. 이처럼 멋진 의전 계획은 즉시 회사 최고경영자들의 비준을 받은 다음, 프랑스 정부의 지원 하에 공식적인 외교 통로를 거쳐 진행되기 시작했다.

미국의 청중들은 아이젠하워 대통령의 생일 며칠 전부터 각종 전파 매체를 통해 이런 소식을 미리 전해 들을 수 있었다. 이리하여 순식간에 프랑스 브랜디가 신문 보도의 단골 메뉴로 등장하게 되었고, 수많은 사람들이 이 유명한 프랑스 브랜디의 도착을 손꼽아 기다렸다.

이와 때를 같이하여 미국의 수도 워싱턴의 주요 도로에는 "미국과 프랑스의 우정에 취하자!"는 문구를 담은 대형 채색 표지판이 걸리고 양국의 소형 국기가 도로 곳곳을 장식했다.

뿐만 아니라 다양하게 디자인된 광고물이 각 게시판에 부착되었는데 이 가운데서도 가장 눈에 띄는 것은 미국의 독수리와 프랑스의 비둘기가 건배하는 모습을 담은 그림이었다.

생일 당일, 도로에 나온 수많은 차량들이 백악관을 향했고 백악관 주위는 아침부터 인산인해를 이루었다. 사람들은 얼굴 가득 웃음을 머금고 양국 국기를 손에 든 채 귀빈이 나오기만을 기다렸다. 귀빈이란 정부 요인도 아니었고, 사회 유명 인사도 아니었다. 바로 프랑스 최고의 디자이너가 새로 고안한 병에 든 두 병의 67년산 프랑스 브랜디였다.

드디어 프랑스의 브랜디가 등장하자 군중들은 환호하면서 소리를 질렀고 심지어 프랑스 국가인 〈라마르세에즈〉를 합창하기도 했다. 미국 국민들은 이미 프랑스 브랜디의 향기에 취해버린 것 같았다.

이때부터 프랑스 브랜디는 대대적으로 미국 시장에 쏟아져 들어오기 시작했고, 국가의 공식 연회는 물론 일반 가정의 식탁에까지 없어선 안 될 애용품이 되었다.

이처럼 정교하고 화려한 홍보의 사례는 세계 영업사와 의전사에 영원히 기록될 것이다. 그렇다면 이 홍보 활동의 절묘한 맛은 어디에 있는 것일까?

첫째, 소비를 촉진시킨다는 의식을 희석시키면서 우의의 분위기를 고조시켰다는 점이다. 이는 어떤 상품이 특정 시장에 진입할 때 기업의 이미지와 상품의 이미지를 조성하는 데 중요한 역할을 한다. 일반 군중이나 소비자들이 상업적인 동기를 한눈에 알아버린다면 그 기업과 상품의 판매 효과는 크게 저하될 것이 분명하다.

둘째, 미국 대통령을 기업 상품의 '광고 매체'로 활용했다는 점이다. 이러한 돌출 행동이 가져다준 효과는 말할 수 없이 컸다. 아이젠하워는 제2차 대전의 영웅인 데다가 프랑스에 공헌한 바도 적지 않았기 때문에 프랑스 국민이 그의 생일을 대대적으로 축하한다는 것이 이상할 이유가 없었다.

셋째, 사전에 전파 매체를 이용하여 대대적인 분위기를 조성함으로써 상품이 소개되기 전에 이미 언론의 주요 화제로 부각시켜 놓았다는 점이다. 이러한 사전 작업도 일종의 선전 활동으로서 해당 상품의 소비를 유도하는 데 든든한 기초가 된다.

넷째, 성대하고 화려하며 프랑스의 민족적 특색이 짙은 의전 예식은 선물을 받는 사람의 신분에 부합될 뿐만 아니라 장차 이 상품을 소비할 소비자 계층의 신분과 지위를 미리 올려놓는 효과를 창출했다.

이처럼 호설암이 강조했던 '조장'의 기법은 기업이나 상품과 관련된 외관과 분위기를 활용하는 일종의 광고 활동, 또는 이미지 관리 기법으로서 소비자의 구매 심리에 직접적으로 작용하는 효과를 발휘한다.

간판을 보면
사업의 성패를 안다

호설암 어록

　"기업이나 점포의 외관은 사람의 얼굴에 해당하기 때문에 최대한 깨끗하고 아름답게 꾸며야 한다. 이는 사업에 직접적인 영향을 주기 때문이다. 우리 선조들께서는 항상 이렇게 말씀하셨다. '사람은 얼굴을 보고 나무는 껍질을 보며, 사업의 성패는 간판을 본다.' 사실 점포의 외관을 멋있고 그럴듯하게 꾸미는 것은 그리 어려운 일이 아니다. 세 가지 점만 주의하면 된다. 첫째는 위치가 적당하여 많은 손님들이 불편 없이 찾아올 수 있어야 한다는 것이고, 둘째는 깨끗하고 쾌적하여 일단 손님이 들어오면 편안하고 즐거운 기분을 느낄 수 있어야 한다는 것이다. 셋째는 정교하고 단아한 실내장식과 배치로 손님들이 들어오면 다른 곳에서 맛보지 못한 특별한 매력과 재미를 느낄 수 있어야 한다는 점이다."

사업을 일으키는 세 가지 요소

외관과 분위기를 훌륭하게 하는 방법은 무엇일까? 호설암은 세 가지 요소를 꼽았다. 적당한 위치(의지宜址)와 정교하고 깨끗한 분위기(정수精修), 그리고 단아하고 독특한 배치와 장식(교진巧陳)이 그것이다.

첫째, '의지'는 점당의 위치 선택을 말한다. 1874년, 호설암은 항주 오산吳山 아래 대정항大井巷을 최적의 부지로 선정하여 점당을 축조하고 '호경여당'을 열었다. 여기에는 그 나름대로의 독특한 생각이 있었다. 오산은 서호西湖 남쪽에 자리 잡고 있어 자양紫陽, 운거雲居, 칠보七寶, 아미峨嵋 등 10여 개의 작은 산으로 이루어져 있고 서쪽으로는 봉황산과 장대산, 옥황산 등으로 연결되었다.

전하는 얘기에 의하면 이곳이 춘추전국시대 오나라의 남쪽 경계라 '오산'이라는 이름을 얻었고, 산 위에 성황묘가 하나 있어 '성황산'이라 불리기도 한다는 것이었다. 오산은 역사가 유구한 만큼 고적들도 대단히 많았다. 춘추전국시대 오자서伍子胥의 무덤과 진대의 곽박정郭璞井, 송대의 동악묘東岳廟, 그리고 명대의 성황묘 등이 전부 이곳에 있었다.

오산의 산등성이에는 오랜 세월 동안 석회암이 용화되어 십이지의 형상을 이룬 곳도 있고, 산 정상에는 높이가 8미터에 달하는 강호회관정이라는 이층 정자가 자리 잡고 있어 이곳에 오르면 북으로는 서호를 한눈에 내려다 볼 수 있고, 남으로는 길게 이어지는 전강완錢江宛을 조망할 수 있었다. 청대 옹정 연간까지만 해도 '오산대관'이 '서호십팔경'의 하나로 꼽혔다. 이러한 오산의 경관은 수많은 여행객들을 불러들이면서 항주에서 인구 유동량이 가장 많은 명소가 되었다.

또한 항주에는 당송唐宋 시대 이래로 불교 사찰들이 많이 생겨나면서 '동남불국東南佛國'이라는 별칭이 붙어 있었다. 때문에 매년 봄과 여름이면 수많은 불교 신도들이 분향을 위해 이곳의 사찰들을 찾았고, 사찰 주변은 온갖 잡화를 파는 장사꾼들로 인산인해를 이루었다. 성수기가 되면 전국에서 몰려든 불교 신도들 때문에 항주성 전체가 향냄새로 뒤덮일 정도였다.

사업을 하는 사람들의 눈에는 오산 자락의 이처럼 번화한 지역이 특별한 의미를 가질 수밖에 없었다. 특히 대정항은 오산에 오르기 위해선 반드시 통과해야 하는 길목이라 호설암도 이 지점을 '황금지대'라 불렀고, 실제로 이곳에 8무의 땅을 사들여 '호경여당'이라는 대형 약방을 열게 되었다.

둘째, '정수'란 점당의 건축이 정교하고 운치가 있어 남다른 맛을 지녀야 한다는 것이다. 호경여당은 동서로 세 개의 문을 이용하여 내부를 세 개의 공간으로 구분하고 영업 점당과 제약 공방, 그리고 고객들의 휴게실을 갖추고 있었다. 이는 합리적이고 기능적인 방법으로 민첩하게 고객들의 요구와 편의를 만족시키기 위한 세심한 배려의 차원이었다.

또한 호경여당은 고대 중국의 여러 건축물을 모방하여 붉은 칠과 금박, 조각 등 고전적 아름다움을 세련되게 구사했고, 아울러 고객의 눈을 사로잡기 위해 호방한 기교와 기능적인 안배에도 소홀하지 않았다.

셋째, 점당의 내부 설계와 가구 배치, 상품의 진열, 점원들의 복장 등이 기능적이면서도 통일성이 있어야 하고 단아하면서도 독창적인 맛을 지니고 있어야 한다는 것이다. 호경여당은 오산의 산자락에 서식하는 학을 상징물로 활용하여, 건물 자체를 학의 형상으로 구성했다. 갖가지 장식물과 가구의 디자인과 서체, 배열 등을 학이 상징하는 고아함과 소박함을 나타낼 수 있도록 일관성 있게 제작하고 배치했다.

청나라에서는 상인의 점당에 복도를 갖추지 못하게 되어 있었으나 호설암은 이런 규정을 과감히 깨뜨리면서 영업 점당인 동당과 제약소인 서당 사이를 학의 목에 해당하는 긴 복도로 조성하여 호경여당의 분위기에 잘 어울리는 단아함을 추구했다. 아울러 그는 홍정자 단 관모를 쓰고 누런 마고자를 입은 채 점당을 지킴으로써 사람들의 뇌리에 대단히 기이한 상인으로 기억되었다.

이처럼 호설암이 강조한 세 가지 요소는 호경여당의 문화적 품위를 크게 높여주었고 남다른 개성과 단아함으로 수많은 고객들을 몰아다주었다.

얼굴은 상인의 외형

 중국 속담에 "장사를 하려면 세 가지 법보가 있어야 하는데, 사람과 점당의 외관, 그리고 신용이 그것이다."라는 말이 있다. 이는 고대 상인들의 경험에서 나온 말로서 장사를 하는 데 있어서 점당의 위치와 외관이 직원들의 자질이나 상품의 품질 못지않게 중요하다는 것을 암시해준다. 호설암은 이점을 깊이 인식하고 있었기 때문에 점당이 위치와 외관, 그리고 분위기를 종합한 '조장'의 기법을 사업의 중요한 수단으로 간주했다. 중국 고대의 '상성' 도주공도 "얼굴은 상인의 외형이니 어찌 이를 꾸미지 않을 수 있겠는가?"라고 말한 바 있다.

호설암은 점당의 외관과 실내장식에 있어서 그때까지 아무도 생각하지 않았던 방법을 제시했다. 그는 점당의 부지 선정과 내외의 장식, 상품의 진열에 이르기까지 세심하게 신경을 썼고, 다른 점당에서 찾아볼 수 없는 독특하고 참신한 분위기를 연출함으로써 많은 사람들의 발길을 끌었고, 사업에 커다란 영향을 미쳤다.

상경에서 배우는 경영 정신

아름답고 깨끗하게 꾸미는 건 상인 정신의 기본이다

호설암이 점당의 위치와 외관을 중시했던 상업 이념은 현대 기업에 광범위하게 적용되어 보다 새로운 의미로 확대되어 가고 있다. 그 전형적인 사례가 캐나다 '트리플 화이브' 회사의 사장 쟝 피에르가 미국 미네소타 주 블루밍턴 시의 쇼핑몰에 제시한 개발 계획이었다.

맨 처음 이 회사가 제시했던 계획은 14만 6천 평이 넘는 쇼핑몰과 테마 공원을 결합한 복합건물을 건설하는 것이었다. 그러나 6억 2천 5백만 달러가 소요되는 방대한 계획은 축소의 과정을 거쳐 10만 8천 평 규모의 중형 쇼핑몰을 건설하는 것으로 수정되었고 나머지 개발은 제2기 개발계획으로 남겨두게 되었다.

현재 이 쇼핑몰은 '노드 스톰Nordstorm' 이라 불리는 7만 평 규모의 소매점 구역과 '블루밍턴' 과 '메시', '실스' 등 네 개의 백화점으로 구성되어 있고, 나머지 2만 5천 평은 네 개의 상업 구역으로 나뉘어 소형 상가를 구성하고 있다.

미네소타 주 정부와 블루밍턴 시 정부는 쇼핑센터를 개발하는 과정에서 이 공사를 다른 여러 분야의 공공 공사와 연결하는 운영의 묘수를 발휘했다. 우선, 블루밍턴 시에서는 8천만 달러에 상당하는 건설 공채를 발행하여 주변 도로와 하수도 시스템 및 기타 시설들을 개선하고 새로운 도로를 개설하는 등 미래의 대규모 교통 수요에 대비하는 조치를 취했다. 또한 시 정부에서도 예산을 책정하여 12만 6천 평에 1만 3천 대의 자동차를 수용할 수 있는 두 개의 대형 주차장을 건설했다.

이러한 배합 조치는 새로운 쇼핑몰의 개발이 해당 주와 시에 막대한 세수를 가져다주는 효과를 창출했다. 이로써 1992년 8월부터 다음 해 8월까지 쇼핑몰 내의 350개 점포에서 거둬들인 세금은 원래의 예상의 6억 5천만 달러를 훨씬 초과했다.

'트리플 화이브'와 'MS&M'의 합작 과정에서 'MS&M'이 담당한 일은 투자자들을 유치하는 일이었다. 당시엔 다운타운의 경기가 하강 곡선을 그리고 있었기 때문에 네 개의 대형 백화점과 크고 작은 수많은 상점들을 쇼핑몰로 끌어들이는 작업은 그리 간단한 일이 아니었다.

하지만 'MS&M'은 그때까지 한 번도 시도되지 않았던 패밀리식 레저 및 쇼핑 공간을 상인들에게 잘 설명하고 엄밀한 시장조사를 토대로 캐나다 에드먼튼 쇼핑센터의 경험을 잘 배합한 결과, 어렵지 않게 상인들의 호응을 이끌어낼 수 있었다.

오랜 경험과 연구의 산물로 태어난 이 새로운 개념의 쇼핑몰은 소비자들의 편의는 물론, 외관의 디자인과 모든 장식물의 형태와 색감, 소재 등 모든 분야에 대해 주도면밀한 연구와 검증을 거친 덕분에 나무랄 데 없는 최첨단 쇼핑 공간으로 각광을 받게 되었다.

고객들은 차를 주차시킨 후, 실내 복도를 조금만 걸으면 곧바로 백화점으로 들어설 수 있고 물품 보관소를 비롯한 각종 시설이 갖춰져 있어 편리하게 쇼핑을 즐길 수 있었다. 또한 쇼핑몰 중앙에 자리 잡은 8천 5백 평 규모의 스누피 공원은 연중 7~8개월이 겨울인 미네소타 주의 기후 특성을 고려하여 유리를 사용한 투명 채광창의 실내 공원으로 조성되어 있다. 또한 이 공원에는 쇼핑객들의 편의와 여가를 위한 각종 놀이 및 학습 시설들이 갖춰져 있어 찾는 이들에게 즐거움을 더해주고 있다.

뿐만 아니라 다른 놀이 공원과는 달리 스누피 공원은 입장료가 없어 자유롭게 들어갈 수 있으며, 단지 놀이 시설을 이용할 때만 일정한 이용료를 지불하도록 되어 있다.

30년 전만 해도 미국인들은 주로 일요일에 교회에서 같은 지역 사람들을 만나 서로 즐거운 시간을 갖곤 했으나, 지금은 대부분의 사람들이 쇼핑과 레저와 학습이 결합된 종합 쇼핑몰을 찾고 있다. 그런 만큼 현대적 쇼핑 공간의 개발에도 위치 선정과 건축의 설계 및 디자인, 그리고 기능 등을 포함한 호설암의 이른바 '조장' 기법이 절대적으로 필요하다고 할 수 있다.

명성을 널리 알릴 줄 아는 사람

14

揚名 양명

'양揚'이란 널리 전파하는 것을 말한다.
'명名'이란 명성과 명예를 뜻한다.
따라서 '양명揚名'이란 남다른 방법으로
명성을 사방에 널리 전파하는 데 뛰어난 것을 가리킨다.
명성이 사방에 널리 전파되면
이를 전해 듣는 사람이 많아지고 더불어 거래하고자 하는 사람들이 따르게 된다.
이것이 잘 될 경우에는 한 번 부르면 백 사람이 호응하여
따르는 사람들이 구름처럼 몰리게 된다.
이것이 발전하면 재물이 모이게 되고 이름과 이익을 동시에 얻을 수 있다.

명성을 알리는 데는
길한 이름이 필요하다

호설암 어록

"나는 사후의 명예 따위보다는 생전의 명성을 바랄 뿐이다. 어느 날, 나는 도처에 걸려 있는 '부강'이라는 간판을 보며 내가 한평생 헛되이 살지 않았음을 알았다. 사람은 죽어서 이름을 남기고 호랑이는 죽어서 가죽을 남기는 법이다. 다른 사람이 하지 못하는 일을 했을 때에만 다른 사람들로부터 대단하다는 찬사를 받을 수 있고, 일찍 세상을 떠나신 부모님을 욕되지 않게 할 수 있는 것이다. 장사의 도리라는 것은 모두 마찬가지라서 명성을 떨치는 것이 가장 중요하며, 이름을 얻지 못하면 고객을 끌어들일 수 없다. 명성을 떨치려면 우선 자신을 잘 알릴 수 있는 이름을 지어야 한다. 간판의 이름은 우선 눈에 잘 띄고 부르기 쉬워야 하고, 그 다음으로는 다른 것들과 구분이 되는 자기만의 특색을 지녀야 한다. 전장처럼 돈과 관련된 사업체일 경우에는 두말할 나위 없이 길吉한 이름을 지어야 할 것이다. 물론 자신만의 간판에 힘을 실어주기 위해서는 겉치레보다 진실하면서도 생동적인 행실이 중요하다."

독특한 브랜드의 창조

호설암은 이미지가 사업에 미치는 중요성을 분명하게 인식하고 있었다. 때문에 심혈을 기울여 자신의 이미지를 만들었고 독특한 상품을 개발하여 브랜드를 창출하는 데 성공했다.

우선 호설암은 상호가 특별해야 한다는 사실에 주의를 기울였다. 간판의 이름은 눈에 잘 띄고 부르기 쉬워야 하며, 다른 것들과 구분되는 자기만의 특색을 지녀야 한다는 것이 그의 생각이었다. 특히 전장처럼 돈과 관련된 사업장의 이름에는 반드시 길한 글자를 사용해야 한다고 입버릇처럼 말하곤 했다.

때문에 호설암은 전장을 창업하면서 이름을 짓는 일로 몹시 고심했다. 그는 스스로 자신은 계산에는 밝지만 이름을 짓는 것처럼 머리를 써야 하는 일에는 소질이 없음을 알고 있었다. 그래서 왕유령을 찾아가 정중하게 작명을 부탁했다.

비록 이름 짓는 일에는 문외한이었지만, 간판의 이름을 짓는 것을 신중히 해야 한다는 점은 누구보다도 잘 알고 있었기에 호설암은 왕유령에게 자신이 생각하고 있던 간판 작명의 세 가지 원칙을 일러주었다. 그 원칙을 잘 지켜 이름을 지어 달라는 뜻에서였다.

이름은 우선 특이해야 한다. 이름이 평범하지 않아야 다른 점포들에 비해 보다 많은 사람들의 시선을 끌 수 있다. 오늘날에도 남들과 확연하게 구별되는 특이한 브랜드는 실제로 자신만의 독특한 품격과 품위를 대변해준다. 따라서 특이한 것 자체만으로도 상당한 중요성을 갖는다고 할 수 있다.

이름의 적합성 또한 매우 중요하다. 간판은 그 점포의 업종을 잘 드러냄으로써 사람들이 간판만 보고도 그 점포가 어떤 상품을 파는 곳인지 분명히 알 수 있게 해주어야 한다.

또한 이름은 길상의 문자를 많이 사용하는 것이 바람직하다. 이는 중국인의 전통적인 관념에 따른 것이기도 하다. 대체로 중국인들은 인명이나 지명, 또는 상호를 지을 때 반드시 문자의 자의를 따져 길상을 추구하는데, 이와 마찬가지로 상인들이 이름의 길상에 많은 신경을 쓰는 것도 매우 일반적인 행태이다. 장사를 하는 사람이라면 구매자나 판매자 할 것 없이 모두 길하기를 바라지, 불길한 것을 원치 않기 때문이다.

왕유령은 이상의 몇 가지 요구에 따라 '부강阜康'이라는 글자를 생각해 냈다. 호설암은 자신의 원칙에 맞는지 실험이라도 하듯이 '부강'이라는 글자를 몇 번 입으로 중얼거려 보고 나서는 흡족한 표정으로 "정말 좋습니다! 바로 이겁니다."라고 말했다.

장사를 하면서 이름을 대수롭지 않게 여겨선 안 된다. 사업은 평판을 통해서 번성하기도 하고 쇠락하기도 한다. 그리고 평판이라는 것은 이름을 통해서 고객에게 전달되는 것이다. 안목 있는 상인들이 상호에 고심하는 것도 바로 이런 이유에서이다. 이런 점에서 볼 때, 전장의 간판에 대한 호설암의 고심과 세심한 요구는 그의 경영자적 안목을 드러내는 중요한 일면이라 할 수 있다.

'금자초패 金字招牌'를 창조하는 데 있어서 고객을 기만하지 않는 진실성도 간과할 수 없는 중요한 요소이다. 호설암이 호경여당을 개업하면서 세운 가장 중요한 방침은 확고부동한 자신만의 브랜드를 만드는 것이었고, 이를 위해 그는 처방이나 약재, 제조 등 모든 분야에 걸쳐 두 가지 확실한 원칙을 세워두었다.

* 금자초패 金字招牌 _ 사업이 번성하여 세상에 널리 알려지게 되는 이름

첫째, 약의 처방 및 재료 선택, 그리고 제조 과정은 반드시 정밀해야 하며 판매한 약은 뛰어난 약효를 지녀야 한다는 것이다. 이를 위해 그는 고객들에게 직접 약재를 고르게 하거나 제조 과정을 눈으로 확인하게 함으로써 자신이 만든 약에 대한 믿음을 갖게 했다.

둘째, 자신은 물론, 모든 점원들이 뛰어난 능력과 함께 진실하고 넉넉한 마음 자세를 지녀야 한다는 것이다. 그래야만 환자를 어여삐 여기는 마음으로 약의 품질에 최선을 다할 수 있고, 약방도 자연히 좋은 평판을 얻게 되기 때문이다.

과거에 대부분의 약방들이 손님들을 위해 마련한 휴게실 벽에 "인품의 수양은 보는 사람이 없고, 마음 씀씀이는 하늘이 저절로 안다."는 대련對聯을 써붙이곤 했는데, 이 말은 곧 진실과 성심에 따른 고객들의 신뢰에 의해 영원히 흔들리지 않는 자신만의 '금자초패'가 형성된다는 것을 의미한다. 재주만 있고 덕이 없는 사람은 잔꾀를 부려 명성과 이익을 도모하기 마련인데, 이들은 결국 돌로 제 발등을 찍는 우를 범하게 된다.

브랜드를 만들어라

 호설암은 평생 동안 명성을 매우 중시했으며, 명성은 실제의 이익으로 돌아온다는 굳은 신념을 지켰다. 그는 자신의 '금자초패'를 지켜내기 위해 평생을 힘들게 노력하였으며 실로 놀랄 만한 성과를 이룩했다. 호설암이 제약업을 한 데에는 또 다른 깊은 뜻이 있었다. 약방은 아픈 사람들을 치료하는 곳이기도 하지만 자신의 이름을 알리는 데 그만한 방법이 없었다. 약방은 부녀자에서 아이들에 이르기까지 남녀노소 누구나 이용하기 때문에 그 이름을 알릴 수 있는 범위가 가장 넓었다. 또한 그는 제약업과 자선사업을 겸했기 때문에 이를 통해 얻은 무형의 효과는 실로 그 규모를 헤아릴 수 없을 정도였다.

호설암이 제시한 '양명'이라는 중요한 법칙은 바로 '금자초패'를 창조해 내는 것이었다. 이른바 간판이라는 것은 한 기업의 상품 브랜드이자 기업 이미지이다. 오늘날 하나의 브랜드, 특히 세계적 수준의 상품 브랜드를 만든다는 것은 결코 쉬운 일이 아니다. 험난한 역경과 실패의 연속을 겪어야만 성취할 수 있기 때문이다. 하나의 기업이 세계시장이나 국내시장에 두루 통용되는 브랜드를 갖지 못하면, 그 기업은 단지 수동적인 상태에만 머무르게 되어 영원히 다른 기업에 뒤지게 된다.

호설암은 백여 년 전에 이미 이러한 점을 분명히 인식하고 자신의 전장과 약방을 불문하고 기업의 이미지 형성에 큰 관심을 기울였다. 점포의 이름과 점당의 내부 설계, 판매대의 배치에서부터 상품의 품질과 신용도에 이르기까지 모든 부분에서 그만의 '브랜드'를 창조했던 것이다.

오늘날의 기업 운영에서 '브랜드'의 가치란 그 무엇과도 비교할 수 없다. '브랜드'가 있어야만 사업이 흥할 수 있다. 기업이 경쟁력을 갖추고 큰 발전을 이루기 위해선 호설암처럼 자신의 간판을 '금자초패'로 만들어 유명 브랜드로 발전시켜야 한다.

사업을 함에 있어 이름의 가치를 높이는 것은 곧바로 이익에 직결된다. 기업의 이미지가 바로 부와 재산이 되는 것이다.

상경에서 배우는 경영 정신

이름의 가치가 곧 이익의 양을 결정한다

기업이 번창할 때는 이름을 널리 알리기 쉽지만 이와 반대로 사업이 곤경에 처해 있을 경우에는 양명하기가 매우 어렵다. 더군다나 기업에 불리한 상황을 유리한 상황으로 전환시켜 이미지를 드높인다는 것은 말처럼 쉬운 일이 아니다.

중국 하남河南성 동방제약회사의 호춘량胡春良이 호설암의 양명법을 활용해 기업의 명성을 쌓은 이야기는 아주 독특한 사례에 해당된다.

하남 주구周口의 가짜 약 사건은 아직도 많은 사람들에게 생생한 기억으로 남아 있다. 당시 동방제약회사의 이름은 '하남 주구 수약창'이었고 가짜 약을 만든 공장의 이름은 '하남 주구 제일수약창'이었다. '하남 주구 제일수약창'이 가짜 약을 만들어 판매한 사실이 밝혀진 후로, 주구지역의 제약업은 큰 타격을 받았다.

사람들은 더 이상 주구지역의 제약회사에서 만든 약품을 구입하려 하지 않았고, 이에 따라 판매량이 급감하면서 대량의 재고가 쌓이게 되었다. 물론 가짜 약을 만든 회사의 이름과 단 두 글자가 달랐던 '하남 주구 수약창'이 입은 피해는 말로 표현할 수 없을 정도로 막대한 것이었다.

"복은 화에서 생긴다."는 말이 있다. 보통 사람들이라면 이런 상황에 직면하게 될 경우, 비관하고 실망하기 마련이지만 뛰어난 능력을 가진 사람들은 종종 불리한 상황을 유리한 상황으로 전환시키는 초인적인 재주를 발휘한다.

그는 우선 가짜 제약회사를 연상시킬 수 있는 자신의 회사 이름부터 바꾸기로 하고, 상호를 붉은 해가 솟아오르듯이 기업이 날로 번창해지기를 기원하는 뜻에서 '동방제약창'으로 잠정 결정했다. 이때 호춘량은 혹시 국가의 지도자가 나서서 회사의 이름을 바로 잡아주기라도 한다면 틀림없이 신임도가 크게 상승할 것이라고 생각했다. 문제는 아무리 생각해도 그럴 만한 통로가 보이지 않는다는 데 있었다. 하지만 지성이면 감천이라 했던가, 마침 기회가 찾아왔다.

전국인민대표대회 부위원장인 왕광영王光英이 주구지역을 순시하다가 '동방제약창'을 참관하러 온 것이었다. 호춘량은 이를 회사가 재기할 수 있는 일생일대의 기회로 여기고 왕광영에게 약품의 생산 및 개발 현황, 향후 발전 계획 등을 상세히 브리핑했다. 그리고 나서 호춘량은 넌지시 말을 이었다.

"저희 회사는 지금 상호의 개명을 검토하고 있습니다."

"어떤 이름으로 바꾸실 계획이지요?"

"아직 확정하진 않았지만 '동방제약창'이라는 명칭을 염두에 두고 있습니다. 부위원장님께서 보시기엔 이 이름이 어떻습니까?"

"동방제약창이라… 음, 나쁘지 않군요. 아주 좋아요."

호춘량은 기회를 놓치지 않고 재빨리 부탁했다.

"차라리 부위원장님께서 저희 회사를 방문하신 기념으로 상호를 하나 써주시지요."

왕광영은 매우 흡족해하며 그 자리에서 붓을 들었다. 그러나 잠시 머뭇거리더니 다시 붓을 내려놓는 것이 아닌가!

"'하남 주구'라… 가짜 약을 만들지도 모르지. 가짜 약을 만들게 되면……."

결국 그는 끝내 이름을 써주지 않고 회사를 떠났다. 호춘량은 낙담이 이만 저만이 아니었다. 어렵게 찾아온 기회가 이렇게 날아가 버리다니! 하지만 그대로 포기할 수만은 없었다. 그는 주구에 머물고 있는 왕광영을 찾아가 다시 한 번 '동방제약창'의 사업 구상과 하남 주구의 실추된 명예 회복, 그리고 중국 제약업의 방향 등에 관해 열변을 토했다. 그의 이러한 열정은 결국 왕광영의 마음을 움직였고, 왕광영의 붓을 거친 '동방제약창'이라는 이름 다섯 글자가 주구에 남게 되었다.

그 이후, 호춘량의 제약회사는 순식간에 달라진 상황을 체험할 수 있었다. 영업사원들은 더 이상 고객들의 불신을 걱정할 필요가 없게 되었다. 전국인민대표대회 부위원장이 친필로 상호를 지어주었다는 사실이 이 회사가 가짜 약을 생산하는 공장일지도 모른다는 의심을 사람들의 뇌리 속에서 완전히 지워버렸기 때문이다.

심천 해왕그룹의 회장인 장사민張思民은 국가의 부강과 국민의 행복에 강한 책임감을 지닌 인물이었다. 실제로 그는 언제나 이러한 생각을 기업 활동에 접목시키려 노력했다.

1995년 3월, 장사민은 중국 대표단의 일원으로 덴마크에서 개최

된 유엔 사회 발전 이사국 회의에 참가하게 되었다. 그는 주최 측에서 마련한 '기업인 회의' 석상에서 영리 추구는 기업의 단기적 목표에 불과하며 기업의 장기적 발전은 사회 발전과 불가분의 관계에 있는 만큼, 마땅히 사회에 대한 책임을 다해야 한다고 역설했다. 사회에 대한 지속적인 봉사와 기여는 해왕그룹이 지향하는 불변의 원칙이었다.

최근 몇 년 동안 해왕그룹은 사회 공익사업에 2천만 RMB의 기부금을 내놓음으로써 사회 각계로부터 폭넓은 칭송을 받고 있다. 하지만 이보다 더 중요한 것은 해왕그룹이 기업의 이익과 사회의 이익을 효과적으로 결합시키는 기업 전략을 전개하고 있다는 사실이다. 이러한 전략의 전형적인 예가 바로 요오드 보충제의 개발이다.

장사민은 우연히 한 전문가로부터 중국인의 요오드 결핍증에 대한 현황과 예방 치료 계획을 전해 듣게 되었다. 통계에 따르면 전 세계적으로 심각한 요오드 결핍 증세를 보이는 인구가 10억 명에 달하며, 중국에만 4억이 넘는 것으로 나타났다. 중국의 2천여 개 현 가운데 약 1천8백 개 현에서 요오드 결핍증이 만연하고 있다는 것이었다. 요오드 결핍증은 갑상선 부종을 유발할 뿐 아니라, 심할 경우에는 뇌의 발육이나 지력에까지 영향을 줄 수 있는 매우 위험한 질환이었다.

이러한 사실은 장사민의 마음을 아프게 했다. 다음 세대의 젊은 이들이 건강하고 총명하지 못하다면 미래의 중국이 어떻게 발전해 나갈 수 있겠는가?

장사민은 효과가 뛰어나고 안전한 요오드 보충제를 개발해 내고야 말겠다고 결심했다. 동시에 그는 요오드 보충제의 개발이 자신의 기업에도 좋은 기회가 된다는 사실을 잊지 않았다. 정부가 21세기 이전에 요오드 결핍증을 퇴치하겠다는 방침을 세운 이상, 해왕그룹이 그 치료제를 개발한다면 기업의 이미지에 커다란 기여를 하게 될 것이라 생각했다. 게다가 4억의 인구가 요오드 결핍증으로 고생하고 있는 만큼, 제품의 판로를 걱정할 필요도 없었다.

뜻이 있으면 결국 이루어지는 법이다. 수천 번의 실험을 반복한 끝에 마침내 해왕그룹은 신형 요오드 보충제를 개발해 냈다. 장사민은 사람의 지력智力이 황금보다 더 귀중하다는 의미에서 이 약품의 이름을 '해왕금전海王金典'이라 명명했다.

당시 초대형 기업이었던 해왕그룹의 입장에서 볼 때, 이보다 큰 수익을 얻을 수 있는 사업 아이템은 얼마든지 있었다. 따라서 경제적 이익만을 고려한다면 요오드 보충제의 개발에 그렇게 많은 인력과 자금을 투입할 필요는 없었다. 하지만 이 사업은 다른 사업에 비해 돈으로는 따질 수 없는 사회적 이익을 창출해주었다. 장사민은 단기적인 이익보다는 기업의 이미지를 제고할 수 있는 사회적 이익의 창출이 기업의 장기적인 발전에 훨씬 더 유익하다는 사실을 깨닫고 있었다.

해왕그룹의 자발적인 요오드 치료제 개발은 중국의 각 지방 정부는 물론, 관련 국제기구와 전문가들로부터 대단한 호평을 받았다. 1995년 5월, 해왕그룹과 위생부衛生部,《광명일보》등이 공동 주최한 '요오드 결핍증 퇴치'와 관련 좌담회에서 장사민은 국가 지도자들 및 전문가들이 참석한 가운데 '해왕금전' 판매 수익금의 5퍼센트를 노약자와 변경의 미개발 지역 인민들을 위한 지원금으로 사용하겠다고 약속했다. 이 일로 인해 장사민의 명성은 더욱 높아져 대중의 주목을 한몸에 받는 유명 인사로 떠오르게 되었다.

금자초패를 이루면
반드시 번성한다

"나는 항상 사람이 세상을 살면서 명예를 먼저 추구해야 할 것인가, 아니면 이익을 먼저 추구해야 할 것인가, 하는 문제를 생각하곤 한다. 하루는 친구와 이 문제에 대해 이야기를 나누게 되었다. 친구가 말했다.

'나는 다른 것은 몰라도 장사에 있어서는 반드시 명예를 추구해야 한다고 생각하네. 그렇지 않으면 어찌 '금자초패'라 부를 수 있겠는가?'

매우 일리 있는 말이었다. '금자초패'를 이루게 되면 자연히 장사도 크게 번창하여 결국 이익이 따라오기 때문이다. 결국 명예와 이익은 동전의 양면이 아닐까? 장사는 한 번 실패해도 다시 시작할 수 있지만 사람을 잘못 대하면 두 번 다시 돌이킬 수 없을 뿐만 아니라, 수십 년 동안 쌓아온 명성도 한순간에 물거품이 되고 만다. 그러므로 관리든 상인이든 간에 대인관계를 무엇보다도 중요하게 여겨야 한다."

돈보다 소중한 평판

부강 전장 개업 초기에 호설암은 호부관표戶部官票를 떠맡으면서 사람들에게 좋은 이미지를 심게 되었고, 이로 인해 이름을 알리고 실리도 취하는 이중의 효과를 거두게 되었다.

부강이 개업한 지 3일 째 되는 날, 전업공회錢業公會에서 호부관표의 처리 문제를 논하기 위해 전장업자들을 대거 소집했다. 모두들 어떻게 해야 좋을지 몰라 안절부절못하고 있을 때, 호설암의 지시를 받은 유경생이 한 번에 2만 냥에 해당하는 관표를 떠맡겠다고 밝혔다.

항주에 할당된 관표의 총액이 25만 냥이었고 당시 항주성 내에서 영업을 하고 있는 전장의 수는 '부강'을 포함하여 대형 업체가 9곳, 소형 업체가 33곳이었다. 대형 업체가 1할을 떠맡으면 소형 업체가 5푼을 떠맡는 것으로 계산해 볼 때, '부강'이 부담하기로 한 액수는 단연 업계의 최고 위치를 차지하는 양이었다. 이런 의로운 쾌거로 인해 '부강'이라는 이름은 순식간에 관가와 업계에 알려지기 시작했다.

전업공회의 관표 수매 상황은 그대로 번대에 보고되었다. 절강 번대는 조정에서 하달한 공무가 원만히 해결되자 기쁨을 감추지 못하고 '부강'을 높이 치켜세우며 호부에 표창을 건의하기로 결정했다. 그 결과 '부강'이라는 상호는 호부뿐만 아니라 북경의 금융업계에까지 널리 알려지게 되었다. 또 얼마 후에는 절강 번대에서 강소로 보내는 협향 수십만 은자를 '부강'에게 맡겨 대행하게 했다. 덕분에 호설암의 전장사업은 절강을 넘어 강소성까지 확대되는 획기적인 전환을 마련할 수 있었다.

---

* 호부관표戶部官票 _ 호부에서 발행한 일종의 관방 수표
* 전업공회錢業公會 _ 청대 금융업계의 협동조합

호경여당도 마찬가지였다. 호경여당은 개업 초기부터 "손님들을 기만하지 않고 진실함으로 명성을 쌓는다."는 이념을 세우고, 돈 없는 환자에게는 무료로 약을 지어주고 정부군에게도 싼값에 약품을 지원함으로써 짧은 시간에 커다란 명성을 얻었다. 좋은 약재를 사용하는데다가 약의 효험도 뛰어나다는 소문이 퍼지면서 장사가 날로 번창하여 역병이 번지는 봄과 여름이 되면 손님들이 대문 밖에 장사진을 치고 기다리는 성황을 이루었다.

훗날 호설암이 시련을 만나 전장과 전당포, 생사사업 등이 파산되고 모든 자산과 전답, 가옥 등이 다른 사람들의 손으로 넘어가게 되었을 때에도 호경여당만은 여전히 탄탄한 기반을 유지해주었다.

이유는 간단했다. 그가 의약사업을 하면서 쌓은 명성과 '호경여당'이라는 금자초패와 무관하지 않았기 때문이다. 이 점은 약방의 당수도 분명히 인식하고 있었다. 부강 전장이 지불 불능 상황에 빠져 그 여파가 호설암의 다른 사업에까지 미치게 되었고, 결국 파산이 불가피해져 호설암의 재산이 차압될 위기에 놓이게 되었다. 이때 약방의 당수는 점원들을 위로하며 처해진 상황에 대한 자신의 분석을 말한 바 있는데, 매우 정확한 분석이었다.

"호 주인장께서 벌여놓으신 여러 사업 가운데 가장 잘 이끌어오신 것이 바로 이 호경여당입니다. 호경여당은 돈뿐만 아니라 좋은 평판도 함께 얻었거든요. 만일 공금을 메우기 위해 호경여당을 차압하고 약재들을 모두 가져간다 해도 '호경여당'이라는 간판만큼은 떼어가지 못할 겁니다. 관아에서도 '호경여당'을 없애버리지 못할 것이고요. 결국 호 주인장께서 여전히 우리 호경여당의 주인님이신 것입니다."

당수는 점원들에게 더욱 단결하여 평소와 다름없이 일에 힘써 줄 것을 당부하면서 계속 좋은 약재를 구하고 손님들을 친절하게 대하면 직장을 잃는 일은 없을 터이니 각자 맡은 일에 충실해줄 것을 호소했다.

평판과 명성이란 것은 이처럼 확실한 효과를 발휘할 수 있다. 또한 이런 효과를 얻을 수 있는 경지에 이르렀다면 그 사람은 최고의 명성을 지녔다고 하기에 충분하다. 이것이 바로 호설암의 양명법이 보여주는 탁월한 일면일 것이다.

호설암의 변증법적 관점

 사업에 있어 명예를 우선으로 할지 아니면 이익을 우선으로 할지의 문제에 관해서는 지금도 사람마다 의견이 분분하지만 한 가지 분명한 사실은 명예롭지 못한 이익은 오래 가지 못한다는 점이다. 따라서 한 기업의 경영자라면 반드시 명예를 우선으로 해야 한다.

호설암의 탁월한 사업가적 자질은 그의 넓은 안목에 있었다. 그는 자신의 사업을 국가 및 국가적 요인들과 연결시켰으며 자발적으로 나라를 위해 헌신했다. 그 결과 많은 국민들이 그의 의로운 행동을 높이 평가하여 자연스럽게 그의 사업을 홍보하는 전도사가 되었다.

이처럼 돈 한 푼 안 들이는 홍보 전략은 결국 호설암에게 막대한 부를 가져다주었다. 명예와 이익에 대한 호설암의 변증법적 관점은 현대를 사는 우리에게 실로 시사하는 바가 크다고 할 수 있다.

상경에서 배우는 경영 정신

좋은 이미지는 억만 냥의 황금이다

금전이나 부동산을 유형의 자산이라 한다면 명성이나 이미지는 무형의 자산이라 할 수 있다. 유형의 자산과 무형의 자산은 상호 보완적인 것으로서 어느 것 하나도 없어서는 안 된다. 때문에 호설암은 유형의 자산을 늘리면서도 무형의 자산을 늘리는 노력을 게을리 하지 않았다.

우리는 한 기업이 쌓은 좋은 이미지가 그 기업에 막대한 부를 가져다준다는 사실을 잘 알고 있다. 좋은 이미지는 바로 억만 냥의 황금인 것이다. 현대 사회에서 말하는 기업의 이미지란 그 기업에 대한 소비자와 소속 직원들의 전체적인 평가를 가리킨다.

이 말은 두 가지의 의미를 지니는데, 하나는 외부적인 의미로서 그 기업이 소비자들에게 관련 산업과 사회에 크게 공헌하고 있다는 신뢰성을 주는 것이고, 다른 하나는 내부적인 의미로서 전 직원에게 회사와 운명을 같이 한다는 소속감을 심어주고 직원의 이익을 중시하며, 일의 책임 소재를 분명히 하고 작업 분위기를 밝게 하여 직원들 간의 단결을 강화하여 최고의 작업 효율을 발휘할 수 있도록 하는 것이다.

기업의 좋은 이미지는 보다 많은 이윤을 갖게 해주는 무형의 자산이다. 물론 이런 이미지도 기업의 발전 단계에 따라 중심이 크게 달라진다. 창업 초기에는 일반적으로 외부적인 이미지에 중심을 둔다. 예컨대 "어떻게 하면 좋은 품질로 판로를 개척할 수 있을 것인가?, 어떻게 하면 우수한 서비스로 고객의 신용을 얻을 수 있을 것인가?" 등이 주요 관심 대상이 되는 것이다.

하지만 미래의 큰 성공을 기약하는 기업이라면 외부 이미지와 내부 이미지의 전체적인 조화에 더욱 주의를 기울여야 한다. 발전의 각 단계마다 구성원들이 공통적으로 인정하는 가치관을 형성하는 기업 문화가 외부적 이미지와 연결되는 일종의 연결 고리가 되기 때문이다.

어떤 의미에서 볼 때, 백여 년 전에 이미 호설암은 이 점에 대해 현대의 기업가들보다도 훨씬 더 명확한 인식을 갖고 있었다. 호설암은 경영의 세계에서는 "우선 평판을 잘 쌓아야만 사업이 번창할 수 있고, 그에 따라 거대한 부를 축적할 수 있다."는 견해를 갖고 있었다. 바로 이런 이유 때문에 이름을 널리 알릴 수 있는 기회를 놓치지 않고 잘 활용할 수 있었던 것이다.

경영자들 사이에는 "평판을 얻으면 돈이 따른다."는 말이 회자된다. 평판이라는 것은 언제나 가장 중요한 항목으로 가치를 지니는 무형의 자본이다. 하나의 상호가 좋은 평판을 얻게 되면 손님이 몰리면서 확실한 자신만의 이미지를 형성하게 된다. 이렇게 되면 자연히 장사가 번창하게 되고 재물도 쌓이게 되는 것이다.

해남 홍보그룹의 총수인 장흥민張興民은 사업을 하면서 적극적으로 정부와의 합작을 도모했다. 정부와 합작을 하면 정부의 지위을 받을 수 있을 뿐만 아니라 기업 투자의 보험 계수를 증대시킬 수 있기 때문이다. 또 이러한 투자는 막대한 사회적 이익을 발생시켜 자연히 기업의 지명도를 높일 수도 있었다. 장홍민은 바로 이러한 원리를 인식하고 있었다.

장홍민의 탁월한 인식을 보여주는 단적인 예가 바로 신강新疆에 10억 RMB나 되는 거금을 투자하여 110만 무의 면화 단지를 개발한 사업이다. 개혁 개방 이후 중국의 연해지역은 중국 전체의 경제 성장을 이끌며 급격히 발전하기 시작했지만 중서부지역은 여전히 침체 상태에 머물러 있었다. 동부지역과 중서부지역 사이의 빈부 와 발전 격차가 날로 심화되어 가자 중국 정부도 이 문제를 심각하게 받아들이기 시작했다. 당 지도부와 국무원은 수차례에 걸친 회의 끝에 중서부지역의 경제 발전을 위한 정책을 제시하고 그에 대한 투자를 적극적으로 유치하기로 결정했다.

하지만 이러한 계획의 실천은 그리 쉬운 일이 아니었다. 동부지역은 이미 수년간에 걸친 급속한 발전을 통해 투자에 적합한 환경을 형성하고 있었지만 중서부지역은 불편한 교통이나 수준 미달의 인력, 그리고 과학기술의 부족 등 각종 부정적 여건으로 투자자들의 발길을 끌지 못하고 있었다.

하지만 장홍민은 이처럼 불리한 여건에도 불구하고 신강 남부지역에 10억 RMB의 거금을 투자하여 110만 무의 면화 단지를 개발하기로 결정했다. 이러한 결정은 말 그대로 불가사의한 일이었다. 중서부지역에 투자한다는 것 자체만 해도 엄청난 모험인데 게다가 10억 RMB나 되는 거금을 투자한다니! 그것도 다른 사업이 아니라 농업에 투자한다니, 이는 미친 사람이 아니면 도저히 생각할 수 없는 일이었다.

그는 유능한 전문가들로 구성된 대규모 시찰단을 파견하여 신강 남부과 서부지역에 대해 면밀한 조사를 진행한 끝에 남부지역의 온숙현溫宿縣을 최종 사업지로 선정했다. 그의 사업 계획에 제시된 대량의 데이터들은 이 사업이 확실한 수익을 가져다줄 것이라는 긍정적인 분석과 함께 막대한 사회적 이익을 창출할 것으로 예측하고 있었다.

이러한 투자의 효과로 첫째로, 우선 중국의 면화 생산량을 크게 향상시킬 수 있었으며 둘째, 신강 남부지역의 소수 민족들에게 빈곤에서 벗어날 수 있는 돌파구를 마련해줄 수 있었으며 셋째, 놀라운 고용 창출로 수십만 명의 취업 문제를 해결할 수 있었다. 장홍민은 또 관련 부서와의 협의를 거쳐 현지 농민뿐만 아니라 삼협三峽지역의 이주민들을 대거 수용함으로써 토지의 사막화를 막을 수 있었다.

단 한 번의 투자가 이처럼 막대한 사회경제적 효과를 창출하는 것은 물론 정부가 추진하는 정책과 딱 맞아떨어지는데 정부의 적극적인 지원이 없을 수 없었다. 장홍민이 시찰을 위해 신강에 도착하자 신강성의 정부 지도자들은 현장에 나와 그를 열렬히 환영하는 한편, 최고의 정책으로 사업을 지원하겠다는 약속도 잊지 않았다.

단 한 차례의 투자를 통해 장홍민이라는 이름은 중국 국토의 6분의 1을 차지하는 신강지역의 모든 사람들에게 알려졌고, 그가 만드는 제품 역시 유명 브랜드로 발전하게 되었다. 결국 장홍민은 엄청난 수익과 명성을 동시에 얻은 셈이었다.

중국 음료업계의 황제인 이경위李經緯는 광동 건력보그룹을 중국 굴지의 대기업으로 발전시킨 인물로서 '건력보健力寶'라는 음료를 세계에 알려 '중국의 신비한 물'이란 칭송을 얻게 한 장본인이다. 그의 사업 신조는 '정보＋판단＋행동＝성공'이라는 공식으로 요약할 수 있다.

그의 기회 포착 능력은 주로 스포츠 정보의 수집에서 찾아볼 수 있다. 그는 중요한 스포츠 행사를 십분 활용하여 자신의 기업과 제품을 알리고 경쟁자들을 물리쳤다.

'삼수주류공장'이라는 회사를 경영하고 있던 이경위는 우연히 사촌 동생으로부터 중요한 정보를 얻게 되었다. 광동성 체육과학 연구소에서 국가 체육위원회의 위탁을 받아 알칼리성 스포츠 이온 음료를 개발하고 있으며, 이미 성분 조합까지 마친 상태이지만 판로가 보장되지 않아 음료 제조업체들이 생산을 꺼리고 있다는 것이었다.

하늘은 스스로 돕는 자를 돕고 기회도 행동할 줄 아는 사람을 찾아가는 법이다. 이경위는 일찍이 체육위원회 부주임의 직책을 맡았던 경험을 통해 알칼리성 이온 음료가 체력 보충과 피로 회복에 뛰어난 효능을 지니고 있지만 중국엔 이런 음료 시장이 전무하다는 사실을 잘 알고 있었다. 기회가 찾아온 것이었다. 그는 10개월 동안 연구원들과 함께 밤낮을 가리지 않고 120여 차례의 실험을 강행한 끝에 마침내 중국적인 맛과 특색을 지닌 이온 음료 '건력보'를 개발하는 데 성공했다.

이렇게 세상에 태어난 '건력보'는 행운을 몰고오기 시작했다. '건력보'를 개발한 지 얼마 지나지 않아 이경위는 체육계에 몸담고 있던 한 친구로부터 정말 값진 정보를 얻게 되었다. 다름 아닌 제23

회 올림픽에 참가할 중국 대표단이 국산 음료를 마시기로 결정했다는 것이었다. 이는 '건력보'를 세계적 음료로 만들 수 있는 절호의 기회였다.

1983년 11월, 이경위는 정제된 오렌지향 '건력보'를 북경에서 열린 국산 스포츠 음료 품평회에 출품했다. 엄격한 심사를 거친 끝에 '건력보'는 이온 음료 특유의 신선함과 탁월한 피로 회복 효과를 인정받아 공식 올림픽 음료로 선정되었다. 성공의 조건이 구비된 것이다.

올림픽에서 중국 선수들은 혼신의 힘을 다해 싸웠고, 연일 계속되는 승전보는 세계를 깜짝 놀라게 했다. 중국 여자 배구팀이 미국 팀을 3 : 0으로 완파하자 민첩한 일본 기자 하나가 마침내 중국팀에게 힘을 제공하는 '중요한 단서'를 찾아냈다. 바로 중국 선수들이 '건력보'를 마신다는 사실이었다.

《도쿄신문》은 즉시 「중국 팀 '신비의 물'로 탁월한 성적을 내다. 스포츠 음료 시장의 일대 혁명!」이라는 제하의 기사를 실었다. 그리하여 금메달 15개를 획득한 중국 팀과 함께 '건력보'는 올림픽에서 일약 세계의 주목을 받는 음료로 부상하게 되었다. 이때부터 '건력보'는 '중국의 신비한 음료수'라는 이름으로 스포츠계를 강타했다. 음료 시장에 커다란 파장을 일으키며 세계 시장을 향한 첫 포성을 울린 것이다.

이름을 알리는 전략이 필요하다

호설암 어록

"상인은 반드시 좋은 평판을 얻어야 하며 좋은 평판을 얻기 위해서는 옛 방식에만 얽매여서는 안 된다. 글로 쓰는 것은 말하는 것만 못하고, 자신이 하는 말은 남의 말만 못한 법이다. 자신이 자신에 대해 칭찬을 한다면 다른 사람들은 우선 반신반의하는 반응을 보이게 되지만 누군가 나에 대해 칭찬을 하게 되면 사람들은 무조건 이를 진실로 믿게 될 것이다. 방법이 잘못되면 좋은 평판을 얻기도 어려울 뿐만 아니라 얻는다 하더라도 멀리 퍼져나가지 못한다. 병을 치료할 때도 처방에 따라 효과가 다르듯이 어떠한 방법을 쓰느냐에 따라 전달의 효과도 달라진다. 때문에 자신의 명성을 알리는 데에도 적절한 전략이 필요함을 명심해야 한다."

고양이의 진짜 모습

호설암이 제약업을 시작한 것은 매년 계속되던 재해와 태평천국의 난으로 인한 전화 때문이었다. 함풍에서 광서 초년에 이르기까지 중국 전역에서는 농민들에 의한 민란이 발생하였으며, 이로 인해 사상자가 속출했다. 여기에 더해 기상이변으로 가뭄과 장마가 계속되는 바람에 역병이 나돌아 민생에 심각한 타격을 주고 있었다.

이러한 상황을 타개하기 위해 호설암은 호경여당을 열기 전에도 강소와 절강지역의 명의들에게 부탁하여 '호씨벽온단'과 '제갈행군산', '팔보홍령단' 등의 치료제를 개발한 다음, 이를 증국번과 좌종당의 군대와 재해로 인한 피해가 극심했던 섬서성, 감숙성, 예豫, 진晉지역의 번사 아문에 전달했다. 그 후로도 약 10년 동안 호설암은 매년 각 성에 전염병 치료제를 무상으로 공급했고, 전란이 끝난 후에도 '널리 인명을 구해야 한다'는 사명감에서 정식으로 약방을 개업해 자체 개발한 약품을 환자들에게 공급하기 시작했다.

그는 내부 관리, 건물 부지 선정 등 모든 분야에 걸쳐 세밀하게 준비했고, 제약업계의 거물들을 초청해 조언을 듣는 일도 게을리 하지 않았다.

호설암은 점포의 건축과 실내장식 등 모든 공사를 지휘하면서 한편으론 절강의 명의들을 초빙하여 『태평혜민화제국방太平惠民和劑局方』이란 의학 명저를 기초로 고대의 각종 비방을 수집한 의학서 『호경여당설기환산전집胡慶余堂雪記丸散全集』을 제작하여 각 지점에 배포했다. 또한 홍보 요원들에게 약방의 상호가 새겨진 '광고복'을 입혀 자체적으로 연구 개발한 '호씨벽온단', '제갈행군산' 등의 약품을 사람들이 많이 모이는 항구나 역에서 나눠주면서 약의 효험을 체험하게 하는 한편, 당시의 가장 유력한 신문이었던《신보》에는 광고를 게재했다.

이러한 홍보 덕분에 호경여당은 개업 준비 기간부터 이미 그 명성을 널리 알릴 수 있었고, 개장 당일에는 소문을 듣고 찾아온 손님들로 문전성시를 이루게 되었다. 호설암은 직접 문 밖에 나가 손님들을 맞았다. 하루는 한 농부가 찾아와 자신이 구입한 약이 효과가 좋지 않다며 미덥지 않은 듯한 표정을 지었다. 호설암은 약을 자세히 살펴보고 나서, 즉시 농부에게 사과한 후 다른 약으로 교환해주었다. 호설암의 이런 태도에 신뢰를 갖게 된 농부는 그 다음부터 자기 주변에 있는 사람들에게 적극적으로 호경여당을 홍보하게 되었다.

이처럼 호설암은 무형의 자산인 좋은 평판과 이미지를 매우 중시했으며, 이와 더불어 자신만의 남다른 노하우를 발휘했다. 이 노하우란 바로 현대 경영인들이 애용하는 특별한 광고 전략이었다. 호설암이 즐겨 사용했던 몇 가지 양명의 전략을 살펴보기로 하자.

호설암이 아직 성공하기 전의 일이었다. 그의 집안 사정은 매우 궁핍하여 전당포에 잡히고 돈을 만들 물건조차 없었다. 호설암은 집에서 키우던 고양이를 팔기로 작정했다. 하지만 고양이 한 마리를 팔아봐야 얼마나 받겠는가!

그의 아내는 남편의 황당한 생각에 고개를 가로 저을 뿐이었다. 하지만 호설암의 생각은 달랐다. 그는 아내의 귀에다 대고 자신의 계획을 설명했다. 계획을 들은 아내는 갑자기 손뼉을 치며 남편의 묘안에 감탄을 금치 못했다. 다음 날 아침, 호설암은 문앞에서 큰소리로 아내에게 외쳤다.

"여보, 고양이 좀 잘 돌봐주구려. 세상에 둘도 없는 고양이니까 말이오. 다른 사람들한테는 비밀로 해야 돼. 고양이가 없어지기라도 하는 날에는 끝장날 줄 알아! 이 놈은 내 아들이나 마찬가지라고!"

며칠 동안 아침마다 이렇게 큰소리로 떠들며 외출을 하다 보니 이웃들은 자연히 호설암의 고양이에 대해 호기심을 갖게 되었고, 어떤 고양이이기에 그렇게 애지중지하는지 궁금해했다. 하지만 호설암의 아내는 아예 문 밖 출입을 하지 않아 고양이를 구경할 기회는 아무에게도 주어지지 않았다.

그러던 어느 날, 목에 매고 있던 줄이 끊어지면서 고양이가 문 밖으로 뛰쳐나갔다. 호설암의 아내는 재빨리 달려 나와 고양이를 붙잡아 집 안으로 데리고 들어갔다. 이때 마침 밖에 있던 몇 사람이 고양이의 모습을 보게 되었다. 머리끝부터 발끝까지 온통 분홍색인 예쁜 고양이였다. 모두들 신기해서 입을 다물지 못했고 호설암의 고양이는 갑자기 유명세를 타면서 입에서 입으로 전해졌다.

저녁이 되어 집으로 돌아온 호설암은 누군가 자신의 고양이를 보았다는 말에 속으로는 흐뭇해하면서도 짐짓 큰소리로 아내를 나무랐다. 얼마 후, 이런 소문은 그 지방의 한 부자의 귀에까지 들어가게 되었고, 부자는 사람을 보내 높은 가격에 그 고양이를 사겠다는 제안을 했다. 그러나 호설암은 일언지하에 거절해버렸다. 안달이 난 부자는 가격을 높이면서 계속 팔라고 졸라댔지만 호설암은 매번 거절했다. 그래도 부자의 집요한 요청이 계속되자 호설암은 못이기는 척하면서 그에게 고양이를 한 번 보여주었다. 그렇지 않아도 몸이 달아 있던 부자는 고양이를 직접 본 다음부터 더욱 욕심이 생겨 마침내 30만 냥이라는 엄청난 가격을 제시했다. 호설암은 이쯤에서 팔아버리는 것이 좋겠다고 판단하고 부자에게 고양이를 넘겨주었다.

고양이를 판 그날, 호설암은 하루 종일 대성통곡하면서 고양이를 집 밖으로 내놓은 아내를 나무랐다. 물론 주위 사람들을 의식한 연기일 뿐이었다.

한편 고양이를 손에 넣은 부자는 기쁨을 감추지 못하면서 이 진귀한 동물을 황제에게 바치기로 마음먹었다. 그러나 며칠이 지나면서 고양이의 털 색깔이 점점 옅어지기 시작하더니 보름쯤 지나니까 다른 고양이와 똑같은 색으로 변하는 것이었다. 부자는 곧장 고양이를 데리고 호설암의 집으로 찾아갔다. 하지만 호설암은 이미 다른 곳으로 이사를 가버린 뒤였다.

재미있는 일화이긴 하지만 이런 방식의 거래는 일종의 사기 행위에 해당되기 때문에 배울 만한 것은 아니다. 하지만 그의 고양이가 비록 보름밖에 효과가 없었던 '불량 제품'이기는 했지만 진짜 '저질 상품'을 가지고 소비자를 농락하는 오늘날의 일부 악덕 기업에 비하면 그냥 재미로 웃어넘길 만한 일이라 할 수 있다.

방법이야 어쨌든 간에 호설암이 고양이를 판 과정은 우리에게 시사하는 바가 매우 크다. 불법적인 사기의 형식이든 합법적인 방법이든 고객을 끌어모으고 제품에 대한 관심을 갖게 한다는 점에서는 일치하기 때문이다.

그가 구사한 계략의 핵심은 잠재적 고객에게 일정한 정보만 흘려 호기심을 유발시키는 데 있었다. 이웃 사람들은 고양이의 울음소리는 들을 수 있었지만 그 모습은 볼 수 없었다. 이런 상태에서 아무리 재촉해도 보여주지 않다가 일부러 잠깐 보여준 것은 상품 판매 전략의 제1단계인 준비단계라 할 수 있고, 고양이에 관한 소문이 부자의 귀에까지 들어가게 한 것은 제2단계인 광고단계라 할 수 있다. 그리고 그 이후의 과정은 마지막 제3단계인 '담판의 기교' 단계라 할 수 있다.

호경여당이 개업한 지 얼마 안 되었을 때의 일이다. 과거에 합격하여 너무 기쁜 나머지 발작 증상을 일으킨 환자가 호설암의 약방을 찾아왔다. 이 환자는 원래 가난한 집안에서 태어나 모진 고생을 다하면서 과거 시험을 준비한 끝에 마침내 공명을 얻게 된 사람인데, 호사다마라고 생각지도 못한 액운이 들이닥친 것이었다. 가족들은 환자의 병을 고치려고 이 약 저 약을 다 써 보았으나 아무런 효과가 없던 차에 어느 명의로부터 용호환龍虎丸을 쓰면 혹시 치료될 지도 모른다는 말을 듣고 호경여당을 찾게 되었다. 하지만 호경여당에는 용호환이란 약이 없었다.

호설암은 환자 가족들의 낙심한 표정을 보고는 보름 내에 용호환을 만들어주겠다고 약속했다. 당시에는 약재를 모두 손으로 섞었고, 용호환에는 비상砒霜을 비롯한 독성이 강한 약재들이 첨가되었기 때문에 조심해서 만들지 않을 경우 인명을 상하게 할 수도 있었다. 따라서 약공들도 서로 미루면서 위험을 무릅쓰려고 하지 않았다.

이렇게 어영부영 열흘이 지났을 때였다. 호설암이 갑자기 약공들을 불러모으더니 어젯밤 꿈에 약의 신인 동군노인桐君老人이 나타나 용호환을 만드는 비법을 알려주었다고 말했다. 이어서 그는 방 한 칸을 깨끗이 청소하고 문과 창문을 전부 꼭꼭 닫게 한 다음, 약공 몇 명만 남게 하고 용호환을 만드는 비법을 알려주었다. 사흘 후, 과연 용호환이 만들어졌고, 환자는 이 약을 복용한 지 며칠 만에 발작 증세가 깨끗이 사라졌다.

훗날 호설암은 한 술자리에서 약공들에게 그날의 진실을 솔직히 털어놓았다. 그는 약공들에게 약재 가루를 죽판竹板에 골고루 펼쳐놓은 다음 나무 방망이로 '용龍' 자와 '호虎' 자를 그리듯이 전후좌우로 반복해서 999번을 휘젓도록 지시했다. 이렇게 휘젓는데 어찌 약재 가루가 골고루 섞이지 않을 수 있겠는가? 다른 사람이 약을 만드는 광경을 보게 되면 신령한 기운이 사라져버린다면서 문과 창문들을 꼭꼭 걸어 닫게 한 것도 사실은 약공들로 하여금 전심전력하여 약을 만들게 하기 위한 하나의 전략이었던 것이다.

호경여당의 대표적 약인 '호씨벽온단'을 만들 때도 이러한 자세는 그대로 적용되었다. 먼저 스님을 모셔다가 약방 앞에서 염불을 외우게 하고, 약을 만드는 동안에는 약공들을 약방에서 먹고 자게 하면서 반드시 목욕재계를 한 후에야 약재에 손을 대도록 했다. 이런 행동들이 겉으로 보기엔 일종의 미신으로 여겨졌을지 모르지만, 사실은 호경여당이 벽온단을 만든다는 사실을 알려 광고 효과를 노리려는 전략이었고, 반드시 목욕재계 한 후에만 약재를 만지게 한 것도 철저한 위생관리를 위한 경영자의 세심한 배려였던 것이다.

어떻게 광고를 할 것인가

 기업의 인지도를 높이는 데는 당연히 광고가 가장 효과적인 방법이다. 하지만 '어떻게 광고를 할 것인가?' 하는 문제에 있어서는 세심한 주의를 기울일 필요가 있다.

호설암이 살았던 시대에는 지금처럼 수많은 광고 전문 기획자들을 참모로 두고 소비자들의 심리와 감각에 호소하는 다각적인 광고 전략을 논의할 수도 없었고 광고 방법에도 한계가 있었기 때문에 모든 것을 오로지 경영자 한 사람의 안목에 따라야 했다. 이런 현실에서 호설암이 광고 효과를 위해 직원들에게 '광고복'을 입힐 생각을 했다는 것은 실로 뛰어난 창의력의 소치가 아닐 수 없다.

특히 점포의 부지 선택이나 건축, 실내 장식 등 세밀한 부분에까지 심혈을 기울이는 자세는 오늘날 대부분의 기업들이 실행하고 있는 CI와 궤를 같이하는 것이라 할 수 있다.

따라서 우리는 기업의 경영이나 관리 분야에서 굳이 서양의 모델을 고집할 필요는 없다. 중국인들이 전통을 반영한 중국식 관리 방식을 갖추고 있는 것처럼 우리도 우리 고유의 경영 및 관리 모델을 갖춰나가면 된다.

* CI corporate identity_ 기업 이미지 통합전략

상경에서 배우는 경영 정신

왕념자王念慈는 뛰어난 아이디어로 대만 광고계에서 크게 주목받던 유능한 광고 전문가였다. 그녀는 12년 동안 상업 광고 분야에서 활약하다가 이후 공익 광고에 뛰어들었다. 그녀의 첫 번째 공익 광고는 '헌혈 캠페인'이었다. "사람의 마음을 움직여야만 광고 효과가 발생한다."는 신념을 갖고 있던 왕념자는 헌혈로 사람들의 목숨을 살려낸 수많은 사례들을 접하게 되었다.

그녀는 헌혈이라는 행동이 이해관계와는 전혀 무관하다는 사실을 잘 알고 있었다. 얼굴도 모르는 사람의 생명을 구해주고 아무런 대가도 바라지 않는 행위는 정말로 거룩하고 숭고한 양심의 발현이 아닐 수 없었다. 그녀는 눈물을 흘리며 가슴 속 깊은 곳에서 우러나오는 무엇인가를 카피로 적어 내려갔다.

"저는 당신의 얼굴도 모릅니다. 하지만 진심으로 감사드립니다."

이 간단한 카피 한 줄로 그녀는 일약 광고계의 슈퍼스타가 되었고 몸값도 치솟았다. 더 반가운 일은 그녀의 광고로 인해 헌혈을 하겠다는 사람들이 전에 없이 급증했다는 것이다. 그 해에 왕념자는 11건의 광고 제작을 수주했는데 모두 큰 성공을 거두었고 그녀의 광고에는 항상 감동과 믿음이 녹아 있다는 평을 듣게 되었다.

"부자는 콧김이 거칠다."는 말처럼 기업은 자금력이 강할수록 막대한 돈을 들여 융단폭격 식으로 광고를 실어댄다. 하지만 현명한 경영자의 눈에는 그저 어리석은 행동일 뿐이다. 현명한 경영자들은 제갈공명이 풀로 만든 배로 화살을 받았던 것처럼 적절한 때에 적은 비용으로 최대의 효과를 얻는 방법을 추구한다.

중국에서 폭발적인 인기를 누렸던 어느 연속극에 이런 장면이 나온다. '콸라룸푸르'라는 호텔의 개장을 앞두고 있던 호텔 사장이 신문에서 유명 연예인인 도리리陶莉莉와 방파方波의 결혼 소식 기사를 접하게 된다. 그는 이들의 집까지 찾아다니며 결혼식 무료 유치 작전을 벌였다. 현명한 사장은 이들의 결혼식을 이용해 막대한 광고 효과를 노린 것이었다. 이것이 바로 기업가들이 즐겨 활용하는 이른바 '스타 효과'라는 것이다.

1993년에는 시청률이 가장 높았던 제8차 전국인민대표대회와 정치협상회의 기간 중에 한 회사의 로고가 새겨진 옷을 입은 기자들이 TV 화면에 자주 등장했다. 이는 광동성 중산시의 검룡그룹이 회의를 취재하러 온 기자들에게 증정한 것이었다. 이 회사는 이런 방법으로 아주 적은 비용을 들이고서 수많은 시청자들뿐만 아니라 정부의 고위 지도자들에게도 깊은 인상을 심을 수 있었다.

광고의 중요성은 경영인이라면 누구나 인식하고 있는 바이지만 그 기발한 전략에 있어서는 제각기 다른 양상을 보이고 있다. 백 년 전 호설암이 구사했던 광고 기법은 후인들에게 깊은 인상과 함께 훌륭한 전범을 제공했고 현대의 중국 경영인들은 이를 기초로 하여 시대 현실에 맞는 혁신을 거듭하고 있다.

세상사에 능통하는 방법

15

洞明 통명

'통洞'이란 꿰뚫음을 뜻하고 '명明'이란 분명함을 말한다.
천지의 도를 헤아리고 사람의 마음을 살피는 것을 '통명洞明'이라 한다.
남을 알려면 먼저 자신을 알아야 한다.
생김새만 보고 사람을 판단하는 것은 물고기의 눈만 보고 비교하는 것과 같고,
겉모습만 보는 것은 그림자만 보는 것과 같다.
사람들의 의중을 헤아릴 수 있으면
바늘이 자석에 끌리고 혀가 단맛에 끌리 듯 사람들이 모일 것이다.
다른 이를 보는 인목이 '지智'이며, 스스로 깨우침이 '명明'이다.
재물이 없어도 인내하는 것을 '빈貧'이라 하고, 무지하여 경솔한 것을 '병病'이라 한다.
세상사에 정통하는 것은 정말로 커다란 학문이 아닐 수 없다.

세상사에 정통하면
그것이 전부 학문이다

호설암 어록

　"세상사에 정통하면 그것이 전부 학문이다. 그저 책만 읽고 팔고문만 지어 출세를 하는 자들은 오히려 배운 것 없지만 세상사의 이치를 잘 아는 사람들만 못하다. 관리들의 직무도 장사의 이치와 같아서 자신에게 이익이 되지 않으면 남을 속이려 드는 것이 상례이다. 이를 미리 헤아려 그들의 몫을 떼어주어야 무언가를 귀띔해주곤 한다. 자신의 속내를 완벽하게 숨길 수 있는 사람은 없는 법이다. 세상에는 아주 명확한 이치들이 많지만 대부분의 사람들이 이를 쉽게 간파해내지 못한다. 온갖 술수를 쓰는 사람들도 적지 않지만 나는 이런 사람들만 전문으로 잡아내는 '족집게 도사'이다."

자신의 살길을 찾아라

호설암의 도움으로 조미 운송의 문제를 해결하고 상해에서 항주로 돌아온 왕유령은 황종한에게 그 일을 보고했다. 더불어 호설암이 없었다면 일이 순조롭게 해결되지 못했을 것이라며 그를 적극적으로 관리에 추천하려고 애썼다.

"오, 그래요? 그 사람 이름이 뭐라고 했소? 출신은 어디지요? 언제 시간 나면 한 번 데려와 보시오."

"이름은 호광용胡鑛庸이고 아주 젊은 친구입니다. 비록 시장에서 장사를 하고 있긴 하지만 일을 처리하는 능력은 정말 대단하지요. 단지 아직 공명을 세운 바가 없어서 대인께 알현 드리기가 다소 민망할 뿐입니다."

"그런 건 개의치 마시오. 할 일이 태산 같이 밀려 있는 마당에 훌륭한 인재가 있다면 당연히 중용해야 되지 않겠소! 시장에서 장사를 한다고 했는데, 구체적으로 무슨 사업을 하고 있는지 말해줄 수 있겠소?"

"전업錢業 세가입니다. 집안이 유복해서 지금은 전장을 개업하여 운영하고 있지요."

왕유령은 거짓말까지 해가며 호설암을 한껏 치켜세웠다.

"전장이라! 그거 참 잘 됐구려. 마침 잘 됐어!"

전장이라는 말에 황종한은 묘한 말투로 '잘 됐다'는 말을 연발했다. 왕유령은 그 속셈을 알 수 없어 불안한 마음이 들었다.

황종한은 계속 말을 이었다.

"전장이라니까 생각나는 일이 한 가지 있소. 지금 조정의 이부

대관께서 각 성의 독무督撫들에게 군향을 거둬들이라고 성화가 이만저만이 아니오. 나도 상명을 거절할 수는 없는 노릇이고 해서 미력하나마 은자 1만 냥을 모아 볼 생각이오. 마침 그 호 아무개란 친구가 전장업을 한다고 하니 조만간 한 번 소개시켜 주구려."

"알겠습니다. 나라를 위해 하는 일이니 응당 도와 드려야지요. 언제든지 분부만 내려주십시오."

이 말에 황종한은 갑자기 찻잔을 거두고 왕유령을 내보냈다. 게다가 해운국의 업무에 대해선 한 마디도 하지 않는 것이었다. 왕유령은 안달이 날 지경이었다. 사실대로 얘기할 수도 없고, 난처하기 그지없었다. 하는 수 없이 왕유령은 즉시 하인을 시켜 호설암을 찾아오도록 했다. 그가 공관에 도착할 때쯤, 호설암도 때맞춰 당도했다. 그는 옷을 갈아입을 겨를도 없이 호설암을 데리고 방으로 가서 자세한 경위를 설명하기 시작했다.

"지금 해운국의 일이 공중에 뜨게 되어버렸네. 아무리 생각해도 어찌 해 볼 도리가 없으니 큰일일세 그려. 아예 하지 못하겠다고 얘기할 수도 없고, 정말 진퇴양난일세."

"신경 쓰실 것 없습니다. 다 잘 될 겁니다."

호설암은 별로 대수롭지 않은 듯한 태도로 거침없이 한 마디 덧붙였다.

"그냥 은자 몇 만 냥만 더 쓰면 되는 일입니다."

"뭐라고! 난 도대체 자네가 무얼 믿고 그렇게 태연하게 말하는 건지 알 수가 없네. 게다가 몇 만 냥을 더 쓴다니, 그게 대체 무슨 말인가?"

"왕공, 일생 동안 사리에 밝으셨던 분이 왜 한순간에 이처럼 어리석어지십니까? 황종한의 말뜻은 적당한 액수의 뇌물을 달라는 것입니다."

"아하! 역시 그런 뜻이었군."

순간 왕유령은 큰 깨달음을 얻은 듯한 표정으로 감탄을 연발했다. 그리고는 황종한을 만난 당시의 상황을 다시 한 번 떠올려보았다. 언제든지 분부만 내려 달라고 말했던 것이 황종한에게는 자신의 속뜻을 파악하지 못한 것으로 생각되어 언짢은 마음에 얼굴색을 바꾸며 자기를 내보낸 것이었다. 생각만 해도 등골이 오싹한 일이었다.

"한가한 얘기는 그만하고 어서 일을 처리하도록 하시지요. 약을 써야 병을 고칠 게 아닙니까? 마냥 지체할 시간이 없습니다."

"알았네. 그래야 되겠지."

세상사에 대한 남다른 통찰력과 인간의 심리를 꿰뚫어 보는 호설암의 진면목을 보여주는 대목이었다.

나중에 왕유령은 호주의 지부支部로 자리를 옮기게 되었다. 그가 부임하자마자 공무가 한 가지 주어졌다. 자신의 관할 지역이 아닌 신성현新城縣에 민란이 발생했는데 순무는 이 일을 그가 나서서 처리하도록 지시한 것이었다. 민란을 무마하거나 진압하는 것은 대단히 위험한 일로서, 잘못 하다간 목숨도 날아갈 수 있는 일이었다. 난감한 상황에 직면한 왕유령은 적당한 인물을 물색하던 중에 계학령을 발견하게 되었다.

계학령은 어려운 과제를 맡아 만반의 대책을 강구하고 혼란하기 그지없는 신성현으로 들어가 어렵지 않게 사건을 해결했다. 그러나 사후의 논공행상에서 한 차례 문제에 직면하게 되었다.

세상사에 능통하는 방법

청나라 조정에서는 민란을 진압하거나 외적을 물리쳤을 때, 또는 큰 치수 사업을 완수하거나 갖가지 대형 문제를 원만히 해결했을 때, 관례에 따라 공을 세운 사람에게 상을 내렸는데 이를 '보안保安'이라 불렀다. 보안에는 명보明保와 암보暗保의 구분이 있는데 당연히 암보가 더 실속이 있었다. 문제는 황종한이 계학령에게는 명보를 주고 왕유령에게는 암보를 내린 것이었다.

이 소식을 들은 호설암이 왠지 공평하지 못하다는 생각에 그 내막을 알아보았더니 과연 그럴 만한 꿍꿍이가 있었다. 황종한 수하에 있는 서기 하나가 계학령에게 은밀히 은자 2천 냥을 요구했고, 이에 대해 계학령은 돈이 없을 뿐만 아니라 설사 있다 하더라도 뇌물 따위는 바칠 수 없다며 거부 의사를 밝힌 것이었다.

그러나 세사에 정통하고 인정에 밝은 호설암의 견해는 달랐다. 물은 낮은 곳으로 흐르고 사람은 높은 곳을 향해 가기 마련이었다. 인간의 성격은 원래 자연 만물의 성격과 다르기 때문에 모든 것을 인간이 주재하도록 되어 있다. 통하지 않는 일은 방법을 달리해서 통하게 그만인 것이다. 호설암은 계학령을 도와 이 일을 원만히 처리해주기로 마음먹었다.

호설암은 어떤 방법으로 이 일을 해결했을까? 다름 아닌 '상대의 뜻을 충족시키면서 자신의 살길을 마련하는' 방법이었다.

호설암은 자신의 상호 명의로 2천 냥짜리 은표와 2백 냥짜리 은표를 각각 한 장씩 끊어 봉투에 넣고 밀봉한 다음 겉에다 비의菲儀라고 쓰고 서명 난에는 "어리석은 아우 계학령을 잘 부탁드립니다."라고 써서 문서 책임자인 진노야에게 보냈다. 얼마 후, 문서 방안위원 진노야라고 쓰여진 명함이 한 장 도착했다. 명함에는 "잘 받았습니

---

* 비의菲儀_ 보잘것 없는 성의 표지

다. 감사합니다."라고 적혀 있었다.

일은 호설암이 기대했던 것보다 훨씬 수월하게 풀려갔다. 이튿
날 바로 전갈이 도착했다. 계학령에게 해운국의 일을 맡게 한다는
내용이었다.

돈이 관청에 들어가면 일이 성사된다

 『관자管子』「금장禁藏」편에는 이
런 말이 나온다.

"무릇 사람의 마음이란 이익을 보면 취하지 않을 수 없고, 위태로움을
보면 피하지 않을 수 없다. 상인이 이틀을 하루 삼아 밤낮 없이 일하
고 천 리를 멀다 하지 않고 걸음 하는 이유는 눈앞에 이익이 있기 때
문이다."

호설암은 상인이 이익을 위해 뛰어다니듯이 관리도 손에 잡히는 이익이
있어야만 움직인다고 생각했다. 세상에 돈을 싫어하는 사람이 어디에 있
겠는가! 따라서 인간의 이러한 심리를 잘 이용하면 어떤 일이든지 순조
롭게 처리할 수 있었다.

"불이 고기에 닿으면 익게 되고, 돈이 관청에 들어가면 일이 성사된다."
는 말이 있듯이, 호설암은 돈만 있으면 귀신도 부릴 수 있다는 신조를
갖고 있었고 돈을 써서 일을 해결하는 데 주저하지 않았다.

어떤 사람들은 호설암의 일 처리 방법을 보면서 "소름이 끼친다."고 말
하기도 했는데, 이 말은 모든 일을 처리함에 있어서 방식이 매우 깔끔하
고 철저하여 실수나 착오의 여지를 남겨두지 않는다는 것을 의미했다.
이는 그가 세상사에 밝고 사람의 마음을 꿰뚫어 볼 수 있는 능력을 지녔
기 때문이다.

상경에서 배우는 경영 정신

물은 낮은 곳으로 흐르고 사람은 높을 곳을 향한다

호설암은 세상사에 대한 뛰어난 통찰력으로 당대 최고의 부호가 될 수 있었다. 세월이 흘러 이러한 통찰력을 기반으로 한 기회 포착과 경영의 기술은 홍콩 최고의 부호인 이가성李嘉誠에 의해 최고의 경지에 이르게 되었고 지금도 이가성의 차남인 이택해李澤楷에 의해 '관계가 곧 재산'이라는 상장의 이치가 계승되고 있다.

1998년 3월, 이택해는 미국 최대의 반도체 회사인 인텔 사의 회장 앤디 그로브Andy Grove와 아태지역 디지털 정보화에 관한 합작 사업을 계획하면서 뜨거운 야망을 불태우게 되었다. 그는 이미 미국의 하이테크 업계에서 어느 정도 성과를 얻은 바 있어 자신감에 넘쳐 있었다.

우선 그는 비공식적 채널을 통해 홍콩 정부에 '하이테크 밸리'의 건설을 제안했다. 하지만 정부 담당자는 당시에 불어닥친 아시아 금융 위기를 이유로 일언지하에 거절해버렸다. 하지만 이택해는 첫 번째 제안이 실패로 돌아간 후에도 포기하지 않고 적절한 기회를 노렸다. 3개월 후, 정보기술국 국장에 새로 취임한 광기지에게 정식으로 건의서를 제출했다. 정부가 '하이테크 밸리'의 모든 건설 자금을 대고 이택해의 영과그룹은 관련 기업을 유치하는 일에 책임을 지겠다는 내용이었다.

하지만 광기지 역시 냉담한 반응을 보였다. 침체된 금융 상황에서는 이처럼 막대한 투자를 감당해낼 수 없으며, 또 홍콩에서 하이테크 산업이 성공하리란 보장도 없다는 것이 거절의 이유였다. 두 번째 제안도 실패의 위기에 처하게 되었지만 그는 이에 아랑곳하지 않고 자비로 컨설팅회사에 의뢰하여 사업 기획안을 작성한 후 계속 정부의 문을 두드렸다.

같은 해 8월, 그는 다시 새로운 기획을 마련하여 정부에 제출했다. 제안 내용은 정부가 이 사업을 전담할 수 없다면 본인이 직접 투자에 참여할 의향이 있으며, 그 대신 사업 구역 내의 주택 개발권을 영과그룹에 보장해 달라는 것이었다. 광기지는 이러한 제안을 완전히 거부하지는 않았지만 영과그룹에 개발권을 넘기게 되면 정부가 이씨 일가에게 특혜를 주고 있다는 의혹을 받을 수도 있다는 이유로 개발권 양보만은 허가하지 않았다.

이택해는 다시 컨설팅회사에 의뢰해 '디지털 홍콩' 프로젝트를 세밀하게 연구, 검토하는 한편 홍콩과 외국에서 참여가 가능한 재단을 물색하기 시작했다. 하지만 몇 차례의 접촉에도 불구하고 이 사업에 참여하려는 기업은 단 한 군데도 없었다. 그러나 하이테크 산업만이 홍콩을 살릴 수 있다는 굳은 신념을 갖고 있던 이택해는 심천의 '화위華爲'를 견학하고 난 다음부터는 '토종' 하이테크 산업도 충분한 가능성이 있겠다는 생각을 갖게 되었다.

1998년 7월, 홍수 피해 상황을 파악하기 위해 강택민 주석이 호북지방을 순시하게 되었을 때, 당시 강 주석이 제방에서 사용하던 최신 전화 설비가 바로 '화위'의 제품이었다. 홍콩은 하이테크 사업에 필요한 조건이나 기반을 갖추지 못하고 있다는 것이 대다수의 견해였지만 이택해는 이러한 편견을 믿지 않았을 뿐만 아니라 오히려 홍콩은 내지內地의 고급 인력을 활용할 수 있는 또 다른 가능성이 있다고 판단했다.

그가 생각한 '내지'란 바로 심천이었다. 화위공사는 심천 북부에 위치하고 있는 통신설비 전문기업이었다. 화위는 민영기업으로서 설립된 지 채 10년도 안 되어 당당히 전국 4대 통신 기자재업체의 하나로 성장했으며 1998년에는 35억 RMB에 달하는 매출액을 기록했다.

이택해에게 가장 인상이 깊었던 것은 바로 8천 명이나 되는 직원 가운데 60퍼센트가 대졸자이며 박사 학위 소지자도 2백여 명이나 된다는 사실이었다. 이처럼 우수한 인력을 보유하고 있다면 하이테크사업이 불가능할 이유가 어디 있겠는가!

1998년 10월, 드디어 사태의 전기가 마련되었다. 동건화董建華가 시정 보고를 발표하면서 홍콩의 IT산업 추진을 강조한 것이다. 1997년에 아시아 금융 위기가 발생한 이후로 홍콩에서는 세계적 수준을 자랑하던 자국의 금융과 무역, 서비스 산업의 경쟁력 강화가 초미의 관심사로 떠올라 있었다. 홍콩 정부는 세계적인 IT산업 육성 열기에 부응하기 위해서는 자국의 우수한 분야를 적극 활용해야 한다는 점을 인식하게 되었고 '디지털 홍콩'은 이를 실현하기 위한 중요한 부문이라는 판단을 굳히게 되었다.

누구보다 앞서 있던 이택해가 이러한 기회를 놓칠 리 없었다. 그는 하이테크 기업인으로서의 이미지 강화를 위해 이미 세계적인 언론사들과 친분을 쌓아왔다. 1993년 10월,《파이낸셜》지에 아시아의 새로운 지도자로 소개됐던 그는 1996년에는 표지 모델로 선정되어 자신의 패션 취향을 소개하는 행운을 얻기도 했다. 1998년에는 미국《타임》지에 세계 최고의 하이테크 엘리트 50명 가운데 하나로 선정되었고, 곧 이어 세계 최고의 컴퓨터 재벌인 빌 게이츠를 대신하여 그의 저서 중문판의 서문을 쓰기도 했다. 빌 게이츠가 홍콩을 방문했을 때는 직접 그를 영접하기도 했다.

빌 게이츠는 이택해와의 첫 대면에서 영과그룹의 '디지털 홍콩' 계획이 홍콩의 정보 고속도로 구축에 큰 역할을 하게 될 것이라며 적극적인 지지를 표명하면서 실제로 몇 가지 구체적인 수치들을 제시하여 그 근거를 증명해주었다.

"인도에는 컴퓨터 소프트웨어 수출업에 종사하고 있는 인력이 30만 명이나 되는 데 반해 중국은 이에 훨씬 못 미치고 있습니다. 이런 상황에서 홍콩이 교량 역할을 하는 것이 바람직하다고 생각합니다."

그는 이택해의 '디지털 홍콩' 프로젝트가 홍콩 및 중국의 디지털 산업에 중요한 역할을 하게 될 것이라고 인식하고 있었다. 면전에서 정보 기술 분야의 최고권위자로부터 호평을 받은 이택해는 기쁨을 감추지 못했다.

하지만 그를 더욱 기쁘게 한 것은 그 자리에 정보통신국 국장인 광기지가 함께 있었다는 사실이다. 광기지는 이미 이택해가 제출했던 계획서에 냉담한 반응을 보였던 인물이었다. 그러나 이제 빌 게이츠도 인정한 그의 계획에 광기지의 완고한 고집도 흔들리지 않을 수 없었다.

이택해는 이 기회를 놓치지 않고 홍콩 특구 행정 장관인 동건화와 재정국 국장인 증음권曾蔭權에게 각각 소프트웨어 중심지로서의 홍콩 발전 구상안을 제출했다. 마침내 리벌스베이 주택 단지 맞은편에 위치한 대규모의 벌판이 '디지털 홍콩'의 사업지로 선정되었고, 덕분에 그곳에 건설될 고급 주택들도 앞으로 엄청난 수익성을 보장받게 되었다.

하지만 얼마 지나지 않아 정부가 제공하는 토지의 지가地價 문제에 이견이 발생했다. 정부가 지가를 높게 매길수록 정부의 이윤 배당률은 높아지는 반면 영과그룹에 배당되는 이윤의 몫은 줄어들기 때문이었다. 이택해에게 또 한 번의 시련이 찾아온 것이다.

하지만 1999년 1월 말, 이러한 상황에 또 다른 변수가 발생했다. 동건화는 이스라엘 순방중에 현지의 하이테크 산업을 참관하게 되었고 마침 이택해도 경제협력단의 일원으로 그를 수행하게 되었다. 이택해는 이스라엘 순방의 기회를 이용하여 동건화에게 하이테크 산업 육성의 당위성을 설명했다.

한 수행원의 말에 따르면 그는 수행 일정 내내 집요하게 동건화와 접촉하였으며 항상 동건화의 차에 동승했던 인물도 다름 아닌 과학기술발전국 의장과 행정회의 회원을 겸하고 있는 전과풍錢果豐이었다고 한다.

이택해의 이러한 노력은 1999년 2월 초, 동건화가 각국 순방을 무사히 마치고 돌아오자 효과를 나타내기 시작했다. '디지털 홍콩' 프로젝트의 협상이 다시 급속도로 진전되기 시작하면서 정부는 더 이상 높은 지가를 고집하지 않고 리벌스베이 일대 26헥타르의 토지를 50억 홍콩달러로 산정하여 전체 투자의 46퍼센트 지분을 차지하는 것으로 지루했던 담판을 마무리 짓게 되었다.

‘디지털 홍콩’ 사업의 개발권 획득으로 이택해의 몸값은 두 배로 껑충 뛰었고 ‘디지털 홍콩’ 프로젝트의 추진은 그에게 더 많은 활동 무대와 발전의 공간을 가져다주게 되었다.

세상사에 능통하는 방법

적을 만들면
담장이 하나 더 생긴다

호설암 어록

　"사람은 살다 보면 적을 만들기 마련이니 서로 치열하게 뺏고 빼앗기는 상장에서는 더 말할 필요도 없다. 나는 "영원한 적은 없고 다만 영원한 이익만 있을 뿐이다."는 말을 굳게 신봉한다. 친구를 한 명 더 사귀면 길이 하나 늘어나지만 적을 한 명더 만들면 담장이 하나 더 생기게 된다. 장사를 하면서 상대에게 위협을 주게 되면 적대관계가 형성되어 누구에게도 이익이 되지 않는 만큼, 최대한 화해할 수 있는 방법을 찾아내는 것이 가장 현명한 행동이다. 때때로 이치가 통하지 않으면 그 속에 무슨 문제가 있는지 살피지 못하고 습관적으로 그냥 지나쳐버리게 된다. 하지만 불가사의하게 보이는 일이라 할지라도 자세히 생각해보면 이치가 통하고 질책할 수 없는 것임을 알게 된다. 따라서 마음을 가다듬고 깊고 넓게 생각하다 보면 크고 중요하게 생각했던 것들이 실제로는 별것 아니었음을 깨닫게 될 것이다."

친구와 적의 차이

호설암의 오랜 친구인 왕유령이 골치 아픈 일을 부탁하고자 순무 대인을 찾아갔으나 순무 대인은 급한 일이 있다는 이유로 만나주지 않았다.

왕유령은 호주 지부로 부임한 이래 상급자들과 관계를 돈독하게 유지해 왔다. 명절 때마다 위로는 순무에서 아래로는 순무원의 문지기에 이르기까지 각급 관리들에게 비위를 맞추기 위해 온갖 정성을 다했다. 그의 성의 표시에 모두들 대단히 만족해했고, 순무원에 갈 때마다 순무 대인은 항상 말을 타고 나와 맞이해주었다. 그런데 이 날은 갑자기 문전 박대를 하니 어찌된 영문인지 알다가도 모를 일이었다.

왕유령은 낙담하여 돌아오는 길에 이 일을 상의하고자 호설암을 찾아갔다. 호설암은 틀림없이 뭔가 이유가 있을 것이라며 자신이 순무원에 가서 알아보겠다고 말했다. 이윽고 순무원에 도착한 호설암은 먼저 순무의 수하에 있던 하사야何師爺를 찾았다. 두 사람은 오래 전부터 돈독한 교분을 쌓아온 사이였다.

알고보니 순무인 황종한은 친척인 주도대道臺로부터 왕유령의 호주부가 금년에 대풍년이 들어 많은 은자를 거둬들였음에도 불구하고 순무에게는 예전과 같은 양의 은자를 바친 것으로 보아 순무를 홀대하는 것이 틀림없다는 말을 듣고는 잔뜩 화가 나 있는 것이었다.

사실 주도대는 실제로는 연관으로 관직을 사서 도대의 보결을 기다리고 있는 후보 관리로서 사람 됨됨이가 워낙 멋대로라 주위로부터 갖가지 원성을 사는 인물이었다. 황종한 역시 그의 성품을 잘

* 도대道臺 _ 청대에 각 부·현의 행정을 감찰하는 관리

알고 있었지만 친척이라는 이유 때문에 내치지 못하고 순무원에서 문서 관리를 맡기고 있었다.

호주 지부가 다른 곳으로 전직하자 주도대는 이 자리를 차지하려고 애를 썼으나 결국 많은 은자를 쓴 왕유령에게 자리를 빼앗기고 말았다. 이때부터 주도대는 왕유령에게 앙심을 품고 기회만 있으면 순무인 황종한의 면전에서 왕유령을 마구 헐뜯고 비난을 일삼았던 것이다.

사태의 진상을 파악한 왕유령은 두려움을 감추지 못했다. 소문과 달리 금년도 호주의 수확은 예전에 비해 그리 나아진 것이 없었기 때문에 이전의 관례대로 순무에게 적당한 선에서 예를 표했던 것인데 이것이 오해를 유발하면서 순무의 노여움을 사게 되었으니 언제 사모관대가 날아갈지 모를 판이었다.

하지만 호설암은 오히려 느긋한 태도를 보였다. 그는 미소를 지으며 허리춤에서 빈 통장을 하나 꺼내더니 은자 2만 냥이라고 써넣은 후 사람을 시켜 황종한에게 전달하도록 했다. 그리고는 왕유령에게 이 돈은 황종한을 위해 전장에 예금해두었던 것인데 미처 말씀드릴 기회가 없었을 뿐이라고 둘러대라고 말했다.

통장을 전달받은 황종한은 금세 만면에 희색을 띠며 즉시 사람을 시켜 술자리를 마련하고 왕유령을 순무원으로 불러들였다. 하지만 문제가 완전히 해결된 것은 아니었다. 주도대라는 화근이 여전히 황무대 옆에 버티고 있는 한, 언제 어떻게 또 억울한 모함이 날조될지 알 수 없는 일이었다. 왕유령도 이를 염두에 두지 않는 것은 아니지만 주도대가 황무대의 친척인 이상 그를 제거하는 것이 그리 쉬운 일은 아니었기에 어쩌지를 못하고 있었다.

묘수를 찾던 호설암은 편지 한 통을 써서 은표 1천 냥과 함께 동봉하여 하사야에게 보냈다. 이를 받은 하사야는 한밤중에 호설암을 찾아와 밀실에서 한참 동안 얘기를 나눈 다음 되돌아갔다. 이튿날 아침이 밝자마자 호설암은 왕유령을 찾아갔다.

"주도대가 최근 서양 상인들을 상대로 장사를 하고 있다고 합니다. 한데 이 장사가 보통 장사가 아니라 무기 매매라고 하더군요. 무기 매매 자체가 문제될 것은 없지만 주도대가 관가의 금기를 범하면서 이 일을 하고 있다는 건 심각한 문제가 아닐 수 없습니다."

사실 태평천국의 난이 일어난 이후 각 성에서는 앞 다투어 양무에 힘쓰면서 군함의 생산에 열을 올리고 있었고, 특히 연해지역에서는 그 정도가 매우 심했다. 그러나 절강성은 이미 재정이 바닥 나 자체적으로 군함을 생산할 여력이 없었기 때문에 외국에서 전함을 사들일 계획을 갖고 있었다.

이치대로 따지자면 절강지방에서 군함을 구매하려면 먼저 순무에게 통보하는 것이 올바른 순서였으나 절강번사藩司와 순무인 황종한은 사이가 좋지 않아 평소에도 의견 대립이 많았다. 하지만 번사가 이처럼 행동할 수 있었던 것은 군기대신인 문욱이 그의 스승이라 든든한 버팀목이 되어주었던 덕분이었다. 그리고 순무인 황종한도 번사의 일에 대해서는 크게 간섭하지 않으면서 서로 별 마찰 없이 잘 지낼 수 있기만을 바랄 뿐이었다.

하지만 이번에는 사안이 달랐다. 군함을 구매하려면 최소한 수십만 냥을 지출해야 하고 수수료만 해도 십만 냥에 달했기 때문에 조정에 든든한 후원자가 있다 하더라도 안심하고 일을 추진할 수 있는 상황이 아니었다. 그래서 절강번사는 주도대를 끌어들이기로 마음먹은 것이었다. 주도대가 언변에 능해 서양 상인들과의 협상에 확실한 수완을 발휘할 수 있을 뿐만 아니라 순무의 친척이라는 이점이 있어 혹시라도 일이 잘못될 경우 어느 정도 순무의 행동을 견제할 수 있기 때문이었다.

주도대는 재물에 욕심이 많은 인물이라 예상했던 대로 번사와 결탁해 순무를 속이고 서양 상인들과의 협상에서 동의를 얻어냈다. 이 일은 기밀에 속하는 것이었으나 우연히 하사야가 알게 되었고, 하사야는 사안의 중요성 때문에 감히 이 일을 입 밖에 내지 못하고 있다가 이날 호설암에게 털어놓았던 것이다.

사건의 전말을 전해 들은 왕유령은 황종한에게 사실대로 알려 처리하게 하자고 주장했지만, 호설암은 다른 사람의 재로財路를 막았다가는 그 화가 주도대 한 사람에게만 미치는 것이 아니라 여러 사람이 다칠 수 있고, 혹시라도 이 사실이 외부로 알려지는 날에는 자신들도 밀고자로 똑같은 처벌을 받게 될지 모른다며 만류했다.

두 사람은 새벽녘까지 의논을 계속한 끝에 간신히 한 가지 해법을 찾았다. 이날 밤 한창 꿈속을 헤매고 있던 주도대는 갑자기 문을 두드리는 소리에 잠에서 깼다. 최근 며칠 동안 군함 구매 문제 때문에 동분서주하느라 몹시 지쳐 있던 차에 누군가 요란하게 문을 두드려 대는 터라 기분이 좋을 리 없었다.

문을 열어보니 다름 아닌 순무원의 하사야였다. 하사야는 아무말 없이 저고리 안쪽에서 편지 두 장을 꺼내 건네주었다. 편지를 받아 읽어본 주도대는 한순간에 얼굴이 하얗게 질려버렸다. 편지에는 그가 저지른 각종 비리, 그 중에서도 특히 서양 상인들과의 군함 구매 사실이 자세하게 기록되어 있었다.

하사야는 이날 오후 누군가 순무원에 편지 두 통을 던지고 사라졌는데, 마침 자기가 우연히 그 자리를 지나치다가 편지를 뜯어 읽어 보니 사태가 심상치 않아 동료로서의 우정을 생각하여 몰래 알려주러 온 것이라고 말했다.

하사야의 설명에 주도대는 혼비백산하여 고맙다는 인삿말조차도 하지 못했다. 주도대가 가만히 생각해 보니 순무원에는 자신에게 원한을 품고 있는 사람이 많아 누군가 이 일을 알게 된다면 이를 이용하여 자신에게 복수하려 들 것이 뻔할 거라는 판단이 들었다. 게다가 편지를 쓴 작자도 필시 복수를 준비하고 있을 것이 분명했다. 그는 너무나 다급한 마음에 하사야의 옷소매를 부여잡고 해결책을 강구해 달라고 애원했다.

하사야는 아무 말 없이 침묵을 지키다가 자못 진지한 표정을 지으며 넌지시 말했다.

"순무 대인이 증오하는 자는 번사이니 군함 구매에 대해서는 결코 반대하시지 않을 것이오. 어차피 서양 상인들과의 협상이 끝난 상태이니 이제 와서 거래를 취소할 수도 없는 일이고, 또 예정대로 사들인다 해도 그만한 돈을 부府 내에서 끌어모으기는 힘들 것이니 이 일을 해결하려면 어차피 거상巨商의 도움을 받아야 할 것이오. 일을 그렇게 처리하고 나서 나중에 황 대인께서 물으시면 번사와의 일은 감추고 거상과의 협상 결과를 대인께 검토해달라고 말씀드리면 큰문제는 없을 것이오."

얘기를 다 들은 주도대는 긴 한숨을 내쉬었다. 절강 일대에 잘 아는 거상은커녕 돈 많은 친구 한 명 없는 형편이라 여간 난감한 심정이 아니었다. 벌써 이를 계산에 두고 있던 하사야는 관내의 관리들 가운데 호주의 왕유령이란 인물이 수완이 가장 뛰어나고 황 대인의 총애도 받고 있는데다가 호설암이라는 절강 최고의 거상이 바로 그와 의형제를 맺은 사이이니 왕유령에게 부탁하면 뭔가 방책이 생길 것이라고 넌지시 귀띔을 해주었다. 그러나 주도대는 왕유령이라는 이름만 듣고도 금세 안색이 변하며 대꾸를 하지 못했다.

하사야는 주도대의 심경을 잘 알고 있는 터라 그 외에는 달리 방법이 없으니 알아서 판단하라고 슬쩍 엄포를 놓았다. 주도대도 다시 생각해 보니 아무래도 그 이상의 해결책은 없을 것 같았다. 그리하여 주도대는 다음 날 아침 일찍 왕유령을 찾아갔다. 주도대에게서 자신을 찾아온 이유를 들은 왕유령은 뭔가를 한참 생각하는 척 하더니 천천히 말문을 열었다.

"이 일은 원래 제가 관여할 성격은 아니나 주형께서 부탁을 하시니 도와 드리지 않을 수 없을 것 같군요. 하지만 일이 순조롭게 해결된다 하더라도 전 한 푼의 돈도 받지 않을 생각입니다. 이 점만은 꼭 지켜주시겠다고 약조를 하시면 당장 제가 할 수 있는 대로 손을 써 보겠습니다."

순간 주도대는 자신의 귀를 의심했다. 그래도 그럴 수야 있냐면서 약간의 마음을 표시하고 싶다고 했지만 왕유령의 태도가 워낙 확고해 어쩔 수 없이 그의 제안을 받아들이는 수밖에 없었다.

왕유령은 곧장 순무 아문으로 향했고 황종한에게 자신의 친구인 호설암이 절강의 군함 구매에 참여하고자 하는데 이 일을 처리해 줄 적임자가 바로 주도대라고 보고했다. 황종한은 생각지도 않았던 돈이 굴러 들어온다는 생각에 당장 이 일을 허락했다.

주도대는 왕유령의 대범한 일 처리에 스스로 부끄러움을 느끼게 되었고 전함 구매 건이 마무리된 후에는 직접 왕유령을 찾아가 그 간에 자신이 가졌던 안 좋은 감정에 대해 정중히 사죄했다. 이리하 여 두 사람의 관계는 점차 막역지우로 발전하게 되었다.

적을 친구로 만드는 아량

 호설암은 경영의 세계에서는 진정 한 친구가 없다고 생각한 사람이 었지만 그렇다고 해서 사방에 적들만 가득했던 것은 아니다. 어차피 모 두 장사로 먹고사는 사람들인 이상 이익을 추구하기 마련이라 문제가 생 기면 마음을 터놓고 해결책을 모색해야지 혼자서 끙끙거리며 방법을 찾 으려 하다가는 누구에게도 도움이 되지 못한다는 사실을 잘 알고 있었 다. 이 또한 세상사 이치에 대한 호설암의 뛰어난 통찰력의 일환이다.

현대의 경영자들은 적을 만드는 것을 두려워하지 않고 오히려 이를 명예 로 여긴다. 물론 불가피할 경우에는 적을 만들 수도 있으며 두려워할 필 요도 없다. 하지만 적을 친구로 만드는 방법이 있다면 굳이 적을 만들 이유는 없다. 적을 만들기는 쉽지만 적을 없애기는 어려운 법이다.

어차피 서로가 이익을 추구해야 한다면 이익이라는 측면에서 다른 해결 책을 찾아야 한다. 호설암은 이러한 이치를 깨닫고 있었기 때문에 적을 친구로 만들 수 있는 넓은 아량을 가질 수 있었고 장사에서도 물을 만난 물고기처럼 종횡무진할 수 있었다.

적을 만들기는 쉽지만 없애기는 어렵다

장사에는 영원한 적도 없고 영원한 친구도 없다. 다만 영원한 이익이 있을 뿐이다. 호설암은 비록 박학다식한 선비는 아니었지만 세상사에 대한 남다른 통찰력을 지니고 있었고, 이를 바탕으로 사업에 있어서 큰 성공을 거둘 수 있었다.

그는 사람이나 일을 대할 때 결코 극단적으로 인식하거나 판단하지 않았다. 심지어 자신에게 적대적이었던 사람일지라도 그에게 남다른 재능과 자질이 있다면 사사로운 감정이나 과거의 잘못에 얽매이지 않았다. 호설암의 이러한 태도는 넓은 도량을 드러내기에 부족함이 없었고 적을 오히려 친구로 만들면서 주위에 수많은 인재군人才群을 거느릴 수 있게 해주었다.

이런 면에서 보면 춘추전국시대의 간웅이었던 조조에게서도 호설암과 유사한 점을 찾아볼 수 있다. 조조의 수하에 있던 수많은 모신謀臣과 용장들은 대부분 적진에서 온 사람들이었다. 조조는 그들에게 과거의 죄나 원한을 추궁하지 않고 정중하게 예로 대함으로써 결국 자기 사람으로 만들 수 있었다.

조조가 진림陳琳을 죽이지 않고 오히려 중용한 것은 그의 관대한 인재 등용의 전형적인 예라고 할 수 있다. 진림은 자字가 공장孔璋으로 한나라 영제靈帝 때 주부主簿의 벼슬을 지냈으며 문재가 뛰어나 위진남북조 초기의 문단을 대표하는 이른바 '건안칠자建安七子' 가운데 하나였다. 그는 동탁의 난 이후에 기주冀州로 피난을 가는 도중 기주가 원소에게 점령되자 그의 수하로 들어가게 되었다.

조조가 천자를 등에 업고 제후들을 호령하게 되자 황숙皇叔인 유비는 한나라 황실의 부흥을 꾀하며 조조를 토벌하기로 결심했지만 혼자만의 힘으로는 조조를 당해내기 힘들어 원소에게 지원을 요청하게 되었다.

원소는 군사를 일으켜 유비를 돕기 전에 진림에게 조조의 죄상을 알리는 격문을 쓰게 했다. 진림의 격문에서는 조조는 물론이요, 그의 조상 3대까지를 잔학무도하고 악랄한 대역 죄인으로 묘사했고 병사들의 사기를 진작시키려는 의도에서 조조의 목을 가져오는 자에게는 5천만 냥의 상금을 하사하고 동시에 식읍 5천 호의 후작으로 봉한다는 내용으로 현상금까지 걸어놓았다.

이 격문이 허창許昌까지 전파되었을 때 조조는 마침 두통으로 인해 병상에 누워 있었다. 격문을 본 조조는 놀라움과 두려움에 모골이 송연해지면서 식은땀까지 흘렸다. 조조는 이것이 진림의 소행임을 알고는 이때부터 진림에 대해 뼈에 사무치는 원한을 품게 되었다.

관도官渡의 전투 이후 조조는 승기를 잡고 원소가 점령하고 있던 북방의 여러 지역을 차지하게 되었고, 그 여세를 몰아 마침내 원소의 오랜 근거지였던 기주마저 함락하는 기염을 토했다. 원소의 잔군을 추격하여 섬멸하려 할 때, 도부수刀斧手가 진림을 잡아왔다. 진림을 보자 화가 머리끝까지 치밀어오른 조조는 성난 목소리로 고함을 질렀다.

"네 이놈! 네놈이 이전에 원소를 도와 격문을 써서 우리 가문을 욕보였지! 나는 그렇다 치고 어찌 내 조부와 부친까지 그렇게 할 수가 있느냐!"

그러자 진림이 태연하게 대답했다.

"화살이 이미 시위에 걸려 있으니 쏘지 않을 수 없었을 따름이오."

이 말을 들은 조조는 곰곰이 생각에 잠겼다. 주위의 문신과 장군들은 모두 이전의 죄를 물어 진림을 죽여야 한다고 입을 모았지만 조조는 감정대로 섣불리 일을 처리하지 않았다. 재기가 넘치는 진림을 죽이기에는 너무 아까웠던 것이다.

조조는 마침내 그를 풀어주면서 관직을 마련해주라고 명했다. "재상의 뱃속에서는 배도 저을 수 있다."는 말처럼 조조의 이처럼 넓은 아량이 수많은 인재들을 불러들여 결국 북방 통일이라는 대업을 이루게 했던 것이다.

자신을 적대시했던 사람에게 관용을 베풀 수 있는지의 여부는 동서고금을 막론하고 지도자로서의 인재관을 살펴볼 수 있게 하는 중요한 부분이다.

미국의 유명한 기업가인 애드거 리브가 마이클 오웬스에게 보여준 모습은 한 기업가가 자신의 적대자에게 어떻게 관용을 베푸는지를 단적으로 보여주고 있다.

19세기 말, 애드거 리브는 '뉴 잉글랜드' 라는 규모가 그리 크지 않은 유리 제조회사를 운영하고 있었다. 리브는 다른 유리 제조업자들과 마찬가지로 회사가 계속 번창하여 미국 최대의 유리 제조회사로 성장하기를 희망하고 있었다. 당시 마이클 오웬스는 이 회사의 평범한 노동자이자 그 지역의 명망 있는 노조 지도자 가운데 한 사람이었다.

그러던 어느 날, 노동자들의 파업이 발생했다. 노조 지도자인 오웬스는 임금 인상과 작업 시간 단축, 작업 환경 개선 등을 요구하며 노동자들을 선동했다. 이 파업으로 인해 리브는 회사를 다른 도시로 옮기게 되었다. 하지만 엄청난 손실을 감수하면서 회사를 이전하면서도 리브는 오웬스를 해고하지 않고 오히려 그와 일부 노동자들을 설득하여 함께 새로운 공장으로 데리고 갔다.

파업 기간 동안 오웬스는 노조를 대표하여 기업주인 리브를 상대로 협상을 진행해야 했다. 쌍방이 첨예하게 대립하는 와중에서도 리브는 오웬스의 당당하고 거리낌 없는 모습과 유리 생산 및 기술 혁신에 대한 그의 의지와 능력을 눈여겨보았다. 오웬스는 협상 테이블에서 노동자들의 처우 개선뿐 아니라 생산 관리나 기술 개선 등의 문제에 대해서도 날카로운 지적과 비판을 소홀히 하지 않았던 것이다.

새로운 지역으로 회사를 이전한 리브는 오웬스가 자신의 능력을 마음껏 발휘할 수 있도록 온갖 배려를 아끼지 않았고 리브의 넓은 도량에 오웬스도 깊은 감동을 받게 되었다. 3개월 후, 오웬스는 몇 가지의 건의를 제시했고 리브는 이를 전적으로 수용했다. 오웬스의 건의안에 기초하여 취해진 몇 가지 조치들은 회사에 큰 이익을 가져다주었다. 이 일로 인해 리브는 오웬스를 더욱 총애하게 되었고 그를 유리 제조부의 현장 감독으로 임명했다. 그리고 2년 후엔 다시 회사의 실무팀장으로 승진시켰다.

이리하여 한때 협상 테이블에서 첨예하게 대립하던 두 적수는 이제 둘도 없는 사업의 동반자로 변신하게 되었다. 그후, 리브는 전력을 다해 오웬스의 유리 제조기술 혁신작업을 지원했고 오웬스는 이에 보답하기라도 하듯이 끊임없는 기술 혁신을 통해 마침내 회사를 세계적인 기업으로 성장시켰다.

만일 리브가 오웬스에게 관용을 베풀고 중용하지 않았더라면 오웬스의 재능은 다른 곳에서 빛을 발하거나 영원히 묻혀버렸을 것이고, 리브 자신도 결코 오늘날의 성공을 이루지 못했을 것이다.

이상의 사례에서 알 수 있듯이 자신에게 적대감을 가졌던 사람들을 어떻게 대하느냐의 문제는 그 사람의 인재 등용 전략과 밀접한 관계를 지닌다. 설령 과거에 자신에게 씻을 수 없는 과오를 저질렀다 할지라도 넓은 아량으로 그들을 포용한다면 자신에게 적대적이었던 태도를 충성으로 바꿀 수 있을 것이고, 결국엔 자신을 위해 전심전력하는 든든한 지원 역량으로 양성할 수 있을 것이다. 이것이 바로 "세상사에 정통하면 그것이 전부 학문이다."라고 말한 호설암 '통명' 술의 핵심인 것이다.

중국은 서양의 문물을 받아들여 근대화의 길에 접어들었지만 여전히 '문화'적 갈등에서 벗어나지 못했다. 유난히 민족자본을 강조한 상인들의 태도는 이러한 갈등을 증폭시키는 요인이 되었다

자신을 대신할 수 있는
존재가 있는가

호설암 어록

"사람이 아무리 뛰어나다 해도 모든 일을 혼자서 해결할 수는 없다. 이럴 때 능력 있는 조력자가 있다면 자신을 대신해 많은 일을 처리할 수 있을 것이다. 사람을 고르는 것은 매우 중요한 일이다. 잘 고르면 힘과 일을 덜 수 있지만 잘못 고르면 문제만 일으키고 심지어 사업을 망하게 할 수도 있다. 사람의 가장 큰 능력은 사람을 쓰는 일이다. 사람을 쓰려면 우선 사람을 볼 줄 알아야 하고, 그 사람의 성격과 기질, 품덕 등을 정확하게 이해할 수 있어야 한다. 안목과 재능을 겸비한 재목을 찾아내 활용할 수만 있다면 성공은 이미 손에 쥔 것이나 다름없다."

인재의 자질

호설암은 창업 초기부터 인재의 자질 검증에 특별한 주의와 관심을 기울였다. 그리고 이러한 검증 작업의 절차와 방법 또한 주도면밀했다. 그가 부강 전장의 당수로 유경생을 고용했던 일이 그 대표적인 예라 할 수 있다.

호설암 밑에서 일을 시작하기 전에 유경생은 대원大源 전장의 일개 점원에 불과했다. 호설암도 원래 항주의 다른 전장에서 일을 하고 있었기 때문에 그를 고용하기 전부터 자연스럽게 알고 지내던 사이였다. 하지만 그저 안면만 있을 뿐, 그에 대해 구체적으로 아는 바는 별로 없었고, 쓸 만한 사람이라는 정도의 느낌만 갖고 있었다. 그후, 그를 고용해야겠다는 마음을 먹게 되자 우선 테스트를 해보기로 생각했다.

테스트 방법은 아주 특이했다. 그는 유경생이 여요余姚 출신이라는 사실을 알고서 그를 찾아가 느닷없이 여요의 풍물에 대해 이것저것 두서없는 말을 꺼냈다. 그리고는 영파와 소흥 등지의 풍물에 대해서도 얘기를 계속해 댔다. 이렇게 몇 시간이 지나도록 본론은 꺼내지 않고 상대방이 짜증날 정도로 귀찮게 엉뚱한 얘기만 하는 데도 유경생은 싫은 기색 없이 호설암의 '수다'에 조용히 귀를 기울여 주었다. 사실 호설암은 이런 식으로 유경생의 인내력을 시험해 보고 있었다.

호설암은 전장과 관련된 몇 가지 질문을 던져 유경생의 임기응변 능력과 직무의 숙련도를 알아보았고, 문득 생각난 듯이 항주성 내에 개업하고 있는 전장의 상호들은 어떤 것들이 있는지 물음으로써 그의 기억력과 관찰력도 시험해 보았다. 유경생은 모든 질문에 막힘 없이 술술 대답했다. 호설암은 이처럼 상대방이 알아채지 못하는 교묘한 시험 방법을 통해 유경생이 뛰어난 안목과 능력을 갖추고 있음을 확인하고, 결국 그를 고용하기로 결정했다.

"자네 눈으로 직접 그 사람을 판단한 후에 고용하도록 하게. 체면 따위에 얽매여서 사람을 쓰다간 낭패를 보기 십상이야. 사람을 잘못 쓰게 되면 결국 모든 피해가 자기 자신에게 돌아오는 법일세."

부강 전장에서 함께 일할 일꾼들을 물색해 보라며 호설암이 유경생에게 당부한 말이다. 이처럼 일이나 사람을 대할 때는 항상 모든 것을 명확하게 파악하여 행동해야 한다. 이것이 바로 '동명'인 것이다.

사람의 마음을 꿰뚫어 본다

 호설암은 사람들의 장점을 파악하여 그들이 자신의 재능을 충분히 발휘할 수 있게 해주었다. 사람을 볼 때 호설암이 가장 중요하게 여긴 것은 바로 충성이었다. 능력이 없는 사람은 기껏해야 사업을 발전시키지 못해 약간의 손해를 끼칠 뿐이지만 불충한 사람은 사업을 송두리째 망하게 할 수도 있다는 것이 그의 생각이었다. 때문에 그는 사람을 쓸 때 먼저 그 사람의 됨됨이를 면밀히 살폈다. 이것이 바로 "천지의 도를 살피고 사람의 마음을 꿰뚫어 볼 수 있어야 한다."고 제시한 '동명'의 요체인 것이다.

호설암은 일찍부터 사업에 있어서 인재의 중요성을 인식했고 인재를 발굴하고 확보하는 데 드는 대가를 아끼지 않았다. 그가 생각하는 인재는 우선 안목을 갖추고 있어야 했다. 안목이 있다는 것은 풍부한 경험과 지식을 통해 상황을 정확하게 파악하고, 일단 기회를 잡으면 신속하게 결단을 내릴 수 있는 능력을 의미했다.

이러한 안목만 갖추어지면 폭풍이 몰아치는 것처럼 위험하고 변화무쌍한 비즈니스 세계에서 얼마든지 능동적으로 대처해 나갈 수 있기 때문이다. 또한 그는 뛰어난 상인으로서의 자질뿐만 아니라 험난한 비즈니스 세계에서 피비린내 나는 '육박전'을 치르면서 스스로를 단련하여 전술 전략에 능한 인재를 원했다.

그는 이런 인재를 찾기 위해 시간과 노력을 아끼지 않았고 일단 선택된 인재에 대해서는 진정한 인재인지의 여부를 검증하는 단계도 소홀히 하지 않았다. 사업에서의 경쟁은 기본적으로 재력을 기반으로 하지만, 그보다 더 중요한 것이 인력이다. 사람을 한 번 잘못 쓰면 그 피해는 고스란히 자기 자신에게 돌아오기 때문이다.

상경에서 배우는 경영 정신

천지의 도를 살피고 사람의 반응을 꿰뚫어 본다

중국에서 엄후신嚴厚信의 존재를 아는 사람은 그리 많지 않다. 더욱이 그가 중국 최초의 근대 은행과 최초의 상인연합회, 그리고 최초의 기계화 공장을 설립한 사람이라는 사실을 아는 사람은 거의 없다.

엄후신의 고향은 자계시慈溪市로서 어려서부터 집안이 가난하여 학력이라고는 몇 년 사숙私塾을 다닌 것이 고작이었다. 그는 가난을 견디지 못하고 학업을 포기한 후 영파의 항업 전장에서 도제로 일하게 되었다. 하지만 식사량이 보통 사람의 두 배가 넘는다는 이유로 얼마 못가 쫓겨나고 말았다.

그후 동향 사람의 소개로 상해 소동문小東門에 있는 보성 금은방에서 다시 도제로 일을 시작하게 되었다. 뛰어난 손재주와 명석한 두뇌를 가진 그는 짧은 시간에 비녀와 팔지, 반지 등 각종 장신구의 주조 기술을 습득하게 되었다. 또한 틈나는 대로 책을 즐겨 읽었으며, 특히 서예와 그림을 무척 좋아했다. 고금의 대작들을 모사하여 그리다 보니 나중에는 진품과 구별이 안 될 정도로 뛰어난 수준에 이르게 되었다.

그러다가 우연히 '홍정상인' 호설암을 만나게 되었다. 호설암이 '보성'에 몇 가지 장신구를 만들어 달라고 부탁하게 되었는데 엄후신이 손수 만든 제품을 전달하기 위해 호설암을 찾아가게 된 것이다. 물건을 전달받은 호설암은 물건값으로 은자 한 묶음을 주면서 세어보라고 했다.

"어르신께서 주신 돈인데 어찌 믿지 않을 수 있겠습니까? 세어 볼 필요도 없습니다."

그리고는 가게로 돌아와 세어보니 은자 두 냥이 부족했다. 그는 아무 말 없이 자신이 힘들게 번 노임을 보태 주인에게 건네주었다. 얼마 후 호설암은 또 다시 장신구의 제작을 의뢰했고 엄후신은 지난번과 마찬가지로 직접 물건을 전달해주고 세어보지도 않은 채 은자 꾸러미를 받아가지고 돌아왔다.

그런데 이게 어찌된 일인가? 아무리 세어봐도 은자가 열 냥이나 더 많았다. 은자 열 냥이면 당시로서는 점원의 신분으로 몇 년을 고생해야 벌 수 있는 엄청난 돈이었다. 엄후신은 문득 부정한 돈을 취해서는 안 된다는 선친의 가르침을 떠올렸다. 다음날 날이 밝자마자 엄후신은 호설암을 찾아가 열 냥의 은자를 돌려주었다.

사실 이 두 차례의 착오는 호설암이 엄후신의 품행을 시험해 보려고 일부러 저지른 실수였다. 엄후신이 호설암의 호감을 샀음은 두말할 나위도 없었다. 얼마 후 엄후신은 자신이 직접 그린 '노안단선도蘆雁團扇圖'를 호설암에게 선물했고 호설암은 그의 재능을 알아보고는 "품성이 고상하고 신의가 돈독하니 보통 거간꾼과는 비견할 바가 아니다."라고 칭찬을 아끼지 않았다.

그후 호설암은 이홍장에게 그를 천거했고, 이를 계기로 엄후신은 상해와 천진 등지에서 좋은 일자리를 얻게 되면서 점차 부를 축적

해 갈 수 있었다. 그리고 마침내 '물화루금점物華樓金店'이라는 상
호로 자신의 점포를 갖게 되었다.

북경과 천진, 상해 등지에 있는 '팔대양八大洋'은 오랜 역사와 전통
을 지닌 상점이다. 창업자는 맹씨 성을 가진 사람으로서 산동성 장
구章丘 사람이었다. 어느 날, 맹씨 집안에 장운덕張雲德이라는 고아
가 양자로 들어와 포목점의 심부름꾼으로 일을 하게 되었다. 장운덕
은 성실하고 근면하며 말이 없는 얌전한 아이였다. 하루는 주인이
장운덕에게 말 여덟 필을 몰고 제남濟南으로 가서 전씨 댁에 주단綢
緞을 전해주고 오라는 심부름을 시켰다. 그러면서 다음 날까지 반드
시 돌아와야 한다고 당부했다.

　이튿날 아침 오랜 고객이었던 전씨는 장운덕에게 물건값을 지
불했고 장운덕은 돈을 세어보지도 않고 주머니에 집어넣고는 길을
재촉했다. 하지만 주인이 자신에게 처음으로 심부름을 맡긴 터라 왠
지 조심스럽고 마음이 놓이지 않았다. 정오쯤에 평릉성平陵城에 도
착한 장운덕은 길가에서 잠시 쉬어가게 되었는데, 아무래도 마음이
놓이지 않아 돈을 꺼내 세어보았다.
　돈을 세어 보던 장운덕은 소스라치게 놀라지 않을 수 없었다.
물건 대금으로 받은 돈이 원래 받아야 할 액수보다 훨씬 많았던 것이
다. 한동안 어쩔 줄 몰라 고민하던 장운덕은 결국 다른 일꾼들을 먼
저 보내고 자신은 다시 제남으로 발길을 돌렸다. 저녁 무렵에서야
전씨의 가게에 도착한 장운덕은 초과 지불된 금액을 주인에게 돌려
주었다. 그런데 이게 웬일인가! 진씨는 고맙다는 인사는 하지 않고

오히려 버럭 화를 내며 고함을 치는 것이었다.

"네 이놈! 심보가 글러 먹었구나! 돈이 더 갔으면 그 자리에서 돌려주었어야지, 한참 애간장을 태우다가 이제야 돈을 돌려주는 저의가 무엇이냐!"

장운덕은 주인의 장사에 피해를 주지나 않을까, 하여 감히 변명도 못하고 그저 고개만 숙이고 있을 뿐이었다. 사흘 만에 간신히 장구로 돌아온 그는 주인에게서 또 한 차례 심한 꾸지람을 들어야 했다.

"처음 맡긴 일부터 이렇게 제멋대로 처리할 수 있는 게냐? 무슨 일이 있어도 다음 날까지 돌아와야 한다는 말은 똥구멍으로 들은 게야! 너 같은 놈은 더 이상 필요 없으니 내일 노임을 받는 대로 당장 꺼져버려! 너 같은 놈은 내 가게에서 일할 자격이 없단 말이다!"

좋은 일을 하려고 그랬던 것인데 일이 이렇게까지 어그러질 줄은 꿈에도 생각지 못했다. 속절없는 눈물만 마냥 흘러내릴 뿐이었다. 다음 날 오전, 장운덕은 자신이 쓰던 방을 깨끗이 정리한 다음 짐을 챙겨들고 가게로 향했다. 노임을 받아든 장운덕은 주인에게 정중히 절을 올린 다음, '그동안 베풀어주신 가르침에 마음 깊이 감사 드린다' 는 인사와 함께 몸을 돌려 밖으로 향했다. 문 앞에 이르렀을 때였다. 갑자기 뒤에서 주인의 목소리가 들려왔다.

"게 섰거라!"

알고 보니 이 한 차례의 소동은 주인이 그를 시험해 보기 위해 꾸며낸 것이었다. 장운덕은 곧장 대장거로 승진했고 이때부터 공로주功勞株의 형식으로 이익금을 배당 받게 되었다. 나중에는 이 이익금을 활용하여 자신의 점포도 가질 수 있게 되었고 사업이 나날이 번창하여 유명한 거상으로 성장하게 되었다.

---

* 대장거_ 지금의 총지배인에 해당함
* 공로주功勞株_ 주식회사 형태의 기업 운영에서 연말 결산 후 이익금을 주식으로 배당하는 것

한 사람의 가치를 결정하는 언행

16

練達 연달

'연練'이란 경험이 풍부함을 말하며 '달達'이란 통달을 의미한다.
인간의 감정에 경험이 많아 통달하는 것은 큰 학문과 마찬가지이다.
순자에 이르기를 "소인은 귀로 듣고 입으로 말하는 바,
그 사이는 네 치의 거리가 있을 뿐이니 어찌 네 자의 몸에 이로울 수 있겠는가?
군자는 귀로 들은 것을 마음으로 담아 예로 행하고 항시 도로 언행하니
가히 스승으로 삼을 만하다."라고 하였다.
틀에 박힌 팔고문 밖에 모르는 사람은
인간의 감정과 세상사의 변화를 이해하지 못한다.
세상사를 꿰뚫어 보는 것이 모두 학문이라면 인간의 감정에 통달하는 것이 문장이며,
이것이 바로 호설암 '상경'의 핵심이다.

사람 노릇을 하는 게 가장 어렵다

호설암 어록

"일을 하기는 쉽지만 사람 노릇을 하기란 어려운 법이다. 아무리 힘들어도 수지
가 맞는 장사라면 뛰어들어야 하는데, 이때 성공 여부는 자신의 처신에 달려 있다. 교
활하게 머리를 굴려 다른 이를 속이는 자는 결국엔 사실이 드러나 일을 그르치는 결
과를 낳게 된다. 한 사람의 가치는 그가 자신이 한 말에 제대로 책임을 지는 지의 여부
에 의해 결정된다. 세상을 살아가면서 무엇보다 신용을 중시해야 하는 이유가 바로
여기에 있다."

자신의 이익을 먼저 쫓았을 때

왕유령이 조미의 운송 문제로 고민하고 있을 때 그를 도와 일을 해결해준 것은 호설암이었다. 호설암은 송강 조방과 협상을 벌인 끝에 우선 송강 조방이 상해의 곡물상들에게 대신 10만 석의 대미를 지급하고 절강의 조미가 상해에 도착하면 그 만큼을 송강 조방에 갚기로 했다. 부임 초기부터 골칫거리였고 자신의 출세와도 직결되어 있던 조미 운송 문제를 호설암의 도움으로 원만히 해결할 수 있게 된 것이다.

하지만 왕유령은 여기서 그치지 않고 호설암에게 또 다른 묘책을 제안했다. 송강 조방에서 조미를 대신 지급하게 할 것이 아니라 자신들이 그 쌀을 직접 사서 상해에 가지고 가서 팔아 조미 문제를 해결한 다음, 기일이 늦어진 절강의 조미는 자신들이 사재기하자는 것이었다.

왕유령의 생각이 이렇게 바뀐 데는 그럴 만한 이유가 있었다. 호설암이 송강 조방과 협상을 벌이고 있을 무렵, 송강의 관아로부터 정국 변화와 관련된 중요한 소식을 접했던 것이다. 홍수전이 나라를 세우고 스스로 황제를 칭하여 국호를 '태평천국'으로 정했다는 소식이었다.

홍수전은 강녕江寧을 '천경天京'으로 개명하고 백관을 정한 다음 조의를 열고 금령을 반포하는 등 국가의 외형을 갖춘 다음 임봉상林鳳祥을 천관승상, 이개방李開芳을 지관승상으로 임명하여 병력을 이끌고 진강鎭江 점령한 후 과주瓜洲를 거쳐 회양淮揚을 함락시켰고 북쪽의 유연幽燕까지 밀고들어 올 기세였다. 청나라 정

한 사람의 가치를 결정하는 언행

* 강녕江寧_ 지금의 南京
* 유연幽燕_ 지금의 하북성 북부와 요녕성 남부에 있던 주 이름

부군도 이에 대응하여 병력을 강녕으로 급파하여 성을 포위하는 한편, 직예와 섬서, 흑룡강지역의 기마병과 보병을 동원해 하남 이남으로 진격하게 했다. 바야흐로 정부군과 태평천국군 사이에 한 치의 양보도 없는 대접전이 벌어지기 일보 직전의 상황이었다.

정부군과 태평천국군의 전쟁이 임박했다는 사실은 곡물 매매가 원활치 못하게 된다는 것을 의미했다. 어느 시기든지 전시 상황이 되면 곡물 가격이 치솟기 마련이었다. 따라서 이런 시국을 잘 이용하여 넉넉한 곡물을 확보해두기만 하면 힘들이지 않고 큰 돈을 벌 수 있다는 것이 왕유령의 생각이었다. 하지만 호설암은 이런 사실을 간파하고 있었음에도 불구하고 반대의 뜻을 밝혔다. 송강 조방과의 약속을 저버릴 수 없었기 때문이다.

여기서 우리는 호설암과 왕유령의 차이를 확인할 수 있다. 왕유령은 자신이 불리한 상황에서는 다른 사람에게 도움을 요청하고 자신이 유리한 상황에서는 오히려 자신의 이익에 따라 행동하는 반면, 호설암은 자신이 한 말은 반드시 지킬 줄 아는 '성인군자'였던 것이다.

보통 사람들의 눈으로 보자면 왕유령의 생각이 옳은 것이다. 상인이란 원래 이익을 추구하는 사람들이기 때문에 돈을 벌 수 있는 일이라면 가리는 것이 없어야 하고, 때로는 법을 어기면서까지 모험을 하기도 해야 한다. 상인들에겐 상인들만의 가치 기준이 있다.

그러나 여기서 고려하지 않으면 안 될 것이 바로 양심의 문제이다. 어떤 일을 처리하면서 상대방의 입장을 생각하지 않고 자신의 계산에 따라서만 움직이는 사람은 결국 신용을 잃게 되고 많은 사람들로부터 따돌림을 당하게 된다. 사업을 하면서 사람들에게 무시되고 따돌림을 당한다면 어떻게 거래의 파트너를 구하고 협력의 대상을 만날 수 있겠는가?

믿음이 없으면 뜻을 이룰 수 없다

 누구든지 자신이 한 말에 대해선 책임을 져야 하고 일단 승낙을 했으면 절대 이를 번복해서는 안 된다. 그렇지 않을 경우 무시를 당하게 되고 따돌림을 받게 된다. 이는 호설암이 항상 강조했던 원칙으로서 어떤 문제를 처리하려면 인간의 상정常情을 중시해야 한다는 뜻으로 해석할 수 있다.

사람이 두 다리에 의지해 걸어다니듯 사업가도 '성신誠信'이라는 두 글자에 의지해 사업을 이끌어간다. '성신'은 사업을 움직이는 바퀴이며 '연달'의 영혼이라고 할 수 있다.

"간사하지 않은 상인은 없다."는 말이 널리 회자되고 있고, 부정한 방법으로 벼락부자가 된 사람들도 적지 않지만, "교묘하게 남을 속이는 것보다는 다소 용렬하더라도 성실한 것이 낫다."는 옛 말처럼 진정으로 사업이 번창하기를 바란다면 성실하고 또 성실해야 한다.

공자도 "사람에게 믿음이 없으면 뜻을 이룰 수 없다."고 했듯이 신용이 없는 상인은 사업을 이룰 수 없다. 신용이란 한 필의 말과도 같다. 걷는 것보다는 말을 타는 것이 훨씬 쉽고 멀리 갈 수 있듯이 상인이 신용을 얻게 되면 큰 힘을 들이지 않고도 사업이 크게 번창할 수 있다.

상경에서 배우는 경영 정신

호설암 뿐만 아니라 고금의 훌륭한 상인들은 하나같이 '성신'을 상인의 가장 중요한 자질로 삼았다. 성실한 사람은 기업주로부터 믿음을 얻는 것은 물론이요, 고객들에게도 확실한 신뢰감을 주기 때문이다.

일본의 유명한 금융회사인 '산이치 증권'의 창업자인 고이케는 원래 가난한 집안 출신의 일개 영업사원에 지나지 않았다. 스무 살이 되던 해, 그는 어느 기계회사에 입사하여 영업직을 맡게 되었다. 영업 실적이 비교적 좋았던 그는 보름 동안에 서른세 가구와 계약을 성사시키고 계약금까지 받았다.

그런데 어느 날, 고이케는 우연히 자사 제품과 동일한 타사 제품의 가격이 훨씬 싸다는 사실을 알게 되었다. 자신과 계약한 고객들에게 미안한 마음을 갖게 된 고이케는 곧장 계약서와 계약금을 갖고 집집마다 찾아다니며 이런 사실을 털어놓고 계약 폐지와 계약금 환불을 약속했다. 이러한 고이케의 진실한 태도에 매료된 고객들은 단 한 사람도 계약을 파기하지 않았고, 오히려 다른 물건을 구매할 때에도 반드시 고이케를 찾아 구매하겠다고 약속했다.

이러한 사실을 전해 듣게 된 회사 사장은 그를 크게 신임하게 되었고 기회가 오자 중요한 자리에 등용했다. 이를 계기로 고이케는 빠르게 성장하여 마침내 자신의 증권회사를 차리게 되었다. 훗날 그의 동료 한 사람은 고이케에 대한 자신의 감회를 이렇게 털어놓았다.

"성공의 열쇠는 역시 성실이었네. 성실이란 나무의 뿌리와 같지. 뿌리가 없는 나무는 더 이상 생명을 지닐 수 없는 것 아니겠나?"

'물화루금점'은 천진에서 가장 유명한 금은장식품 점포로서 개점 초기부터 지금까지 엄후신이라는 사장의 이름만큼이나 고객들의 신뢰를 듬뿍 받고 있었다.

어느 날이었다. 화려하게 치장한 한 노부인이 상점 안으로 들어왔다. 점원은 단번에 큰 고객임을 알아차리고 만면에 웃음을 띠며 친절하게 상품들을 소개했다.

유리 진열대에 진열된 갖가지 귀중품들을 진지하게 살펴보던 노부인은 마침내 비취가 상감된 금비녀 하나를 구입했다. 점원은 물건을 정성껏 포장한 다음, 계속 찾아 달라는 부탁과 함께 문 밖까지 나와 손님을 배웅했다. 그런데 뜻밖에도 바로 다음 날 그 노부인이 다시 '왕림'했다. 하지만 이번에는 물건을 사러온 것이 아니라 항의하기 위해 온 것이었다. 노부인은 노기등등한 얼굴로 손에 쥔 금비녀를 들이대며 큰소리로 고함을 질렀다.

"당신네들은 입만 열면 가짜는 절대로 취급하지 않는다고 큰소리치면서 어떻게 내게는 가짜를 팔 수 있는 겁니까!"

점원이 금비녀를 건네받아 자세히 살펴보니 디자인이나 크기, 상표 등이 어제 자신이 판 물건과 똑같았다. 당황한 점원은 즉시 지배인을 불러왔다. 귀금속 감정전문가였던 지배인은 금비녀를 자세히 살펴보았다. 과연 상감된 비취가 모조품이었다. 하지만 상점 안의 귀금속은 전부 그의 감정을 거친 후에 판매되고 있었기 때문에 가짜가 있을 수 없었다. 지배인은 아무래도 미심쩍은 생각에 사장인 엄후신에게 알렸다. 엄후신은 예의 바르게 노부인을 내실로 모시고 차를 권한 다음 자신이 직접 문제의 금비녀를 살펴보았다. 그리고는 부드러운 목소리로 말했다.

"부인, 이 금비녀는 확실히 모조품입니다. 혹시 다른 곳에서 구입하신 것은 아닌지요?"

"아니에요! 분명히 여기서 샀어요!"

노부인의 대답은 단호했다. 엄후신이 그녀를 훑어보았지만 가짜를 가지고 와서 사기를 칠 만한 사람은 아닌 것 같았다.

"알겠습니다. 당장 금비녀를 교환해 드리지요."

그리고는 다른 금비녀를 가져오게 하여 자세히 감정을 한 다음 노부인에게 건넸다.

"이건 틀림없는 진품입니다. 제가 보장하지요. 부인, 이 금비녀를 가지고 가세요."

금비녀를 받아 든 노부인은 의기양양하여 걸어나갔다. 그런데 노부인은 상점 문을 나서기도 전에 다시 발길을 돌려 내실로 향해 다가오는 것이 아닌가! 엄후신은 또 무슨 문제가 있나 싶어 자신도 모르게 잔뜩 긴장하기 시작했다. 하지만 이번에는 노부인의 얼굴에 잔잔한 웃음이 번지고 있었다.

"솔직히 말씀을 드릴게요. 사실 조금 전에 제가 내밀었던 금비녀는 어제 이 상점에서 구입한 것이 아닙니다. 그건 몇 년 전에 다른 지방에 갔다가 그곳 상점에서 구입한 가짜입니다. 며칠 있으면 저희 바깥어른 칠순 잔치가 있는데, 그때 자식들과 친지들에게 장신구를 선물할 생각이거든요. 그런데 또 속으면 어떻게 하나, 하는 노파심에 한 번 시험해 본 겁니다. 엄 선생님은 과연 듣던 대로 신용을 중시하는 분이시네요. 필요한 물건들을 전부 여기서 사도록 하겠습니다."

노부인은 말을 마치자 주머니에서 종이쪽지를 한 장 꺼내 엄후신에게 건넸다. 작은 종이쪽지에는 그녀가 구입하려고 하는 각종 장신구와 그 수량이 가지런히 적혀 있었다. '물화루금점'이 개업한 이래 처음 경험하는 대규모 구매였다. 엄후신을 비롯한 전 직원은 너무나 기쁜 마음에 입을 다물지 못할 정도였다.

엄후신의 이처럼 성실하고 넉넉한 태도는 널리 고객들의 신용을 확보할 수 있게 해주었고, 가게의 매출액과 수익은 기하급수적으로 증가했다. 얼마 후, 그는 전장을 개업하게 되었고 전장은 더욱 번창해 10여 곳에 지점을 개설하여 영업을 확대했다. 곧이어 그는 금은방과 전장업으로 번 돈을 자금으로 하여 다른 사업에 투자하기 시작했고, 중국 최초로 기계화된 현대식 공장들도 설립하게 되었다.

감정은 감정이고
장사는 장사다

"상인이 되는 것도 쉽지 않지만 훌륭한 상인이 되는 것은 더더욱 어렵다. 장사꾼들은 이윤을 위해 온갖 생각과 방법을 동원하여 치열한 경쟁을 벌인다. 이처럼 치열한 경쟁 속에서 실패하지 않고 언제나 우뚝 서 있는 '오뚝이'가 되는 것은 어려운 일이다. 부처님은 '내가 지옥에 들어가지 않으면 누가 지옥에 들어가겠는가!'라고 하며 자신을 희생했다. 이처럼 남을 생각하는 충후한 마음이 있어야지 이익을 위해 남을 저버리는 사념을 가져선 안 된다. 상인으로서 이익만을 중시하게 되면 마음이 너무 각박해져 다른 사람을 헌신짝처럼 취급하기 십상이다. 상인에게는 금전관계도 중요하지만 인간관계도 이에 못지않게 중요하다. 따라서 사업 상대에 대해선 '금전출납부'만 쓸 것이 아니라 '인간관계 출납부'도 함께 써나가야 한다. 금전출납부의 밑바닥에 존재하는 인간관계가 금전보다 훨씬 중요한 것이다."

남에게는 관대하고 자신에게는 엄격하다

호설암은 어려서부터 사람 사이의 '인정'을 매우 중시했다. 전장에서 도제로 일하고 있을 무렵, 그의 고향 친구 하나가 일거리를 찾아 항주로 왔다가 병이 나는 바람에 객잔客棧에 틀어박혀 꼼짝달싹 못하는 신세가 되었다. 방세와 식대도 몇 달째 못 내는 형편이었고 은자 다섯 냥이 없어 약도 먹지 못했다.

호설암은 자신도 월급이 몇 푼 안 되는 터라 안타까운 마음으로 친구의 딱한 처지를 바라보다가 아무래도 안 되겠다는 생각이 들어 다른 친구를 찾아갔다. 그런데 공교롭게도 친구는 집에 없고 아내만 혼자 있었다. 호설암은 그냥 돌아갈 수 없어 친구의 아내에게 상황을 설명하고 도와줄 수 있겠느냐고 물었다. 친구의 아내는 행색은 초라하지만 왠지 믿음직스러워 보이는 호설암의 표정을 보고 주저 없이 은자 다섯 냥을 빌려주었다.

호설암은 역시 남다른 기개를 지닌 사나이였다. 그는 돈을 받자마자 소매를 걷더니 차고 있던 팔찌를 풀어 그녀에게 건네주었다.

"지금은 제 형편이 여의치 않아 이 돈을 언제 갚을 수 있을지 모르겠습니다. 하지만 언젠가는 반드시 갚아드리겠습니다. 이 팔찌는 은자 한 냥의 값어치도 없어 담보라고 할 수도 없지만, 제 아내가 갖고 있던 것이라 제게는 매우 소중한 물건입니다. 때문에 제가 친구의 돈을 갚아야 한다는 사실을 한순간도 잊지 않게 해줄 겁니다."

나중에 상황이 나아진 호설암은 빌린 돈을 갚았다. 당연히 친구의 아내는 그의 팔찌를 돌려주려 했다. 하지만 호설암은 받으려 하지 않았다. 빚진 돈은 갚았지만 빚진 인정은 아직 갚지 못했다고 생각했기 때문이었다.

"제수씨, 팔찌는 그냥 보관해두세요. 은자 다섯 냥은 갚았지만 제수씨가 제게 베풀어주신 온정은 아직 갚지 못했습니다. 지금은 부족한 것 없이 잘 지내고 계시니 제가 은자 몇 냥을 더 드린다고 해도 별 의미가 없을 겁니다. 나중에 제가 인정을 갚을 기회가 오면 팔찌는 그때 찾아가도록 하겠습니다."

나중에 이 친구가 남에게 사기를 당했다는 소식을 듣자 호설암은 자신의 일처럼 발 벗고 나서 친구가 화를 면할 수 있도록 도와주었다. 친구의 아내가 재차 팔찌를 되돌려주려 하자 호설암은 그제야 팔찌를 받았다. 호설암은 금전관계의 내면에 존재하는 '인정'이 항상 금전보다 더 중요하다는 점을 확실하게 인식하고 있었고, 그로 인해 큰 이득을 보기도 했다.

외국 상인들을 상대로 무역을 하기 위해 호설암은 관장의 실력자들과 조방의 우두머리, 서양 상인들 사이를 오가며 갖은 노력을 다했다. 그리하여 마침내 최초로 생사 무역에 성공하게 되었고 이를 통해 18만 냥이라는 거금을 벌어들였다.

하지만 동업자가 많다 보니 지출도 많고 여러 사람이 이익을 분배해야 했을 뿐만 아니라 꼭 필요한 곳에 성의 표시도 해야 했다. 그러다 보니 이익은 고사하고 오히려 1만 냥이나 빚을 지게 되었다. 그야말로 '빛 좋은 개살구'였다. 호설암은 빚을 얻어야 하는 상황임에도 불구하고 무역에 참여한 동업자들에게 골고루 이익을 분배하고 도움을 준 사람들에게도 적절히 보답함으로써 돈도 잃고 친구마저 잃는 우를 범하지 않았다.

호설암의 이런 행동은 훗날 더 큰 이익을 가져다주었다. 함께 사업에 참여했던 동업자들과 친구들에게 자신의 뛰어난 능력을 증명해 보였을 뿐만 아니라, 사람 사이의 정을 중시한다는 인상을 심어주었기 때문이다. 또한 무역을 통해 외국 상인들과 교류하는 귀중한 경험을 쌓을 수 있었고 그들과의 장기적인 협력관계를 수립할 수도 있었다. 이는 외국인들이 많이 사는 대도시 상해에서 보다 활발하게 활동할 수 있는 소중한 밑거름이 되었다. 뿐만 아니라 생사업계의 거물인 방이와 돈독한 동업자관계를 맺게 되었고 조방의 수령인 우오 같은 유능한 조력자를 얻게 된 것도 돈으로 따질 수 없는 귀중한 수확이었다.

금전출납부 상으로는 분명한 손해였지만 인간관계 출납부에서는 적지 않은 수익을 얻은 셈이었다.

호설암은 '남에게는 관대하고 자신에게는 매우 엄격한' 도량을 지니고 있었다. 그는 자신이 손해를 볼 경우에는 인간관계로 이를 만회했지만 상대방이 손해를 볼 경우에는 반드시 "감정은 감정으로 되돌려주고 장사는 장사로 되돌려준다."는 원칙을 지켰다. 이 또한 신용을 중시하는 그의 기질을 잘 보여주는 일면이라 할 수 있다.

호설암이 방이와 합작하여 처음으로 생사 무역을 시작할 때의 일이었다. 차근차근 일을 진행해 나가던 두 사람은 도중에 방이 밑에서 당수로 일하던 주복년朱福年의 비리를 알게 되었다. 호설암은 주복년의 실토를 받아내는 한편, 그로 인해 야기된 사업상의 문제들을 원만히 해결했다.

이 과정에서 보인 수완과 넉넉한 인품에 다시 한 번 감탄하게 된 방이는 아예 그를 영입해 상해 사행을 맡기려고 했다. 방이의 생각으로는 호설암에게 일정 지분을 무상으로 떼어주면 자연스럽게 주인의 자격을 갖추게 될 것이고, 그렇게 되면 그에게 상해의 생사 사업을 관장하게 할 충분한 명분이 생기는 것이었다. 이는 당시의 상황에서 볼 때, 호설암에게는 대단히 좋은 기회였다.

하지만 호설암은 무상으로 지분을 주는 편법에 반대하면서 자신에게 지분을 넘겨줄 의향이 있다면 이를 유상으로 매입하겠다고 제안했다. '감정은 감정, 장사는 장사'라는 호설암의 종지에는 변함이 없었던 것이다.

사사로운 감정과 비즈니스를 구분하지 못하고 양자를 혼동해서는 안 된다. 친구라는 정에 얽매여 기분에 따라 일을 결정하게 되면 나중에 후회하기 십상이다. 그리고 서로 유종의 미를 거두기 어렵게 되고 사업상의 협력도 목적한 성과를 거두기 힘들게 된다.

사업 파트너 사이에는 무엇보다도 신용을 보장할 수 있어야 한다. 물론 보장이란 것은 사업 파트너 사이의 우정이 될 수도 있겠지만, 아무래도 감정만으로는 부족하고 현실적으로 규정되는 물리적 보장이 요구된다. "형제 사이에는 우애도 중요하지만 계산도 분명해야 한다."는 속담은 바로 이러한 이치를 말해주는 것이다.

인간관계 출납부

 호설암은 인간의 마음을 꿰뚫어보는 능력을 갖고 있었으며 남의 약점을 읽는 날카로운 안목을 지니고 있었다. 만약 이런 장점들을 잘 활용했다면 훨씬 더 많은 이익을 남길 수 있었을 것이다. 하지만 그는 결코 남의 허점을 파고들지 않았고 오히려 다른 사람들의 어려움에 관심을 갖고 동정을 베풀면서 적극적으로 문제를 해결할 수 있도록 도움을 주었다. 그를 접해 본 사람들은 모두 호설암의 이런 의협심에 감동하여 기꺼이 친구가 되었고 원활한 거래를 지속했다. 그들은 하나같이 호설암을 사업의 동반자일 뿐만 아니라 참된 친구로 여겼다.

호설암의 뛰어난 식견은 바로 '금전출납부'와 '인간관계 출납부'의 변증법적관계에 대한 깊은 이해에 있었다. 그는 어느 한 쪽으로 치우침이 없이 항상 다른 상황과 다른 조건에 맞춰 양자의 상호관계를 변증법적으로 조화시키며 원만한 결과를 도출해 냈다. 이것이 바로 일대를 풍미했던 '홍정상인'으로서 호설암이 갖췄던 남다른 능력이다.

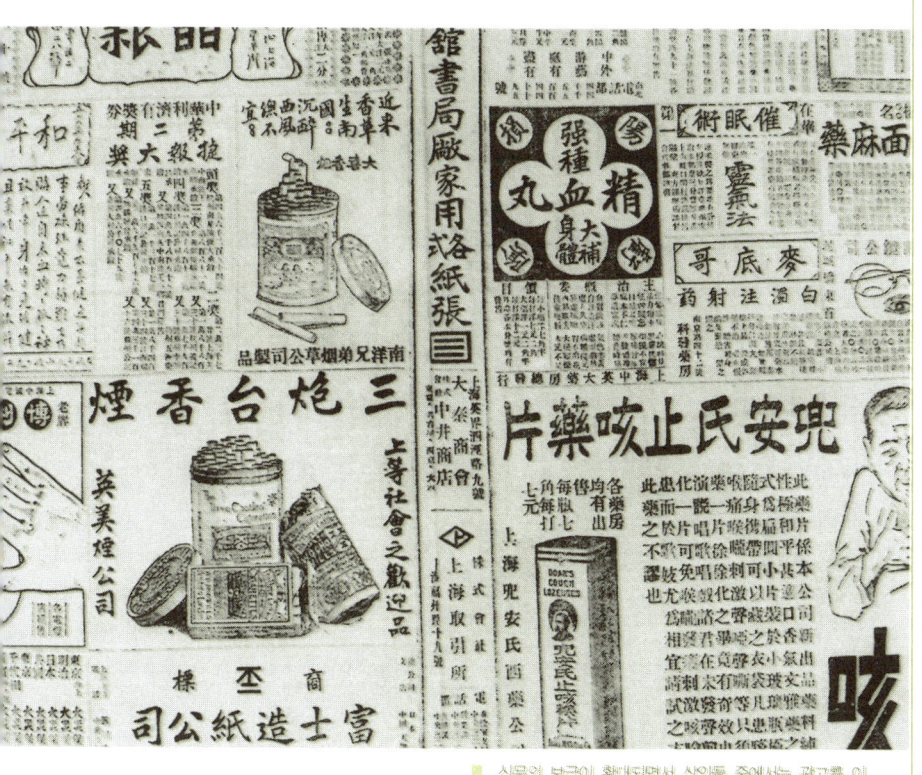

신문의 보급이 확대되면서 상인들 중에서는 광고廣告 이용한 광고에 눈을 뜬 사람들이 많이 생겨났다

상경에서 배우는 경영 정신

광동성 조주潮州 출신으로 파리의 거부가 된 반홍강潘洪江은 자신의
성공 비결에 대해 이렇게 말한 적이 있다.

"사업에 있어선 인간적인 경영이 무엇보다도 중요합니다. 이른
바 인간적인 경영이란 '웃는 얼굴이 부를 가져다주고', '서로에게
이익을 주며', '이익은 균등하게 분배한다'는 세 가지의 경영 철학
으로 실현될 수 있지요."

반홍강은 자신이 말한 이러한 경영 철학을 몸소 실천했다. 그는
일찌감치 아버지로부터 가업을 이어받아 캄보디아에서 잡화점을 경
영하다가 캄보디아가 오랫동안 프랑스의 식민지에 놓여 있다는 현
실에 착안하여 프랑스 주류 매매에 눈을 돌렸다.

당시엔 주류 판매점이 이미 포화상태였기 때문에 특별한 전략
없이 경쟁력을 확보하기 어려웠다. 그는 궁리 끝에 한 가지 묘안을
생각해 냈다. 주류를 위탁 판매하는 술집과 호텔 등에서 일하는 웨
이터들을 적극적으로 활용한다는 것이었다. 그는 웨이터들이 판매
한 술의 뚜껑 수량만큼 일정한 상금을 지급하는 방법을 착안했고, 이
방법은 뜻밖의 효과를 나타냈다.

웨이터들은 반홍강 회사의 주류를 적극적으로 추천하기 시작했다. 이로 인해 판매량은 급속히 증가하여 점차 경쟁업체들을 따돌리고 선두 자리에 서게 되었다.

1970년대 중반 반홍강은 캄보디아에서 발생한 전란을 피해 프랑스 파리로 활동 무대를 옮겼다. 파리에 온 그는 중국 상품을 전문으로 취급하는 '우화공사' 라는 회사를 차려 이전과 동일한 판매 전략을 사용했고, 결과는 역시 대성공이었다. 뒤이어 그는 '중국양유식품진출구공사' 의 프랑스 대리점으로 선정되었고 이번에도 같은 원리를 이용하여 프랑스 전역에 중국 전통식품을 소개함으로써 '중국식품 열풍' 을 일으키기도 했다.

그후, 반홍강은 '중국과 프랑스 모두에게 이익이 되는 사업을 하되, 이익을 균등하게 분배한다' 는 원칙에 따라 프랑스의 유명 향수를 중국에 소개하여 양국의 합작회사를 설립하는 데 견인차 역할을 하였다. 그는 쌍방 모두를 대표하는 회장으로 추대되었고, 사업은 더욱 더 번창했다.

일본의 유명한 기업인 '다이에' 의 설립자인 나카우치는 경영의 묘미를 아는 사람이었다. 나카우치는 1957년에 기차 역 앞에 면적이 53평에 불과한 작은 점포를 차리면서 사업을 시작했다. 그는 더 좋은 상품을 더 빠르고 더 싸게 판매한다는 경영 전략을 세우고 '10·7·3 원칙' 을 마련했다. '10·7·3 원칙' 이란 마진율을 10퍼센트로 낮추고 중간 마진은 7퍼센트로 올리며 순마진은 3퍼센트로 정한다는 것이었다.

마진율이 낮아지면 소비자에게 그만큼 유리하게 되고 중간 마진이 높아지면 판매원이나 중간상인들의 이윤이 증가하게 된다. 결국 이것은 나카우치 본인은 물론, 판매원과 소비자 모두에게 이익이 되는 전략이었다. 그러나 마진율이 동종업계 중 가장 낮다 보니 업계에서는 '거래 질서를 해치는 판매 방식'이라며 비난이 그치지 않았다.

그러나 소비자들의 호응이 너무 좋았기 때문에 그는 이에 아랑곳하지 않고 자신의 방식을 고수했다. 매출은 짧은 시간에 기하급수적으로 증가했고 결국엔 일본에서 가장 유명한 기업으로 성장했다. 나카우치는 자신은 물론 협력자들의 이익까지 생각하는 특이한 판매 기법으로 연간 1천억 엔이 넘는 매출액을 기록함으로써 그의 경영 방식을 비웃던 사람들을 망연자실하게 만들었다.

19세기 말 중국은 혼란의 시대였다. 민란이 속출했고 전염병이 돌아 죽는 이들도 많았다. 하지만 난세를 극복할 영웅은 없었다

호랑이는 아무데서나
성깔을 부리지 않는다

호설암 어록

"능력도 중요하지만 사람이란 기개가 있어야 한다. 자신의 능력만 믿고 남을 무시하거나 자신보다 뛰어난 사람을 인정하지 않으려는 안하무인 식의 태도로는 결국 다른 사람의 신임을 얻을 수 없으며 오히려 가엾은 존재가 되고 만다. 능력을 갖춘 사람은 대개 성깔이 있는 편이지만 집안에서는 절대 성깔을 부려선 안 된다. 집에서는 호랑이 같고 밖에서는 얌전한 고양이 같은 사람은 절대 성공하기 어렵다. 떠들거나 소란을 피우지 않으면 되지만 일단 소란을 피우면 사람들이 놀래게 된다. 평소에는 자신의 기개를 드러내지 않다가 위기에 닥쳤을 때 놀라운 능력과 지혜를 발휘하는 사람이 정말로 쓸모 있는 사람이다."

솜이불 속에 감춰진 바늘

세상사를 원만하게 풀어나가려는 마음 자세는 모든 문제와 난관을 해결하는 힘이 된다. 이런 마음의 자세가 사경에 처한 사람들을 구하고 모든 사람들에게 만족스런 결과를 가져다준다.

호설암은 상해에서 절강으로 소총을 운송하던 도중 커다란 난관을 만나게 되었다. 상해에서 구매한 소총은 원래 송강 조방의 도움을 받아 절강으로 운반할 예정이었다. 그러나 송강에 도착해 보니 모든 일이 순조롭게 진행되기가 어려워 보였다.

송강의 위두령의 오랜 친구인 유무성兪武成은 태평천국군의 뢰한영賴漢英과 내통하고 있었다. 이미 모든 조치를 끝내고 상해에서 군수물자를 선적하여 출항하기를 기다렸다가 하도로 진입하는 즉시 억류할 계획까지 세우고 있었다. 위두령도 위두령대로 때가 되면 내응해주기로 약속이 되어 있는 상태였다.

호설암은 그제야 '한 집안 식구도 못 알아보고 있는 상황'이 전개되고 있음을 간파했다. 상황이 매우 난처하게 돌아가고 있었던 것이다. 호설암은 상황을 곰곰이 따져보았다. 유무성이 위두령의 절친한 친구가 아니었더라면 이 군수물자가 태평천국군의 손에 들어가지 않는 이상, 일을 처리하는 데는 별 문제가 없었다. 하지만 지금 이 순간은 쉽사리 결말을 예측할 수 없는 상황이었다.

그나마 다행인 것은 송강의 위두령이 호설암이 처한 어려움을 알자 그가 난관을 돌파할 수 있도록 유무성과의 친분을 끊고 그의 움직임을 저지하기로 마음을 바꾸었다는 사실이다. 하지만 호설암은 상황이 이렇게 진행되면 친구 사이의 오랜 우정이 깨지고 말 거라는

469

한 사람의 가치를 결정하는 언행

생각이 들었다. 그래서 이들의 친분을 원만히 유지시켜 어느 쪽도 상처를 받는 일이 없도록 하면서 일을 처리해야 한다고 결심했다.

그는 유무성의 아흔 살 된 노모를 통해 유무성이 손을 떼고 양보할 수 있도록 압박하는 전략을 활용했다. 노모가 직접 나서서 간섭하게 되면 유무성으로서도 이에 따르지 않을 수 없을 것이며 동시에 위두령을 난처하게 만드는 일도 없을 거라는 것이 호설암의 판단이었다. 그러나 노모 역시 그리 만만한 상대는 아니었다. 유무성의 노모는 호설암을 대면하자마자 짐짓 귀가 어두운 척 하며 도무지 그의 얘기를 들으려 하지 않았다.

이에 호설암은 자신이 찾아온 경위를 설명하기 시작했다.

"저는 송강 조방을 난처하게 만들면서 이 곤경에서 벗어나고 싶진 않습니다. 또 이 댁 어르신과 충돌하게 되면 의리를 상하게 될까 두려운 마음에 병력 요청도 하지 않을 생각입니다."

호설암의 말은 부드러운 솜이불 속에 날카로운 바늘이 감춰진 격이었다. 온갖 풍상을 다 겪으며 오랜 세월을 살아온 유무성의 노모는 "병력 요청을 하지 않겠다."는 말에 덜컥 겁을 집어먹었다. 유무성이 병기를 탈취하려 한다는 사실을 우회적으로 꼬집은 말이기 때문이었다. 청나라 조정의 법규에 따르면 무기 탈취는 극형에 처할 수 있는 중죄였기 때문에 최악의 경우엔 멸문의 화를 당할 수도 있었다.

이러한 사태를 파악한 노모는 몹시 놀라고 격분한 표정으로 지팡이를 쿵쿵 내리찧어 가며 유소무兪少武에게 유무성을 찾아오라고 버럭 소리를 질렀다. 노모가 정말 화가 난 것인지 아니면 짐짓 화난 척 하는 것인지는 알 수 없었지만 호설암은 불안한 마음이 들어 황급히 노모를 만류했다.

"이번 일은 유무성을 탓할 것이 못 됩니다. 저희들도 그저 풍문을 들었을 뿐 아직 정확한 사실은 모르고 있습니다. 제가 찾아온 목적은 유무성의 명망에 기대어 저희들이 물건을 안전하게 운반할 수 있도록 도와주십사, 하는 부탁을 드리러 온 것뿐입니다."

그러자 노모는 이내 안색이 밝아지며 이번 일은 유무성이 나서서 도와주는 것이 마땅하다고 말했다.

사실 유무성은 자신의 부하들의 생계를 해결하기 위한 출구를 모색하는 과정에서 어쩔 수 없이 호랑이 등에 올라 탄 격이었다. 문제는 어떻게 호랑이 등에서 그를 안전하게 내려오게 하느냐, 하는 것이었다.

하지만 호설암이 가진 기지와 능력, 이해관계 등을 따져 봤을 때이 문제는 그리 어려운 일이 아니었다. 호설암이 파악한 당시 태평천국군의 기세는 그저 일시적인 회오리에 불과할 뿐 오래 지속될 가능성이 없었다. 때문에 호설암은 청나라 정부군이 태평천국군을 섬멸하도록 돕는 것이 현명하고 옳은 길이라 생각했다. 천하가 하루라도 빨리 안정되고 평안해져야 사업도 빠른 속도로 번창해 갈 수 있다는 것은 너무나 당연한 사실이었다.

호설암은 유무성과 함께 무기 탈취 계획을 갖고 있던 일당들과 협상을 벌였다. 호설암은 관부에 보고하여 이들에게 3개월분의 군향을 지급하고 항복하면 처형하지 않을 것을 보장해주는 동시에 나중에 이들을 정부군에 편입시켜 타지의 주둔군으로 보내주겠다는 내용의 조건을 제시했다. 생로生路가 보장되었는데 누가 사로死路를 고집하겠는가? 결국 이들은 흔쾌히 호설암의 제안을 받아들였다.

만일 위두령이 호설암과의 인정에만 치중하여 유무성과의 정리를 끊고 성급하게 일을 추진했더라면 무기 운송 임무는 완수했을지 모른다. 하지만 두 사람 사이의 관계는 완전히 무너져 매사에 충돌하는 사이가 될 수밖에 없었을 것이다. 결국 윈윈 전략으로 양측 모두 이익을 보게 하면서 일을 원만히 해결할 수 있었다. 이처럼 상대방에 대한 세심한 배려를 통해 난제를 해결하고자 하면 자신에게도 큰 수확이 생기는 법이다.

세상을 둥글게 살아가려는 호설암의 태도는 먼저 세상사에 통달함에서 시작되어 이것이 활기를 형성하고 마지막으로 융화에 이르는 세 가지 단계를 거쳐 발휘된다. 이 세 가지 요소가 합쳐져야만 모든 시비와 문제가 한 점 의혹이나 불만 없이 원만하게 해결되는 것이다. 통달하면 변화하게 되고 활발해지면 구체적인 방향과 목표를 갖게 되는데 이것이 현실에 표현된 상태가 바로 융화이고 그 결과가 만족인 것이다.

거간꾼과 책사의 모습

 일대의 '홍정상인' 호설암은 진정으로 세상과 타협하며 원만하게 살아가는 '원세圓世'의 철학을 체득한 사람이었다. 그는 원래 충분한 교육과 학문을 갖춘 권문세가 출신이 아니어서 만당晚唐 시인 맹교孟郊처럼 "속세의 모든 사람들과 원만하게 살아가면서, 홀로 학문에 힘쓰겠다."는 지향을 가질 수도 없었고, 갖고 있지도 않았다. 만일 전장의 도제에 불과했던 그가 이처럼 여유 있고 단아한 의지를 지녔더라면 아마도 십중팔구 오랜 기간 고생을 거듭해야 했을 것이다.

그가 유일하게 정통할 수 있었던 것은 바로 모든 세인들이 따르고 있던 '원만'이라는 미덕이었다. 사람들의 희로애락을 세심하게 살피고 애증과 욕망을 물 흐르듯 자연스럽게 따를 수만 있다면 이루지 못할 일이 없을 뿐만 아니라, 아울러 인심도 얻을 수 있을 것이다.

호설암은 원래 세간의 거간꾼에 불과했지만 그의 행동 하나 하나는 전혀 속되지 않았다. 때문에 많은 학자들이 그를 높이 평가했고 그에게서 춘추전국시대 책사策士들의 모습을 발견하곤 했던 것이다.

상경에서 배우는 경영 정신

▌세상사에 통달하고 융화에 힘써라

중국의 고대 문화에는 서로 대립되는 두 가지 극단적인 면이 있다. 하나는 '둥글면서 입신의 경지에 도달하는 것圓而神'이고 다른 하나는 '모나면서 지혜로운 것方以智'이다. '원이신'과 '방이지'는 기본적으로 유가의 '입세入世' 사상과 도가의 '출세出世' 사상의 차이와 그 맥을 같이 한다고 볼 수 있지만 완전히 일치하는 개념은 아니다. '입세'와 '출세'는 이론적 틀을 제공하는 하나의 단서에 불과하기 때문이다.

'원이신'과 '방이지'가 속세의 구체적인 생활 태도로 반영된 것은 위진魏晉 시대의 사대부들, 그 가운데서도 특히 죽림칠현竹林七賢에 이르러서이다. '방이지'가 세속 생활에 적응하는 지식인들의 이상적인 준칙으로 받아들여진 후부터 '원세圓世'는 그들에게 일종의 수치스러운 생활 태도로 여겨졌다. 그들에게 있어 '원만함'이란 교활함과 불결함, 저속한 품성 등과 동일한 의미였다.

봉건시대에는 사대부 계층이 사회의 중추세력이었기 때문에 인생을 대하는 그들의 태도는 사회 전체의 풍속과 지향을 결정했다. 하지만 시대가 변하여 현실 생활의 욕구가 다원화되고 제도와

---

* 죽림칠현竹林七賢_ 중국 위魏·진晉의 정권교체기에 정치권력에는 등을 돌리고 죽림에 모여 거문고와 술을 즐기며 청담淸談으로 세월을 보낸 일곱 명의 선비

관습도 미분화되기 시작했다. 특히 호설암의 '원세' 법은 청나라 말의 혼란하면서도 활기 넘치는 시대를 반영하는 중요한 처세의 도리로 대표될 만한 것이었다. 진정한 깨달음을 얻으려면 인생의 참뜻을 찾아야 하며, 이를 위해선 적극적인 자세로 삶을 대하고 고난을 헤쳐나가야 한다. 비바람을 겪지 않고는 무지개를 볼 수 없는 법이다.

미국 대통령 클린턴은 자신의 친구에게 이렇게 말한 적이 있다.

"J. F. 케네디를 만나는 순간, 나는 내가 무엇을 해야 할지 확실한 대답을 얻을 수 있었네."

클린턴은 매우 불우한 어린 시절을 보냈다. 로저 모리스 기자의 증언에 따르면 클린턴은 중학생이던 1960년에 체중이 90킬로그램이 넘었고 키도 180센티미터에 육박해 그의 양아버지보다 체격이 훨씬 컸다. 어느 날 밤, 부모의 침실에서 어머니가 양아버지에게 구타당하는 소리가 들려왔다. 클린턴은 분노를 참지 못하고 부모님의 침실 문을 밀치고 들어갔다.

"아버지, 드릴 말씀이 있으니 어서 일어나세요. 일어서기 힘드시면 제가 도와 드릴까요?"

방바닥에 앉아있던 아버지를 향해 클린턴이 말했다.

"한 번만 더 술을 드시고 와서 어머니에게 손찌검하시는 날엔 제가 가만히 있지 않겠습니다."

이처럼 어린 시절의 암울한 기억에도 불구하고 여러 증언들이 전하는 소년 빌 클린턴의 성격은 항상 쾌활하고 유머 감각으로 넘쳐 있었다. 그의 친구 하나는 클린턴의 집안일을 알게 되었을 때의 느낌을 이렇게 술회하고 있다.

"저도 그제야 그 친구의 가정사를 알게 되었지요. 그 친구의 태연한 모습에 그만 감쪽같이 속아버린 거죠. 그는 모든 아픔을 마음속 깊이 묻어두고 있었던 겁니다."

나중에 미합중국의 대통령이 된 이 소년은 어려움 속에서 남모르게 훗날의 성공에 필요한 능력과 자질을 갖춰가고 있었던 것이다.

"알콜 중독자 가족이 있는 수많은 가정의 아이들과 마찬가지로 그 역시 진심을 숨기는 데 익숙해진 겁니다. 마음속에 아무런 억울함이나 안타까움도 없이 말입니다."

1962년 4월, 클린턴의 어머니는 클린턴의 계부인 로저 클린턴과 이혼했다. 하지만 얼마 후 로저는 클린턴의 완강한 반대해도 불구하고 클린턴의 모친과 재결합했다. 클린턴은 할 수 없이 이들을 떠나 혼자 생활하게 되었다. 재결합한 지 얼마 되지 않아 로저는 욕실에서 또 다시 그녀를 구타했고 가위를 목에 들이대며 죽이겠다고 위협까지 했다. 이를 본 클린턴의 이복동생은 즉시 클린턴을 찾아가 소리쳤다.

"형! 큰일 났어! 아버지가 어머니를 죽이려고 해!"

클린턴은 단숨에 계부에게로 달려갔고 결국 술에 취한 계부는 문 밖으로 내동댕이쳐지고 말았다.

"그런 상황이 빌을 더욱 강인하게 만들었던 것 같아요."

공포에 떨었던 그날 밤을 회상하며 클린턴의 어머니는 이렇게 말하였다. 클린턴 자신 또한 어머니의 말에 동의했다.

"어머니는 저에게 확실한 교훈을 주셨지요. 나중에 제가 정치 생활을 하면서 힘들 때마다 저를 지탱해주었던 것이 바로 그때의 교훈들이었습니다."

클린턴이 대통령에 당선된 후 그의 오랜 친구 가운데 한 사람이
이런 말을 한 적이 있었다.

"대부분의 친구들은 클린턴을 무시했지요. 하지만 그는 자신에
게 도움이 되든 해가 되든 간에 어른들을 상대할 때마다 아무런 거리
낌이 없었어요. 항상 자신의 감정을 능숙하게 숨길 줄 아는 친구였
지요."

클린턴이 감정을 감추고 다른 사람들의 환심을 살 수 있었던 것
은 짧은 기간에 형성된 능력이 아니었다. 그는 자신만의 특수한 성
장 과정을 겪으면서 갖가지 상처와 아픔을 이겨냄으로써 서서히 강
자로 성장할 수 있었던 것이다. 그의 삶은 한 마디로 말해서 '비 온
뒤의 무지개' 였던 것이다.

항우는 유방의 부친을 볼모로 삼아 유방을 협박하려 했다. 그러나
뜻밖에도 유방은 호탕하게 웃으며 큰소리로 외쳤다.

"너와 나는 일찍이 의형제를 맺은 사이였다. 그러니 내 부친은
너의 부친이기도 할 것이다. 네가 기어코 네 부친을 삶아 죽여야겠
다면 나에게도 국물 한 사발만 남겨 다오."

기세등등하던 항우는 이 말에 구역질이 날 뻔했다. 유방의 지략
을 극명하게 보여주는 대목이다.

홍문연鴻門宴이 열렸을 때 항우의 장수였던 범증范增은 이 기회
를 빌어 유방을 죽임으로써 후환을 없애자고 권했지만 항우는 유방
의 온순하고 순종적인 태도에 사소한 인정이 발동하여 결국 그를 죽
이는 데 실패하고 말았다.

유방이 항우와 천하의 패권을 다투고 있을 때 그에게 가장 큰 힘이 된 인물이 바로 한신韓信이었다. 그가 제왕齊王으로 있으면서 만약 괴통蒯通의 말을 귀담아 들었다면 나중에 토사구팽 당하는 일은 없었을 것이다. 하지만 그는 유방이 자신을 저버리지 않은 은덕을 배반할 수 없다면서 맹통의 충고를 내쳤다. 결국 그는 유방이 천하를 통일한 후에 죽임을 당하고 말았다. 항우의 '부인지인婦人之仁'을 한탄했던 한신 역시 그 한계를 벗어나지 못했던 것이다.

유방이 함양咸陽을 점령한 후 가혹한 법규를 폐지하고 민간에 대한 수탈을 금지하는 등 제왕으로서의 남다른 기개를 보이자 범증은 그가 장차 큰 화로 돌아올 것을 염려하여 갖은 계략을 동원하여 그를 죽이려 했다. 그러나 항우는 범증의 간언에 귀를 기울이지 않았다. 유방은 진평陳平의 계책에 따라 항우와 범증을 이간질했고 결국 범증은 항우를 등지고 고향으로 돌아가다 병을 얻어 객사했다.

범증의 결점은 한두 가지가 아니었다. 예컨대 그가 화를 내면서 떠나지 않고 계속 남아 항우를 도왔다면 천하가 누구의 손에 돌아갔을지 알 수 없는 일이다. 하지만 그는 인내하지 못했고 결국 자신의 생명뿐만 아니라 항우가 차지했던 강역도 지켜내지 못했다. 누구든지 큰 일을 이루려면 인내할 줄 알아야 한다. 우리는 한신과 범증의 사례를 통해 유방이 지닌 제왕의 면모를 역설적으로 확인하게 된다.

유방과 사마의司馬懿는 모두 제왕의 술수를 깊이 체득한 인물들이었기에 마침내 천하를 통일하고 제왕의 대업을 이룰 수 있었다. 유방이 한신을 죽이고 범증을 제거하여 천하의 대업을 이루는 데는 이른바 삼걸三傑 가운데에서도 장량張良의 도움이 가장 컸다. 그의 책략은 모두 '다리 위의 노인'에게서 전수 받은 것으로 그는 노인에

* 부인지인婦人之仁_ 하찮은 인정을 베푸는 것을 일컫는 말
* 삼걸三傑_ 한신, 소하, 장량

478
상
경

게서 배운 심오한 도리를 그대로 전략에 활용했다. 한신이 세력을 점차 확장하여 제왕에 봉해지기를 기다리자 유방은 대노하여 하마터면 나라를 경영하는 대사를 그르칠 뻔했다. 이때 다행히 장량이 그의 곁에 있어 잘못된 방향을 바로잡아주었고 유방도 남다른 혜안을 가진 인물이라 빨리 깨달을 수 있었다.

세상과 타협한다는 것은 반드시 현실 생활에서 손해를 본다는 것을 의미하는 것은 아니다. 단지 '방세'를 숭상하고 '원세'를 금기로 여기는 잘못된 분위기 때문에 사람들은 자신들의 언행에 있어서 곧고 강직함만을 명예로 알고 원만하고 타협적인 태도는 수치로 간주하는 것뿐이다.

호설암의 뛰어난 면은 바로 여기에 있다. 그는 좋은 환경에서 태어나지 못했기 때문에 상류 계층과는 거리가 멀었다. 전장의 도제에게 고상하고 우아한 이론 따위는 이해관계에 아무런 도움도 되지 못할 뿐더러 이를 강요하는 사람도 없었다. 오히려 그에게는 몸으로 부딪쳐 체득하는 '연달'이 훨씬 쉽고도 유익한 일이었다.

천하를 걱정하는 마음

17

效國 효국

'효국效國'이란 나라의 은혜에 보답하고 나라를 위해 힘을 다하는 것이다.
상인의 흥망은 국운에 달려 있다.
나라가 평안하면 백성이 안정되고, 백성이 안정되면 시장이 흥하게 된다.
때문에 덕이 있는 상인들은 기꺼이 덕행을 실천했다.
이른바 "가난할 때는 그 몸을 잘 살피고, 부유해지면 천하를 구제한다."는 말이 있듯이
큰상인이라면 반드시 이러해야 한다.
몸은 멀리 강호에 있으나 감히 나라를 근심하는 마음을 잊지 않는 것이 바로 '효국'이다.
이것이 바로 호설암 '상경'의 독특한 품격으로서
후세 상인들에게 귀감이 되기에 부족함이 없을 것이다.

상인은 결코 간사하지 않다

"작은장사를 하려면 상황에 순응하면 되지만, 큰장사를 하려면 먼저 나라의 이익을 생각해야 한다. 전체적인 상황이 호전되면, 사업도 순탄할 수 있는 방법이 생긴다. 세상이 태평해지면 무슨 장사인들 못하겠는가? 그때가 되면, 당신이 도와준 만큼 나라에서도 당연히 당신에게 보답할 것이니 서로 도움을 주고받게 된다. 장사를 하려면 우선 시장이 안정되어야 하고 시장이 안정되어야 사업이 번창할 수 있다. 우리들이 좋은 일을 하려는 것도 바로 시장이 안정되기를 바라기 때문이다. 또한 시장의 안정은 관장의 힘만으로는 이룰 수 없는 것이기 때문에 모두가 협력해야 한다. 춥고 배고프면 훔치고 싶은 마음이 생기는 법이고, 이럴 경우 손해를 보는 쪽은 돈이 있는 사람이다. 따라서 장사를 통해 큰 돈을 벌려면 사람들에게 선행을 베풀줄 알아야 한다."

천하의 평온

예로부터 '사농공상士農工商'이라 하여 신분의 구분이 있어 왔는데, 단순히 그 배열 순서만 보더라도 상인의 지위가 가장 미천했음을 알 수 있다. 더욱이 상인에게는 '간사하다奸'라는 단어가 따라 다녀 '간사한 상인奸商'이라는 말이 생겼고, "상인 치고 간사하지 않은 놈이 없다."는 말까지 생겨났을 정도였다. 그러나 돈에만 얽매이지 않고 의로운 일을 많이 하는 상인도 적지 않았다. 호설암도 갖가지 선행으로 항주의 백성들에게서 커다란 명망을 얻었던 인물 가운데 한 사람이다.

호설암은 항주에서 출세했기 때문에 항주의 나무 한 그루 풀 한 포기에까지 세심하게 마음을 썼다. 그는 대량의 은자를 풀어 쌀 10만 섬을 구입하고, 백은 10만 냥을 마련하여 항주성을 침략한 관군을 구제함으로써 항주성 백성들로부터 칭송을 받았다. 이것이 "부유해진 후에도 근본을 잊지 않는다."는 호설암의 상인 정신이다.

상인이 분주히 뛰어다니는 것은 이윤을 얻기 위한 것이다. 하지만 재물이라는 것은 날 때 몸에 지니고 온 것도 아니고 죽을 때 가지고 갈 수 있는 것도 아니다.

재물의 가치는 재물 그 자체에 있는 것이 아니라 이를 유통시키고 소비하는 과정에서 찾게 되는 만족감에 있다. 호설암은 부유하면서도 덕을 잃지 않았고, 남에게 베풀고 복을 가져다주는 것을 좋아했다. 이것이 바로 그가 추구한 만족이요, 행복이었다.

계속되는 전쟁으로 절강지역은 재난의 고통으로 만신창이가 되어 있었다. 이러한 혼란을 수습하기 위해 항주에 온 좌종당은 관원들을 풀어 구휼창을 세우고 난민을 수용하였으며, 시신을 매장하고 상인들을 모아 시장을 열게 했다. 좌종당이 이러한 일들을 진행하는 데 가장 큰 도움을 준 인물이 바로 호설암이었다.

그는 구휼창의 일을 맡으면서 죽창粥廠과 난민국難民局, 선당善堂, 의숙義塾, 의국醫局 등을 설립했고, 파괴된 명승고적과 사찰들을 복원했으며 끊긴 도로를 정비하기도 했다. 또한 엄매국掩埋局을 세워 성 안에 버려진 시신 10만여 구를 거두어 악양묘岳王廟와 정자사淨慈寺에 각각 매장했다.

그는 전란으로 인해 잠시 중단됐던 '우차牛車'의 운행을 재개시켰다. 우차는 진흙 때문에 생겨난 교통수단이었다. 예전에는 전당강錢塘江의 수심이 깊고 모래가 적어 배가 곧바로 소산서홍蘇山西興에 도달할 수 있었으나 나중에 동쪽 기슭의 강물이 범람하면서 엄청난 면적의 땅이 모래로 뒤덮이게 되었고, 그 후로는 물이 넘칠 때마다 모래가 물에 잠기면서 물이 빠진 후에는 길이 온통 진흙투성이가 되었다. 가난한 부녀자들은 돈이 없어 가마를 부리지 못했기 때문에 어렵사리 걸음을 내딛다가 진흙탕에 넘어지기 일쑤였고, 심하게 다치는 사람들도 많았다. 이런 상황에서 호설암이 우차의 운행을 재개하자 백성들의 통행이 훨씬 편리해진 것은 두말할 것도 없는 일이었다.

호설암은 또 전후의 재정 위기를 해결하기 위해 관리들과 지방의 명사들에게 의연금 기부를 권장했다. 예컨대 단광청段光淸에게는 10만 냥을 기부하도록 권했는데 단광청은 여러 가지 핑계를 대면서 결국 1만 냥만 기부하였다. 단광청은 『경호자선연보鏡湖自選年譜』라는 책에서 소흥의 부호 장광천張廣川의 예를 들면서 당시의 상

---

* 죽창粥廠_ 옛날 관청 또는 자선가가 가난한 사람들에게 죽을 나눠주던 곳
* 선당善堂_ 청대의 자선단체
* 의숙義塾_ 공익을 위하여 의연금으로 설립한 교육기관

황을 이렇게 설명하고 있다.

"호설암은 태평천국군이 소흥을 공격할 때 죽은 소흥 지부 요자성廖子成의 조카에게 호남에서 상주를 올리도록 종용했다. 내용인 즉 장광천이 백성들을 혼란시켜 요자성을 죽게 했다는 것이다. 결국 조정에서는 조서가 내려졌고 절강순무가 진상 파악에 나서게 되었다. 이윽고 공문이 상해에서 장사를 하고 있는 장광천의 처소로 날아들자 겁이 난 그는 인정에 호소한 끝에 의연금 조로 10만 냥을 내고 겨우 풀려났다."

단광청은 글 말미에 자신의 소감을 덧붙였다.

"일을 처리함에 있어 사람을 제압하는 호설암의 능력은 가히 두려워할 만하다!"

장광천이 기부금을 낸 것이 정말 누명을 썼기 때문인지 아닌지는 확실하지 않다. 다만 당시에 부를 위해 수단과 방법을 가리지 않는 상인과 지방 유지들이 꽤 있었다는 사실은 부인하기 어려울 것이다.

1862년, 좌종당은 조정에 상주문을 올려 절강의 부호인 양방楊坊과 유빈兪斌, 모상현毛象賢 등 십여 명을 "재물을 쌓아 놓고 이웃의 배고픔을 모른 척하며, 가난한 이들을 구제하려는 생각은 없고 오로지 기회를 틈타 치부할 생각만 하는 자들"이라 꾸짖었다.

호설암은 열성적으로 의연금 모금에 힘쓰면서 자신의 본분을 다하다 보니 자연히 사람들에게서 미움을 살 수밖에 없었다. 다행히 좌종당이 그의 어려움을 알아주었다. 1864년, 호설암은 항주 가호嘉湖에서의 기부 상황을 서면으로 좌종당에게 보고했다. 좌종당은 기부 상황이 크게 호전된 것에 매우 기뻐하며 공문에 이렇게 기록했다.

"'기부'라는 말의 의미를 잘 새겨 볼 필요가 있다. 지은 죄가

---

* 의국醫局_ 정부가 운영하는 무료 약국
* 엄매국掩埋局_ 상주 없는 시신을 매장하는 기관

중하여 도저히 용서할 수 없는 자일 경우, 황금 10만 냥을 낸다고 해서 어찌 그 목숨을 보전할 수 있겠는가?"

이는 분명 부당한 방법으로 부를 축적한 무리들에게 가한 정문일침이었다. 이 말을 전해 들은 부호들은 아무래도 돈을 좀더 내놓는 것이 우환을 없애는 길일 것 같다고 생각했다.

상술한 활동 외에 호설암은 항주에 입성한 후에도 여전히 번고藩庫를 대행해 관리했다. 각 성으로 전송되는 거의 모든 은량이 호설암의 손을 거치지 않고는 성국省局에 접수될 수 없었다.

그럼 호설암은 왜 번고를 대행하여 관리했던 것일까? 다름 아니라 명성을 얻기 위함이었다. '부강'이라는 상호가 이미 상당한 명성을 확보하고 있긴 했지만, 그런 이름은 어디까지나 항주 토박이들에게 국한되어 있었다. 그는 새로운 고객들을 유치하기 위해 고객들의 반향을 얻을 수 있는 방법을 모색해야 했고, 당시로서는 번고를 대행하는 것이 가장 효과적인 방법이었다. 절강지역의 모든 공금이 그를 거치게 되는 이상, 신용을 제고시키는 데 이보다 좋은 방법은 없었다.

명성이 자자해지면 장사는 자연히 번창하는 법이다. 청나라 관군이 절강지역을 수복한 후 대소 군관軍官들이 약탈한 재물들이 적게는 수십 냥에서 많게는 십 수만 냥에 이르렀다. 이들은 이 돈을 호설암의 전장에 맡겼고, 그는 이런 기회를 이용하여 생사 무역을 시작했다. 각 도시와 지방에 점포를 개설한 호설암은 매년 큰 수익을 올려 몇 년 지나지 않아 가산이 1천만 냥을 넘게 되었다.

부유할수록 덕을 갖추고 베풀기를 좋아하는 것은 역대 대상들이 가졌던 훌륭한 풍모이다. 중국에는 예로부터 "인색하면 문제가 생기고, 베풀기 좋아하면 좋은 일이 생긴다.", "자애로우면 부유해지고, 인색하면 재앙이 온다."는 등의 상계의 격언이 전해진다. 호설암은 많은 재물을 얻은 후에도 자선사업을 게을리 하지 않았는데, 이는 참으로 어려우면서도 고귀한 일이 아닐 수 없었다.

1871년, 하북지역에 홍수가 나자 호설암은 자비로 솜옷 1만 5천벌을 제작하여 보내주었고, 아울러 우마와 종자種子, 그리고 은자 1만 냥을 기부했다. 1877년에는 섬서지역에 큰 가뭄이 들어 백성들이 기근으로 고생하자 그는 은자 2만 냥을 들여 백미 1만 5천 섬을 한구漢口를 거쳐 원조할 계획이었으나 길이 멀고 운반하기 어려워 대신 은자 3만 냥을 기부하는 걸로 방법을 바꾸는 것이 좋겠다는 좌종당의 말에 결국 은자 5만 냥을 섬서지역에 보내 백성들을 구제하는 데 사용하게 했다.

이 외에도 그는 강소 목양현沐陽縣에 은자 3만 냥을 보내 구제활동을 도왔고, 산동에는 은자 2만 냥과 쌀 5천 섬, 그리고 솜옷 3만벌을 지원하기도 했다. 또한 산서와 하남지역에도 각각 은자 1만 5천 냥씩 기부한 바 있다.

이러한 사례들은 호설암이 사재를 출연해 재난을 구제한 대략적인 내용에 불과하다. 1878년, 좌종당이 조정에 올린 〈호광용청여은제편胡光墉請予恩濟片〉이란 기록에 의하면, 호설암이 출연한 기부금은 백은 20만 냥에 달했던 것으로 집계되고 있는데, 여기에는 그가 서정군西征軍에 제공했던 진품 약재는 포함되지 않았다.

이처럼 호설암은 재물로서 좋은 명성을 얻었고 좋은 명성은 더많은 재물이 되어 돌아왔다. 그의 이러한 기업 정신은 당대는 물론이요, 후대 사람들에게서도 추앙을 받기에 부족함이 없다.

상인의 운명은 국운에 달려 있다

 "부자들은 덕을 행하기를 좋아한다."는 말이 있다. 이 말은 두 가지의 의미를 갖는데, 하나는 부유해진 뒤에는 두루 가난한 사람들을 구제해야 한다는 것이고, 또 하나는 부유해진 뒤에 자신과 국가와의 관계를 정확하게 처리할 수 있어야 한다는 것이다.

호설암은 "상인의 운명은 국운에 달려 있다."는 이치를 잘 알고 있었다. 그는 이렇게 말했다.

"작은장사를 하려면 상황에 순응하면 되지만, 큰장사를 하려면 먼저 나라를 도와 국면을 전환해야 한다. 전체적인 상황이 호전되면 사업에도 자연히 방법이 생기는 법이다."

이러한 인식을 토대로 호설암은 적극적으로 조정의 사회 안정과 재난 구제활동을 도왔다. 호설암이 이처럼 사회적 상황과 자신의 사업을 밀접하게 관련지어 생각한 것은, 실제로 정치 상황이 사업에 커다란 영향을 주기 때문이며, 또 그 자체가 호설암 같은 전통적인 중국 상인들에게는 고귀한 품덕으로 간주되었기 때문이다.

상경에서 배우는 경영 정신

큰장사를 하려면 천하를 걱정해야 한다

상인은 본질적으로 이윤을 추구하는 게 목적이라 전통 사회에서는 상인을 속이는 데 능하고 인색한 부류의 대명사로 여겼다. 심지어 문학 작품에서도 상인을 "이익을 중시하되 정리는 소홀히 여기는 사람들"로 자주 규정하고 있다. 하지만 이러한 시각은 지나친 편견에 지나지 않는다.

실제로는 이익과 의리를 똑같이 중시했던 지혜로운 상인들도 드물지 않았던 것이다. 이들은 여유 재산을 자선사업과 공익사업에 적극적으로 투입했고, 이러한 행동은 결국 자신들의 명성을 널리 알리는 역할을 하여 오히려 사업에 더 큰 이익을 가져다주었다.

일찍이 춘추전국시대에 월왕越王 구천勾踐을 도와 오나라를 멸하고 나라를 재건했던 범려는 19년 동안 세 차례나 천금의 부를 축적했고 여러 차례에 걸쳐 곤궁한 친구들과 백성들을 위해 벌어놓은 재물을 사용했다. 나중에 그의 자손들은 부친의 사업을 계승 발전시켰고 재산은 천금에서 만금으로 늘어나게 되었다. 이는 범려가 재화로 덕을 베푼 데 대한 일종의 보상이라 할 수 있다.

범려 이후로도 공익과 자선에 힘을 쏟은 거상들이 적지 않았다.

예컨대 명청 시대에 진晉, 휘徽 양대 상단의 많은 상인들이 기근 구제활동에 힘썼고, 교량과 도로를 정비하고 학문을 진작시키는 등의 공익을 중시하는 미덕을 보여주었다. 역사의 기록을 통해 볼 때, 도로 정비나 교량 건설, 제방 축조 등에 가장 자주 등장하는 인물들이 바로 휘상徽商과 진상晉商이다. 호설암 역시 그 가운데 한 사람임은 두말할 나위도 없다.

휘주 휴영현休寧縣에 왕오취汪五就라는 상인이 있었다. 그는 어려서 매우 가난했지만 훗날 장사를 통해 큰 돈을 벌게 되었다. 그의 고향에는 길이가 2리에 달하는 토사 제방이 있었는데 비가 많이 오는 시기에는 강물이 범람하여 무너지기 일쑤였다. 그러자 왕오취는 사재를 출연하여 견고한 석조 제방을 축조했고 마을 사람들이 그의 업적을 기려 이 제방을 '오취공제五就公堤'라 하였다.

암사岩寺에는 사문의舍文義라는 상인이 있었다. 그는 사람들의 통행을 편하게 해주기 위해 400금을 내어 암진수구岩鎭水口에 돌다리를 놓았다. 사람들은 이 다리를 '사공교舍公橋'라 불렀다. 그는 여든 살까지 살면서 많은 공익을 펼쳤다. 사료에 의하면 그는 의전義田과 의방義房, 의숙義塾, 의총義塚 등을 세우고 극빈자를 구제하는 데 막대한 돈을 썼다고 한다.

무원현婺源縣의 첨문석詹文錫이라는 상인은 어느 날 사천에서 장사를 한 후 중경으로 가는 길에 부강涪江과 만나는 지점에서 아주 험난한 길을 만나게 되었다. 사람들은 이 길을 '경몽탄驚夢灘'이라 불렀다. 이 지역은 험악한 절벽으로 이어져 있어 작은 배 한 척 통과하는 것도 쉽지 않았다. 그는 이 일을 마음에 두고 있다가 몇 년 뒤 많은 돈을 벌게 되자 다시 이곳을 찾아왔다. 그는 수천금을 들여 산

---

* 의전義田_ 옛날에 마을의 극빈자들을 구제하기 위해 조성한 공동 소유 전답
* 의방義房_ 극빈자들을 위한 공동 소유 주택
* 의총義塚_ 돈 없는 사람들을 위해 독지가가 만들어 준 무덤

을 깎고 길을 조성하여 배가 쉽게 왕래할 수 있게 해주었다. 현지인들은 그의 행적을 기려 이곳을 '첨상령詹商嶺'이라 불렀다.

또한 여원개余源開라는 휘상徽商도 교량 건설이나 도로 정비 등 많은 덕행을 베풀었는데 사람들은 그의 선행을 기념하기 위해 "의로운 일을 보면 망설이지 않고 행한다."는 글귀가 새겨진 편액을 선물했다고 한다.

산서지역 『석영현지石靈縣志』의 기록을 보면, 장패張佩라는 상인이 하북지역에서 장사를 하여 성공한 후에 고향으로 돌아와서는 다리를 놓고 길을 닦았으며 가난한 자들을 구휼하고, 또 의총 두 곳을 세워 돈이 없어 장지를 구하지 못한 사람들에게 제공했다는 이야기가 남아 있다.

상인들은 또 의학義學이나 서원을 건립하는 데도 힘을 아끼지 않았다. 이런 행위의 목적은 두 가지 측면에서 생각해 볼 수 있다. 우선 자손이 번성하게 하려면 학문과 지식을 배양해야 했기 때문이고, 그 다음으로는 상인 자체의 지위가 높지 않았기 때문에 자손들을 통해 자신의 신분을 상승시켜 보려는 소망이 있었기 때문이다.

그러다 보니 고대 상인들의 가향에는 의학과 서원이 적지 않았고 학문의 기풍이 짙었다. 그 가운데 휘주의 자양서원은 휘주 상인인 포鮑씨 일가가 수천 냥을 출연하여 건립한 것이다. 휘주 출신 학자나 지식인들 대부분은 이러한 서원과 의학에서 공부한 사람들이었다.

자연 재해를 당해 곡식의 수확이 좋지 않을 경우, 상인들이 곡식과 돈을 내어 구제하는데 그 중에서도 재력이 든든한 염상鹽商들의 구제활동이 가장 돋보였다. 사료에 의하면 회남淮南과 회북淮北의

* 편액_ 방 안이나 문 따위의 위에 거는 가로로 된 긴 액자

소금 매매를 주도했던 대염상 왕응경汪應庚은 여러 차례에 걸쳐 구휼활동을 벌였다.

옹정擁正 10년에서 11년까지 2년 동안 강물이 범람하여 큰 재해가 발생하자 그는 먼저 자신의 사재를 털어 사태를 안정시키고, 곧이어 수천 석의 쌀을 사다가 나누어주었다. 그 이듬해에도 곡식 수만 석을 제공하는 한편, 여덟 곳에 죽창을 세워 9만여 명의 목숨을 구했다. 또한 건륭乾隆 3년에 대규모 기근이 발생했을 때도 1만 금을 기부하여 고통에 빠진 백성들을 구제했다.

상인들이 단체로 기금을 모아 구휼활동에 참여한 사례도 적지 않다. 건륭乾隆 3년, 염정 삼보三保는 황제에게 올린 상주문에서 이렇게 기술하고 있다.

"양주지역에 가뭄이 들어 수많은 백성들이 고통에 시달리고 있었으나, 여러 상인들이 나서서 죽창을 설치하여 굶주린 사람들을 구휼하였고, 작년 11월부터 금년 2월까지 모두 은자 12만 7천 냥을 추렴하여 가난한 사람들을 도왔습니다."

건륭 7년, 염정 회태淮泰도 양주지역에 수해가 발생하자 휘상들이 은자 24만 냥을 출연했다고 상주한 바 있다.

가경嘉慶 10년, 강물이 범람하여 둑이 터지면서 백성들이 굶주림에 시달리게 되자 휘상인 포수방鮑漱芳과 창영중倡領衆이 쌀 6만 섬을 출연했고, 같은 해에 회수가 범람하자 포수방은 또 다시 구휼활동에 나서 여러 상인들과 함께 2개월에 걸쳐 보리 1천만 섬을 모아 이재민들에게 제공했다. 포수방 덕분에 간신히 목숨을 유지한 사람이 십 수만에 이르렀다. 그는 또 수차례에 걸쳐 제방 복구와 수로 정비에 수억 냥을 기부했다.

* 가경제 嘉慶帝(1760~1820)_ 가경제의 치세는 청나라가 전성기를 지나 쇠퇴의 길로 들어서는 전환의 시대였다

뜻하지 않은 전쟁이 닥치면 정부는 신속하게 군비를 확충해야 한다. 그러다 보니 상당액의 군향이 상인들의 주머니에서 나왔다. 염상들은 이 부분에서도 단연 두각을 나타냈다.

사료에 따르면, 나라에 급박한 군사 사태가 벌어질 때마다 상인들이 자금을 출자하는 이른바 '보국報國'의 행위가 정례화되어 있었다고 한다. 이런 상황은 청나라 때에 가장 두드러졌다. 청나라 말에는 전쟁이 빈번하여 국고가 바닥을 드러냈기 때문에 이를 염려한 상인들이 자발적으로 돈과 물자를 출연하여 정부를 지원했다.

『사기』「진본기秦本紀」에는 이런 기록이 있다.

기원전 628년, 진나라 목공은 중원까지 세력을 확장하여 패업을 도모했다. 그 일환으로 먼저 3백 대의 병거를 동원하여 정나라를 공격했다. 당시 정나라에는 현고弦高라는 소장수가 있었는데, 장사를 하기 위해 낙양으로 가던 중 진나라 군대가 쳐들어온다는 소식을 듣게 되었다.

나라의 위태로움을 알게 된 그는 곧 사람을 보내 군주에게 그 소식을 전하게 한 후, 자신은 소떼를 몰고 나가 진나라의 군대를 맞았다. 그리고는 자신이 정나라의 사신이라고 속이고 진나라 대장을 알현하게 해줄 것을 요청했다.

"소신의 군주께서는 귀국의 장수 세 분이 저희 정나라에 오신다는 소식을 듣고 특별히 저를 보내 살찐 소 열두 마리를 귀군에 선물하도록 하셨습니다. 작은 성의지만 기꺼이 거둬주시기 바랍니다. 저희 군주께서는 또 귀국의 군대가 북대문을 지켜주시는 은혜에 매우 감격해 하시면서 정나라에서도 경계를 게을리 하지 않을 것이니 장군께서는 마음을 놓으셔도 좋다고 말씀하셨습니다."

현고의 말에 진나라 장수는 잠시 생각에 잠겼다.

'우리는 몰래 정나라를 치러 온 것인데 오히려 사람을 보내 적의 군대를 위로하다니! 이는 어쩌면 이미 방비를 다 끝냈다는 경고일 지도 모를 일이다!'

결국 진나라 군대는 침략 대상을 바꿔 활나라를 공격하게 되었다.

현고의 기지와 임기응변, 그리고 재물을 아끼지 않은 용감한 행동이 정나라를 구하게 된 것이다. 그후 정나라 군주가 그에게 상을 내리려 하자 그는 오히려 이렇게 말하였다.

"속임수로 상을 받게 된다면 정나라 조정은 크게 문란해지게 될 것입니다. 나라에 신의가 없다면 이는 패망의 지름길입니다. 한 사람에게 상을 내려 나라를 패망으로 몰고갈 수 있다면, 이는 현명한 자가 반드시 피해야 할 일입니다."

그리고는 동이東夷에 몸을 숨겨 다시는 돌아오지 않았다.

명대에 이르면서 상인의 도덕과 도리는 더욱 체제를 갖추게 되었고, 현대에 이르기까지 호설암 같은 인물이 끊이지 않고 나타나고 있다.

호문호胡文虎는 두 가지의 왕관을 썼던 특출한 상인이었다. 하나는 '만금유萬金油 대왕' 이라는 왕관이고 다른 하나는 '자선활동의 대왕' 이라는 왕관이다. 재력으로 따지자면 호문호 정도의 부자는 이 세상에 얼마든지 있다. 하지만 호문호처럼 부유하면서도 마음

* 만금유萬金油 _ 호랑이 연고로 알려진 유명한 피부 연고

이 어질고 가난한 이에게 온정을 베풀 줄 알며 국가에 보답할 줄 아는 사람은 찾아보기 힘들다.

그는 사업가인 동시에 자선가였다. 그가 일생 동안 자선사업에 투자한 금액은 2천만 달러 이상으로 추정된다. 이러한 액수는 그가 살아 온 시간을 고려할 때, 가히 천문학적이라고 할 수 있다. 그는 자신의 재산을 통해 자선을 베풀 수 있었고, 그러한 자선활동은 그의 명망을 더욱 높여 주었다.

명망은 또 더 많은 재물을 가져다주는 법이라 그는 더 많은 재산을 얻게 되었고 결국 더 많은 돈을 자선사업에 쏟아부을 수 있었다. 호문호의 일생은 이처럼 반복되는 양성良性 순환의 과정이었다. 이 점은 호설암의 행적과 거의 같은 양상을 보인다.

호문호는 이런 말을 한 적이 있었다.

"선친께서 임종하시면서 제게 당부하신 말씀이 있습니다. 올바른 사람이 되려면 기개가 있어야 한다는 것이었지요. 저는 어려서부터 이 말을 잊지 않고 항상 기개 있는 사람이 되려고 노력했습니다. 선친의 유지를 저버리지 않으려는 것이었지요. 그렇다면 '기개' 란 도대체 어떤 것일까요? 저는 '기개' 란 바로 국가에 충성하는 것이라고 생각했습니다. 때문에 애국심이 남보다 못해선 안 된다고 생각했지요. '영안당永安堂' 의 사업이 어느 정도 궤도에 들어선 후부터 저는 이런 생각들을 실천하기 위해 사회에서 얻은 재물은 사회로 환원해야 한다는 생각으로 서민 구제사업과 자선사업, 문화사업 등에 적극적으로 참여하기 시작했습니다."

이 말은 그가 일생 동안 몸으로 실천했던 하나의 신조였다. 호문호는 스스로 '영안당' 의 수익 가운데 25퍼센트를 재해 복구사업과 공익사업의 비용으로 충당한다는 방침을 정했고, 그 비율도 처음의 25퍼센트에서 점차 60퍼센트까지 증가했다.

그는 또 교육 보급과 문맹 탈피의 목표를 세우고 오랫동안 거금을 기부해 각종 학교를 설립했다. 실제로 그는 1938년에 150만 원을 투자하여 중국 각지에 초등학교 300여 곳을 설립했다. 항일 전쟁이 발발하면서 학교 건립 사업이 중단되자, 1938년 9월에 학교 건립 기금 가운데 잔여금 2백만 원으로 항일 구국 국채를 매입했고 전쟁이 끝난 후에는 이 채권을 담보로 현금을 대출 받아 학교 건립 사업을 재개했다.

1931년 '9·18사변(만주 사변)'이 터지자 호문호는 항일 구국 전쟁 지원에 온 힘을 다 쏟았다. 우선 그는 동북 군민軍民을 위해 2만 원을 지원했고, 그후 19로군十九路軍에 1만 원을 지원하여 송강淞江과 황포강지역의 부상 군인들을 치료하는 데 쓰게 했다. 아울러 자신의 회사에서 만든 의약품과 면포 등을 대량으로 제공했다.

1941년, 중경에서 국민참정회國民參政會 회의가 열렸을 때 호문호는 개막식에서 상이군인 지원금으로 200만 원, 항일 공채 매입 자금 50만 원 등 총 250만 원을 기부금으로 내놓았다.

중화인민공화국이 성립된 후, 호문호는 중남中南 군정위원회에 보낸 세 차례의 서한을 통해 새로 들어선 중국인민정부를 적극 지지하며, 이전과 마찬가지로 조국의 공익사업을 위해 최선을 다하겠다는 의지를 밝혔다. 그는 중남 군정위원회에 보낸 서한에서 이렇게 말했다.

"중남지역의 한 친구에게서 정부가 통화 억제를 막기 위한 다양한 시책을 벌이고 있다고 들었습니다. 국민당이 수년 간 실시해

* 만주 사변(9·18사변)_ 1931년 류타오거우사건柳條溝事件으로 비롯된 일본 관동군의 만주에 대한 침략전쟁
* 국민참정회國民參政會_ 중일전쟁에 설치된 중국의 국책자문기관

온 통화 팽창이라는 졸책은 이미 전국 동포들의 재산을 약탈하여 극빈의 상태로 내몰았으며, 이로 인해 산업이 쇠퇴하고 사회는 더욱 불안한 상황이 되고 말았습니다. 저는 오랫동안 사회사업에 전심전력해 왔습니다. 앞으로도 정부가 추진하는 새로운 정책을 적극 지지하고 솔선수범할 각오를 다지고 있습니다."

저명한 객가 연구 전문가인 사좌지謝佐芝는 『세계객속인물대회世界客屬人物大會』라는 제목의 책에서 호문호를 이렇게 평가하고 있다.

"그는 자애로운 마음으로 남에게 베풀기를 좋아했고, 평생 동안 자선사업과 공익사업에 헤아릴 수 없을 만큼 막대한 기금을 출연했다. 또한 국가와 지역, 종교를 초월하여 무한한 인덕을 베풂으로써 명실상부한 '국제 자선가'의 명성을 얻게 되었다. 세계 각국 정부와 자선기관들이 그에게 수여한 훈장과 표창은 그 수를 헤아릴 수 없을 정도이다."

천하를 걱정하는 마음

모든 사람이
내 권력을 칭송하게 한다

호설암 어록

"관리든 상인이든 모두 사회적인 책임감을 가져야 한다. 즉 자신의 이익과 함께 세상 사람들도 생각해야 하는 것이다. 그렇지 않으면 관리가 되어도 '탐관貪官'이 되고 상인이 되어도 '간상奸商'이 되기 쉽다. 내가 왜 약방을 시작하려고 했을까? 당장 이익이 될 만한 것도 없었는데 말이다. 이는 오로지 공익을 위해서였다. 내가 약방을 연 것은 가난한 사람들에게 편의를 제공하기 위한 것이었다. 호설암이라는 이름 석 자를 아는 사람은 적지 않았으나 정부 관리나 상인들이 대부분이었다. 나는 모든 백성이 내 이름을 알게 되어 '호설암'이라는 이름만 들어도 훌륭한 사람이라고 칭찬하면서 사업이 잘 되기를 빌어주는 날이 하루빨리 오기를 바랐다. 그래서 약방을 시작하고자 했던 것이다. 게다가 전란이 발생하면 병자가 많아지고 대란이 끝난 후엔 반드시 역병이 창궐하게 마련이다. 약방은 자신과 상대방 모두에게 이익이니 이보다 더 좋은 사업이 어디 있겠는가!"

나라를 사랑하는 마음

절강지역은 기후가 좋고 생태 환경이 잘 갖추어져 있어 중국의 주요 약재 생산지 가운데 하나로 손꼽히고 있다. 천혜의 자연 조건을 갖췄기 때문에 일찍이 남송 시기부터 항주지역에는 한의약이 매우 발달했고, 현지에서 재배되는 약재만 해도 70여 종에 달한다.

관아에서는 '혜민화제약국惠民和劑藥局'을 설립하고 의원들을 모아 민간의 처방을 수집하여 환약과 가루약 등을 제조 판매하기도 했다. 아울러 각종 처방을 『태평혜민화제국방太平惠民和劑局方』이라는 책으로 편찬하여 병세에 따른 치료 방법과 약 제조 방법 등을 상세하게 기록했다.

옛말에 "곤궁할 때는 자신의 몸을 잘 살피고, 부유해지면 천하를 구제하라."는 말이 있다. 이 말은 중국인들에게 처세의 계명으로 간주되고 있다. 그만큼 약을 제공하면서 병자를 돌보는 행위는 사회의 보편적인 존경을 받고 있었다.

호설암이 약방을 시작한 데에는 약방업이 발달한 항주지역에 살면서 은연중에 영향을 받게 된 것도 원인이 되겠지만 함풍, 동치, 광서 연간에 계속되었던 전란의 영향도 적지 않았다. 1851년, 중국의 인구는 4억을 넘어 1811년에 비해 15.3퍼센트가 증가했다. 그러나 1875년의 인구는 3억 2천만으로 급격히 감소하였는데 그 결정적인 원인이 바로 전란과 역병이었다.

호설암이 난세에 약방을 연 것은 단지 고통 받는 사람들에게 선행을 베풀기 위한 것이었다. 만일 그가 이를 이용해 돈을 벌려고 했다면 결코 성공하지 못했을 것이다. 그 이유는 무엇일까?

전란 시기에는 역병이 만연하게 마련이고 관군과 반도들이 싸우다 보면 수많은 사상자가 발생한다. 또한 백성들은 백성들대로 난리를 피해 이리 저리 떠돌다가 토양에 적응하지 못해 중병에 걸리게 된다. 이처럼 혼란한 시기에 수중에 돈을 지니고 다니는 사람이 얼마나 있겠는가? 결국 의원들도 감히 약방문을 열 엄두를 내지 못하는 사태가 벌어질 수밖에 없었다. 문을 열었다가는 십중팔구 손해를 보기 때문이다.

호설암은 오로지 백성들의 고통을 덜어주겠다는 일념으로 기꺼이 약방업에 뛰어들었다. 그리하여 그는 각지의 전장에 지시를 내려 서둘러 약방을 열고 돈이 있는 사람들에겐 싼값으로, 돈이 없는 사람들에게는 무료로 진찰을 해주고 약을 나눠주도록 했다.

또한 호설암은 상군 및 녹영과 협의하여 명의에게 의뢰하여 원가로 금창약金瘡藥 등의 약품을 만들어 보내기도 했다. 이런 사실을 알게 된 증국번은 찬탄을 금치 못했다.

"호설암의 나라 사랑하는 마음이 나보다 낫구나!"

태평천국의 난 이후 천하의 유생들이 경사에 모여 과거 시험을 치르게 되었을 때, 호설암은 사람을 시켜 이들에게 각종 약재와 보약을 전달했다. 매년 과거 시험 때가 되면, 많은 유생들이 급한 마음에 밤을 새워 공부를 하다 보니 심신이 피곤해져 갑작스럽게 쓰러지는 일이 종종 발생했기 때문이다. 호설암의 이러한 선행은 유생들은 물론이요, 시험관들에게도 큰 칭송을 받았고 그를 찾아와 감사의 뜻을 전하는 사람이 셀 수 없이 많았다. 호설암도 사람을 보내 사의에 화답했다.

"제게 감사하실 필요 없습니다. 여러분들이 바로 나라의 기둥인

데 어찌 제가 나라를 위해 미력이나마 다하지 않을 수 있겠습니까?"

어떤 이들은 호설암의 이러한 행동을 자신의 이미지 관리와 광고 효과를 노린 계산에 불과하다고 말하기도 했는데, 실제로 그런 효과가 없었던 것은 아니다. 조정에서도 이런 사실을 알게 되어 그에게 2품의 관직을 하사했고, 이 얘기가 세간에 널리퍼지면서 '절강의 선인善人'이라는 아름다운 이름을 얻게 되었던 것이다.

호설암의 이런 행동들이 '공功'과 '이利'라는 목적에서 나온 것으로 보일지도 모르지만, 과연 그의 선행이 '공리'를 위한 것이었는지 아니면 우연한 결과로 '공리'를 얻은 것인지는 여기서 따질 문제가 아니다.

사실 세상에는 '의義'와 '이利'를 확실히 구별할 수 없는 경우가 많다. 하지만 뛰어난 상인들은 이 중 어느 한 가지만 취하는 것이 아니라 두 가지를 조화롭게 결합시킨다. 어떤 쪽이든 한 가지만으로는 성공한 상인이 될 수 없기 때문이다.

1875년부터 3년 동안 호설암은 의약품을 나눠주는 데에만 10여만 냥의 은자를 썼다. 사람의 입은 움직이는 광고 전단이나 마찬가지다. 그의 선행은 수혜자들의 입을 통해 사방으로 퍼져나갔고 급기야 호경여당이 개업하기도 전에 그 이름이 먼저 세상에 알려지는 진풍경이 연출됐다. 이것이 바로 사물을 '멀리 내다볼 줄 아는' 호설암의 남다른 경영 전략이었다.

1880년, 호경여당의 자금은 이미 280만 냥에 달해 백 년의 전통을 지닌 북경의 '동인당同仁堂'과 남북으로 쌍벽을 이루면서 "북에는 동인당, 남에는 호경여당"이라는 문구가 생길 정도였다. 이처럼 의술을 베풀어 죽어 가는 사람을 살리고 아픈 사람을 치료해주는

것은 또한 유교 사회가 제창하는 '인도仁道'에 부합되는 일이기도
했다.

중국 상인들의 품성

 자고로 상인이란 항시 이윤을 추
구하기 마련이며, 이윤을 찾는 사
람들은 당연히 모든 수단과 방법을 가리지 않게 된다. 왜냐하면 이윤이
라는 것은 항상 자신이 아닌 다른 사람에게 있거나 어딘가에 꼭꼭 숨어
있어 찾아내야 하기 때문이다.

이익에만 집착을 하다 보면 다른 일에 대한 분별력이 떨어지기 쉽다. 중
국에서 전통적으로 상인을 무시하는 경향도 어쩌면 많은 상인들이 스스
로 자중하지 못하고 장사에만 온 관심을 기울인 결과인지도 모른다.

호설암의 시대에 이르러서도 상업은 큰 발전을 이룩했지만 상인들의 지
위에는 별다른 변화가 없었다. 그럼에도 불구하고 호설암이라는 상인이
사람들로부터 끊임없는 칭찬을 받고 후세 사람들에게까지 칭송 받는 이
유는 무엇일까?

이는 단지 전장의 도제라는 미천한 신분에서 시작하여 일대를 풍미한 거
상이 되었다는 사실 때문만은 아닐 것이다. 호설암이 모든 사람의 칭송
을 독차지하는 까닭은 그가 상장에 몸담고 있으면서도 천하를 걱정할 줄
알았다는 사실이고 이 점이 진정으로 사람을 탄복하게 만들었을 것이다.
위로는 나라를 걱정하고, 아래로는 백성을 걱정하는 것이 중국 전통 상
인들의 훌륭한 품성을 계승한 호설암이 중시했던 사상이다.

상경에서 배우는 경영 정신
나라를 걱정하고 백성을 위한다

호설암의 사업 가운데 전장과 전당업이 중심 사업 분야였고, 약방업은 부수적인 것이었다. 하지만 훗날 그가 파산하고 세상을 떠난 후에도 그 가족들이 의지하여 살아갈 수 있었던 재원은 오히려 '호경여당'이라는 약방이었다.

세상이 극도로 혼란했던 시절이라 막대한 재산을 하루아침에 날리고 그 명성마저 사라져버린 거상들이 적지 않았다. 이런 상황에서 '호경여당'이 없었다면 과연 호설암의 명성이 지금까지 전해질 수 있었을지는 단언하기 어렵다. 그의 이름이 후세에 널리 알려지게 된 것은 그가 인술로 선행을 베풀었기 때문이다. 증헌재曾憲梓도 이런 경우에 해당된다.

1970년대 중반, 증헌재는 새로운 시대와 생활에 대한 꿈을 안고 오랫동안 떠나 있던 고향으로 돌아왔다. 그는 문화대혁명을 겪으면서 학교가 황폐해져 교실에 온전한 책상과 의자 하나 남아 있지 않는 참담한 현실을 보게 되었다. 증헌재는 너무나 마음이 아팠다. 마치 부모에게 제대로 효도하지 못한 자식이 부모의 죽음을 앞에 두고 있는 듯한 처절한 슬픔이었다.

* 문화대혁명文化大革命_ 1960년부터 1976까지 10년간 중국의 최고지도자 마오쩌둥毛澤東에 의해 주도된 국가 사회주의운동

증헌재는 이때부터 이를 악물고 고생해서 번 돈을 주저 없이 고향의 교육사업을 위해 헌납했다. 증헌재는 늘 주위 사람들에게 이렇게 말하곤 했다.

"해방 전에 우리 집은 매우 가난했습니다. 어려서부터 사람들에게 무시당하면서 자랐고 소학교를 졸업한 후에는 공부할 기회조차 없었습니다. 중화인민공화국 정부가 들어선 후에야 다시 학교로 돌아갈 수 있었지요. 국가의 학비 보조금이 없었다면 대학은 고사하고 중학교도 다니지 못했을 겁니다. 전 항상 이런 말로 자신을 채찍질하곤 했지요. '증헌재, 너는 조국의 은혜를 입은 몸이다. 그러니 부지런히 일해서 어느 정도 능력을 갖추면 충심으로 조국과 고향을 위해 보답해야 한다.'"

당시로서는 아직 미미한 신분이었던 증헌재가 솔선수범하여 고향의 발전을 위해 노력하자 곧 중국 지도층의 주목을 받게 되었다. 얼마 후 섭검영葉劍英 군사위원장이 광주에서 증헌재를 접견하게 되었다. 두 사람 모두 매현梅縣이 고향이었고 중산대학의 동문이기도 했다. 두 사람은 처음 만나자마자 격의 없는 대화를 나누기 시작했다.

"우리 고향의 경제 건설이나 교육사업은 아직 많이 낙후되어 있는 실정일세. 자네가 고향의 발전에 큰 힘이 되었으면 좋겠네."

"그건 제가 오랫동안 소망해 온 일입니다. 최선을 다해 고향의 발전을 위해 노력하겠습니다."

증헌재는 자신의 말을 행동으로 실천할 줄 아는 인물이었다. 그는 계속해서 자신의 소신을 펼쳐나가는 한편, 상상하기 힘들 정도의 검소한 생활을 유지했다. 증헌재는 자신의 경영관을 이렇게 설명했다.

"사람은 능력이 많을 수도 있고 적을 수도 있습니다. 중요한 것은 그가 애국심을 지니고 있느냐, 하는 것입니다. 비록 능력이 적어 국가를 위해 적은 돈을 낸다 해도 그것 역시 애국이고 똑같이 영광스러운 일입니다. 나라를 사랑하고 고향을 사랑하는 사람이라면 돈이 있으면 돈을 내고, 능력이 있으면 능력을 보태야 합니다. 돈과 능력 둘 다 없다면 마음이라도 쏟아야 할 것입니다."

1977년부터 1904년까지 그가 자신의 고향을 비롯하여 전국 각지에 지원한 기부금 총액은 2억 3천만 RMB를 넘어섰고, 교육과 체육, 의료 등의 분야에서 벌인 각종 지원사업이 200여 건에 달했다. 또한 그는 아직 미개발 지역이었던 매주梅州 산간지역의 공장 설립에도 앞장섰고, 아울러 조국과 고향의 발전을 위해 해외 화교와 홍콩, 마카오 동포들의 관심과 참여를 이끌어내는 데도 지대한 공헌을 했다.

이러한 그의 행동에 고향 사람들은 자신의 집처럼 나라를 사랑하고, 자신의 생명처럼 고향을 사랑한다며 칭송을 아끼지 않았고 매주시 시장은 여러 차례에 걸쳐 "중 선생의 애국하는 마음과 고향을 생각하는 깊은 정은 고향 사람들에게 영원히 잊혀지지 않는 기억으로 남을 것"이라며 찬탄해 마지않았다. 전국 정협 부주석인 전위장錢偉長은 자신의 친필 휘호를 족자에 담아 그의 덕행을 표창하기도 했다.

"매주에 중헌재 같은 사람이 늘어나면, 그 영예가 고향 마을에 가득하리."

상인에겐 반드시
해야 할 일이 있다

호설암 어록

"사람은 무엇을 위해 세상을 살아가는가? 그저 편안히 먹고 마시며 일생을 보내면 되는 것인가? 옆집의 두 어른처럼 세나 받으며 살아가는 지방 유지들이 바로 그런 사람들이다. 항주에도 이런 사람들이 제법 많다. 조상이 관리를 지내 물려받은 전답이 있을 경우, 방탕하지만 않으면 족히 삼대는 편안히 놀고먹을 수 있다. 이들은 자신들 스스로 어느 정도 공명을 지니고 있긴 하지만, 수재秀才 면 그나마 나은 축에 속하고, 대개는 이삼십 냥을 내고 감생監生 이 된 사람들로 그저 외관에만 신경을 쓰는 사람들이다. 일 년 내내 할 일 없이 낮에는 차관에서 시간을 때우고 저녁이면 술판이나 벌이면서 일흔 살이 될 때까지 그럭저럭 살다가 숨이 멎으면 염라대왕 앞에 나아가서 "이승에 한 번 다녀왔소." 하고 말하면 그만이다. 이들에게 이승에서 무엇을 하다 왔느냐고 물으면 "아무것도 한 게 없소!" 하고 대답할 것이다. 이런 사람들은 귀신이 되어도 별 의미가 없다."

먼저 베풀어야 살 수 있다

호설암은 전란이 끊이지 않는 시대를 산 탓에 명성을 얻으려면 먼저 남에게 베풀어야 한다는 이치를 잘 알고 있었다. 그는 서슴없이 주머니를 털어 많은 사람들에게 선행을 베풀었다. 앞에서 언급한 우차의 부활이나 죽창 개설, 무료 약품 배급 등의 선행 말고도 전당강錢塘江의 '공용 나루터' 건설도 의미 있는 선행이었다.

호설암의 고향에는 전당강이라는 강이 있었다. 이 강은 절강지역에서 가장 큰 강으로 동남지역을 대표하는 하천 가운데 하나였다. 비가 많이 오는 봄과 가을이 되면 상류의 강물이 거센 물살을 이루며 하류로 흘러내렸는데, 그 기세가 마치 활을 떠난 화살 같았다.

게다가 상해지역의 조수가 유입될 경우에는 출렁거리는 기세가 더욱 강해 이른바 '전당강 조수'를 이루었다. 또한 급류와 해조海潮가 서로 만나는 지점에선 물살이 더욱 거세지고 모래가 쓸려다녀 강을 건너기가 여간 위험한 게 아니었다.

청나라 말까지만 해도 전당강 양쪽 기슭에 사는 사람들은 여전히 고기잡이배로 강을 건넜지만, 워낙 위험해 날씨가 청명하고 물이 잔잔한 날에만 조심스럽게 건너다녔다. 가족 중에 누군가 강을 건너는 날에는 온 식구들이 한데 모여 강의 신에게 제사를 올리며 무사하기를 빌어야 했다. 그래도 여전히 위험이 사라지는 것은 아니었다.

호설암은 전당강 양 기슭에 사는 사람들의 도강 문제를 해결하기 위해 은자 10만 냥을 출연하여 공용 나루터를 조성해주었다. 그는 이렇게 말했다.

"이 일은 해도 그만 안 해도 그만이다. 하지만 일단 하기로 마음

---

* 수재秀才 _ 향시에 붙은 사람
* 감생監生 _ 청대 국자감 학생

먹었으면 한 번 고생으로 오래도록 혜택을 누릴 수 있도록 해야 한다. 적어도 50년, 아니 100년 정도는 끄떡없이 견딜 수 있는 나루터를 만들어야 한다."

대만의 역사 소설가 고양高陽이 쓴 『홍정상인』이라는 소설을 보면 1861년 호설암이 이득륭李得隆이라는 젊은이에게 20년 전에 있었던 여러 가지 일들을 얘기하는 대목이 나오는데, 그 대목에서 전당강에 공용 나루터를 만들게 된 연유를 이렇게 기술하고 있다.

20여 년 전, 호설암은 전장에서 장사를 배우고 있었다. 한번은 심부름으로 전당강 남쪽의 소산현蕭山縣까지 돈을 받으러 찾아가게 되었다. 그러나 돈을 받아 내기는커녕 차관에서 주사위 노름으로 여비를 다 날리고 겨우 강을 건널 뱃삯밖에 안 남았다. 배가 강 한가운데 이르자 사공이 뱃삯을 걷기 시작했다. 사공이 호설암에게 다가갔을 때, 호설암은 돈을 꺼내려 주머니에 손을 집어넣었으나 손에 잡히는 것이 아무것도 없었다.

"어떻게 된 일이지요?"

이득륭이 물었다.

"설상가상이라고 주머니에 구멍이 뚫려 엽전 열 닢이 나도 모르는 사이에 새어나가 버렸던 걸세. 전당강의 뱃사공들은 무섭기로 소문이 나 있었지. 뱃삯을 내지 않는 사람을 강에 던져버렸다는 말까지 나돌았으니까. 나는 너무 당황했지만 사실대로 얘기할 수밖에 없었네. 그리고는 뭍에 가서 돈을 주겠다고 했는데도 다짜고짜 내 옷을 벗기려고 하는 게 아니겠나!"

"저런 나쁜 놈!"

이득룡은 크게 흥분했다.

"그런데, 설마 배 안의 있던 사람들이 수수방관만 하고 있었던 건 아니겠지요?"

물론 어떤 사람이 호설암에게 돈을 빌려줘서 옷을 벗어야 하는 곤경은 면할 수 있었다. 그러나 호설암은 이에 자극을 받아 뭍에 도착한 후에 마음속으로 다짐했다.

'나중에 내가 뜻한 바를 이루어 충분한 능력을 갖추게 되면 반드시 배 두 척을 사서 선원들을 고용하고 돈을 받지 않는 공용 나루터를 만들고 말겠다.'

"실제로 이런 소망은 얼마 지나지 않아 이룰 수 있었지. 그런데 좋은 일을 하려고 해도 맘대로 안 되더군. 내가 왜 이런 말을 하는지 알겠나?"

"그 이치야 뻔하지요. 누군가 좋은 일을 하면 밥그릇을 빼앗기는 사람이 생기기 때문이겠지요!"

"맞았네! 전당강에서 나룻배를 띄우던 사람들이 힘을 합쳐 공용 나루터 조성에 반대하고 나온 걸세. 다행히 나중에 왕무대 어른의 도움을 받아 무사히 나루터를 건설할 수 있었지만 말이야."

당시 왕유령은 이미 항주지부의 관직에 있었기 때문에 사적인 친분은 둘째 치고, 부모관으로서 백성들에게 도움이 되는 선행이 방해받는 것을 그대로 방관만 하고 있을 수는 없었다. 왕유령은 나루터 건설에 반대하는 자들에게 엄중한 경고를 내렸다.

자비로 공용 나루터를 만들자 그 혜택을 누리는 사람이 헤아릴 수 없이 많았다. 호설암은 명예를 탐낸 것이 아니었음에도 불구하고 이름이 널리 알려지면서 '선인善人' 이라는 별칭도 얻게 되었다.

고양의 소설에 나오는 이 이야기는 충분한 사료를 바탕으로 한 것이긴 하지만 어디까지나 문학작품의 서사에 불과하기 때문에 사안을 보다 구체적이고 확실하게 알기 위해선 동시대 인물들의 기록을 살펴볼 필요가 있다.

태평천국군이 절강지역을 공격했을 당시 절강 안찰사로 있었던 단광청段光淸은『금호자선영보鏡湖自撰年譜』1864년 조에서 이렇게 말했다.

"공용 나루터는 영소寧紹로 통하는 중요한 길목이기 때문에 돈을 기부하는 자가 많았다. 장발적이 침입하기 전에 이미 은자 2천 냥이 기부되었고 각 관아에서도 돈을 보태 호광용胡光墉에게 이 일을 관장하도록 했다. 태평천국군을 몰아낸 이후에도 나루터는 호광용이 관리할 수밖에 없었다."

이러한 사료들을 통해 볼 때, 전당강의 공용 나루터는 1860년대 이전에 이미 건설계획이 세워졌으며, 또 관리들의 지원도 있었던 것임을 알 수 있다. 따라서 일부에서 주장하듯 호설암 혼자서 자금을 대어 만든 것이 아님을 알 수 있다.

『호경여당 : 중약문화국보』라는 책에 수록되어 있는 주성방朱成方의「공은 성실한 마음에서 오고, 이익은 의를 따라 온다」는 제목의 글에서는 나루터 조성 원인에 대한 다른 견해를 제시하고 있다.

당시 항주 전당강에는 교량이 없어 상팔부 일대의 사람들이 항주성으로 들어가려면 서흥西興에서 배를 타고 망강문望江門을 통해야 했다. 덕분에 망강문에 위치해 있던 '엽종덕당' 은 장사가 아주 잘 되었다. 하지만 호경여당은 하방가河坊街의 골목 가에 위치하고 있었기 때문에 그저 항주 가호嘉湖 등 '하삼부下三府'의 고객들에게만 의지할 뿐 '상팔부' 일대의 손님들이 찾아오는 경우는 아주 드물었다.

상인이 경쟁에서 승리하려면 '천시', '지리', '인화'의 세 가지 요소가 모두 구비되어야 한다. 그렇다면 이런 지리적 열세를 극복할 수 있는 방법에는 어떤 것들이 있을까?

호설암은 직접 나루터에 나가 조사를 해보았다. 이때 한 선원이 "상팔부 사람들을 항주성으로 바로 들어가게 하려면, 이 나루터를 옮기는 수밖에 없을 겁니다!"라고 말했다. 선원이 무심코 던진 한 마디가 호설암의 귀에 그대로 꽂혔다. 호설암은 나루터에서 돌아오자마자 문제가 다 해결되기라도 한 듯이 기뻐했고, 곧 나루터를 조성하기로 마음을 굳히게 되었다.

강을 따라서 현장을 조사해 보니, 서홍에서 배를 타고 강을 건너는 것은 항로가 길뿐만 아니라 풍랑도 거세어 위험하기 짝이 없었다. 호설암은 강폭이 비교적 좁은 삼랑묘三廊廟 부근을 최적지로 판단하고 상팔부의 사람들이 팽루彭樓를 통해 성내로 들어갈 수 있도록 이곳에 공용 나루터를 만들기로 결정했다.

나루터는 빠른 시일 내에 완성됐고, 호설암은 자비로 대형 도선 몇 척을 제공하여 사람은 물론, 수레와 가축들도 실어나를 수 있게 했다. 게다가 공짜로 강을 건너게 하니, 빠르고 안전하며 돈도 아낄 수 있어서 상팔부의 사람들은 손뼉을 치며 칭송을 아끼지 않았다.

이리하여 호경여당은 상팔부 손님들 사이에 지명도가 급속도로 높아졌다. 상팔부의 여행객들도 팽루을 통해 성내로 들어가게 되어, 호경여당의 지리적 열세는 오히려 우세로 바뀌었고 엽종덕당은 공용 나루터

개통과 함께 빠르게 몰락해 갔다. 실로 '일석삼조'의 효과라 아니할 수 없다.

이 자료에 따르면 호설암의 공용 나루터 건설은 항주성의 또 다른 유명 약방이었던 '엽종덕당'과의 경쟁에서 나온 것임을 알 수 있다.

전당강 공용 나루터의 건설 이유에 대해서는 이견이 분분하지만 대체로 다음과 같은 윤곽을 잡을 수 있을 것이다.

태평천국군이 절강지역으로 진군하기 전에, 지방 정부에서는 이미 관리들이 출자하여 전장을 운영하고 있던 호설암에게 공용 나루터 건설을 준비하게 했다. 단지 시국이 어지러워 중간에 중단되었다가 청나라 정부군이 권토중래한 후에, 호설암은 직접 이 일을 주관하였고 자신도 많은 돈을 출연했다.

전당강 공용 나루터의 건설은 호설암의 이름을 널리 알려주었으며 '상팔부'와 '하팔부' 사이의 통행을 편리하게 함으로써 지역의 상업과 무역 발전을 크게 촉진시켰다. 물론 호설암의 장사에 막대한 도움이 된 것도 사실이다.

물질적인 의지와 감성적인 지주

 호설암은 일대의 '홍정상인'으로 청대의 상장에서 그 위세가 대단했을 뿐만 아니라 인간 세상의 풍류를 마음껏 누릴 줄 알았던 사람이었다. 하지만 그가 어질지 못해 나라와 백성에게 도움이 되는 일을 하지 않았다면 만년의 성취는 결코 주어지지 않았을 것이다.

한 다국적 기업의 총재가 이런 말을 한 적이 있다.

"우리는 굳이 광고를 할 필요가 없습니다. 하지만 자선사업은 반드시 해야 합니다. 광고는 사람들에게 악착같이 돈을 벌려 한다는 인상을 심어주지만, 자선사업은 오히려 그들에게 경계심을 늦춰 자신도 모르는 사이에 우리를 받아들이게 하기 때문입니다."

사람들은 물질적인 의지보다는 감성적인 지주를 더 필요로 하는 법이다. 그리고 그것은 물질적인 이익이 아니라 본인에 대한 관심, 사회에 대한 책임감으로 기대된다. 상인이라면 마땅히 이러한 이치에 따라 투자 방향을 찾고, 대중들의 지지를 구하며, 이를 통해 이익을 추구해야 한다. 그래야 미래의 발전을 기대할 수 있을 것이다.

.

상경에서 배우는 경영 정신

대만 '임원그룹'의 회장으로, '재물을 모으는 신'이라는 별명을 가진 채만림蔡萬霖의 일생은 가히 전설적이라 할 수 있다. 반세기 전에 길에서 채소를 팔던 어린 소년이 지금은 대만의 가장 실력 있는 사업가로 성장했고, 그 재산 또한 세계 10대 부호들 가운데 5위를 차지하게 되었으니 말이다.

그는 자신의 부와 사업이 모두 사회로부터 얻은 것인 만큼, '사회에서 얻은 것은 사회를 위해 쓰는 것'이 당연한 일이라고 생각했다. 하지만 자신의 행동을 굳이 사람들에게 알릴 필요는 없다는 생각에 그저 묵묵히 선행을 실천할 뿐이었다.

채만림의 소망은 '대만 제일의 자선사업가'가 되는 것이었다. 채만림과 그의 형제들은 대북시 정주가汀州街에 있는 자신들의 옛집에 '복안육유원福安育幼院'을 설립해 의지할 곳 없는 고아들을 수용했고, 그들이 성인이 될 때까지 양육함으로써 부친의 노고에 대한 보답을 대신했다.

고향인 죽남竹南지역에도 각별한 애정을 쏟아 '만춘 도서관'을 건립하고 모교에 교실을 확충해주었으며 현지에 공장을 세워 젊은이들의 취업 기회를 늘려주었다. 이 외에도 교육 발전을 위해 직업학교인 '십신상공＋信商工' 을 세워 많은 인재들을 배출하기도 했다.

채만림은 이 학교 이사장으로 재직하면서 교사의 자질 향상과 교육 환경 개선에도 많은 투자를 하여 대만 최고의 직업학교로 발전시켰고, 이로 인해 대만 교육부의 표창을 받기도 했다. 그는 보다 양질의 사회봉사를 위해 '사회복리기금회' 를 설립한 후 사회에서 소외된 계층을 중심으로 지원사업을 펼쳐나갔다.

1980년 8월, 임원그룹은 천만 NT$를 출연하여 '국태생명자선기금회' 를 설립했고, 이를 통해 각종 기부활동 및 공익사업을 지원했다. 기금회는 설립 이후 수억 NT$를 지출했고 대만 사회의 폭넓은 호평을 받았다.

공식적인 집계에 따르면 기금회가 설립된 1980년 8월에만 다섯 가지 공익사업 항목에 총 5백만 NT$가 지출되었고, 1981년에는 열 가지 사업에 2천7백만 NT$, 1982년에는 열가지 사업에 1천4백만 NT$, 1983년에는 열두 가지 사업에 2천4백만 NT$가 각각 지출되었다고 한다.

이러한 자선 및 공익사업은 교육과 장애인 복지, 재난 구호 활동 등 다양한 분야에 대한 지원을 포함하고 있다. 기금회의 재원은 '국태생명보험회사' 의 정기적인 기부금 출연과 임원그룹에서 매년 지급하는 약 5백만 NT$의 사업 자금으로 충당됐다.

최근 들어 '국태생명자선기금회' 는 보다 조직적이고 체계적인 방법으로 각종 사회 자선활동을 벌이고 있는데, 그 주요 활동에는 재난 구호, 아동 복지, 노인 복지, 장애인 복지, 그리고 각종 교육 장학금 등이 포함되어 있다.

1982년 12월, 임원그룹은 천만 NT$를 출연하여 '국태건설문화교육기금회'를 설립하고 문화와 교육, 체육 등의 사업을 지원했다. 도서관을 건립하고 장학금을 지급하는 한편, 어린이 사생대회를 개최하는 등 다양한 활동을 벌였다.

이외에도 사회적 차원에서 서예, 회화, 꽃꽂이, 요리, 미용 등 다양한 취미 강좌를 개설하여 개인의 흥미에 따라 무료로 수강할 수 있도록 했다. 각 강좌는 2개월에서 3개월 코스로 전문 강사들을 초빙하여 체계적으로 진행했다. 이러한 일련의 활동이 대만 사회의 열렬한 호응과 지지를 얻었음은 두말할 나위도 없다.

'국태종합병원'은 임원그룹이 관장하고 있는 공익재단법인에서 조직한 의료 기구이다. 1974년, 채씨 형제는 적극적인 의료 서비스를 전개하기 위해 국태종합병원을 설립하게 되었는데, 채만림이 경영을 맡으면서 대대적으로 병원의 규모를 확장하고 의료 인력과 병상을 확충하는 한편, 의사들의 해외 연수를 지원하여 의료 수준을 크게 향상시켰다.

국태종합병원이 설립한 '암예방 센터'는 암에 대한 예방과 치료 분야에서 커다란 성과를 이룩하여 대만 의학계의 큰 주목을 받고 있다. 더 주목할 만한 사실은 채만림이 거금을 출연하여 국태종합병원에 심장병 전문 병동을 설립하고, 생활이 어려워 심장 수술을 받지 못하고 있는 환자들을 지원함으로써 많은 생명을 구했다는 것이다.

이 외에도 채만림은 일 년 내내 전 지역을 순회하는 무료 의료 봉사를 지시했고, 특히 시골의 농민들에 대한 무료 의료 지원을 강조하여 사회 각계의 찬사를 받았다.

오랫동안 사재를 털어 각종 자선 및 공익활동을 지원한 채만림의 목적은 사회의 모든 구성원들에게 자신이 태어나고 자란 이 땅의 소중함을 인식시키는 것이었다. 사람은 사회를 벗어나 혼자서는 살아갈 수 없다. 국가라는 대가족의 일원인 이상, 모든 사람은 사회에 자신과 다소 다른 여러 계층의 사람들이 존재하는 의미를 소중히 생각해야 한다. 나 혼자만이 아니라 모든 사람이 잘 사는 사회가 되어야 진정으로 발전하는 사회라 할 수 있는 것이다.

그가 오랫동안 천주교 재단의 '난양 무용단'을 지원한 것도 바로 이러한 의미를 실현하기 위함이었다. 이 무용단은 항상 세계 각지를 순회하면서 예술 공연을 통해 중화 민족의 전통 문화를 소개하였고, 이러한 활동 취지가 그의 마음을 움직여 오랫동안 이 무용단을 지원하게 된 것이다.

한편 그는 이러한 지원활동을 통해 뜻밖의 수확을 얻을 수 있었다. 그의 무용단 지원활동을 높이 평가한 바티칸 교황청에서 1993년, 그에게 특별히 성 실베스트로 기사 훈장을 수여한 것이었다. 그는 천주교 교인으로서 전 고궁박물관 관장이었던 장복총蔣復璁에 이어 대만 역사상 이 훈장을 받은 두 번째 인물이 되었다.

바티칸 교황청 '주 대만 대사관'의 한 관계자는 교황의 훈장 수여는 매우 신중한 일로서, 그 대상은 세계 각국의 국가 원수나 정부 관리, 그리고 각국에 파견되어 있는 천주교의 지도자들에게 국한되며, 그 조건 또한 대단히 까다롭다고 설명하고 있다.

이는 지명도나 명성에 있어서 남에게 뒤지지 않는 대만 상공업계의 수많은 대기업가나 정부 고위관리들 가운데 이 훈장을 받은 사람이 단 한 명도 없었다는 사실이 증명해주고 있다. 따라서 장복총에 이어 채만림이 두 번째로 이 훈장을 받았다는 사실은 대단히 의미

있는 일인 동시에 오랫동안 변함없이 추구한 자선 및 공익활동, 그리고 중화 민족 문화예술에 대한 그의 눈부신 공헌에 대한 일종의 보상이라 할 수 있다.

채만림은 훈장을 받고 나서 이런 내용의 답사를 발표했다.

"이 영예로운 훈장은 사실 저 보다는 오랫동안 '난양 무용단'을 이끌어오신 미첼 신부님이 받아야 마땅합니다. 중화 민족의 문화와 예술은 우리들의 소중한 자산입니다. 이것을 지켜내지 못하는 한, 우리 민족의 미래는 없다고 해도 과장은 아닐 것입니다. 저의 소망은 바로 중국의 전통 문화를 세계 곳곳에 알리고 우리 젊은이들에게 우리의 전통 예술을 항상 느끼고 접할 수 있게 해주는 것입니다."

채만림에게 있어서 이 날은 가장 자랑스럽고 행복한 순간이었을 것이다. 그의 끊임없는 선행이 마침내 국제적인 인정을 받으면서 뜻하지 않게 최고의 선물을 받았기 때문이다.

1991년, 중국 대륙 남부지역에 백 년 만에 큰 홍수가 났을 때, 채만림은 천만 NT$를 쾌척하여 조국의 재해 지역 동포들에 대한 자신의 뜨거운 정을 표현한 바 있다. 이에 대한 감사의 표시로 1993년 대만을 방문한 대륙의 적십자회 대표들은 그에게 특별히 족자를 선물하기도 했다.

1980년대 후반부터 국내외 간행물들은 연이어 그를 세계적 인물로 선정하고, 대만 최고의 부호이자 중국 최고의 부호로 소개했다. 하지만 정작 재물에 대한 그 자신의 견해는 "재물이란 어디까지나 몸 밖의 물건"이라는 것이었다. 그러한 의식이 있었기에 그는 재물이 늘어날수록 그만큼 더 사회에 환원하여 묵묵히 선행을 실천해 온 것이다.

"돈 있는 사람은 돈 없는 사람의 길을 막지 않는다.", "혼자 즐거워하는 것보다 여러 사람이 즐거운 것이 낫다." 그가 자주 입에 올렸던 구절이다.

천하를 걱정하는 마음

욕정을 다스리는 자세

18

御情 어정

'어御'란 다스린다는 뜻이요, '정情'이란 남녀간의 정을 말한다.
'어정御情'이란 사람에 의해 정이 다스려지는 것을 의미하니,
욕정을 남발해서는 안 된다는 뜻이다.
하지만 사람이 초목이 아닌 바에야 어떻게 욕정이 없을 수 있겠는가?
세상 사람들에게 정이 무엇이냐고 물으면 생사를 같이 하는 것이라고 말하니,
정이란 정말 이 세상에서 확실히 설명하거나 단정하기 어려운 마력과 같은 것이다!
옛 사람들은 말하길, 영웅은 미인의 관문을 넘기 어렵다 했으나,
호설암은 정이 많으면서도 그것을 다스릴 줄 아는 '어정'의 고수였다.
이 장은 '상경'의 마지막 장으로
읽는 이의 감탄을 자아내기에 부족함이 없을 것이다.

영웅은 여자를 좋아한다

호설암 어록

"세상에는 천성적으로 복이 많은 사람들이 있다. 유복한 환경에서 태어나 그저 남아도는 정을 여인네들에게 쏟아부으면 되는 사람들이 있다. 그러나 나는 다르다. 나는 천성적으로 장사를 하기 위해 태어난 사람이다. 나도 여인네들의 아름다움과 좋은 점들을 많이 느끼고 경험했다. 심지어 나는 여인네들이 진심으로 나를 따르게 만드는 방법도 알고 있다. 하지만 이것은 '바른 일'이 아니기 때문에 그네들을 위해 시간을 허비할 수도 없고, 더욱이 그네들에게 정신이 팔려 자신의 할 일을 망각할 수도 없다. 누군가 '몸이 편하면 사람의 의지가 마모되기 쉽다.'고 했는데 이는 일리 있는 말이다. 이러한 도리를 생각하면 곧 경계하게 되고, 경계하게 되면 바른 일을 생각하게 되어 자신도 모르게 온몸에 땀이 흐르게 된다. 평생에 '바른 일'이 얼마나 있을지 모를 일인데, 이를 뒷전으로 미루다가는 정말 위험해지기 십상이다."

욕정에 정신이 팔리면 할 일을 잊는다

호설암도 풍류를 즐길 줄 알았으나 결정적인 순간에는 일의 경중을 구분할 줄 알았다. 호설암은 늘 배로 항주와 상해 사이를 왕래했기 때문에 자연스럽게 뱃사공의 딸 아주를 알게 되었다. 아주는 자신도 모르게 호설암에게 푹 빠져들었고 호설암은 이런 그녀에게 호감을 갖고 한가할 때마다 자리를 함께 하며 이야기를 나누곤 했다. 그러나 호설암은 사업이 너무 바빠 사랑을 속삭일 만한 시간적인 여유가 없었다.

아주는 하루 종일 호설암이 보이지 않을 때면 자신을 차갑게 대한다는 생각에 원망이 가득했다. 호설암은 이런 식으로 감정을 질질 끄는 것이 바람직하지 못하다고 판단하고 그녀와의 관계를 정리하기로 결심했다. 아울러 '엎드린 김에 절한다'고 아주를 자신의 도제인 진세룡과 맺어주기로 마음먹었다. 아주네 배를 타고 상해로 가는 도중에 그는 '중매쟁이'로 돌변하여 아주와 진세룡 사이에 인연을 만들어주었고, 대신 자신은 애증의 그물에서 벗어났다.

이 날 새벽, 호설암은 꿈 속을 헤매고 있던 진세룡을 깨워 할 얘기가 있으니 의복을 갖추라고 재촉했다. 영문도 모르는 진세룡이 세수를 하고 옷을 정제하여 나오니 호설암은 손에 찻잔을 든 채 배 한 가운데 좌정하고 있는 것이었다. 그는 진세룡을 자리에 앉힌 다음 의미심장한 표정으로 입을 열었다.

"세룡, 자네가 나와 함께 일한 지 벌써 여러 해가 지났고 업무도 통달하고 있으니, 이젠 내 일의 한 부분을 맡아주어야 할 것 같네. 지금 상해에서 생사사업을 시작했는데 자넨 항주에 남고 싶나 아니면 상해로 가고 싶나?"

"글쎄요, 전……."

호설암이 이처럼 중대하고 심각한 문제를 얘기하리라고는 생각지 못했던 진세룡은 순간 생각을 정하지 못했다.

"그럼 내 생각을 먼저 얘기해 볼까?"

호설암이 진세룡을 향해 눈을 깜빡거리며 말했다. 그는 아주가 분명히 배 안쪽에서 두 사람의 대화를 엿듣고 있을 것이라 확신했기에 진세룡에게 짐짓 눈짓을 보낸 것이었다.

"난 자네가 아주의 곁을 떠나고 싶어 하지 않는다는 걸 잘 알고 있네. 아무도 내 눈은 못 속이지. 평소엔 아주 조용하다가도 아주 앞에만 가면 신이 나더구만."

진세룡은 마치 오랫동안 숨겨 온 비밀이 드러나기라도 한 듯이 얼굴을 붉히며 슬그머니 고개를 숙였다.

"그것도 나쁘진 않네. 항주에 있게 되면 장인과 장모가 도와줄 테니까 말이야."

선미에 숨어서 몰래 두 사람의 대화를 엿듣고 있던 아주는 순간 얼어붙는 듯 했다. 호설암이 이렇게 빨리 말을 바꾸어 자신의 부모를 진세룡의 장인 장모라 부르리라고는 생각지도 못했다. 게다가 호설암이 남에게 비단 한 필 건네듯 자신을 진세룡에게 넘기려 한다는 생각에 분이 났다.

호설암은 계속 말을 이었다.

"아주는 아주 훌륭한 규수일세. 사실 나도 그 앨 좋아하지. 하지만 그 애를 힘들게 하고 싶진 않아. 아주의 얌전하고 지혜로운 성품은 대갓집 규수라 해도 따라가지 못할 걸세. 아주에게 장가든다는 건 정말 행운 중의 행운일세."

듣는 사람이 있다는 것을 알면서도 호설암은 자신의 속마음을 다 털어놓았다. 그는 마치 남 얘기하듯이 자신의 속마음을 전하려 했고 그것으로 그녀가 이해해주길 바랐던 것이다.

호설암이 자신과 헤어지려 하면서도 여전히 자신을 좋은 여자라고 추켜세우는 것을 듣고서야 아주는 처연한 마음에 눈물이 흘러내렸다. 그녀 역시 자신이 그저 평범한 뱃사공 집 자식이라 호설암과는 어울리지 않는 게 당연하다고 생각했었기 때문에 그와의 아름다웠던 순간들을 떠올리며 마음 아파할 뿐이었다. 또한 진세룡이 자신에게 호감을 갖고 있다는 사실도 그렇게 싫지만은 않았다.

"난 자네가 아주에게 장가가서 그 앨 힘들게 하지 않고 잘 대해주기를 바랄 뿐이네. 이번에 상해에서 돌아오면 내가 직접 아주 부모님들과 혼담을 나눠 보도록 하겠네."

상해에서 돌아온 후 호설암은 진세룡을 데리고 곧장 아주의 집으로 찾아가 혼담을 꺼냈다. 호설암이 중매를 서자 장씨 부부는 희색이 만연하여 흔쾌히 혼인을 승낙했다. 아주는 부끄러워 아무 말도 하지 않은 채, 빨갛게 물든 얼굴로 진세룡의 구혼을 받아들일 뿐이었다. 진세룡는 뛸 듯이 기뻐하며 얼른 자리에서 일어나 장씨 부부에게 큰절을 올리며 "아버님! 감사합니다. 어머님! 감사합니다."를 연발했다.

호설암이 아주와 진세룡의 혼인을 서두른 이유는 정이 많은 아주에게 좋은 짝을 만들어주고, 그럼으로써 자신의 고민을 해결하기 위한 것이었다. 그는 자신의 감정에 사로잡혀 아주가 누려야 할 행복에 영향을 주고 싶지 않았고, 그녀가 자신을 마음 깊이 사랑한다

해도 자신의 욕심을 채우기 위해 그녀를 받아들일 수는 없었다. 때문에 그는 아픔을 참으면서 그녀와의 정을 끊고 진세룡과의 혼사를 서둘렀던 것이다.

호설암은 뛰어난 수완으로 자신의 감정 문제를 해결하는 한편, 아주의 순결한 마음도 다치지 않게 했고, 동시에 그녀에게 좋은 배우자까지 마련해주었다. 또한 진세룡도 마음속으로 사모하던 여인을 배필로 얻었으니 결국 모두 좋은 결과를 얻은 셈이었다.

호설암은 자신의 사업이 애정 문제로 인해 정체되는 것을 원치 않았다. 사업이라는 큰 무대에서 끊임없이 자신의 가치와 능력을 발휘해야 했기 때문이다.

영웅호걸들의 과거

 "영웅은 미녀의 관문을 넘기 어렵다."는 말처럼 고금을 막론하고 수많은 영웅호걸들이 미인들의 관문을 넘지 못했다. 서시西施와 포사, 양귀비楊貴妃 같은 미인들의 치마폭이야말로 영웅들의 함정이자 무덤이었다. 이런 미녀의 관문을 넘은 자는 이름을 날리고 대업을 이루었지만, 그렇지 못한 자는 깃발을 내리고 북을 멈춘 다음 되돌아서야 했다. 심지어 목숨과 이름을 한꺼번에 잃고 하루아침에 살신의 길로 접어들기도 했다.

하지만 호설암은 애정과 사업을 조화롭게 융화시킬 줄 아는 인물이었다. 그는 풍류를 즐길 줄 알았지만 이성과 함께 있을 때도 먼저 자신의 이익을 생각했다. 호설암의 행동에도 이론의 여지가 없는 바는 아니나, 사업을 제일의 목표로 삼는 이들이라면 애정과 사업에 대한 그의 독특한 대처 방법을 연구해 볼 만하다.

호설암은 복잡한 사회관계를 처리하는 것뿐만 아니라 자신이 처한 감정 문제에 대처하는 데도 뛰어났다. 사업이든 애정이든, 분야는 달라도 그 이치는 같은 법이다. 사회관계의 문제나 애정 문제 모두 함부로 처리해서는 안 된다. 그런 의미에서 호설암이 아주와의 감정 문제를 해결한 방법은 너무나 현명했다고 할 수 있다.

욕정을 다스리는 자세

상경에서 배우는 경영 정신

애정과 사업은 조화롭게 이루어져야 한다

거상인 동시에 '사나이'였던 호설암은 결코 '냉혈동물'이 아니었다. 그 역시 정을 지닌 사람이었다. 하지만 정을 끊고 맺어야 할 때를 잘 알고 있었다. 그가 감정을 정리한 것은 자신의 사업과 타인의 행복을 위해서였다. 자신의 감정을 정확하고 원만하게 잘 처리했기 때문에 이 문제로 인해 사업에 영향을 받은 일이 없었고, 결국 사업은 지속적으로 번창하여 중국 제일의 상인이 될 수 있었다. 현재 홍콩 경제의 대표 주자인 이택해李澤楷는 이 점에서 호설암과 비슷한 면모를 보이고 있다. 홍콩 상류사회에서는 이런 말이 회자된다.

"작은 거인 이택해는 영원히 쓰러지지 않는 '보석왕'이다."

이택해의 재력은 상상을 초월할 정도다. 그의 부친 이가성이 보유하고 있는 800억 홍콩달러를 제외하고도, 순수한 개인 재산만 300억 홍콩달러에 달한다.

1994년 말, 이택해는 1억2천만 홍콩달러를 들여 대주만大注灣 석오石澳에 주택 부지를 매입했다. 석오는 오랫동안 영국 사업가들의 주택지역이었기 때문에 건물이라곤 스물세 채의 호화 주택이 전부였다. 게다가 부동산 가치를 유지하기 위해 더 이상의 주택 건설이 허용되지도 않았다. 이 지역에 거주하려면 돈이 많거나 신분이 높아야 했는데, 이택해는 이 두 가지 조건을 모두 갖추고 있었다.

당시 대부분의 언론들은 이곳이 이택해와 그의 일본인 애인의 보금자리가 될 것이라 예측했다. 이가성의 장남 이택거李澤鉅는 이미 결혼을 해서 2세를 기다리고 있었던 터라, 차남 이택해의 결혼 문제는 많은 사람들의 관심을 끌기에 충분했다. 이택해의 애인은 '가루나'라는 일본 여자였다.

이가성은 차남의 결혼 문제에 대한 자신의 생각을 공식적으로 밝힌 적이 있었다.

"아들이 여자 친구를 사귀는 것은 그의 자유입니다. 물론 아시아 사람이면 제일 좋겠지요. 생활 습관도 비슷하고 아기를 낳아도 황색 피부에 검은색 머리카락일 테니까요."

이택해가 가루나와 공개적으로 모습을 드러낸 이후, 홍콩 및 동남아의 언론들은 두 사람의 사진들로 자주 지면을 채우기 시작했다. 어떤 사람은 가루나의 활발한 모습이 영화배우 미야자와 리에와 같다고 하기도 했고, 또 어떤 사람은 일본 황태자비인 마사코를 닮았다고 말하기도 했다.

모 잡지에서는 성공한 이택해를 가리켜 "강산을 손에 넣자마자 진정으로 사랑하는 미인을 얻은 행운아"라며 독자들의 부러움을 대변했다. 사람들은 이제 가루나가 면사포를 쓰고 이택해와 팔짱을 낀 채 석오의 호화 주택으로 들어가는 일만 남았다고 생각했다.

그들이 살게 될 보금자리는 넓고 화려한 정원이 갖춰져 있고 동남쪽으로는 바다를 내려다볼 수 있으며, 독립된 차고가 두 개나 마련되어 있었다. 한 가지 아쉬운 점은 수영장이 없다는 것이었는데 어떤 기자는 이택해가 집 안에 일본식 대형 욕실을 만들어 두 사람이 함께 즐기게 될 것이라는 추측 기사를 쓰기도 했다.

그러나 이택해는 비즈니스의 바다에서 사금砂金을 캐내는 데 정신 없이 바빠 여자 친구와 한가하게 신선놀음만 즐길 수는 없었다. 1998년, 마침내 두 사람은 헤어져 각자의 길을 선택하게 되었다. 사람들은 이택해를 가리켜 '지독한 일 벌레'라고 말하는데 그 자신도 이를 인정했다.

"저는 제가 싫어하는 일은 절대 하지 않을 것입니다. 언젠가 제가 서른다섯 살 이전에는 결혼 문제를 거론하지 않겠다고 말한 적이 있는데, 사람들이 절 보는 시각도 마찬가지인 것 같습니다. 하지만 어느새 벌써 서른다섯 살이 다 되었네요."

그는 일과 '연애' 하느라 유람선을 타고 바다를 항해하는 즐거움이나 경비행기를 타고 창공을 가르는 시원함도 모두 포기해야 했다. 그는 아쉬운 듯이 말한다.

"바다로 나가게 되면 꼭 서류를 가지고 갑니다. 비행기는 정말 거의 타 보지 못했지요. 올 4월에 미국에서 한 번 타 본 것이 전부인 것 같군요."

이택해는 연애에 정력을 낭비하지 않는 듯하지만 공개적으로 또는 비공개적으로 그를 따르는 여자들은 무척 많다. 어쩌다 그가 대학에서 강연이라도 하게 되면, 여대생들은 세 가지 언어로 자신의 생각을 말하면서 그의 관심을 끌려고 노력한다. 이택해가 경영하는 영과그룹의 신입사원 모집에는 젊은여성들이 많이 지원하는데, 어떤 여성은 자신의 지원 동기를 이렇게 밝히기도 한다.

"영과그룹에 입사하고 싶은 이유는 이택해가 바로 이 회사의

CEO이기 때문이지요."

이택해의 새로운 여자 친구 개림凱琳은 '영과'의 직원으로서 미모와 학식을 겸비하고 있어 '영과의 꽃'이라 불렸다. 그녀는 일찍이 호주에서 공부를 했기 때문에 영어가 유창했고, 홍콩으로 돌아온 후에는 곧장 '화황和黃'에 입사해 일을 하고 있었다. 당시 이택해는 화황의 부사장으로 있었지만, 두 사람은 서로 알지 못하는 사이였다.

나중에 그가 독립하여 '영과'를 설립하자 그녀 역시 싱가포르에 본부를 두고 있는 '영과'로 자리를 옮겨 아시아지역 마케팅 업무를 맡게 되었다. 하지만 곧 홍콩 지사로 발령이 되면서 주로 홍콩으로 출근하게 되었다.

마이크로소프트사 회장 빌 게이츠가 회사의 마케팅 담당자인 혜린다를 신부로 맞이한 것처럼 이택해도 부하 여직원과 사랑을 속삭이게 되었다.

1996년 6월 어느 주말 저녁, 구룡당九龍塘 AMC 영화관에 이택해가 모습을 나타냈다. 캐주얼한 차림이었지만 특유의 은색 둥근 테 안경 덕분에 사람들은 그를 한눈에 알아볼 수 있었다. 그는 자신이 공인이라는 사실을 잊어버리고 공개적인 장소에서 한 지적인 여인과 연인처럼 다정한 모습을 연출하고 있었다. 이때 마침 영화를 보러 온 모 신문 여기자가 이 장면을 목격하게 되었다.

수많은 여자들의 선망의 대상인 미혼의 재벌에게 새 여자 친구가 생겼는데 그 여자가 어떤 사람인지 아직 전혀 알려져 있지 않다니! 여기자는 즉시 사진기자들을 현장으로 불러 영화가 끝나고 두 사람이 밖으로 나오기만을 기다렸다.

영화가 끝나기 5분 전 두 사람은 조용히 자리에서 일어났다. 그녀의 손에는 아직 다 마시지 않은 생수 한 병이 들려져 있었다. 이때 벌써 영화관에 도착해 있던 사진기자들은 각각 영화관 1, 2층 출입구에 자리를 잡고 대기하고 있었다.

두 사람이 출입구에서 나오자 한 사진기자가 쉴 새 없이 셔터를 눌러 댔다. 뜻밖의 사태에 당황한 두 사람은 어찌할 바를 몰랐다. 여자 친구는 황급히 몸을 돌려 카메라 세례를 피했고 이택해는 상기된 얼굴로 기자들에게 다가갔다.

"두 분을 함께 찍어도 괜찮겠습니까?"

"괜찮지 못해요!"

이택해는 번개처럼 손을 뻗어 사진기를 빼앗았다. 그리고 먼저 플래시를 떼어 내 바닥에 던진 다음 카메라를 열어 필름을 꺼냈다.

"왜 함부로 사진을 찍는 겁니까? 훨씬 중요한 뉴스들이 여러분들을 기다리고 있잖아요. 그게 더 사회에 유익하지 않겠어요?"

이택해는 나무라듯 말하면서 사진기를 돌려주었다. 그 해 4월, 그의 아버지 이가성이 이와 비슷한 경우를 당했을 때, 그는 기자들의 사진 촬영을 저지하지도 않았고 오히려 대단히 정중한 태도를 보였다. 기자들은 언론에 노출이 잦은 이택해가 부친과는 달리 이처럼 무례할 거라고는 생각지도 못했다.

현장을 수습하던 기자가 못 쓰게 된 플래시를 주워 들고 난감해하고 있을 때 갑자기 이택해가 다시 되돌아왔다. 이택해는 어느새 냉정함을 되찾은 뒤였다.

"편집장님께 전화 좀 부탁드린다고 전해주세요. 배상 문제는 그때 결정하도록 하죠."

그리고는 어딘가에 전화를 걸면서 극장 문을 나섰다. 그렇게 필름을 빼앗기는 했지만 자신과 여자 친구의 사진이 함께 공개되는 것까지는 막지 못했다. 그가 화를 내고 있을 때, 다른 사진기자가 두 사람의 모습을 카메라에 담은 것이었다. 이들의 사진이 실린 잡지는 발행되기가 무섭게 팔려 나갔고, 홍콩 사람들 사이에서는 이택해가 여자 친구를 또 갈아치웠다는 얘기로 떠들썩했다.

그들이 공개적으로 데이트를 즐기기 시작한 지 얼마 지나지 않아 개림은 '영과'를 떠났다. 두 사람이 한 회사에서 일한다는 것이 아무래도 불편했기 때문이다. 지금 그녀는 홍콩 대학에서 두 번째 학위를 얻기 위해 공부에 열중하고 있다.

전해지는 바에 의하면, 이택해는 개림과 함께 몇 차례 석오에 있는 '미래의 보금자리'를 둘러보았다고 한다

지금은 미국의 서부 스타일을 모방하여 건물 전체를 목재 위주로 설계하고 있는데, 건축 설계비만 9천만 홍콩달러가 들었다고 한다. 이쯤 되면 이택해의 새 주택은 홍콩에서 제일 비싼 '통나무 집'이 될 것이다.

개림이 과연 이 통나무 집을 좋아할까? 대답은 비교적 긍적적이다. 하지만 과연 그녀가 이 통나무 집의 안주인이 될 수 있을까?

이익을 중시하고
정을 가볍게 여긴다

호설암 어록

"여자가 아무리 좋다 해도 돈보다 중요하진 않다. 돈만 있으면 모든 것을 가질 수 있고, 그렇기 때문에 장사의 세계에서는 무엇보다도 돈을 중시한다. 아무리 용모가 뛰어나다 하더라도 주머니에 돈이 없다면 사람들에게 환영받지 못할 것이다. 불교에서는 나를 잊고, 생각을 잊고, 아내를 잊고, 자식을 잊어야 비로소 부처가 될 수 있다고 말한다. 속인들이야 색을 보면 정욕이 발동하게 되고, 돈을 보면 눈이 휘둥그레져 그냥 지나치지 못하는데 어떻게 성불할 수 있겠는가? 나 호설암은 오로지 일에만 가치를 두기 때문에 돈과 여자 따위는 얼마든지 웃으면서 다른 사람에게 넘길 수 있다. 모름지기 이래야만 사람들과 즐겁게 사귈 수 있고 사업도 크게 번창할 수 있는 것이다."

사람과 즐겁게 지내는 것은 정도다

호설암은 '장사의 신'이었던 동시에 '애정의 성인'이었다. 상인으로서의 충분한 자질을 갖추고 있는 사람들도 많고, 스스로 다정함을 지니고 태어났다고 생각하는 사람도 많지만, 상인으로서의 기질과 배짱을 애정과 결합시킨 인물은 오로지 호설암 한 사람뿐일 것이다.

호설암은 이춘원怡春院에서 술을 마시다가 우연히 '손반천孫半天'이라 불리는 하북 '항림 화잔貨棧'의 주인 손명륜孫明倫을 만나게 되었다. 이는 호설암으로서는 매우 흥분되는 일이었다.

부강 전장의 세력은 이미 동남지방에까지 확장되어 최근에는 호남, 장사지방에 분점을 개설할 만큼 그 세력이 무척 두터워졌다. 하지만 자금력으로 따지자면 호설암은 아직 '손반천'에 훨씬 못 미쳤고 그 세력도 그저 소주지역에 국한되는 셈이었다. '중국'의 거상이 되려면 사업을 좀더 확장시켜 북쪽으로 발전해 가야 했다.

북방지역인 북경과 하북지방은 재원이 집중되어 있는 곳으로 관리들도 구름처럼 많았다. 또 조정이 버티고 있는 곳이라 새로운 소식을 신속하고 쉽게 얻을 수 있었고 관리들과 좋은 관계를 맺어 유지하기만 하면 장사의 기회도 무궁무진했다. 때문에 호설암은 북쪽의 하북지방으로 전장사업을 확장시킬 방법을 찾느라 노심초사하고 있었다.

그러나 북방의 상장에는 수많은 강적들이 자신들의 지역을 확고히 지키고 있는 상태라 남방 상인들이 치고 들어가기가 보통 어려운 것이 아니었다. 하지만 손반천은 하북지방의 토호로서 그 기반이 탄탄하고 친족들도 많았기 때문에 그와 좋은 유대관계를 맺는다면 그 이득은 말로 다할 수 없었다.

　호설암은 술잔을 기울이면서 손명륜에게 접근해 합작의 기회를 도모하기로 마음먹었다. 손명륜도 오래 전부터 호설암의 명성을 익히 들어온 터라 이렇게 우연한 자리에서 만나게 되자 더할 나위 없이 기뻤다. 술이 얼큰해지고 두 사람 사이에 주고받는 말수가 많아지면서 손명륜은 자신의 사업과 행적에 대해 거리낌 없이 털어놓기 시작했다. 알고 보니 그는 은자 백만 냥을 투자하는 대규모 사업 문제로 급히 자금을 준비해야 할 상황이었다. 만약 자금을 기한 내에 준비하지 못하면 이번 사업은 수포로 돌아갈 판이었다. 호설암은 손명륜의 고민을 알아차리고는 마음속으로 앞으로 펼쳐야 할 목표와 계획을 정리해 보았다.

　'이 친구는 여색을 좋아한다. 은자 백만 냥이 드는 사업이라면 그 이익을 반씩 나누더라도 20여만 냥의 수입이 있게 된다. 적은 돈이 아니니 다른 사람에게 빼앗기기에는 너무 아깝지. 만일……'

　여기까지 생각이 미치자 호설암은 태연한 표정으로 넌지시 말을 꺼냈다.

　"사실 이곳에 미인들이 많다고는 하지만 항주 미녀에는 견줄 수 없지요."

　이 말에 손명륜은 색심이 발동하여 호설암에게 함께 항주에 가자고 청했다. 두 사람은 다음 날 당장 떠나기로 결정했다. 이춘원을 떠나 숙소로 돌아온 호설암은 심복을 하나 불러 은밀히 무언가를 지시했고, 심복은 그날로 배를 타고 항주로 돌아갔다.

　다음 날, 손명륜은 약속대로 나루터로 나와 호설암과 함께 배에 올랐다. 호설암은 사업 얘기는 꺼내지 않고 몇몇 부하들과 함께 노름판를 벌인 다음, 손명륜에게 돈을 잃어주면서 시간을 보냈다. 손명륜은 돈을 따는 기쁨에 시간 가는 줄 몰랐고 그러는 사이에 배는 어느새 항주에 도착해 있었다. 일행은 곧장 호설암의 집으로 향했다.

손명륜은 호설암의 집을 처음 방문하는 터라 도중에 몇 가지 선물을 준비했다. 호설암은 손명륜을 한집안 식구처럼 친근하게 맞이한다는 생각으로 부인과 딸을 불러 손명륜에게 소개했다. 당시 중국인들의 관례에 따르면 손님에게 가족들을 소개시키는 일은 아주 드문 일이라 호설암의 이런 행동에 손명륜은 큰감동을 받게 되었다. 호부인이 객청에 나와 먼저 인사를 하자 손명륜도 얼굴을 붉히며 황망히 예를 갖춰 답례했다. 호부인의 뒤에는 두 딸인 하화荷花와 하주荷珠가 서 있었다. 두 딸도 앞으로 한 걸음 나서 그를 '손 아저씨!'라 부르며 인사를 올렸다.

순간 손명륜은 잠시 마법에 걸린 것처럼 눈동자조차 움직이지 않았다. 호설암의 두 딸은 언니가 열여섯, 동생이 열네 살로 모두 아름답고 청아하며 귀여운 용모를 갖추고 있었다. 마치 두 송이의 부용꽃 같았다. 언니 하화는 피부가 백옥 같고 사람을 취하게 하는 독특한 향기를 지니고 있었으며, 특히 반짝이는 큰눈이 마치 맑은 호수 같았다. 앵두 같은 입에서 나오는 목소리도 꾀꼬리가 지저귀는 듯했다.

'내가 수많은 여자들을 만나봤지만, 천하에 이런 미인이 있을 줄은 몰랐네!'

손명륜은 속으로 감탄을 금치 못했다. 가족들은 손님에게 인사를 한 다음 모두 후원으로 돌아갔다. 손명륜은 아직도 꿈에서 깨어나지 못한 것처럼 멍하니 선 채로 한참 동안 몸을 돌리지 않고 후원 쪽을 바라보고 있었다. 호설암이 가볍게 헛기침을 하자 손명륜은 그제야 표정을 거두면서 웃는 얼굴로 말했다.

"가족들이 이처럼 아름다워 보는 사람의 마음을 움직이니, 호 선생께서는 정말 복도 많으십니다!"

손명륜은 이미 서른이 넘었지만 아직 장가를 가지 못하고 있었다. 어렸을 때부터 집안 어른들끼리 정해놓은 혼처가 있었지만 성인이 된 후에 여자가 병으로 세상을 떠나고 만 것이다. 점쟁이는 손명륜의 사주팔자를 보더니 아내를 늦게 맞아들이는 것이 신상에 좋을 거라고 충고했다. 그가 이 여자 저 여자에게 정을 주면서 여색 행각을 벌이는 동안에도 집안에서는 아무도 그를 말리지 않았고, 결국 지금까지 혼사를 치르지 못하고 있었다. 호설암도 이런 사실을 이미 잘 알고 있었다.

호설암은 그의 의중을 모르는 척하면서 화제를 다른 곳으로 돌려 한동안 얘기를 주고받다가 손명륜에게 거처를 마련해준 다음, 다시 후원으로 가서 부인을 만났다.

부인은 남편이 친구를 사귀는 데 신중하지 않고, 예의를 모르는 사람을 데려 왔다고 책망했다. 하지만 호설암은 그녀의 잔소리에 조금도 아랑곳하지 않았다. 지금 그의 머릿속에는 손명륜을 잘 대접해 주면서 시간을 끌다가 적절한 시기에 혼담을 꺼내는 계산뿐이었다. 그러면 손명륜의 사업은 자신에게 넘어올 게 분명했다.

며칠 동안 손명륜은 호설암의 안내로 서호의 산수를 유람하고 백제白提 위를 거닐면서 유쾌한 시간들을 보냈다. 밤이면 유곽에서 주색을 즐기다가 밤이 깊어서야 집으로 돌아오곤 했다. 그럴수록 호설암은 그의 환심을 사기 위해 더욱 더 많은 공을 들였다.

어느 날, 두 사람은 또 취춘원에 가서 술을 마시다가 손명륜이 호설암을 다시 미유루로 데리고 가서 술을 사며 그의 호의에 대한 감사의 뜻을 전했다. 호설암은 그를 데리고 누각에 올라 서호 쪽에 자리를 잡았다. 창가에 기대어 먼 곳을 바라보니 호수가 빛나고 산은 짙은 푸른 빛을 띠어 경치가 그만이었다. 손명륜이 감탄하여 말했다.

"하늘에는 천당이 있고, 땅에는 소주와 항주가 있다더니, 그 말이 거짓이 아니었군요! 제가 보기엔 항주가 천당보다 열 배는 더 아름다운 것 같습니다."

"명륜 형께서는 아직 큰 사업이 남아 있어 일이 많으실 텐데 어째서 산수에 현혹되어 북쪽으로 돌아가실 생각을 안 하시는 겁니까?"

그의 의중을 떠보기 위해 호설암이 슬그머니 던진 말이었다.

"제가 왜 북쪽으로 떠날 생각을 안 했겠습니까? 단지 이곳에 절세가인이 있는데도 인연이 닿질 않아 사귈 수가 없으니 차마 발길이 떨어지지 않는 것뿐이지요!"

손명륜은 탄식하듯 대답했다.

"어느 집 아가씨가 그렇게 아름답기에 명륜 형의 마음을 송두리째 빼앗아 갔단 말입니까? 제게 말씀해주시면 어떻게든 손을 써서 일을 성사시키도록 하겠습니다."

하지만 손명륜은 주저주저하며 말을 꺼내지 못했다. 호설암은 이미 그의 마음을 훤히 읽고 있으면서도 짐짓 모르는 척하며 말을 이었다.

"항주 아가씨들은 체면을 매우 중시합니다. 명륜 형께서 마음에 두고 계시는 규수가 있다면 서문西門의 마봉교麻蓬橋 아래 있는 매파 이씨를 찾아가 부탁하시면 됩니다. 그 사람에게 일을 맡기면 틀림없이 항주 사람의 사위가 될 수 있을 겁니다. 이 여자는 말재주가 뛰어날 뿐만 아니라 항주의 고위관리들이나 부호들의 중매를 거의 독점하고 있고, 항주 귀족들의 여식에 대해서는 생일이 언제인지, 어느 집안의 여식이 아직 시집을 안 갔는지를 훤히 꿰뚫고 있지요. 명륜 형께서 은자 몇 푼 집어 주시면 적극적으로 나서서 일을 성사시켜줄 겁니다."

호설암의 설명에 손명륜은 흔쾌히 그렇게 하겠다고 대답했다. 그리고는 중요한 일이 있다며 서둘러 자리를 떠났다. 호설암은 그가 가마를 타고 서둘러 마봉교 쪽으로 향하는 모습을 보고는 웃음을 참지 못했다.

과연 두 시간이 못 되어서 매파가 호설암의 집을 찾아와 혼담을 꺼냈다. 호설암의 부인은 어찌된 영문인지 몰라 주저하면서 선뜻 허락하려 하지 않았다. 매파는 틈을 주지 않고 손명륜이 보냈다면서 선물 보따리를 풀어놓았다. 보따리 안에는 금 원보元寶가 50개에 비단 백 필, 상등품 소흥 황주黃酒 항아리가 들어 있었다. 과연 부호답게 손이 컸다. 호설암의 부인은 선물을 보더니 입이 딱 벌어져 더 이상 말을 잇지 못했다.

모든 일은 호설암의 계획대로 순조롭게 진행되었다. 양측은 손명륜이 외지에 있고 혼자의 몸이란 점을 감안하여 복잡한 형식은 피하고 간소하게 혼례를 치르기로 합의했고, 이리 하여 손명륜과 호설암의 딸 하화는 혼례를 치르게 되었다.

혼례를 치른 뒤 사흘째 되던 날, 호설암은 시간을 내서 손명륜을

---

* 원보元寶 _ 고대 화폐의 일종

서재로 불렀다. 이제 두 사람은 장인과 사위의 관계가 된 만큼, 더 이상 호형호제할 필요가 없었다. 손명륜이 공손하게 물었다.

"장인어른, 무슨 일로 절 찾으셨는지요?"

"자네가 오랫동안 돌아가지 않고 있는데, 준비하던 사업은 지금 어떻게 되어 가고 있나?"

"원래 열흘 내에 은자를 지급하기로 했는데, 시간이 지났으니 사업도 자연히 없던 일이 되어버렸지요."

"우리는 이제 장인과 사위 사이가 되었으니, 내가 그 일을 한번 맡아서 해 보면 어떻겠나?"

호설암의 조심스런 질문에 손명륜은 망설임 없이 흔쾌히 대답했다.

"저야 나쁠 게 없지요. 장인어른께서 북쪽에 뜻을 두시고 사업의 발전을 꾀하신다면 저도 모든 노력을 아끼지 않겠습니다."

이리하여 부강 전장은 북경과 천진으로 진출하게 되었고, 북방 지역에 여러 개의 지점을 개설하게 되었다. 아울러 부강의 은표가 북경의 고위관리들과 유명 인사들 사이에서 유통되면서 부강은 일약 중국의 일류 전장으로 비상하게 되었다.

"상인은 이익을 중시하고 이별의 정을 가볍게 여긴다."는 말처럼 오로지 상인이기를 고집했던 호설암의 행위는 사람의 감탄을 자아내기에 충분하다.

호설암의 봉건적 사상

관리든 상인이든 남녀관계에 따르는 유희를 피하기 힘들다는 것은 사실이지만, 그 방법이나 공력功力에 있어서는 사람마다 다를 수 있다. 차라리 꽃 한 송이를 버릴지언정 만금을 버릴 수는 없다는 것이 호설암의 생각이었다. 호설암은 어디까지나 순수한 상인으로서 실질적인 이익을 중시했다. 그의 눈에는 아무리 훌륭하고 아름다운 여자라 하더라도 사업의 이익만큼 중요하진 않았다.

호설암은 철저하게 상인의 시각에서 버릴 것은 버리고 얻을 것은 얻었다. 비록 그 과정에 주저하거나 망설일 때도 적지 않았지만 결국엔 어금니를 악물고 마음을 독하게 먹었다. 그가 자신의 딸을 자신과 비슷한 연배인 부호 손반천에게 시집보낸 것은 실로 평범한 사람들이 하기 어려운 행동이었다.

호설암의 이러한 행동은 대단히 박정한 처사임에 틀림없지만 장기적인 이익을 위해 엄청난 마음의 고통을 감수하면서 정을 끊었던 것이다. 호설암이 여성을 하나의 상품으로 여기는 봉건적 사상을 갖고 있었기 때문에 자신의 딸을 노총각 부호에게 시집보낸 것이라고 말할 수도 있다. 하지만 호설암이 그렇게 하지 않았다면 청대의 위대한 상인 호설암은 존재하지 않았을 것이고, 후세 사람들도 그의 '상경'을 연구할 필요가 없었을 것이다.

상경에서 배우는 경영 정신

꽃 한 송이를 버릴지언정 만금을 버릴 수는 없다

세상에는 호설암처럼 '정에 야박한 사람'도 있고, 영국의 윈저 공처럼 나라는 사랑하지 않아도 미인은 사랑할 정도로 '정이 많은 사람'도 있다. 갖가지 음식들이 저마다 다른 맛을 내는 것처럼 사람들은 자신의 가치관에 따라 얼마든지 애정과 사업의 선후가 달라질 수 있다. 비록 호설암의 행적에 여러 가지 논쟁이 붙기는 하지만, 사업을 우선으로 여기는 사람들의 경우에는 호설암의 처신에 대해 깊이 생각해 볼 필요가 있다.

자고로 여색을 탐하다 나라를 망친 사람들은 무수히 많았다. 서한의 매승枚乘은 「칠발七發」이라는 제목의 시에서 "가지런한 이와 아름다운 눈썹은 생명을 찍는 도끼이다."라고 하여 여색의 폐해를 지적했고, 또 "월나라의 미녀가 앞에서 시중을 들고 제나라 여인이 뒤에서 맞으니 매일 연회가 끊이질 않고 알게 모르게 방종하게 되니, 이는 독약을 맛있는 음식인양 먹는 것과 같고 맹수의 이빨 안에서 즐겁게 노는 것과 같다."라고 하여 여색을 독약이나 맹수에 비유하기도 했다.

당나라 현종 4년, 원래 촉주蜀州의 사마였던 양현염楊玄琰의 수

양딸 양태진楊太眞이 귀비로 봉해졌다. 현종이 며느리인 그녀를 총애하여 자신의 후궁으로 들인 것이었다. 그 뒤로 현종은 양귀비를 기쁘게 하기 위해 엄청난 인력과 물자를 소진했다. 심지어 특별히 남방으로 사람을 보내 그녀가 좋아하는 신선한 여지를 계속 조달하게 하기도 했다.

현종이 양귀비의 미색에 빠져 조정을 돌보지 않게 되자, 태평성대를 이룩했던 치적도 점차 쇠락하기 시작했고, 융성했던 당 왕조 전체가 종말을 향해 치닫게 되었다. 그러다가 천보天寶 4년, 마침내 안록산安祿山이 반란을 일으켜 장안을 함락시키고 말았다.

역사가 우리에게 주는 교훈은 실로 깊고 크다. 이처럼 여색을 참지 못하는 결과는 나라를 멸망케 하기도 하는 것이다.

춘신군春申君은 춘추전국시대 4대 공자 가운데 한 명으로 초나라의 귀족이었다. 고열왕考烈王이 즉위하자 초나라의 국윤國尹이 된 그는 고열왕 15년에 회북淮北 지역 12개 현의 봉지를 떠나 오나라로 봉지를 옮기면서 춘신군으로 불리게 되었다.

고열왕이 왕위에 오른 후에도 몇 년째 후사가 없자 춘신군은 항상 이 일을 염려하였다. 왕위를 계승할 태자가 없을 경우 후계자 자리를 놓고 처절한 분쟁과 암투가 벌어질 게 불 보듯 뻔했기 때문이다.

이때, 조나라 사람인 이원李園이 여동생을 데리고 초나라에 왔다. 여동생을 초왕에게 바칠 생각이었다. 하지만 그는 고열왕이 아이를 못 낳는다는 소식을 듣자 망설이기 시작했다. 자신의 여동생이 오랫동안 아이를 낳지 못하면 초왕의 총애를 잃게 될 것이고, 그렇게 되면 왕의 삼촌이라는 신분을 이용해 편안하게 살아 보려던 자신의 계획은 수포로 돌아가기 때문이었다. 이원은 고심 끝에 춘신군을 이용하기로 결정하고 그의 문하에 들어가 식객이 되었다.

　얼마 후 이원은 가족들을 핑계로 며칠간의 말미를 얻어 고향으로 돌아간 뒤 고의로 기한을 넘겼다. 춘신군은 이원에게 왜 제때에 돌아오지 않았는지 물었고, 이원은 제나라 왕이 사절을 보내 자신의 여동생을 초대하여 제나라의 사절을 접대하느라 늦었다고 거짓으로 둘러댔다. 우회적으로 자기 여동생의 존재를 춘신군에 알리려는 생각이었다.

　춘신군은 이원의 이런 속셈을 모른 채, 이원의 여동생을 만나 보려 했다. 이원은 또 다시 짐짓 집으로 돌아가는 척하며 밖에서 며칠을 지낸 뒤에 여동생을 데려다 춘신군과 만나게 했다. 춘신군은 이원의 여동생을 보고는 그 자리에서 자신의 첩으로 삼았고 이원의 여동생은 오래지 않아 아이를 갖게 되었다. 이원은 계속 자신의 음모를 진행시키기 위해 여동생을 시켜 춘신군에게 이렇게 말했다.

　"고열왕에게 계속 후사가 생기지 않을 경우엔 왕위를 형제에게 넘기게 될 것이 분명합니다. 대인께선 초나라에서 영윤의 자리에 있고 20여 년째 대권을 쥐고 있기 때문에 고열왕의 형제들이 대인을 시기할 것이 뻔합니다. 따라서 고열왕의 형제들 가운데 한 사람이 왕위를 계승하게 되면 대인께서는 앞으로 지금과 같은 부귀를 보장받지 못할 것이며, 심지어는 큰 화를 입게 될지도 모릅니다. 지금 제가 대인의 아이를 가졌지만 대인 곁으로 온 지 얼마 안 됐기 때문에 대부분의 사람들은 저의 존재를 알지 못합니다. 그러니 대인께서는 초왕과의 친밀한 관계를 이용해서 저를 초왕에게 바치세요. 고열왕도 필시 저를 총애하실 겁니다. 제 뱃속의 아이는 바로 대인의 아이지만 앞으로 고열왕의 태자가 되어 왕위를 계승하여 초나라 왕이 될 것입니다. 대인의 아들이 초나라의 왕이 되면, 대인께서는 곧 군왕의 부친이 될 터이니 더 이상 누구를 두려워하겠습니까?"

얘기를 다 듣고 나서 춘신군은 고개를 끄덕이며 그녀의 말에 따랐다. 춘신군은 먼저 이원의 여동생의 거처를 옮겨 한동안 혼자 지내게 한 다음 적당한 기회를 잡아 고열왕에게 그녀를 바쳤다. 고열왕은 매우 기뻐하며 그녀를 당장 후궁으로 받아들였다. 얼마 안 되어 그녀는 아이를 낳았고 자연스럽게 왕후가 되었다. 새로 태어난 아이는 곧바로 태자로 봉해졌다. 그녀는 왕후가 된 후에도 고열왕의 총애를 받으면서 왕실의 모든 일에 관여하게 되었다.

이원이 이런 음모를 추진한 궁극적인 목적은 초나라의 왕위를 이어받아 대권을 장악하기 위한 것이었다. 그리고 이런 흑막을 아는 사람은 그의 여동생과 춘신군 두 사람뿐이었다. 하지만 가장 위협적인 인물 역시 춘신군이었다. 장차 초왕이 될 사람이 바로 춘신군의 친자식이기 때문이었다. 이원은 비밀리에 자객을 불러 춘신군을 암살함으로써 사전에 화근을 없애기로 마음먹었다.

고열왕이 병상에 누운 지 얼마 안 돼 세상을 떠나자 초나라 조정에서는 애도의 분위기 속에서도 권력을 향한 암투가 본격적으로 전개되기 시작했다. 초왕이 죽자 가장 먼저 궁궐을 장악한 사람은 이원이었다.

그는 심복들을 궁성에 매복시키고 문상하러 들어오는 춘신군을 기다렸다. 춘신군이 궁 안으로 들어오자마자 이원의 부하들이 그를 칼로 찌르고 목을 베어 성 밖에 버렸다. 아울러 화근을 완전히 제거하기 위해 춘신군 일가를 몰살했다.

춘신군의 이처럼 비참한 죽음은 가무와 여색을 참지 못한 결과였다. 애당초 이원의 여동생을 탐하지 않았더라면 어떻게 이원의 계략에 속아 함정에 빠질 수 있었겠는가?

후한 시기에 일세를 풍미했던 동탁도 여자 하나를 놓고 여포와 반목하다가 결국 비참한 죽음을 맞이했다. 사도 왕윤이 초선을 바쳐 동탁을 주살한 것이었다. 왕윤이 동탁과 여포의 약점을 정확히 알고서 과감하게 일을 실행했고, 결국 성공을 거둘 수 있었다.

이처럼 미인계는 백발백중의 효과를 지닌다. 호설암이 딸을 손반천에게 시집보낸 것도 비즈니스 세계의 박정함을 상징하는 또 하나의 미인계였던 셈이다.

사람은 왜
정을 나누려고 하는가

호설암 어록

"양심이 없는 사내들도 많다. 눈에 보이는 대로 사랑을 하고, 사랑이 시들면 가차 없이 차버린다. 하지만 여자들은 그렇지 않다. 이리저리 마음이 떠다니다가도 의지할 곳이 생기면 단단히 묶이게 되고, 심지어 매듭까지 생겨 아무리 풀려고 해도 풀수가 없다. 나는 늘 이런 생각을 했다. '사람들은 왜 다른 사람과 정을 나누려 할까?' 사람에게 감정이란 것이 없다면 상대를 위해 목숨을 걸 필요가 없을 것이다. 이런 생각으로 나는 또 스스로에게 말하곤 했다. '나중에 마음이 좀 안정되면 모든 사람을 냉정한 태도로 대해야겠다. 일을 하면서 감정만 내세워서는 안 되고, 반드시 이익과 손해를 따져야 한다. 어디까지나 일은 일이고 감정은 감정이지, 이 두 가지가 함부로 섞여선 안 된다.' 그러나 나중엔 생각이 바뀌었다. '그래도 사람은 감정을 지녀야 하고, 때로는 이를 위해 벌을 받거나 심지어 목숨을 내놓을 수도 있어야 한다.' 나는 관직도 바라지 않고 명예도 원치 않는다. 나는 단지 이익을 추구하고 마음에 맞는 아내를 맞이하여 한 세상 즐겁게 지내다 가고 싶을 뿐이다. 삶이란 이런 것만으로도 충분하지 않은가!"

호설암이 만난 여자

호설암은 수많은 여인들을 만났다. 어떤 여인은 하늘거리는 걸음걸이에 짙은 화장을 한 채 요염한 자태로 그를 유혹하기도 했고, 어떤 여인은 귀찮을 정도로 달려들거나 치근덕거리기도 했다. 두 가지 모두 저속하기 그지없었다. 하지만 그가 전당강 기슭의 취요대醉瑤臺 주점에서 만난 여자 요리사는 완전히 다른 모습이었다.

호설암은 그녀의 모습을 얼핏 보았을 뿐인데도 마음에 화살이 날아와 꽂힌 듯이 가슴이 쿵쿵 뛰고 정신이 몽롱해지는 것을 느낄 수 있었다. 술집 주인의 설명을 들어보니 그녀의 이름은 취환翠環이고 조상은 일찍이 가경嘉慶 연간에 궁중 주방장을 지낸 유명 요리사였다고 했다. 취환은 이런 집안의 영향을 받아 마침내 항주 최고의 요리사가 되었던 것이다. 그녀가 만든 '동파주자東坡肘子'란 음식은 당시의 대장군인 증국번에게서 극찬을 받았다고 했다.

호설암은 자신의 날카로운 안목으로 취환이 평범한 여자가 아님을 한눈에 알아봤다. 그는 여자가 얼굴만 예쁘고 머리가 비어 있으면 남자들의 노리개밖에 될 수 없지만, 아름다운 용모에다가 총명함과 어느 정도의 능력을 갖추고 있다면 이른바 '재색을 겸비한 여인'으로서 남자가 하는 사업을 얼마든지 도울 수도 있다고 생각했다.

호설암의 아내는 능력과 재주는 괜찮았지만 대범하거나 사교적이질 못해 손님 접대는 능숙하지 못했다. 때문에 호설암은 손님을 접대하는 자리에 아내를 좀처럼 불러내지 않았다. 성공한 상인으로서 안에서 뒷받침 해주는 현모양처가 없다는 것은 매우 유감스러운 일이 아닐 수 없었다. 하는 수 없이 호설암은 기생집을 드나들면서 정을 주고받았지만, 진정으로 고민을 함께 할 사람이 없어서 마음속으로 항상 외로움을 느끼고 있었다.

때문에 취환을 만난 것이 호설암으로서는 대단히 흥분되는 일이었다. 취환은 궁중 요리사의 후예인 만큼, 요리뿐 아니라 집안일도 잘 이끌어나갈 것이 분명했다. 만일 이런 여자를 맞아들여 집안일을 맡긴다면 일에 대한 걱정을 크게 덜 수 있을 것 같았다.

호설암은 취환을 맞아들이기로 마음먹은 다음부터, 매일 취요대 주점에 가서 꼭 '동파주자'를 시키되 취환이 직접 만들도록 했고, 먹고 난 후에는 따로 넉넉한 수고비를 주었다.

어느 날, 호설암이 취요대에서 밥을 먹고 여느 때처럼 취환에게 수고비를 주기 위해 기다리고 있을 때였다. 식탁 앞으로 다가온 그녀에게 호설암이 돈을 주려 하자 그녀가 먼저 두루마리 종이 하나를 꺼내 호설암에게 건네는 것이었다.

펼쳐 보니 만복교萬福橋 일대의 토지 백여 무를 샀다는 토지 매매 계약서였다. 호설암은 만복교가 그다지 번화한 곳은 아니지만 전당강과 인접해 있어 서양 물산이 중국에 들어오기 시작하면 머지않아 아주 번화한 거리가 될 것이라고 예측하고 있었다. 그리고 그때가 되면 땅값이 크게 올라 큰 돈을 벌 수 있으리라는 것이 그의 판단이었다. 호설암은 속으로 놀라지 않을 수 없었다.

'일개 아녀자가 사업에 대한 안목이 나보다도 뛰어나다니! 정말 보기 드문 일이로구나!'

그는 눈앞에 서 있는 취환을 한참 동안 바라보다가 천천히 입을 열었다.

"취환에게 이렇게 훌륭한 계획이 있을 줄은 정말 몰랐소. 이건 내가 이미 취환에게 준 은자로 산 것인데 어찌 다시 돌려받을 수 있겠소? 이 땅은 이제 취환의 것이오."

그러자 취환은 정색을 하고 말을 받았다.

"저와 호 대인은 서로 친척도 아니고 연고가 있는 사이도 아닙니다. 그런데도 이렇게 많은 은자를 제게 아낌없이 주셨습니다. 이런 식으로 사치하고 낭비하다간 금산金山을 하나 갖고 있다 하더라도 금세 바닥나고 말 것입니다. 그리고 그때 가서는 후회해도 돌이킬 방법이 없지요."

취환은 말을 마치고는 곧장 자리에서 물러갔다. 혼자 남은 호설암은 식탁 옆에 선 채 아무 말도 할 수 없었다.

이 일이 있은 후로, 그는 취환에 대한 마음을 더욱 굳히게 되었다. 호설암은 취요대 주점으로 사람을 보내 주인장에게 취환을 자신에게 중매해 달라고 부탁했다. 주인장은 대재산가인 호설암의 속내를 알게 되자 기쁨을 감추지 못했다. 항주성 안에서 재력이 넉넉하고 성격이 호방하기로 유명한 호설암을 자신이 붙잡고 매달려도 아쉽지 않을 터인데 어찌 이런 부탁을 거절할 수 있겠는가?

취환의 본가는 원래 북경에 있었다. 그녀의 부친은 공왕부共王府에서 요리사로 있었는데 어쩌다가 독버섯을 잘못 요리하는 바람에 공친왕이 음식을 먹고 중독된 일이 있었다. 이 일로 인해 부친은 살인미수 혐의로 흑룡강 휘춘揮春으로 쫓겨나 그곳에서 세상을 떠났다. 그후 취환은 남방으로 내려와 살길을 찾다가 취요대 주점에서 요리사로 일하게 되었는데 어느새 10년이란 세월이 흘러버린 것이었다.

그녀는 용모가 아름다운 데다가 성격도 강직하여 수많은 부잣

집 자제들이 그녀를 아내로 맞이하려고 덤벼들었으나 모두들 일언지하에 거절당하고 말았다. 주인은 이처럼 허영을 싫어하는 그녀의 성격과 요리사로서의 재능이 마음에 들어 그녀를 수양딸로 삼아 데리고 있었다. 호설암의 부탁을 받은 주인장은 적당한 기회에 조용히 취환을 불러 진지한 어투로 호설암의 마음을 전했다.

"제가 호 대인께 시집을 간다면 반드시 정실부인이어야 합니다. 첩실로 들어가는 건 싫어요."

취환은 단호하게 잘라 말했다. 주인의 얘기를 전해 들은 호설암은 실망할 수밖에 없었다. 지금의 부인은 부모님들이 중매인을 통해 정식으로 맞아들인 본부인이라 그녀와 이혼하려면 연로하신 모친이 절대로 동의하지 않을 뿐 아니라, 불효자의 오명을 벗을 수 없기 때문이었다.

게다가 호설암의 부인은 비록 현모양처는 아니지만 부인의 법도를 잘 지키고 있고 이렇다 할 실수도 없어 훌륭한 조강지처라 하기에 충분했다. 조강지처는 절대로 내쫓지 못한다는 법도를 어기면서까지 아내를 버린다면 사람들의 웃음거리가 될 것이 불 보듯 뻔했고, 그 이후로는 관장에서 사람 구실을 하기도 어려웠다. 아무리 생각해 보아도 아내를 버린다는 것은 절대 안 될 일이었고, 따라서 취환의 요구를 들어주는 것도 불가능했다.

하지만 그는 취환을 포기하고 싶지 않았다. 오랜 세월 기다려 어렵게 만난 여자인데다가 일단 집안으로 들이기만 하면 뛰어난 지혜와 능력으로 남편을 크게 도울 팔자를 타고 난 여자인데 어찌 쉽게 포기할 수 있겠는가?

호설암은 취환이 자신의 남은 인생을 사는 동안 사업의 발전에 누구보다도 큰 도움을 줄 유능한 조력자라고 생각했다. 이 세상에 부부 이외에 믿을 만한 사람이 몇이나 되겠는가? 호설암은 어떻게 해서든지 취환을 반드시 자신의 사람으로 만들고 말겠다고 다짐했다.

그러나 자신의 뜻을 제대로 이룰 수 없었던 호설암은 밥도 제대로 넘어가지 않았고 취환을 생각하면서 수많은 밤들을 불면으로 지새워야 했다. 이토록 뾰족한 해결책이 없는 난감한 상황은 난생 처음이라 속절없이 애간장만 태우고 있었다. 그러다가 이런 속사정을 전세춘田世春에게 들키고 말았다. 그는 자신을 '호설암의 뱃속에 든 회충'이라 자칭하면서 호설암의 모든 걱정거리를 금방 알아채 해결책을 제시하곤 했다.

전세춘이 호설암에게 말했다.

"왜 이런 일은 갖고 걱정을 하십니까? 남자가 첩실을 들이려 할 때는 처와 첩이 서로 잘 지내지 못해 집안이 어지러워질까 두려워하여 걱정이 끊이지 않게 마련이지요. 하지만 집 밖에 새로 사택을 한 채 사서 따로 살림을 차린 다음, 모든 것을 정부인과 똑같은 수준으로 대해주기만 하면 첩도 정실부인과 다를 게 없을 겁니다. 이를 일컬어 '양두대兩頭大'라 하는데, 이런 식으로 처와 첩이 서로 마주치지만 않는다면 세 사람 모두 아무 일 없이 평화롭게 지낼 수 있는 겁니다."

호설암은 전세춘의 말을 듣고는 희색이 만연하여 손바닥으로 무릎을 쳤다. 전세춘이 제시한 방법은 일종의 중혼重婚에 해당하는 것으로 청대에는 아직 금기시 되지 않았었다. 호설암은 그가 제시한 방식대로 취환을 아내로 맞기로 결정했다.

취환도 사실은 호설암을 사모하고 있었지만 자신의 미래를 위해 보다 떳떳한 지위를 차지하고 싶었을 뿐이었다. 사리에 밝은 그녀는 호설암이 양보하는데 자기 생각만 고집해서는 안 된다는 것을 잘 알고 있었다. 결국 그녀는 호설암의 제의를 받아들이면서 흑룡강에 있는 아버지의 무덤을 북경으로 옮겨 달라는 요구를 덧붙였다. 그러자 호설암은 한술 더 떠서 북경의 공왕부로 사람을 보내 여러 관리들에게 뇌물을 써서 공친왕이 취환의 아버지에 대해 가졌던 좋은 기억들을 회상하게 하고, 조정에 과거의 잘못된 처분을 바로잡아 달라는 상서를 올려 궁정 요리사의 신분을 회복시켜주었다.

취환은 호설암의 이 같은 처사에 크게 감동하여 온 마음을 그에게 쏟기 시작했다. 호설암은 항주성 외곽 한적한 지역에 멋진 사택을 하나 지었다. 두 사람을 위한 새 보금자리는 그 화려함이 북경에 있는 황족들의 저택 못지않았다.

호설암은 그녀의 고운 자태와 빼어난 말솜씨, 그리고 사람이나 사물을 대하는 시원시원한 태도 등 모든 것이 마음에 들고 흡족하기만 했다. 그는 종종 손님들을 접대하는 자리에 취환을 대동하곤 했다. 그럴 때면 그녀를 자기의 부인이라고 소개했기 때문에 사람들은 모두 그녀를 '호부인' 이라 불렀다.

항주에 있는 호부인도 두 딸을 낳아주었지만 아직 아들을 낳지 못했다는 자격지심에 호설암의 '양두대' 에 말 한 마디 없이 묵인하고 말았다. 훗날 취환은 호씨 가문의 진정한 여주인이 되었고, 남편의 속마음을 잘 이해하여 열두 명의 첩을 거느릴 수 있게 해주었다. 호설암은 그녀의 이러한 넉넉함에 항상 감동하지 않을 수 없었다. 호설암의 사업도 취환의 도움으로 나날이 번창해 갔다.

남을 돕는 운명

 비즈니스의 세계는 전쟁터와 같다. 보기에는 평화롭게 보이지만 도처에 위험이 도사리고 있고, 포연이나 총성은 없지만 서로 끊임없이 싸우고 죽이는 일이 일어나고 있다. 얼굴에는 미소까지 머금고 있지만 마음속으로는 한 치의 양보도 없이 대치하고 있는 것이 사업이다. 정말 칼과 총을 든 전쟁터와 다를 바 없다. 따라서 현명한 사업가라면 무정하고 위험으로 가득한 시장에서 자신의 개인적 기호와 감정에 따라 기업을 경영하진 않을 것이다.

비즈니스의 관점에서 보면 상인의 본질은 이윤을 추구하는 것일 뿐, 도덕이나 정분 따위는 그리 중시하지 않는다. 상인이 원하는 것은 어디까지나 이윤이기 때문에 이윤 추구에 위배되지 않는다는 전제 하에서 감정을 논해야지, 감정이 이윤 추구에 영향을 주어서는 안 된다. 이는 상인의 가치관 형성에 있어서 무엇보다도 중요한 '원칙'이 아닐 수 없다.

때문에 호설암은 "어디까지나 일은 일이고 감정은 감정이지, 이 두 가지가 함부로 섞여선 안 된다."라고 솔직하게 말했던 것이다.

호설암이 만난 여인들 중에는 그의 사업을 위해 일하지 않은 사람이 없었다. 그의 첩이 된 여자들은 하나같이 그의 사업 개척에 중요한 역할을 했다. '남편을 돕는 운명'을 타고난 첩들이 '홍정상인' 호설암의 뛰어난 조력자였던 셈이다.

 **상경에서 배우는 경영 정신**

▌ 일과 감정, 이 두 가지를 함부로 섞어선 안 된다

일이 감정이 될 수 없고 감정이 일을 대신할 수도 없다. 이 두 가지가
서로 섞여서는 안 되겠지만 그렇다고 완전히 대립되는 것도 아니다.
중요한 것은 이 두 가지의 차이점을 알아서 감정이 사업에 적극적인
보조자 역할을 할 수 있도록 해야 한다는 것이다. 홍콩 최고의 재벌
이가성과 그 부인 장월명莊月明의 경우가 바로 감정과 일을 잘 조화
시킨 전형적인 부부의 사례이다.

1963년, 당시 서른세 살인 이가성은 서른 살인 장월명을 아내로
맞아 부부가 되었다. 원래 두 사람은 서로 사촌 간으로서 장월명의
아버지 장정암莊靜庵이 이가성의 외삼촌이었다. 하지만 두 사람은
연애를 통해서 서로의 감정을 확인했고, 자연스럽게 결혼으로 이어
질 수 있었다.

홍콩에서 간행되는 ≪명보주간≫에 「이가성과 장월명의 사랑
이야기」라는 제목의 글이 발표된 적이 있었다.

"조주潮州 사람들이 많이 사는 홍콩의 어느 마을에 이런 아름다
운 이야기가 전해져 오고 있다. 명문 출신의 사촌여동생이 아버지의
반대를 무릅쓰고 가난한 사촌오빠와 연애하여 결혼했다. 정신적으

로나 현실적으로나 사촌여동생의 전폭적인 도움과 격려를 얻게 된 사촌오빠는 사업에 더욱 전념할 수 있었고, 결국 큰 성공을 거두게 되었다. 결혼 후, 그의 사업은 계속 번창하여 유명한 부호로 성장하게 되었다. 이 이름다운 이야기의 주인공인 사촌오빠가 바로 홍콩의 부호 이가성이고 사촌여동생은 그의 부인 장월명 여사이다.”

이가성은 개인적인 일에 있어서는 말을 몹시 아끼는 사람이다. 기자나 주위 사람들이 두 사람의 연애 과정과 장인인 장 선생의 태도에 대해 물어볼 때면, 이가성은 언제나 대답을 회피하곤 했다. 그에 관한 보도나 기사 가운데 사실을 아주 왜곡했거나 진실과 동떨어진 부분이 있을 때, 또는 본인이나 타인의 명예에 큰피해를 입힐 만한 소지가 있을 때에만 나서서 해명할 뿐이었다.

1940년 겨울, 이가성의 부모는 전란을 피해 가족을 이끌고 외삼촌인 장정암의 집으로 왔다. 당시 열한 살이었던 이가성은 이때부터 자신보다 네 살 어린 사촌여동생 월명을 알게 되었다. 월명은 장씨 집안의 장녀로 부모들이 애지중지하며 키운 보배 같은 딸이었다. 그녀는 어려서부터 매우 아름답고 똑똑했다. 그녀는 교회에서 운영하는 영국식 학교에 다녔기 때문에 항상 신식 교복을 입고 다녔다.

장월명은 부유한 명문 집안에서 태어났지만 가난한 사촌오빠 이가성을 조금도 싫어하지 않았다. 이가성이 삼촌 집에 막 도착했을 때는 몸이 장작개비처럼 말라 있었다. 그런 이가성에게 장월명은 매일 먹을 것을 갖다주며 정성스럽게 대해주었다.

이가성이 처음 홍콩으로 왔을 때, 그의 아버지는 이가성이 홍콩 사람처럼 되기를 원했다. 이런 그에게 어린 장월명은 기꺼이 광동어 선생이 되어주었다. 다시 중학교 과정을 이수하기 시작한 이가성은 영어 때문에 어려움이 많았다. 이때도 장월명이 자진해서 사촌오빠의 가정교사가 되어 영어 공부를 도와주었다.

　1943년, 이가성의 부친이 세상을 떠나자 두 사람은 전혀 다른 인생의 길을 걷게 되었다. 장월명은 줄곧 가정 형편이 넉넉했고 부모의 사랑을 듬뿍 받으면서 자라 온 처지였다. 장정암은 새로운 사상을 가진 상인으로서 자녀의 교육을 매우 중시했다. 게다가 장월명은 워낙 똑똑하고 공부를 좋아하여 우수한 성적으로 영화 여중을 졸업하고 곧바로 홍콩 대학에 입학하여 학사 학위를 받았으며, 다시 일본 메이지 대학으로 유학을 떠났다. 장월명은 이처럼 순풍을 만난 배처럼 너무나 순조롭고 화려한 인생의 행로를 달리고 있었지만 사촌오빠의 인생은 그와 정반대로 온갖 장애물과 고난이 가득한 길이었다.

　오빠는 마음 깊은 곳에서 사촌여동생의 사랑을 느끼고 있었지만 그는 동년배들 중에서 뛰어난 업적을 이루어야만 명문 집안의 규수인 장월명과 어울릴 수 있다는 사실을 분명히 알고 있었다. 이런 생각은 이가성으로 하여금 무의식중에 더욱 분발하여 앞으로 나아가게 하는 원동력이 되었다. 바로 사랑의 힘이 이가성을 불굴의 사나이로 만들고 장월명으로 하여금 외부의 압력과 세속의 시선에도 불구하고 사촌오빠에게 변함없는 지지를 보내게 한 힘이 되었다.

　장정암은 딸의 혼사 문제로 걱정이 많았다. 그는 딸에게 여러 번 맞선을 보게 했고, 그 가운데는 장월명처럼 태어나면서부터 아주 부유한 집안에서 자랐거나 유럽에서 유학을 하고 돌아온 젊은이도 있었지만 모두 거절당하고 말았다. 장정암은 결국 딸에게 지고 말았다. 첫째는 딸이 이미 노처녀가 되었기 때문이고, 둘째는 조카의 성취가 점차 삼촌을 놀래게 하는 수준으로 발전했기 때문이다.

언론들은 두 사람의 결혼에 대해 보도하면서 장정암을 조금도 비난하지 않았다. 세상의 어느 부모가 자식을 아끼지 않겠는가? 장정암은 딸의 결혼에 심하게 반대했지만, 그 또한 딸이 시집가서 고생하지나 않을까, 하는 걱정 때문이었다. 하지만 많은 사람들이 이가성과 삼촌 겸 장인인 장정암과의 관계가 상당히 소원한 상태라고 믿고 있다. 만약 이것이 사실이라면 그 이유는 무엇일까?

어떤 사람은 당시 이가성이 단호하게 '중남시계회사'를 그만두면서 장정암의 호의를 저버렸기 때문이라고 말한다. 이 때문에 이가성이 나중에 사업에서 고전하게 되었을 때도 장정암이 나서서 도와주지 않았다는 것이다. 이가성이 조화造花 수출업을 하고 있을 무렵, 유럽의 도매상들이 재무 보증을 요구했고, 이에 이가성은 삼촌이자 장인인 장정암을 찾아가 부탁했지만 거절당했다는 설이 있었다.

한편 어떤 사람들은 이가성과 삼촌 사이의 불협화음을 분석하면서 그 주된 원인을 이가성과 장월명이 부모 몰래 사랑을 키워나갔다는 데서 찾고 있다. 이 두 집안과 줄곧 가까운 관계를 유지하고 있는 익명의 인사는 ≪명보주간≫과의 인터뷰에서 이렇게 말했다.

"처음에는 장정암이 이가성을 그다지 좋아하지 않았지만, 장월명이 사촌오빠를 너무 좋아했기 때문에 어쩔 수 없이 그녀의 의견에 따라 두 사람의 관계를 인정한 겁니다. 당시 장월명은 이가성이 좋아 아버지의 반대를 무릅쓰고 그와의 결혼을 강행했고, 결혼한 후에도 친정을 별로 찾아가지 않았습니다. 요즘에도 그들은 만나면 서로 안부만 물을 뿐, 별로 왕래가 없는 것 같더군요."

이가성을 가리켜 '처가의 덕을 본 사위'라고 말하는 사람은 별로 없다. 이는 장인인 장정암이 조카를 미래의 사위로 인정하지 않왔기 때문일 수 있고, 결혼을 전후하여 이가성이 적어도 사업과 재산에 있어서는 '장인의 덕'을 기대하거나 실제로 누리지 못했기 때문이라고 설명할 수도 있다.

세간의 상식적인 시각으로 보더라도 가난한 집에서 태어나 중학교 졸업의 학력밖에 없는 사업가 이가성이 명문 집안과 명문 학교 출신으로 재능과 미모를 겸비한 장월명과 교제한다는 것은 상상하기 어려운 일이었다. 하지만 결국 세간의 편견은 보기 좋게 빗나가 버렸다.

결혼 후 장월명은 즉시 이가성의 사업에 참여하여 '장강실업'에서 근무하기 시작했다. 그녀는 유창한 외국어 실력과 겸손하고 근면한 성격으로 동료들의 존경을 한몸에 받았다. 두 아들 이택거와 이택해를 낳으면서 점차 일선에서 물러나긴 했지만 여전히 성심 성의껏 남편의 사업을 보좌했다. 그녀는 집안에서 남편을 내조하는 한편, 아이들 교육에도 심혈을 기울였다. 장월명의 정성스런 보살핌 덕분에 이택거와 이택해 형제는 열심히 학업에 전념했고 나란히 미국으로 유학하여 학위를 취득했다.

이가성이 호설암과 다른 점은 호설암은 풍류를 즐겼지만 이가성은 그 감정이 한결같았다는 것이다. 이가성은 어떤 상황에서도 아름다운 여성들과 일정한 거리를 유지했고 이들과 사진 찍는 일조차도 꺼려했다. 실제로 어느 잡지에서는 만약 어떤 여자 연예인이 '초인 이가성'과 함께 사진을 한 장 찍을 수 있다면, 그녀에게 40만 홍콩달러를 상금으로 주겠다는 현상금까지 걸었다고 한다.

한번은 이가성이 허홍何鴻과 이야기를 나누고 있을 때였다. 이 때 마침 화려하게 치장한 여배우 하나가 활짝 웃으며 두 사람을 향해 다가왔다. 이 모습을 본 이가성은 즉시 기자의 카메라를 피해 자리를 떠났다. 이가성은 명예를 생명처럼 여기는 사람이다. 그가 중시하는 것은 실제로 깨끗한 명예이지, 화려한 영예가 아니었다. 이런 그를 사람들은 '유상儒商' 이라 불렀다.

그러나 홍콩에는 호설암과 비슷한 부자 '바람둥이' 들이 얼마든지 있다. 마카오 오락공사의 '사대천왕' 가운데 하나이자 자동차 경주 선수였던 섭덕리葉德利가 바로 그런 사람이다. 그는 돈을 물 쓰듯이 하면서 대단한 풍류와 호탕함을 과시했다. 홍콩과 마카오를 다 둘러보아도 그를 따를 만한 사람이 없을 정도였다.

섭덕리라는 이름만 대도 홍콩과 마카오지역에서는 모르는 사람이 없을 정도였다. 1983년, 그는 멕시코의 휴양지에서 자신의 위세를 유감없이 발휘한 바 있다. 세계 각지에 있는 쉰두 명의 여자 친구들과 그들의 남편까지 초대하여 자신의 칠순 잔치를 연 것이다. 초청된 하객들은 모두 왕복 비행기 표는 물론, 최고급 호텔에서의 나흘 간 숙박하며 최고급 술과 음식을 제공받았다.

파티의 주인공은 또 모든 여자 친구들에게 순금 손목시계와 다이아몬드 브로치 등 값비싼 물건들을 선물로 주었다. 이런 모습을 본 외국 기자들은 그를 아랍의 왕족으로 여겼을 정도였다. 그 기자는 나중에야 그가 홍콩과 마카오지역을 대표하는 거부임을 알게 되었다. 이 뉴스는 전 세계로 퍼져나갔고, 섭덕리가 수많은 서양 여인들과 함께 찍은 사진은 바로 다음 날 지면을 장식했다.

섭덕리는 여자와 자동차 경주 외에 풍수에도 관심이 많았다. 그

---

* 유상儒商 _ 유교적 풍모를 지닌 상인

는 완전한 서양식 사고방식을 갖고 있으면서도, 풍수지리에 대해서만은 전통 중국인의 신조를 갖고 있었다. 환덕성環德成 빌딩의 사무실에 들어가면 마치 시간이 거꾸로 흐르는 듯한 기분을 느낄 수 있다. 사무실 안의 전화나 가구들이 모두 27년 전과 조금도 변한 것이 없기 때문이다. 그것은 풍수지리 도사의 말에 따라 준비한 것들이었고 이후로 모든 일이 순조로웠기 때문에 '사무실 집기를 건드려 운을 깨고' 싶지 않았던 것이다.

그의 설명은 아주 재미있다.

"오래되고 오래되지 않고는 중요한 것이 아니다. 가장 중요한 것은 벌어들일 돈이 있고 여복이 있으면 그만이라는 점이다. 나머지는 아무래도 상관없다."

그는 골동품 스포츠카를 몇 대 사 두었다. 섭덕리는 걱정이 있을 때마다 주차장에 가서 이 '보물' 들을 바라보며 "이 차들을 바라보기만 해도 모든 걱정이 사라진다."라고 말한다.

그는 평생 누릴 만큼 누렸고, 많은 사람들의 부러움을 한몸에 받았지만 여전히 원망스러운 말투로 이렇게 말한다.

"내 일생에는 많은 여자들이 있었지만, 시간이 너무 없었다."

섭덕리의 아내는 하홍何鴻의 여동생인 하완완何婉婉이다. 전란을 피해 베트남 사이공에 왔을 때 알게 된 두 사람은 곧장 사랑에 빠졌다. 사람들이 그녀에 대해 이상하게 생각하는 것은 그의 화려한 여성 편력에 대해 아내로서 아무런 질투도 하지 않았다는 점이었다. 섭덕리의 말을 들어보자.

"나는 비록 풍류를 즐기는 사람이지만, 엄격한 원칙이 있습니다. 부인과 가정을 철저하게 존중하는 것이지요."

현재 하완완은 호주에 살고 있다. 섭덕리의 또 다른 부인은 미국에 살면서 아들 테디를 낳았다. 테디는 지금 여덟 살로서 섭덕리가 가장 아끼는 아들이다. 섭덕리는 홍콩과 마카오의 사업을 모두 큰아들 섭경화葉慶華에게 넘겨주었다. 섭경화는 원래 그의 조카였는데 나중에 그의 양자가 된 인물이다.

섭덕리는 아들 셋과 딸 둘을 두었다. 그 가운데 의사인 큰딸은 몇 년 전에 암에 걸려 서른 살의 젊은 나이로 세상을 떠났다. 그는 한동안 딸의 죽음을 가슴 아파하다가 암 연구 기금으로 큰 돈을 내놓기도 했다.

아무리 큰 재산을 가진 거부라 하더라도 어디까지나 인간인 이상 평범한 사람들의 '칠정육욕'을 벗어나지 못한다. 사람이 풀이나 나무가 아닌데, 어찌 정이 없겠는가? '홍정상인' 호설암처럼 '감정을 누릴 줄 아는 상인'이 되어야 진정으로 성공한 사업가라 할 수 있지 않을까?